KB050516

일본의
형사정책

범죄학, 형벌과 교정

II

川出敏裕 · 金光旭 저
금용명 · 장응혁 · 안성훈 역

박영사

제2권 역자서문

이 책은 범죄원인론과 범죄대책에 관한 내용을 담고 있다. 제1편에서는 범죄원인론과 범죄학에 관한 핵심적인 내용을 체계적으로 균형있게 다루고 있어서 전문가와 실무자들에게 많은 참고가 될 것이다. 그리고 제2편 범죄대책편에서는 일본의 형벌과 보안처분, 범죄화와 비범죄화, 범죄자의 처우에 대해 법과 제도의 현상과 과제를 설명하고 있다.

범죄에 대한 대응과 범죄자의 재사회화를 위해 우리나라와 일본은 역사적인 경험을 통해 오랫동안 유사한 법률체계와 형사절차를 구축해 왔지만 2000년 전후부터는 각국의 실정에 맞는 법률을 제 · 개정하고, 새로운 처우제도를 도입하여 시행하면서 각국의 특성에 맞게 발전해 가고 있다.

이 책의 제2편의 범죄대책 중 범죄자의 처우의 장에서는 형사절차의 순서에 따라 사법처우, 시설내 처우, 사회내 처우에 대하여 기술하고 있다. 그중 경찰, 검찰, 재판으로 이어지는 사법처우에 대한 내용은 현재 우리나라가 직면하고 있는 수사를 포함한 형사절차에 대한 개혁에 긍정적인 시사점을 줄 것으로 기대된다.

한편 일본은 1908년부터 형사시설 내 처우를 규율하는 기본법인 감옥법을 약 100년만인 2006년에 개정하여 「형사수용시설 및 피수용자 처우 등에 관한 법률」을 시행하였다. 시설 내 처우와 관련하여 수용자의 권리를 보장하면서 수형자의 사회복귀라고 하는 목표를 달성하기 위한 일본의 대응과 노력을 볼 수 있어 향후 우리나라의 시설내 처우의 발전에 참고가 될 수 있을 것이다.

마지막으로 사회 내 처우와 관련하여 양국은 보호관찰과 갱생보호 등에 있어서 기본적인 구조는 매우 유사하지만, 우리나라는 사회봉사명령, 수강명령, 전자감시 등을 적극 도입하여 시행하였으나 일본은 오래전부터 검토단계에 있다. 그러나 일본은 형의 일부집행유예제도를 도입하는 등 국가와 민간이 협력하여 강력한 재범방지대책을 추진하고 있으며, 이는 우리나라의 사회 내 처우제도의 방향에도 도움을 줄 것으로 기대된다.

어려운 출판환경에서도 본서를 출판해 주신 박영사 안종만 회장님과 안상준 대표님, 오랜 기간 원고를 기다려주신 이영조 팀장님과 장규식 과장님, 그리고 촉박한 시간에도 훌륭하게 편집을 맡아 수고해 주신 정은희 님께 감사드린다.

2020년 4월

(역자들을 대표하여)

금용명

제2판 머리말

초판이 간행되고 약 6년이 경과하였다. 초판의 머리말에서 실무와 학문의 양쪽에서 형사정책에 대한 관심이 높아져 그 중요성이 점점 커져가고 있다고 지적했는데, 그러한 경향은 최근 6년 사이에 더 강해졌다고 생각된다.

입법에 눈을 돌리면, 초판 간행 시에는 법안의 단계에 있었던 형의 일부의 집행유예제도 도입이 실현되어, 2016년 6월에 시행되기에 이르렀다. 또한 2014년에는 소년법이 2000년 이래 4번째로 개정되었다. 나아가 2016년에는 형사소송법 등도 개정되었는데, 여기에는 조직범죄대책으로 새로운 수사기법의 도입이 포함되었다.

운용면에서는 재범방지대책이 급진전되었다. 그 대처는 수사부터 형의 집행에 이르는 형사사법의 범위 안에서 머무르지 않고, 복지와 의료를 비롯한 관련분야와 연계하면서 추진되고 있기 때문에 형사정책의 질적인 전환을 불러왔다고도 평가할 수 있다. 2017년의 재범방지추진법의 성립을 그 결실로 볼 수 있고, 이 법에 의해서 국가, 지방자치단체, 민간이 일체가 되어 범죄대책을 추진해야 한다는 점이 법률상으로도 명확하게 되었다.

나아가 현재 법제심의회 소년법 · 형사법부회에서는 소년법의 적용연령을 낮추는 문제와 관련하여, 자유형과 집행유예의 형벌제도, 형사사법의 다양한 단계에서의 처우제도에 대하여, 근본적인 제도 개정을 포함하여 폭넓게 검토하고 있다. 형사정책은 지금도 계속 변화하고 있는 중이다.

초판에서는 형사정책의 현상황을 보여주겠다는 본서의 목적에 따라, 집필의 기본방침을 가능한 한 폭넓은 영역을 다루는 것, 법안도 포함하여 일본 형사정책의 최신 동향을 제시하는 것, 각각의 영역을 규율하는 법령에 대해서는 관련된 판례 · 학설을 포함하여 설명을 가능한 한 상세히 하는 것으로 잡았고, 그 방침은 제2판에서도 변함없다. 제2판은 이 방침에 보다 부합하도록 각주를 늘리고, 형사정책의 최신상황을 이해하는 데 유용한 정보를 가능한 한 담는 형태로 구성하였다.

본서가 초판과 같이 형사정책을 배우고 있는 학생 여러분과 실무에서 형사사법에 종사하고 있는 실무가 여러분, 나아가 범죄문제에 대해 넓은 관심을 가지고 있는 여러분에게 형사정책을 이해하는 데 조금이라도 도움이 되기를 바란다.

제2판의 간행에 있어서는 成文堂 편집부의 田中伸治(타나카 노부하루) 씨에게 큰 도움을 받았다. 이 자리를 빌려 깊은 감사의 뜻을 전한다.

2018년 3월

카와이데 토시히로
김광욱

차 례

제 3 편 범죄자의 처우

일본의 형사정책 I

서 설 형사정책의 의의와 과제

제 1 편 범죄의 동향

제 2 편 범죄 예방

제 3 편 범죄피해자의 보호와 지원

제 4 편 각종 범죄와 그 대책

【 주요법령 약어 】

유비각 '육법전서'에 준한다.

각성제	각성제단속법
갱생	갱생보호법
갱생사	갱생보호사업법
검심	검찰심사회법
경	경찰법
고령학대	고령자학대의 방지, 고령자의 양호자에 대한 지원 등에 관한 법률
공선	공직선거법
공선령	공직선거법 시행령
(구)형	(구)형법
국제수사	국제수사공조 등에 관한 법률
국제수형이송	국제수형자이송법
국제형재규정	국제형사재판소에 관한 로마규정
대마	대마단속법
도교	도로교통법
도교령	도로교통법 시행령
도범	도범 등의 방지 및 처분에 관한 법률
독물	독물 및 극물 단속법
독물령	독물 및 극물 단속법 시행령
마약	마약 및 향정신약 단속법
마약특	국제적인 협력하에서 규제약물에 관계된 부정행위를 조장하는 행위 등의 방지를 도모하기 위한 마약 및 향정신약 단속법 등의 특례 등에 관한 법률
매춘	매춘방지법
배우자폭력	배우자로부터의 폭력의 방지 및 피해자의 보호 등에 관한 법률
범인인도	도망범죄인인도법
범죄수익이전	범죄에 의한 수익의 이전 방지에 관한 법률
범죄피해급부	범죄피해자 등 급부금의 지급 등에 의한 범죄피해자 등의 지원에 관한 법률
범죄피해기	범죄피해자 등 기본법
범죄피해보호	범죄피해자 등의 권리이익의 보호를 도모하기 위한 형사절차에 부수하는 조치에 관한 법률
범죄피해회복	범죄피해재산 등에 의한 피해회복급부금의 지급에 관한 법률
법률지원	총합법률지원법
보호사	보호사법
부정접속	부정접속(액세스)행위의 금지 등에 관한 법률

소감	소년감별소법
소	소년법
소원	소년원법
수사규범	범죄수사규범
스토커	스토커행위 등의 규제 등에 관한 법률
시민 · 규약	시민적 및 정치적 권리에 관한 국제규약
심신상실처우규	심신상실 등의 상태에서 중대한 타해행위를 저지른 사람의 의료 및 관찰 등에 관한 법률에 의한 심판의 절차 등에 관한 규칙
심신상실처우	심신상실 등의 상태에서 중대한 타해행위를 저지른 사람의 의료 및 관찰 등에 관한 법률
아동매춘	아동매춘, 아동포르노에 관계된 행위 등의 처벌 및 아동의 보호 등에 관한 법률
아동약	아동의 권리에 관한 조약
아동학대	아동학대의 방지 등에 관한 법률
아복	아동복지법
아편	아편법
입관	출입국관리 및 난민인정법
자동차운전치사상	자동차의 운전으로 사람을 사상시키는 행위 등의 처벌에 관한 법률
재	재판소법
재판원규	재판원이 참가하는 형사재판에 관한 규칙
재판원	재판원이 참가하는 형사재판에 관한 법률
정신	정신보건 및 정신장애자복지에 관한 법률
조직범죄약	국제적인 조직범죄의 방지에 관한 국제연합조약
조직범죄	조직적인 범죄의 처벌 및 범죄수익의 규제 등에 관한 법률
총도소지	총포도검류소지 등 단속법
통화방수(감청)	범죄수사를 위한 통화방수(감청)에 관한 법률
통화방수규(감청규)	범죄수사를 위한 통신방수(감청)에 관한 규칙
파방	파괴활동방지법
폭력단	폭력단원에 의한 부당한 행위의 방지 등에 관한 법률
폭력	폭력행위 등 처벌에 관한 법률
항공강취	항공기의 강취 등의 처벌에 관한 법률
항공위험	항공의 위험을 발생시키는 행위 등의 처벌에 관한 법률
헌개	일본국헌법의 개정절차에 관한 법률
헌	일본국헌법
형사수용칙	형사시설 및 피수용자의 처우에 관한 규칙
형사수용	형사수용시설 및 피수용자 등의 처우에 관한 법률
형소규	형사소송규칙
형소	형사소송법
형	형법

【 판례집 등 약어 】

刑集	최고재판소 형사판례집
民集	최고재판소 민사판례집
裁判集刑	최고재판소 재판집 형사
高刑集	고등재판소 형사판례집
東時	도쿄고등재판소 형사판결시보

【 잡지류 약어 】

家月	家庭裁判月報
警学	警察学論集
警研	警察研究
刑ジャ	刑事法ジャーナル
現刑	現代刑事法
ジュリ	ジュリスト
論究ジュリ	論究ジュリスト
曹時	法曹時報
判時	判例時報
判タ	判例タイムズ
判評	判例評論
ひろば	法律のひろば
法教	法学教室
法時	法律時報
法セ	法学セミナー
捜研	捜査研究

제 1 편

범죄원인론

☙

범죄가 왜 일어나는가라고 하는 문제에 대해서는 오래전부터 다양한 설명이 시도되어 왔다. 그 모든 설명을 다루는 것은 지면의 관계로 불가능하기 때문에 본편에서는 그중 대표적인 이론에 한정하여 소개하기로 한다.

범죄원인론의 역사를 대략적으로 살펴보면, 범죄의 원인을 실증적으로 탐구하려고 한 근대 범죄학이 등장한 것은 19세기 후반 유럽에서이다. 그래서 탄생한 초기의 범죄원인론에서는 개인의 소질과 환경이라고 하는 범죄원인의 두 가지 기본적인 측면이 제시되었다. 그 후 범죄원인론은 기본적으로 이 두 가지 측면에 초점을 맞추어 유럽과 미국에서 다양한 발전을 이루게 되었다. 그러나 1960년대에 들어서면서 개인의 소질과 환경이 아니라 오히려 형사사법기관이나 사회의 측면에 착안하는 낙인이론이 미국에서 등장하였고 이에 따라 범죄원인론은 큰 전환을 맞이하게 되었다. 1970년대에 들어서면서 종래의 범죄원인론에 대해 다양한 의문이 제기되었고, 이에 범죄원인론은 침체기를 맞이하게 된다. 그러나 1980년대 후반부터 1990년대에 걸쳐 영국과 미국을 중심으로 범죄학이 다시 활성화되어 다양한 새로운 이론이 적극적으로 제창되면서 현재에 이르고 있다.

이하에서는 제1장에서 초기의 범죄원인론을 설명한 후, 제2장에서 이러한 원인론이 그 후 어떤 발전을 이루어 왔는지를 고찰한다. 그리고 제3장에서 낙인이론을 소개하고, 제4장에서 최근의 이론적 동향을 고찰하기로 한다.

제 1 장 초기의 범죄원인론

제 1 절 근대적 범죄원인론 탄생의 역사적 배경

중세 유럽에서는 범죄는 악마 또는 심령의 소행이라는 사고(귀신론)가 지배적이었다. 이러한 사고가 전형적으로 나타난 것이 소위 마녀재판이며, 여기에서는 정신장애인이나 이교도 등은 악마에 사로 잡혀 조종되는 자로 간주되어 처형의 대상이었다.

그러나 계몽주의 시대가 되면서 이러한 생각에 변화가 생기게 되었다. 그 배경에는 과학적인 사고의 등장과 함께, 귀신론과 같은 주장은 결국 증명할 수 있는 방법이 없기 때문에 자의적인 형벌의 부과를 초래하기 쉬워 인권의 보장이라는 관점에서도 극복해야 할 대상이었다는 점이 있었다.

계몽주의의 특징은 개인의 이성과 자유의사를 강조하는 점에 있었다. 즉, 계몽주의가 가정하는 인간상은 이성적으로 자신의 이해利害를 판단하여 자유로운 의사결정에 따라 행동하는 개인이었다. 이러한 입장이 범죄의 설명에도 적용된 것이다. 이에 따르면 인간은 범죄를 저지름으로써 얻을 수 있는 쾌락과 그 범죄에 부과되는 형벌에 의한 고통을 합리적으로 계산하여 쾌락 쪽이 고통을 초과하는 경우에 범죄행위를 선택하는 하게 된다. 이 견해를 전제하면 범죄방지를 위해서는 범죄에 합당하지 않은 형벌을 부과함으로써 심리적 강제를 하면 충분하게 된다. 계몽주의 사상가들은 바로 이러한 점을 강조함으로써 중세의 잔혹하고 불합리한 형벌을 비판하였다. 베카리아Cesare Beccaria, 포이에르바하Paul Johann Anselm Feuerbach, 벤담Jeremy Bentham 등으로 대표되는 형법이론의 고전학파는 이러한 입장에 근거하고 있었다.

그러나 인간이 손익계산에 따라 행동하는 일면이 있다고 하더라도 범죄가 개인의 자유의사에만 기초하여 이뤄진다고 하는 설명에는 의문이 제기되었다. 자본주의의 발달에 따라 생활고에 의해 범죄를 저지르는 사람이 많아지면 범죄의 원인을 개인 의사만의 문제로 환원할 수 없게 되고, 또한 고전학파의 입장이라면 적어도 한번 형벌을 받게되면 손익을 생각하여 범죄를 저지르지 않아야 함에도 그것을 몇번이고 반복하는 상습범죄자가 증가했기 때문이다.

이러한 배경하에 19세기 후반에 이르러 범죄의 원인을 실증적 · 법칙적으로 파악하고자 하는 과학적 범죄원인론이 등장하게 된다. 범죄원인론의 역사는 여기서부터 시작한다.

제 2 절 초기 범죄원인론의 세 학파

초기의 범죄원인론에는 ① 인간의 소질을 중시하는 범죄인류학파(소질설), ② 환경을 중시하는 범죄사회학파(환경설) 및 ③ 소질과 환경 모두를 중시하는 독일학파(이원설)의 3가지 계통이 존재한다.

I 범죄인류학파

범죄인류학파는 이탈리아인 학자를 중심으로 전개되어 '이탈리아 실증학파'라고도 불린다. 그 시조는 '근대 범죄학의 아버지'로 불리는 롬브로조Cesare Lombroso이다. 롬브로조는 이탈리아의 법의학자로 1876년에 『범죄인』을 출판하여 '생래성 범죄인'의 개념을 제창하였다. 그에 따르면 범죄자는 일정한 신체적 · 정신적인 변질적 특징을 가진 인류학상의 변종으로, 범죄를 저지르도록 숙명지어져 있다고 한다.

롬브로조는 당시 유행하고 있던 인체측정학의 수법 등을 이용하여 범죄자의 신체적 특징(두개골과 얼굴 등)을 조사하는 한편, 또한 정신장애자 및 군인의 신체적, 정신적 특성에 대해서도 조사하여 거기에서 얻어진 해부학적 특징을 정신적 특징과 결합시켜, 이를 바탕으로 일정한 특징을 가진 범죄자는 격세유전에 의한 돌연변이로서 생물학적 진화가 지연된 야만적 상태가 갑자기 발현된 것이라고 결론을 내렸다. 물론 모든 범죄자가 생래성 범죄자라는 것은 아니라 전체 범죄자의 60%~70% 정도가 생래성 범죄자이며(이후 35%~40%로 수정되었다), 그 외의 범죄자는 정신장애범죄자, 간질성 범죄자, 기회성 범죄자, 격정성 범죄자라고 하였다.

롬브로조의 학설은 다윈의 진화론으로부터 강한 영향을 받았지만 현재는 완전히 부정되고 있다고 해도 좋다. 나중에 영국의 감옥 의사였던 고링Charles Goring이 약 3천 명의 수형자와 비범죄자 그룹을 대상으로 96개 항목에 걸쳐 양자를 비교대조한 결과 두 그룹 사이에 유의미한 차이를 발견할 수 없었다고 하였다.

생래성 범죄자라는 개념은 현재에서 보면 우습게 보일지 모르지만 롬브로조의 업적은 범죄원인에 대한 실증적인 연구를 처음으로 시도하였다는 점이다. 그러한 이유에서 '근대 범죄학의 아버지'라고 불리는 것이다.

범죄인류학의 계통을 계승한 학자로서 롬브로조의 제자인 페리와 가로팔로가 있다. 다만, 페리Enrico Ferri는 인류학적인 범죄관을 계승하면서도 사회학적 요인을 도입하고 있으며, 그러한 의미에서 엄격한 범죄인류학파는 아니다. 즉, 그는 범죄의 원인으로서 ① 인류학적 요인(연령, 성별 등), ② 물리적 요인(기후, 지리 등) 및 ③ 사회적 요인(인구밀도, 정치 형태, 경제 조건 등)을 들어 범죄원인의 삼원론을 주장하였다. 그리고 이러한 원인이 일정량 존재하는 사회에서는 반드시 이에 상응하는 양의 범죄가 발생한다고 하는 '범죄포화의 법칙'을 주장하였다. 한편, 가로팔로Rafaele Garofalo는 고전학파가 주장하는 범죄자의 자유의사의 존재를 부정하고, 범죄자는 자신의 사회적 위험성에 상응한 책임을 져야한다고 하여 소위 사회적 책임론을 주장하였다. 이러한 관점에서 기초된 1921년 이탈리아형법 초안(페리 초안)에서는 도의적 책임에 대응한 응보형의 관념이 배제되고, 범죄자의 위험성에 대응한 보안처분 일원주의가 관철되었는데 이 때문에 이 초안은 "책임과 형벌이 없는 형법전"이라고 불리었다.

Ⅱ 범죄사회학파

범죄사회학파는 범죄인류학파에 대한 비판에서 출발하였다. 라카사뉴J. A. E. Lacassagne를 중심으로 한 리옹환경학파는 롬브로조의 설을 비판하면서 범죄의 원인을 환경에 기인하는 것으로 보고, "사회는 범죄의 배양기이고, 범죄자는 박테리아이다"라고 주장하였다. 그는 환경요인 중 특히 경제적 요인을 중시하였는데, 예를 들면 1828년부터 1876년 사이의 밀가격의 상승이 재산범죄의 증가와 대응하고 있음을 입증하고, 빈곤이 범죄의 원인이 된다는 것을 시사하였다.

타르드Gabriel Tarade는 사회심리학의 관점에서 롬브로조를 비판하고 '모방의 법칙'을 주장하였다. 모든 사회현상은 모방의 과정으로, 범죄도 다른 사회현상과 마찬가지로 모방를 통해 이루어진다고 하였다. 그리고 범죄인류학파가 범죄를 병리현상으로 보고 있는 점을 비판하고, 사회구조 자체가 범죄를 낳는 것으로 그런 의미에서 범죄는 병리적인 것이 아니라 정상적인 것이라고 역설하였다.

뒤르켐E. Durkheim은 범죄의 발생은 사회연대성의 강도에 의해 영향을 받는다는 관점에서 아노미이론을 제창하였다. 아노미는 행동을 규제하는 공통의 가치와 도덕적 기준을 잃어버린 혼돈의 상태를 의미하는데, 그에 따르면 동질의 사람이 서로 독립하고 있는 전근대적 사회로부터 분업이 진행된 사회구조하에서 이질적인 사람이 서로 결합하고 있는 근대사회로 전환하는 시기에는 전통적인 사회에서 통용되어 온 도덕규범이 무너져 사회의 연대성이 약해짐에 따라 아노미 상태가 발생하여 자살이나 범죄 등의 사회병리 현상이 발생한다고 하였다.

사회환경에서 범죄의 원인을 찾는 이러한 흐름을 철저히 한 것이 사회주의 범죄학파이다. 기본적인 입장은 생산수단의 사유와 노동착취라고 하는 모순을 안고 있는 자본주의 사회 자체가 범죄의 원인이며, 사회주의 사회가 실현되면 범죄는 근절된다고 하는 것이었다. 이 학파에 속하는 학자로서 가장 유명한 사람은 네덜란드의 봉거Willem Bonger이며, 그는 1905년에 저술한 『범죄성과 경제적 조건』에서 범죄의 증가는 경제적 조건, 특히 빈곤에 의한 요인에 있다는 것을 통계적으로 밝히려고 하여, 자본주의 경제의 해악성이 범죄를 야기한다고 주장하였다.

Ⅲ 독일 학파

독일학파의 가장 저명한 학자는 리스트Franz von Liszt이다. 그는 범죄학과 형법학을 통합한 총체적 형법학을 제창하고 범죄학과 형사정책의 양 분야에서 큰 공적을 남겼다.

첫째, 범죄학에서 그는 소질설과 환경설의 통합을 목표로, 범죄는 개인적 원인과 사회적 원인의 양자에 기인하여 발생한다고 주장하였다(이원설). 그러므로 사회적 원인에 의한 범죄에 대해서는 사회정책으로 대처해야 하고, "최선의 형사정책은 최선의 사회정책이다"라는 명언을 남겼다. 한편, 개인적 원인에 의한 범죄는 범죄자의 개선 교육으로 대처해야 한다고 하였다.

다음으로 형법학에서 리스트는 지금까지의 고전학파에 대해서 근대학파로 불리는 입장을 확립하였다. 즉, 고전학파의 행위주의를 비판하고, "처벌해야 하는 것은 행위가 아니라 행위자이다"라고 하는 행위자주의를 제창하고 형벌의 성질을 목적형 · 교육형으로 파악하여 특별예방을 중시하였다. 이러한 관점에서 범죄자를 위험성과 개선가능성에 따라 분류하여 각각에 대응하는 형을 부과해야 한다고 하였다. 즉, ① 개선불능범죄자에 대하여는 사회로부터 영구격리를 목적으로 한 사형 또는 종신형을, ② 개선가능한 범죄자에 대하여는 개선교육을 목적으로 한 교육형을, ③ 우발범죄자와 기회범죄자에 대하여는 위하형을 부과해야 한다고 주장하였다.

이원설은 리스트가 중심이 되어 만들어진 '국제형사학협회'의 활동에 의해 각국의 범죄학 및 형법학에 큰 영향을 미쳤다.

제 2 장 범죄원인론의 전개

제 1 절 범죄인류학파의 전개

롬브로조가 제창한 범죄인류학은 고링 등의 거센 비난을 받고 점차 지지를 잃어 갔으나 범죄자 개인의 소질에 착안한 연구는 20세기에 들어 범죄생물학 및 범죄정신의학으로 새로운 발전을 이루게 된다. 이 중 범죄생물학은 범죄자의 신체적 특성에 착안한 접근이며, 범죄정신의학은 범죄자의 정신적 특성에 착안한 접근이다.

I 범죄생물학의 흐름

범죄생물학 중에도 ① 체질·기질에 주목한 체질생물학, ② 유전에 주목한 유전생물학의 두 가지 흐름이 있다.

1. 체질생물학

체질생물학으로는 독일의 크레츠머Ernst Kretschmer와 미국의 셀던William Sheldon에 의한 연구가 유명하다.

크레츠머는 인간의 체형을 세 가지로 분류하고 이에 대응하는 기질과 성격을 찾고자 하였다. 즉, ① 비만형은 순환성 기질에, ② 세장細長형은 분열성 기질에, ③ 투사형은 점착성 기질에 각각 결부되기 쉽다고 하였다. 그리고 순환성 기질은 사교·개방·명랑과 같은 성격적 특징을 보이고, 분열성 기질은 반대로 비사교적·내향적·폐쇄적·고지식 등의 성격적 특징이 있으며, 접착성 기질의 경우 꼼꼼함·의리·신중과 같은 성격적 특징을 보인다고 주장하였다. 이러한 크레츠머의 분류를 슈밥과 리들Riedl 등의 연구자가 조사대상 범죄자에 적용시켜 본 결과,

범죄자 중에는 비만형이 적은 반면 세장형이 많고, 또한 세장형은 어린 시절부터 반복적으로 범죄를 저지르기 쉬운 경향을 보인다고 주장하였다.

셀던은 크레츠머의 체형 분류에 맞지 않는 사람이 많다고 하여 독자적인 신체 측정법에 기초하여 인간의 체형과 기질과의 대응관계를 ① 내배엽성 → 내장긴장형 기질, ② 중배엽형 → 신체긴장형 기질, ③ 외배엽형 → 두뇌긴장형 기질의 세 가지로 분류하였다. 이후 미국의 글룩 부부S. Gleuk & E. Gleuk가 셀던의 분류에 따라 비행소년을 대상으로 조사한 결과, 비행소년은 중배엽형이 높은 비율을 차지하고 외배엽형은 적은 것으로 나타났다.

2. 유전생물학

(1) 쌍생아 연구

쌍생아 연구는 범죄와 유전의 관계를 증명하고자 하는 것이다. 쌍생아는 일란성 쌍생아와 이란성 쌍생아가 있는데, 일란성 쌍생아는 유전자가 동일하고 소질이 동일한 것에 비해 이란성 쌍생아는 유전자와 소질에 차이가 있다. 그러나 모두 자라난 환경은 동일한 경우가 많다. 그래서 쌍생아 모두가 범죄를 저지른 비율(범죄일치율)을 비교하여 이란성 쌍생아보다 일란성 쌍생아 쪽이 비율이 높으면 유전이 범죄에 미치는 영향을 실증할 수 있을 것으로 생각하였다.

쌍생아 연구의 막을 연 것은 독일의 생리학자 랑게J. Lange가 1929년에 발간한 『범죄는 숙명이다』이다. 그는 감옥에 수용되어 있는 쌍생아 범죄자 중 한쪽을 찾아 다른 한쪽이 범죄를 실행하고 있는지 여부를 조사하였다. 그 결과, 일란성 쌍생아의 경우 13명 중 10명이 범죄를 저질렀던 반면 이란성 쌍생아의 경우는 17명 중 2명이 범죄를 저지른 것으로 나타났다.

일본에서는 요시마스 슈후吉益脩夫 박사의 연구가 유명하다. 이 연구에서는 135쌍의 쌍생아를 조사한 결과, 일란성에서는 3분의 2가 이란성에서는 3분의 1이 양쪽 모두 범죄를 저지른 것으로 나타났다. 또한, 일란성에서는 양쪽 모두 어린 시절부터 범죄를 시작(기준은 25세)한 반면, 이란성은 상당히 나이가 든 시점부터 범죄를 저지르는 경향을 보였다고 주장하였다.

이 외에도 여러 연구가 있으나 그 결과는 거의 유사한 경향을 보이고 있다. 이러한 결과를 전제하는 한 동일한 환경에서 자란 경우 일란성의 쪽이 함께 범죄를 저지를 확률이 높기 때문에 유전은 범죄에 영향을 준다고 말할 수 있을 것이다.

그러나 쌍생아 연구에 대해서는 의문도 제기되고 있다. 첫째, 조사대상의 전체 수가 적기 때문에 결론을 일반화하는 것은 곤란하다. 다음으로 방법론에서도 의문이 있다. 일란성 쌍생아의 경우에도 한쪽만이 범죄를 저지르는 사례가 존재하는 것은 쌍생아를 둘러싼 환경의 역할의 중요성을 추측하게 하는 것이다. 이러한 점에 대해서 후기 쌍생아 연구는 '범죄소질에 관련하는 하나의 악성유전자가 존재한다'는 기존의 이론적 전제를 부정하고 범죄는 유전과 환경의 상호작용이며, 또한 범죄소질에 관련하는 단일 악성유전자는 존재하지 않고, 다수의 유전자가 상호작용하여 범죄를 발현시킨다고 하는 이론적 전제에 서게 되었다.

어쨌든 소질이 범죄에 어느 정도 영향을 미칠 수 있다고 하더라도 그것이 어떻게 영향을 주고 있는지에 대해서는 해명이 되지 않았고, 이 연구에 의하면 다른 요인의 영향을 이끌어낼 수 없다. 이러한 점에서 쌍생아 연구는 오늘날 적어도 범죄학의 영역에서 사라졌다고 말할 수 있다.

유전과 범죄의 관계에 대해서는 쌍생아 연구 외에도, 이전에는 범죄자들을 많이 배출하는 가계를 조사하여 가계도에 의해 범죄성 유전을 입증하려고 하는 이른바 범죄자가계연구도 이루어지고 있었다. 그러나 특정기질이 부모로부터 계승되는 경우가 있다고 하더라도 범죄적 유전인자라는 것이 존재하고 그것이 계승되는 것이 아니다. 또한, 한 가계에 범죄자가 많다고 하더라도 그것은 열악한 사회적 환경에 기인한 면이 적지 않다고 생각된다. 이러한 이유로 범죄자 가계의 연구도 지지를 잃어 갔다.

(2) 성염색체 이상과 범죄와의 관련 연구

인간의 정상적인 성염색체는 남성이 XY이고 여자가 XX이다. 이에 비해서 성염색체 이상은 ① XXY형(클라인펠터 증후군), ② XYY형, ③ XXX형(트리플 X형 증후군), ④ XO(터너 증후군) 등 다양한 유형이 있는 것으로 보고되고 있는데, 범죄와 관련해서 특히 문제가 되어 온 것은 ①과 ②의 유형이다.

a) 클라인펠터^Kleinfelter 증후군

XXY 성염색체 보유자는 외모는 남성이지만 신체적으로 여성적인 특징을 가지며, 또한 정신면에서도 다양한 장애 징후를 가진 것으로 알려졌다. 클라인펠터 증후군은 그 신체적 특징의 이상에서 성범죄와의 관계에 관심이 집중되기 쉽지만 양자의 관련성을 뒷받침하는 연구는 지금까지 존재하지 않는다. 한편, 그 정신적 특징과 범죄와의 관련성에 대해서는 이를 인정하는 견해가 유력하다. 클라인펠터 증후군과 책임능력과의 관계는 재판에서도 종종 쟁점이 되고 있으며, 일본에서도 東京地判 昭和60・9・14 判時 1173호 157쪽이 주목을 받았다.

이것은 이전에 2명의 남아를 살해한 클라인펠터 증후군의 남성이 출소 후 다시 남아의 살인미수를 저지른 사건으로, 법원은 "피고인은 클라인펠터 증후군에 의한 지적장애 및 현저한 이상성격 등으로 인해 범행 시 심신미약 상태에 있었다"고 인정하였다. 그러나 이 판결이 클라인펠터 증후군과 책임능력과의 관련을 직접 인정하였다고 보는 것은 적절하지 않다. 본 판결은 비정상적인 염색체를 가지는 것 자체를 책임능력의 판단에서 고려한 것이 아니라, 그것에 기인하여 나타나는 지적장애나 이상성격을 문제로 하여 이것이 생물학적 요소로서 책임능력에 영향을 미친 것을 인정한 것에 지나지 않기 때문이다. 본건의 경우 이러한 지능장애나 이상성격(소아적 성격) 이외에도 출소 후 직계가족을 만나러 갔으나 행방을 알 수 없었고, 또한 일을 찾았으나 구할 수 없었으며, 소지하고 있던 돈을 다 사용하여 공복이었다고 하는 요인이 더해져 상당한 정서불안 상태에 있었다는 사정이 있었다.

b) XYY형의 남성

XYY 성염색체는 남자 성염색체의 수가 정상적인 남자보다 하나가 더 많기 때문에 폭력범죄와의 관련성에 관심이 집중되었고, 1960년대 이후 미국을 중심으로 많은 연구가 이루어졌다. 그러나 이들 연구에서 제기된 XYY 성염색체 소지자의 신체적 특징(키가 크고, 대머리인 젊은 남성, 근시)이나 정신적 특징(정신병질, 공격성, 낮은 지능지수) 및 범죄적 특징(폭력범죄가 많고, 시설 수용률이 높음)의 대부분은 70년 이후에 이루어진 연구에 의해 부정되었다.

일본에서도 XYY 염색체를 가진 남성이 2건의 살인, 강간 등을 저지른 사례가 있지만, 판결에서는 성격적인 편향성이 보이기는 하지만 그것은 유아기부터의 특이한 생활환경에 의한 영향이 크고, 성염색체 이상에 의해 초래되었다고는 할 수 없다고 판시하고 있다.[1]

어쨌든 현재 성염색체 이상과 범죄와의 직접적인 관계는 입증되지 않았다. 또한, 이러한 견해는 사회적인 편견과 결부되기 쉽다는 점에도 주의가 필요하다.

---

1 神戸地尼崎支判 平成3・11・11, 判タ 794호, 276쪽.

Ⅱ 범죄정신의학의 흐름

범죄와 정신장애와의 연관성을 찾으려는 시도는 18세기와 19세기에 걸쳐 시작되었지만 본격적으로 발전한 것은 20세기에 들어와서이다. 20세기 전반에 전개된 범죄정신의학(범죄심리학) 중 대표적인 것으로는 정신병질학과 정신분석학의 두 가지를 들 수 있다.

1. 정신병질학

정신병질학은 범죄원인으로 정신병질을 중시하는 입장인데, 그 대표적인 주장자는 독일의 슈나이더K. Schneider이다. 그에 따르면 정신병질은 인격의 이상성으로 인해 자신이나 사회가 괴롭힘을 당하게 되는 이상인격이라고 한다. 이것은 성격의 이상으로 정신병과는 다르다. 그는 정신병자를 다음의 10가지 종류로 분류하였다. ① 발양형(특징으로 명랑 · 쾌활 등), ② 우울증형(염세적 · 음침함), ③ 자기불확실형(자신감 부족 · 열등감), ④ 광신형(열중형 · 확신적), ⑤ 자기현시형(자기중심 · 허언증), ⑥ 기분이변형(조울 경향), ⑦ 폭발형(히스테리 · 격앙형) ⑧ 정성情性결여형(동정심의 결여, 무관심), ⑨ 의지결여형(인내력의 결여 · 자기중심적), ⑩ 무력형(잦은 병치레 · 신경질). 이 중 특히 ⑦, ⑧, ⑨가 중요한데, 이들 형태가 복합된 성격을 가진 사람이 특히 위험하다고 하였다.

하지만 무엇을 가지고 정신병질로 볼지는 정신의학 분야에서도 의견이 크게 나뉘어져 있으며, 슈나이더가 성격유형별로 제시하고 있는 특징 자체도 반드시 명확하다고는 할 수 없다. 이러한 특징이 어떻게 범죄와 결부되는지는 논증이 어렵다.

2. 정신분석학

정신분석학은 의식 아래의 심층심리를 분석함으로써 범죄를 포함한 인간의 행동을 해명하고자 하는 것이다. 그 주창자는 오스트리아의 프로이트Sigmund Freud이다. 그가 제창한 심층심리학은 다음과 같은 것이다.

인간의 성격은 이드, 자아, 초자아의 세 가지 기본 영역으로 구성된다. 이드는 무의식의 세계로 본능적 · 충동적인 행동을 일으키려고 한다. 이에 비해 초자아는 양심이라고 불리며 인간이 성장하는 가운데 부모의 훈육과 교육에 의해 만들어진다. 마지막으로 자아는 외부로 드러난 성격으로 초자아의 검열을 받으면서 이드와 외부 세계의 요구를 조절하는 작용을 한다.

따라서 인간은 무의식의 세계에서 초자아에 의해 이드를 억제하게 된다. 그리고 어떠한 이유로 초자아의 형성과정이 잘 진행되지 않은 경우(예를 들면 모친의 과보호) 또는 이드와 초자아가 너무 강하기 때문에 자아가 둘 사이에 끼여 어떻게 할 수 없는 상황에 이르러 신경증을 초래한 경우에 범죄를 저지르게 된다.

또한, 프로이트는 인간의 정신구조의 성장과정 중에서 특히 초자아와 이드의 발달에 있어서 중요한 시기인 유아기에 오이디푸스 콤플렉스가 형성된다고 하고 이 콤플렉스의 극복에 실패한 아이에게는 무의식 중에 죄책감이 생기고, 거기에서 자기 징벌의 욕구가 생겨 범죄에 이른다고 설명하였다. 나중에 프로이트의 제자인 아들러Alfred Adler는 오이디프스 콤플렉스에 대신하여 열등감을 가지고 위의 과정을 설명하였다.

제 2 절 범죄사회학의 전개

앞 절에서는 범죄인류학의 흐름을 이어받은 범죄자 개인에 착안한 범죄생물학, 범죄정신의학의 전개를 살펴보았지만, 본 절에서는 또 하나의 흐름인 범죄사회학의 전개에 대해서 살펴보고자 한다.

초기의 범죄사회학은 유럽을 중심으로 전개되었으나, 1920년대 이후에는 미국에서 비약적인 발전을 이루게 되었다. 이들 이론은 사회학 이론을 적용하여 범죄원인을 설명하고자 하였기 때문에 개별 사례에의 적용의 타당성보다는 전체의 경향을 설명하는데 중점을 두고 있다. 이러한 점에서 통합적(일원적) 범죄원인론으로 불린다. 그중에서도 ⓐ 문화전달이론과 ⓑ 사회구조론의 두 가지 흐름이 있다.

I 문화전달이론

문화전달이론은 타르드Gabriel Tarde의 모방설의 흐름을 이어받은 것으로 범죄행동의 학습이라는 점에 주목한 이론이다. 후술하는 사회구조론에 비해 사회심리학적 요소를 중시하고있는 점에 특징이 있다.

1. 비행지역 연구

문화전달이론의 계기가 된 것이 시카고 학파Chicago school의 쇼와 맥케이Shaw & MaKay에 의한 비행지역 연구이다. 그들은 1909년부터 1927년 사이에 시카고 근처에서 비행을 저지른 사람들의 주소를 조사하여 이를 집계한 결과, 지역에 따라 비행발생률에 큰 차이가 있음이 밝혀졌다(도시의 중심가와 인접한 저렴한 임대주택이 자리잡고 있는 빈곤지역이 높고, 교외로 갈수록 낮아지고 있음). 또한, 그 경향은 시간이 경과함에 따라 그 지역의 인종 및 민족 구성이 바뀌어도 변하지 않았다. 그렇다면 범죄의 원인은 개인적인 것이 아니라 지역적인 비행문화가 있고, 그것이 세대를 넘어 계승되어 가는 점에 있는 것은 아닐까라고 생각하였다.

이 문화전달이라는 견해를 상징적 상호작용론과 학습이론을 도입하여 한층 더 발전시킨 것이 서덜랜드E. Sutherland의 '차별적 접촉이론'이다.

2. 차별적 접촉이론

서덜랜드에 따르면 범죄는 개인이 범죄적인 문화나 범죄행동 유형과 접촉하고, 거기에 속한 사람들과의 상호작용을 통해 학습된다. 범죄문화에의 접촉방법은 다양하고(차별적 접촉, 이질적 접촉) 그 정도가 클수록 범죄에 빠지기 쉽다.

서덜랜드의 이론은 모든 범죄에 공통되는 범죄원인의 일반이론을 정립하고, 범죄학의 중점을 개인의 소질적인 요인에서 사회환경적 요인으로 옮기는 것을 의도한 것으로 당시의 범죄학에 큰 영향을 주었다.

한편, 이 이론은 다음과 같은 비판도 받았다. ① 동일하게 범죄문화에 접촉하면서 범죄를 저지르는 자와 그렇지 않은 자가 있다는 것을 설명할 수 없다. ② 일반적인 이론으로 범죄에는 예를 들면 충동범죄처럼 학습이라는 요소와 결부되지 않는 것도 존재한다.

이러한 비판을 받아 차별적 접촉이론에 대해서 수정을 시도한 것이 글래이저에 의해 제창된 '차별적 동일화이론'이다.

3. 차별적 동일화이론

글레이저Daneil Glaser는 동일하게 범죄문화에 접촉하면서 범죄를 저지르는 자와 그렇지 않은 자가 있는 이유는 무엇인가라는 의문에 대해 다음과 같은 설명을 시도하였다.

개인은 범죄행동과 문화에 접촉할 뿐만 아니라 그것에 동일화될 때 비로소 범죄로 나아가게 된다. 여기서 말하는 동일화는 타인의 입장에 서서 자신의 행동을 바라보는 것을 의미하고, 인간은 자신의 행동을 이해해 주는 사람(구체적인 존재가 아닌 관념적인 존재도 상관없다.)이 자신의 행동을 어떻게 평가하는지를 판단해서 행동한다. 예를 들면 범죄행위를 그 사람이 지지해 준다고 생각하면 범죄를 저지르고, 그것을 부정한다고 생각하면 범죄로 나아가지 않는다.

이와 같이 글레이저는 사회심리학적인 관점에서 서덜랜드의 차별적 접촉이론을 수정하였다.

Ⅱ 사회구조론

사회구조론은 뒤르켐 등의 사회학 이론의 흐름을 이어 받은 것으로, 사회구조에 주목하는 접근방식이다.

1. 문화갈등이론

문화갈등이론은 1930년대 후반 셀린Sellin에 의해 제창된 이론이다. 셀린은 범죄의 원인을 문화의 갈등에서 찾았다. 하나의 사회에 복수의 문화, 즉 행위규범이 존재하면 그것이 갈등을 일으킨다. 그중에서 우세한 행위규범이 법이라는 형태를 취할 때 그것에 반하는 행위가 범죄나 비행이 된다고 생각하였다.

셀린은 문화갈등에는 1차적인 것과 2차적인 것이 있다고 하였다. 제1차 문화갈등은 이민에 의한 개별 문화의 반입에 의한 것으로 기존의 미국 문화와의 갈등이며, 제2차 문화갈등은 동일한 문화를 가지고 있던 사회 안에서 가치관이 다양화되고 다원화됨에 따른 문화갈등이다. 이 제2차 문화갈등은 상류계급과 하류계급의 생활양식의 차이에서 발생하는 것이다.

이 문화갈등이론이 등장한 배경에는 그 당시 이민이 대량으로 유입된 것에 따른 것으로, 다양한 문화가 미국 사회에 동시에 반입되었다고 하는 사정이 있었다.

2. 아노미이론

머튼Robert Merton은 1949년에 발간한 『사회적 이론과 구조』에서 아노미이론을 제창하였다. 그에 따르면 문화적 목표(예를 들면 돈을 벌어 부자가 된다)와 그것을 달성하기 위한 제도적 규범에 간극이 생겼을 때 아노미가 발생한다. 예를 들면 사회구조상 일정한 계층에 속하는 사람은 합법적인 방법으로 목표를 달성할 수 없는 경우 제도 규범에 대한 공감을 잃고 아노미 상태에 빠지게 된다. 현대 사회에서는 경제적 성공이 많은 사람들의 목표가 되고 있지만, 한편으로 부를 획득하기 위한 합법적인 수단이 반드시 모든 사람에게 주어지지 않기 때문에 '준법 의식이 쇠퇴한 사회구조'가 되어 거기에서 범죄가 발생한다고 하였다.

뒤르켐은 사회적 규범이 위기적 상황하에서 상실된 상태를 아노미라고 불렀는데, 머튼은 이를 보다 일반화하여 사회적 구조로서의 아노미를 가정한 것이다.

3. 비행하위문화이론

코헨A.K. Cohen은 범죄는 경제적 성공이라는 사회 공통의 목표를 달성하기 위해서 이루어지는 것이 아니라, 비행집단의 고유한 비행하위문화를 위해 이루어진다고 주장하였다. 하위문화는 사회의 특정집단에 의해 공유되는 문화를 말하며, 비행하위문화는 그중 비행으로 이어지는 문화를 의미한다.

하급계층에서는 태어날 때부터 사회구조상 문화 목표를 달성할 수 없기 때문에 거기에 속한 사람은 중산계급에 반발하여 이에 대항하는 문화를 만들어 낸다. 그리고 이 비행하위문화는 비합리성, 파괴지향, 부정주의, 단락적 향락, 집단의 독자성과 같은 특징을 가진다. 따라서 비행소년은 반드시 물건을 가지고 싶어서 훔치는 것이 아니라 잘 훔쳤을 때의 쾌감을 얻기 위해 물건을 훔친다. 이와 같이 범죄는 목표달성을 위해서 이루어지는 것이 아니라 그 문화 때문에 이루어진다고 하였다.

이러한 코헨의 견해에 대해서는 다음과 같은 비판이 있다.

맛차D. Matza는 비행문화에 지배된 인간이라는 것은 존재하지 않는다고 하였다. 그리고 그는 비행소년의 자유의지를 중시하는 관점에서 비행표류이론을 제창하였다. 즉, 비행소년도 일반사회의 문화도 지니고 있으며, 그러한 의미에서 비행과 비행을 하지 않는 생활양식의 사이를 표류하고 있다. 많은 비행소년이 성숙해짐에 따라 비행을 멈추는 것도 그들이 표류에서 빠져 나가기 때문이라고 하였다.

또한, 사이크스Sykes는 '심리적 중화'의 개념을 제창하였다. 예를 들면 비행을 한 소년은 자신의 행위를 정당화하려고 하여 비행을 하게 된 것은 부모나 교사가 나쁘다고 하거나 피해자에게 잘못이 있었다는 등의 형태로 책임을 전가하려고 한다. 비행문화에 지배되고 있는 것이라면 이런 일을 할 필요가 없다고 하는 이유이다.

4. 차별적 기회구조이론

이상에서 기술한 아노미이론, 차별적 접촉이론 및 비행하위문화이론의 각각의 단점을 비판하면서 그 장점을 살려 이러한 이론의 통합을 시도한 것이 클로워드R. A. Cloward와 올린L. E. Ohlin에 의해 제창된 차별적 기회구조이론이다.

클로워드와 올린은 우선 아노미이론의 문제점으로 목표 달성을 합법적으로 할 수 없다고 해서 바로 범죄로 이어지는 것은 아니기 때문에 여기에서는 목표 달성을 위해 불법적인 수단을 사용할 수 있는 가능성에 대한 고려가 부족하다고 하였다.

한편, 차별적 접촉이론이나 비행하위문화이론에 대해서는 범죄문화에 접촉하더라도 범죄로 나아가지 않는 자도 있기 때문에 여기에서는 합법적인 수단을 취할 수 있는 가능성에 대한 고려가 부족하다고 하였다.

이러한 점을 감안하여 클로워드와 올린은 개인이 목표를 달성하려고 할 때 합법적인 수단을 취할지 또는 불법적인 수단을 취할지는 사회구조 속에서 그중 어떤 수단을 보다 이용할 수 있는 지위에 놓여 있는지에 따라 결정된다고 주장하였다.

즉, 인간은 합법적인 문화에 접촉할 가능성과 범죄문화에 접촉할 가능성을 모두 가지고 있으며 그중 어느 쪽에 보다 접촉하여 그것을 학습하고, 또한 각각의 수단을 실제로 실행하는 기회를 가질 수 있었는지에 따라 범죄를 저지를지의 여부가 결정된다. 그리고 그 정도는 사회계층별로 다르다고 하였다.

5. 통합적 원인론의 특징과 한계

앞서 언급하였듯이 미국을 중심으로 전개된 다양한 범죄원인론은 사회학 이론을 적용하여 범죄원인에 대해서 통합적으로 설명하려는 것이기 때문에 통합적(이원적) 범죄원인론이라고 불리고 있다. 이러한 접근은 범죄현상을 거시적인 관점에서 분석하는데 도움이 되는 경우가 많지만, 한편으로 다음과 같은 한계가 있음에 유의할 필요가 있다.

첫째, 일반이론인 이상 그것을 적용할 수 없는 사례는 반드시 나오게 된다. 큰 틀에서 또는 방향설정의 의미를 가지는 것에 지나지 않는다고 생각하는 것이 좋을 것이다. 또한, 이 이론은 주로 1960년대부터 70년대에 걸친 범죄증가를 배경으로 대도시의 빈민가, 하류계층, 특정인종에 있어서의 높은 범죄율을 해명하는 데 중점을 둔 이론으로 그 이외의 범죄에 대한 설명에는 타당하지 않는 경우가 많다는 점에도 주의할 필요가 있다.

둘째, 이들 이론은 미국 사회를 배경으로 한 논의이기 때문에 일본에 그대로 도입한다고 하더라도 적용할 수 없는 경우가 많다. 예를 들면 일본의 소년비행의 대부분은 중류계층의 일반가정의 소년에 의한 것으로, 그 비행원인을 비행하위문화나 사회구조로는 설명하기 어렵다. 따라서 미국의 이론을 참고할 경우에는 이러한 사회적 배경의 차이를 충분히 염두에 둘 필요가 있다.

제 3 절 다원적 원인론

범죄는 개인의 소질과 사회적 환경의 산물이라는 견해는 이미 독일학파에 의해 제창되었다. 그러나 소질과 환경이라고 하더라도 그 안에 다양한 인자가 존재하고, 구체적인 개인에 주목하게 되면 그것은 더욱 복잡해진다. 이러한 범죄에 영향을 미치는 다원적인 인자를 통계적 방법을 이용하여 과학적으로 입증하려고 한 것이 다원적 원인론이다(다인자설).

이러한 방법을 사용한 연구로는 힐에 의한 것이 유명하지만, 이 힐의 연구를 정리하여 이를 비행예측에 응용한 것은 미국의 글룩 부부이다.

비행예측은 비행소년이 될 가능성이 있는 자를 발견하고 그 자가 비행으로 나아가는 것을 미연에 방지하는 것을 목적으로 하는 것이다. 글룩 부부가 사용한 구체적인 방법은 다음과 같다.

소년원에 수용되어 있는 빈민가 출신의 500명의 소년과, 같은 지역 빈민가 출신의 500명의 비행을 저지르지 않은 소년에 대해서 비행에 관계가 있다고 생각되는 300개의 항목에 대해 설문조사를 실시하였다. 이 중 양자에 차이가 있다고 인정되는 항목 중 5개를 선택하여 예측표를 작성하였다.

예를 들면 가정 내의 인간관계에 대한 항목으로는 ① 아버지의 훈육, ② 어머니의 감독, ③ 아버지의 애정, ④ 어머니의 애정, ⑥ 가족관계의 5개 항목이 제시되고 있다. 이러한 항목이 각각 3개의 카테고리로 나뉘어져 있다. 예를 들면 아버지의 훈육이라면 ⓐ 지나친 엄격함 또는 변덕스러움, ⓑ 관대함, ⓒ 확고함 또는 적절함이다. 이러한 카테고리 별로 비행소년과 비행을 저지르지 않은 소년의 비율을 고려하여 점수를 매긴다. 비행소년의 비율이 높을수록 점수가 높아진다. 이것을 합계하여 일정한 점수에 도달하면 비행소년이 될 것으로 예측한다. 이러한 예측표를 적용한 결과, 80%의 확률로 적중한 것으로 알려졌다.

다원적 원인론은 인자로서 무엇이 존재하는지 알 수 있지만, 그 관계 및 각각의 영향의 정도를 전혀 알 수 없다는 비판도 강하다. 그러한 점은 분명한 사실이지만 대상이 복잡한 인자로 구성된 인간의 행동인 이상 그것은 어쩔 수 없는 측면이 있다. 다원적 원인론의 의의는 원인론에 머물지 않고 대책론으로서의 성격을 가지고 있기 때문에 실무에서 활용하기 쉬운 점에도 있다.

덧붙여서 글룩 부부는 가석방을 결정할 때의 재범예측의 기준을 정립한 것으로 알려져 있다.

제 3 장 범죄학의 전환

제 1 절 낙인이론 등장의 배경

범죄학은 1960년 후반에 미국에서 등장한 낙인이론에 의해 큰 변화를 경험하게 되었다.

종래의 범죄학은 범죄를 저지른 개인에 중점을 두고, 그 개인이 어떻게 범죄로 나아가는지를 문제로 하였다. 여기에는 일정한 내용과 특징을 가진 범죄 혹은 비행이라는 것의 존재가 전제되며, 개인이 범죄를 저지르는 이유로서 생물학적 또는 사회학적 요인을 제시하였다.

이에 비해서 낙인이론은 범죄자는 사회에 의해서 만들어진다고 한다. 즉, 범죄자로 간주되는 자와 사회와의 상호작용에 주목한 것이다. 범죄 혹은 비행이라고 하는 것이 원래 존재하는 것은 아니라 어느 행위에 대해서 예를 들면 경찰이 범죄 혹은 비행이라는 낙인을 붙이는 것으로 인해 범죄 또는 비행소년이 탄생하게 된다. 그리고 그러한 낙인이 붙여진 자는 범죄자, 비행소년으로서 자신의 정체성을 확립하여 범죄, 비행을 반복하게 된다고 생각하였다.

낙인이론이 이 시기에 미국에서 등장한 배경에는 다음의 두 가지 측면이 있다고 한다.

첫째, 전통적인 이론에 대한 비판의 고조이다. 종래에는 앞서 기술한 문화전달이론과 사회구조이론이 미국 범죄학의 주류를 차지하고 있었다. 이들 이론은 범죄의 사회적 원인을 제거함으로써 범죄를 예방하고자 하는 것이다. 그 집대성이라고 할 수 있는 차별적기회구조이론을 이론적 지주로 하여 케네디와 존슨 두 대통령하에서 '빈곤과의 전쟁'이라고 불리는 일련의 복지국가적 정책이 실시되었다(예를 들면 국가원조에 의한 교육기회의 확대, 직업훈련의 실시). 범죄를 만들어 내는 사회구조를 바꾸어 개인이 합법적인 수단을 취할 수 있도록 한다면 범죄는 발생하지 않을 것이라고 생각한 것이다. 그러나 다양한 시책이 실시되었음에도 불구하고 범죄는 증가하였고 재범자도 감소하지 않는다고 하는 결과가 나와 전통적인 이론에 대한 신뢰가 흔들리게 되었다.

둘째, 기존의 정치와 가치관에 대한 불신의 고조이다. 베트남 반전운동, 공민권운동, 대학분쟁 등의 움직임 속에서 기존의 사회제도와 정치제도에 대한 불신감이 확산되었다. 범죄를 특징짓는 공유된 규범의 존재를 부정하고 법집행 기관의 자의적인 행동에 주목하는 낙인이론은 비판적 범죄학으로서 이러한 시대의 조류를 반영한 것이라고 할 수 있다.

제 2 절 낙인이론의 내용

낙인이론의 내용을 어떻게 규정할 것인지에 대해서는 논쟁이 있으나, 그 주창자인 베커H. Becker의 『아웃사이더즈Outsiders』(1963년)에 의하면 대략적인 내용은 다음과 같다.

I 범죄의 개념

종래에는 사회에서 그 구성원에 의해 공유된 규범이 존재하고, 그것에 위반하는 것이 범죄(넓은 의미에서 '일탈'라는 말이 사용되고 있다)라고 여겨져 왔다. 그런 의미에서 일탈은 일정한 공통의 성질을 가지는 것이 된다.

그러나 일탈이라고 하는 것은 그와 달리 당시의 사회 내에서의 다수파 세력 혹은 권력을 가진 사회집단이 그 가치관에 기초하여 규정한 규칙에 반하는 행위에 일탈이라는 라벨을 붙임으로서 생겨나는 것이다. 처음부터 일정한 성질을 가진 일탈행위 유형이 있는 것은 아니다. 그러므로 형사입법도 가치중립적인 것은 아니다.

Ⅱ 낙인의 과정

일탈의 개념이 어느 행위와 그에 대한 사회집단의 반응이라는 프로세스에 근거하여 파악되는 것이라고 한다면, 동일한 행위에서도 이에 대해 사회집단이 반응하지 않으면 결과적으로 일탈로 평가되지 않게 된다. 따라서 구체적인 법집행 과정에 주목할 필요가 있다.

통계에 나타나는 일탈의 숫자는 사회집단의 반응의 정도를 나타내는 것에 지나지 않는다. 경찰에 의해 행위자가 어떤 계층 또는 인종에 속하는지의 여부에 따라 선택적이고 자의적인 법집행이 이루어지고 있으며 이것이 숫자에 반영되어 있다.

Ⅲ 낙인의 효과

일탈자라고 하는 낙인이 붙여짐으로써 그 사람은 자신이 일탈자라는 자기관념을 가지게 되고 일탈행동을 반복하게 된다. 그런 의미에서 낙인은 범죄의 원인이기도 하다. 예를 들면 장난 반으로 행한 행위에 대해서 비행이라는 낙인이 붙여지고 그에 따른 절차에 편입되게 되면 그것이 기반이 되어 정말로 비행소년이 되고 만다.

제 3 절 낙인이론의 평가

낙인이론은 미국에 그치지 않고 이후 세계 각국의 범죄학 및 형사정책에 큰 영향을 미치게 되었는데, 그 의의로는 다음과 같은 점을 들 수 있을 것이다.

첫째, 입법에서 무엇을 범죄로 하는지는 가치중립적인 것이 아니라는 관점을 제시한 점이다. 이것이 범죄개념의 재검토와 비범죄화의 논의의 계기가 되었다.

둘째, 자의적인 법집행이 이루어지고 있는 현상에 대한 비판을 전개한 점이다. 체포, 기소, 평결, 양형의 각 단계에서 인종과 사회계층에 의한 편견이 작용하고 있는 것이 아닌가라고 하는 문제가 제기되었다. 또한, 이러한 비판은 범죄의 현실과 통계 수치와의 관계에 대해서 재검토하는 계기가 되어 통계상의 범죄 증가는 경찰과 언론에 의해 만들어진 국민의 모럴 패닉에 의한 것이라고 하는 모럴 패닉론으로 이어졌다.

셋째, 형사사법이 가지는 부정적인 효과에 대한 관점을 제시한 것이다. 예를 들면 범죄를 저지른 자에 대해서 과학적인 처우의 이름으로 다양한 조치가 이루어져 왔지만 범죄는 감소하지 않고 있고, 형사사법절차에 편입되는 것이 반대로 낙인이 되어 부정적인 효과를 낳게 되는 것은 아닌가, 오히려 그것을 회피하는 것이 좋은 경우도 있는 것은 아닌가라고 하는 문제가 제기되었다. 이러한 견해가 다이버전이나 비시설화라고 하는 정책으로 이어졌다.

한편, 낙인이론에 대해서는 다음과 같은 많은 비판이 제기되고 있다. ① 사회집단에 의한 반응만으로는 파악되지 않는 범죄 역시 있는 것이 아닌가(예를 들면 살인 등의 중대범죄). ② 경험적 연구에 뒷받침된 것이 아니라 단순한 가설에 불과하다. ③ 주로 개별적 법집행 과정에 주목한 것으로 전체로서의 사회구조에 주목하는 관점이 약하다.

이들 비판 중 마지막 비판에 따라 1970년대에 등장한 것이 신범죄학으로 불리는 입장이다(비판적 범죄학, 급진적 범죄학이라고도 불린다). 이 견해는 현재의 법제도 또는 법집행제도는 지배층이 피지배 계층을 지배하기 위한 도구이며, 양자의 관계에 의해 그 내용이 정해진다고 하여 이를 부정한다. 그리고 진정한 범죄는 인종차별과 같은 반사회적 행위이며, 범죄대책이라는 것은 이러한 행위를 없애기 위한 법제도를 포함한 정치적, 경제적 제도의 변혁이라고 주장하고 있다.

낙인이론은 현재의 제도를 전제로 하고 그 개선을 목표로 하는 비판이었던 반면, 신범죄학은 현재의 제도 그 자체를 부정하는 것이라고 할 수 있다.

제 4 장 범죄학의 새로운 동향

낙인이론은 1970년대 이후 점차 그 세력을 잃어 갔다. 그리고 1980년대 들어 미국 사회의 보수화 등을 배경으로 낙인이론을 대체하는 형태로 등장한 것이 통제이론과 합리적 선택이론이다.

제 1 절 통제이론

통제이론은 인간이 '왜 범죄를 저지르는가'가 아니라 '왜 범죄를 저지르지 않는가'를 문제로 하여 범죄에 이르지 않게 하는 통제메커니즘을 해명하고자 하는 이론이다. 이 입장을 집대성한 것이 허쉬Travis Hirschi의 '사회유대이론'이다.

허쉬는 인간은 누구든지 범죄를 저지를 가능성이 있고, 그것을 저지하는 구속 · 사회적 유대가 어떤 조건하에서 약화되거나 결여되면 실제로 범죄를 저지르게 된다고 한다. 즉, 지금까지의 이론이 왜 사람들이 규범에 따르지 않는 것인가를 문제로 하였던 것에 비해 왜 규범을 준수하고 있는지를 문제로 하는 접근이다.

허쉬에 따르면 사람들이 범죄를 저지르지 않게 하는 구속은 다음의 4가지로 이루어진다.

① 애착attachment. 부모, 친구, 교사 등 주위의 인간에게 가지는 애정과 존경을 의미하며, 그들에게 폐를 끼치지 않으려고 하는 마음이 비행을 억제한다. 이것이 가장 중요한 구속이 된다.

② 노력commitment. 범죄나 비행을 저지름으로서 지금까지의 인생에서 투자로 얻은 것을 잃는 것에 대한 두려움을 의미한다. 범죄를 실행하면 지금까지 이루어온 것이 물거품이 되어 버린다고 생각할 때에 합법적 활동으로 돌아온다.

③ 몰두involvement. 합법적인 활동에 사용하는 시간과 에너지의 정도를 의미한다. 이것이 많으면 범죄를 저지를 여유가 없다.

④ 신념belief. 법과 사회규범의 정당성에 대한 확신을 의미한다.

종래의 범죄학이 사회구조에 주목해 온 반면, 허쉬는 범죄자 개인에 주목하고 있다. 또한, 낙인이론에서는 통제강화가 일탈을 낳는다고 하였지만, 허쉬는 통제의 완화가 일탈을 낳는다고 주장한다. 그런 의미에서 이 이론은 보수적인 이론이며 미국 사회의 보수화를 배경으로 한 것이라고 알려져 있다.

하지만 그 주장의 내용은 다양한 범죄대책에 결부될 가능성을 가지고 있다. 예를 들면 위의 ② (노력) 중 범죄를 저지름으로 인한 불이익을 강조하면 엄벌정책으로 이어질 가능성이 있다. 한편으로 가족이나 지역사회와의 유대를 강조하는 주장은 형벌에 의하지 않는 비공식적인 통제를 강화하는 대책으로 이어질 가능성도 있다. 또한, 인간이 손익의 비교 형량에 따라 행동하고 있다는 점은 후술하는 합리적 선택이론에도 이어지는 견해이다.

제 2 절 합리적 선택이론

I 합리적 선택이론 등장의 배경

합리적 선택이론은 범죄는 범죄자에게 있어 합리적인 선택의 결과이며, 예상되는 이익이 예상되는 불이익보다 큰 경우에 범죄를 저지른다고 하는 견해이다. 이 이론도 통제이론과 같이 1980년 이후에 등장한 것으로 현재의 영미에서는 대표적인 범죄학 이론이다. 손익 계산에 따라 합리적으로 행동하는 인간상을 전제로 하고 있다는 점에서 고전학파와 공통점이 있고, 이에 따라 '고전학파 범죄학의 부활'이라고도 불린다.

합리적 선택이론이 등장한 배경에는 다음의 두 가지 측면이 있었다고 한다.

첫째, 사회복귀이념의 쇠퇴이다. 미국의 형사사법에서는 1970년대를 기점으로 범죄자의 치료를 강조하는 이른바 '의료모델'에서 응보와 억제를 강조하는 '공정모델'로의 전환이 이루어졌지만, 이러한 가운데 범죄자를 이질적인 병자로 보는 것이 아니라 오히려 합리적인 선택에 따라 행동하는 존재로 파악하는 견해가 지지되었다.

둘째, 경제이론의 영향이다. 합리적 선택이론은 원래 경제학에서 발전된 이론이지만(그 기본적인 개념은 개인은 많은 선택지 중에서 자유로운 판단에 근거하여 최대 이익을 목표로 행동하는 것이다), 1970년대 이후 법률의 문제를 경제학적 관점에서 분석하는 '법경제학'이 급속히 발전하였고, 이것이 합리적 선택이론을 범죄현상의 분석에 응용한 연구에 박차를 가하였다.

Ⅱ 이론의 내용

합리적 선택이론에 따르면 인간은 행위의 선택과 결정 과정에서 ① 범죄가 성공했을 때 예상되는 이익, ② 범죄성공의 예상 확률, ③ 범죄가 실패했을 때 예상되는 제재의 무게, ④ 예상되는 피검거 확률, ⑤ 범죄에 드는 비용을 고려하여 범죄를 실행한다고 하였다. 이것을 공식으로 표현하면 '성공시 예상이익 × 성공 예상확률' > '실패 시 예상제재(공식제재 + 비공식제재) × 예상 피검거율 + 비용'이 되는 경우에 범죄를 실행하게 된다. 여기서 말하는 '비용'이라 함은 범죄실행과 준비에 소요되는 비용과 시간, 노력 등을 의미한다. '범죄의 이익 > 체포의 위험 × 형벌의 무게'라는 공식으로 나타낼 수도 있지만, 범죄의 이익은 예상에 관련되는 것이라는 점, 비공식적인 제재도 불이익으로 중요한 의미를 가진다는 점, 검거되지 않더라도 발생하는 비용이 고려되지 않는다는 점을 이유로 이 공식으로 나타내는 것은 적절하지 않다는 지적도 있다.[2]

Ⅲ 형사정책에의 영향

합리적 선택이론이 형사정책에 미치는 영향은 두 가지 측면이 있다. 첫째, 범죄로 인한 예상 불이익을 증대시킨다는 발상은 경찰력의 강화와 중벌화 등의 형사

2　田村正博, "犯罪予防の現状と課題", ジュリ 1431号, 2011, 109쪽.

제재의 강화로 이어진다. 둘째, 범죄로 인한 예상이익을 감소시킨다는 발상은 범행을 하기에 좋지 않은 상황을 만들어 냄으로써 범죄를 미연에 방지하고자 하는 견해와 결합되어 다양한 범죄예방으로 이어진다. 합리적 선택이론이 보다 강조한 것은 후자이다.

클라크 등에 의해 제창된 '상황적 범죄예방이론'은 바로 합리적 선택이론에 근거한 것이다. 상황적 범죄예방이론은 ① 범죄예방의 목적은 범죄기회를 감소시키는데 있고(기회감소론), ② 그 방법은 범죄발생의 가능성이 있는 환경에 직접 작용하는 것으로, ③ 그때에는 범죄자의 노력과 위험을 증가시켜 범죄로부터 얻을 수 있는 이익을 감소시키도록 강구해야 한다는 점을 기본적인 내용으로 하는 주장이다. 여기에서 다양한 파생 이론이 제창되었지만, 크게 나누어 외형적인 면을 중시하는 것과 내용적인 면을 중시하는 것이 있는데, 전자의 예는 '방범환경설계CPTED; crime prevention through environmental design'이며, 후자의 예가 '깨진 유리창 이론'이다. CPTED의 개념은 구획성을 강화함으로써 표적에 대한 접근을 방해하는 물리적 장벽을 쌓아 올리고자는 하는 것이다(예를 들면 거리조명의 개선과 주택 · 상가 · 주차장의 감시카메라의 설치 등). 반면, 깨진 유리창 이론은 지역 주민의 방범의식의 저하가 범죄를 유발한다는 전제하에 이러한 방범의식을 높임으로써 심리적인 장벽을 쌓아 올리고자 하는 것이다(예를 들면 경찰과 지역주민과의 연계를 통한 커뮤니티 치안, 지역주민에 의한 순찰, 마을만들기 활동 등).

최근 일본에서도 상황적 범죄예방이론의 개념을 바탕으로 관민 일체가 된 각종 범죄예방시책이 전개되기에 이르렀다(제1권 제2편 참조).

Ⅳ 합리적 선택이론의 의의

1980년대 이후 등장한 통제이론과 합리적 선택이론에 대해서는 다양한 비판이 있다.

첫째, 이러한 이론은 개인의 범죄성향이나 범죄특성이라고 하는 관점이 빠져 있기 때문에 그것이 범죄자의 개선갱생이라고 하는 견해의 부정으로 이어질지도 모른다는 비판이다. 그러나 이러한 이론이 사회복귀이념이 후퇴한 시대 배경하에서 등장한 것은 확실하지만, 이론의 내용 자체가 범죄자의 사회복귀를 위한 시책을 부정하는 것은 아니다. 확실히 범죄성의 제거라고 하는 종래의 범죄원인론의 정책지향에 비해 합리적 선택이론에 입각한 대책은 대중요법적인 것이 많지만, 이것을 범죄자의 개선갱생과 함께 범죄를 방지하기 위한 하나의 수단으로 파악할 수 있다. 그런 의미에서는 사회복귀의 사상이 여전히 강한 일본에 있어서도 참고가 되는 관점을 제공한다고 할 수 있다.

둘째, 이들 이론에서는 격정범 등의 설명을 할 수 없다고 하는 비판도 있다. 확실히 모든 범죄가 합리적인 것은 아니기 때문에 이 이론에 의해 모든 범죄를 설명할 수 없다는 것은 사실이다. 그러나 범죄의 대부분은 어떠한 합리적인 판단에 근거하여 행해지고 있다는 것도 사실이기 때문에 거기에 대응하는 대책을 강구하는 것의 효과성은 부인할 수 없는 것이다. 최근에는 화이트칼라범죄 또는 조직범죄뿐만 아니라 길거리범죄와 약탈범 등에 있어서도 비용과 이익이 주의 깊게 형량된 후 실행에 이를지의 여부가 판단되고 있다는 주장도 제기되고 있다.

제 3 절 범죄원인론의 과제

이상과 같이 현재 미국에서는 사회복귀이론과 사회구조론은 예전의 기세를 잃고 있고, 통제이론과 합리적 선택이론이 범죄학의 주류를 차지하고 있다. 종래의 원인론에 근거한 대책이 두드러진 효과를 거두지 못했다는 점이 가장 큰 요인이지만, 그 외에도 이론이 너무 일반론으로 치우치거나 이데올로기에 너무 치우쳤다고 하는 방법론상의 문제가 있었던 것도 부정할 수 없다고 생각된다. 또한, 만일 범죄의 원인이 해명되었다고 하더라도 그것을 제거하기 위한 교정프로그램의 개발이나 사회구조의 개혁에는 많은 노력과 비용이 소요된다고 하는 실질적인 어려움도 있었다. 이러한 상황 속에서 상대적으로 비용이 적게 드는 경제적이고 효율적인 범죄대책을 제창한 합리적 선택이론과 상황적 범죄예방이론이 각광을 받게 되었다고 할 수 있다.

그러나 상황적 범죄예방이론에 근거한 시책은 어디까지나 범죄를 방지하기 위한 하나의 시책에 불과한 것으로 결코 만병통치약이 아니다. 기존의 범죄원인론도 각각 올바른 관점을 가지고 있다고 생각되기 때문에 그것을 결합하여 보다 세밀한 분석을 기반으로 하는 범죄대책을 착실하게 추진해 나가는 것이 중요할 것이다. 또한, 그때에는 예를 들면 절도와 같은 범죄와 조직범죄를 일원적으로 설명하고자 하는 것이 무리인 것처럼, 범죄자와 범죄의 유형에 따른 원인론과 대책론을 생각해 나가는 것이 필수적이라고 생각한다.

[참고문헌]

瀬川晃, 犯罪学, 成文堂, 1998.

越智啓太編, 犯罪心理学, 朝倉書店, 2005.

矢島正見=丸秀康 = 山本功編著, 改訂版 よくわかる犯罪社会学入門, 学陽書房, 2009.

ロバート・リリーほか著 (影山任佐監訳), 犯罪学 [第5版], 金剛出版, 2013.

守山正 = 小林寿一編著, ビギナーズ犯罪学, 成文堂, 2016.

제 2 편

범죄대책

제 1 장 형벌과 보안처분

제 1 절 총설

I 형벌의 종류

형벌에는 생명을 빼앗는 생명형, 신체에 대해 직접적인 고통을 가하는 신체형, 대상자를 일정한 시설에 수용하여 신체의 자유를 박탈하는 자유형, 재산상의 불이익을 주는 재산형, 불명예스런 조치를 취하는 명예형 등이 있다. 일본의 현행법은 사형, 징역, 금고, 벌금, 구류, 과료, 몰수의 7가지를 형벌로 규정하고 있고(형 제9조), 이 중에서 사형이 생명형에, 징역 · 금고 · 구류가 자유형에, 벌금 · 과료 · 몰수가 재산형에 해당한다. 신체형과 명예형에 해당하는 형벌은 현행법상 존재하지 않는다. 또한, 다른 나라에서는 보호관찰과 사회봉사활동을 형벌로 정하고 있는 곳도 있지만, 일본에서는 이들을 독립한 형벌로 다루고 있지 않다.

형벌은「형법」제9조에서 규정한 7가지로 제한된다. 이 외의 처분은 설령 제재로서의 성격을 가지고 범죄행위를 계기로 부과된다고 해도 형벌이 아니다.

형벌은 주형과 부가형으로 구분된다. 주형은 그 자체를 독립하여 부과할 수 있는 반면, 부가형은 원칙적으로 주형을 선고하는 경우에만 부과할 수 있다. 현행법의 형벌 가운데 사형, 징역, 금고, 벌금, 구류, 과료가 주형이고 몰수가 부가형이다(형 제9조).

II 형벌의 정당화 근거

형벌의 정당화 근거에 관한 학설은 크게 ① 형벌은 범죄를 저지른 것에 대한 보복으로서 부과되는 것으로, 그 자체가 정의로운 것이므로 정당화된다는 절대적 응보형론, ② 형벌은 범죄를 방지하기 위해 부과하는 것으로, 범죄의 방지효과가 있기 때문에 정당화된다는 목적형론, ③ 형벌은 응보인 동시에 범죄예방의 효과를 가짐으로써 정당화된다고 하는 상대적 응보형론으로 구분된다.[3] 이 가운데 목적형론에는 형벌의 예고와 부과를 통해 잠재적 범죄자에 의한 범죄를 억지하는 것을 내용으로 하는 일반예방론과 실제로 형벌이 부과되는 범죄자 자신이 장래에 재범하는 것을 방지하려고 하는 특별예방론이 있다. 일반예방론은 전통적으로 형벌의 위하에 의한 예방을 주장해 왔지만(소극적 일반예방론), 최근에는 범죄자를 처벌함으로써 규범의 존재를 확인시키고 일반국민의 규범의식을 각성·강화함으로써 범죄를 예방한다는 이론(적극적 일반예방론)도 주장되고 있다. 이 이론은 법규범이 침해된 경우에 제재가 따르지 않으면 법규범에 대한 신뢰가 무너져 범죄를 저지르는 자가 나오기 때문에, 형벌을 부과함으로써 이를 막는다는 의미에서 일반예방을 문제로 삼지만, 그 방법이 전통적인 일반예방론과는 다르다. 또한, 특별예방에는 범죄자에 대한 위하를 통한 억지, 사회로부터 범죄자를 격리하는 것을 통한 억지, 형벌을 집행하면서 실시하는 처우에 근거한 범죄자의 개선갱생의 결과로서 재범방지가 포함된다. 특별예방론이라 하면 마지막의 의미로 사용되는 경우가 많다.

이 외에 형벌의 목적을 일원적으로 이해하는 것이 아니라, 입법단계, 재판에서 형의 선고단계, 형의 집행 단계로 나누어 각각의 단계에서 중점이 다르다고 하는 이론도 있다(삼원설). 이에 따르면 입법단계에서는 위하에 의한 일반예방이 주된 목적이 되고, 재판단계에서는 일반예방과 특별예방이 함께 목적이 되며, 집행단계에서는 개선갱생을 통한 특별예방이 주된 목적이 된다고 한다.

형벌의 목적에 관한 이상의 논의는 주로 자유형인 징역형을 가정한 것이다. 예를 들어 사형에 대해서는 범인의 개선갱생을 통한 특별예방이 있을 수 없고, 벌금에 대해서는 범인을 사회로부터 격리한다는 특별예방이 있을 수 없다. 그러므로 형벌의 목적론은 시설 내 처우의 이념이라는 문제와 중복되는 부분이 많고, 여기에서 이론의 차이가 가장 선명하게 드러나게 된다(제3편 제3장 제2절(수형자의 교정처우)를 참조).

---

3 内藤謙, 刑法講義総論(上), 有斐閣, 1983, 120쪽 이하.

제 2 절 사형

I 사형제도의 현황

1. 대상범죄

현행법상 사형을 부과할 수 있는 죄는 형법에 12종류(내란수모, 외환유치, 외환원조, 현주건조물등방화, 격발물파열, 현주건조물등침해, 기차전복등치사, 왕래위험에의한기차전복등, 수도독물혼입치사, 살인, 강도치사, 강도강간치사)가, 특별법에 7종류(폭발물사용, 결투치사, 항공기강취등치사, 항공기추락치사, 인질살해, 조직적살인, 해적행위등치사)가 있다. 그러나 재판에서 실제로 사형이 적용되는 죄는 살인 및 강도살인 사건에 한정되고 있다.

또한, 범행 시에 18세 미만이었던 사람에 대해서는 사형으로 처단해야 하는 경우에는 무기형을 부과하도록 규정하고 있기 때문에(소 제51조), 위의 죄를 범한 경우라도 사형의 적용이 일률적으로 제외된다.

2. 사형판결의 선고수

제2차 세계대전 이후 제1심의 연도별 사형판결 선고인원은 1948년 116명을 정점으로 감소경향을 보이며, 1970년대 이후로는 대략 10명 미만을 기록했다. 그러나 양형 전체가 엄벌화경향을 보이면서, 2000년부터 증가경향이 시작되어 2002년에는 18명이 선고되었다. 그 후에는 증감을 반복하면서 2016년에는 3명이 선고되었다.

3. 사형의 집행

(1) 집행방법과 절차

사형판결이 확정된 사람은 집행될 때까지 형사시설에 구치된다(형 제11조 제2항). 처우에 관해서는 「형사수용시설 및 피수용자 등의 처우에 관한 법률」(형사수용시설법)에 규정되어 있다. 동법에서는 사형확정자가 사형의 집행을 기다리는 처지에 있어, 정신적으로 큰 고통을 겪고 있기 때문에, 그 사람이 심정의 안정을 얻을 수 있도록 유의할 것을 사형확정자의 처우원칙으로 삼고 있다(형사수용 제32조 제1항). 또한, 그 동정 및 심신의 상황을 주의깊게 관찰하면서 적절한 처우를 개별적으로 하기 위해서 거실 내 처우를 원칙으로 하는 한편, 거실을 단독실로 하고 사형확정자 상호 간의 접촉을 원칙적으로 금지하고 있다(동법 제36조).

사형확정자는 수형자와 달리 형의 집행을 받고 있는 것은 아니지만, 그 구치는 사형의 집행행위에 필연적으로 부수하는 조치로, 미결구금자의 구금과도 성질을 달리하는 것이다. 그 때문에 사형확정자의 외부교통 등에 대해서는 미결구금자와 달리 자유가 원칙이 아니고 일반적인 피수용자에게 형사시설의 규율 및 질서의 유지를 이유로 공통적으로 부과되는 제한에 더하여, 그 지위에 대응하는 일정한 제한이 부과되고 있다(형사수용 제120조, 제139조).

사형의 집행은 교수의 방법으로 이루어진다(형 제11조 제1항). 그 구체적인 내용은 1873년 발포된 태정관포고 제65호가 정하고 있는데, 대상자를 교수대 위에 세우고 밧줄을 목에 맨 다음, 발판을 내려서 질식사하게 하는 집행방법이 채택되고 있다.

집행은 법무대신의 명령에 의해 검찰관, 검찰사무관, 형사시설의 장 또는 그 대리자의 입회하에 이루어진다(형소 제477조 제1항). 법무대신의 명령은 판결확정일로부터 6개월 이내에 해야 하지만, 상소권회복 혹은 재심청구, 비상상고 또는 사면의 신청 등을 하고 그 절차가 종료될 때까지의 기간 및 공동피고인이었던 자에 대한 판결이 확정될 때까지의 기간은 6개월의 기간에 산입하지 않는다(동법 제475조 제2항). 다만, 이는 훈시규정으로 해석되고 있어, 6개월 기간 내에 법무대신이 명령을 내릴 법적 의무는 없고, 또한 그 기간을 지났다고 해서 집행을 할 수 없게 되는 것도 아니다. 실제로도 6개월 내에 사형이 집행되는 사례는 없고, 확정으로부터 수년 정도의 기간이 통상적으로 걸린다.

실무상으로는 사형이 확정된 사건에 대하여 법무성 내부에서 다시 심사를 하고, 마지막으로 법무대신의 명령을 받는 형태로 이루어지고 있다. 법무대신의 명령이 내려진 경우에는 5일 이내에 집행된다(형소 제476조).

사형을 선고받은 자가 심신상실의 상태에 있는 경우 및 사형을 선고받은 여자가 임신하고 있는 경우에는 법무대신의 명령으로 집행이 필요적으로 정지된다(형소 제479조 제1항, 제2항).

운용상 사형을 집행할지 여부는 사형확정자 본인에 대해서도 직전에 고지될 뿐, 일반사회에 대해서는 물론 사형확정자의 가족에게도 사전에 알려주는 일은 없다. 본인의 심정 안정을 이유로 들지만 그 타당성에 대해서는 논란이 있다. 또한, 과거에는 개별 사형집행에 관해서는 일체 정보를 공표하지 않았지만 2007년부터는 집행 후에 집행된 자의 성명, 집행일, 집행장소를 공표하도록 되어 있다.

(2) 현실의 집행수

사형의 집행수는 새로 사형이 확정되는 자의 수와 마찬가지로 장기적으로는 감소 경향을 보이고 있다. 다만, 법무대신의 명령이 집행에 필요하므로, 집행될지 여부는 법무대신마다의 의향에 좌우되는 면도 있어 집행수는 해마다 차이가 크다.

최근 새로 사형이 확정되는 사람이 증가하기도 했고, 매년 사행집행수가 새로 사형이 확정되는 사람의 숫자에 미치지 못하는 상황이 고정화되어, 2017년말 기준으로 형사시설에 수용되어 있는 사형확정자의 수는 122명이다. 또한, 최근 매년 1명에서 수명의 사형확정자가 사형이 집행되지 않은 채로 사망하고 있다.

Ⅱ 사형의 합헌성

1. 판례의 동향

사형에 관하여는 다양한 각도에서 합헌성이 문제되어 왔지만, 판례는 일관되게 사형의 합헌성을 인정하고 있다. 우선 사형 자체가 「헌법」 제36조가 금지하는 잔학한 형벌에 해당하여 위헌이라는 문제에 관해서, 최고재판소는 「헌법」 제13조는 생명도 공공의 복지에 반하는 경우에는 입법으로 제한, 박탈되는 것을 전제로 하고 있는 점, 또한 제31조는 법률로 정한 절차에 따라 생명을 박탈할 수 있다고 하고 있는 점에서 헌법 자체가 생명을 박탈하는 것을 예정하고 있다고 하여 사형을 합헌이라고 하였다.[4] 다만, 사형의 집행방법에 따라서는 그 시대와 환경을 고려할 때 잔학한 형벌이 되는 경우도 있을 수 있다고 하고 있다.

4 最判 昭和23・3・12 刑集 2권 3호 191쪽.

이 판결에 이어 다음으로는 형법이 정하고 있는 사형의 집행방법인 교수형이 잔학한 형벌에 해당하는가가 다투어졌는데, 최고재판소는 교수형이 총살, 전기살 등의 다른 집행방법에 비교하여 인도상 잔학하다고는 할 수 없다고 하여 합헌으로 하였다.[5]

나아가 집행방법 그 자체가 아니라 사형판결이 확정된 사람에 대하여 언제 사형이 집행될지 알 수 없다는 극도의 정신적 긴장을 초래하는 구금을 장기간 계속한 다음에 사형을 집행하는 것이 잔학한 형벌에 해당하는 것이 아닌가도 문제로 되었다. 최고재판소는「형법」제11조 제2항 소정의 구금은 사형의 집행행위에 필연적으로 부수하는 행위로서, 사형의 집행에 이르기까지 계속해야 한다고 법정되어 있는 이상, 위의 1948昭和23년 판결의 취지에 비추어보면 잔학한 형벌에 해당하지 않는 것이 명백하다고 하였다.[6]

또한, 집행방법인 교수의 구체적인 내용을 태정관포고 제65호로 규정하고 있는 것이 집행방법에 대한 법률의 근거를 결여하므로「헌법」제31조에 반하는 것이 아닌가가 문제되었지만, 최고재판소는 사형의 집행방법에 관한 기본적 사항은 법률로 정할 필요가 있다고 하면서도 태정관포고는 현행 헌법하에서도 법률과 동일한 효력을 가진다고 하여 그 주장을 배척하였다.[7]

이 외에「헌법」제9조, 제13조 및 제25조와의 관계에서도 사형은 합헌이라는 판단이 내려지고 있다.[8]

---

5 最判 昭和30 · 4 · 6 刑集 9권 4호 663쪽. 이 문제는 최근 재판원재판에서 다시 다투어졌다. 변호인은 교수형의 집행상황에 관한 문헌 등의 서증과 외국 법의학자의 증인심문을 통해, 교수형으로 수형자가 죽음에 이르는 과정에서 두부이탈이 발생할 수 있다는 점과 많은 경우 의식상실까지 일정한 시간을 요하여 수형자가 고통을 느낄 가능성이 있다는 점을 입증하여, 교수형은 잔학한 형벌에 해당한다고 주장하였다. 재판소는 사형의 집행방법에 관한 증거조사는 어디까지나 재판관에 의한 법령해석을 위해 한다는 전제에 선 다음 재판원의 입회를 인정하고(재판원 제60조) 참고의견을 듣는 방식을 택했다(동법 제68조 제3항). 그리고 사형의 집행방법이 잔학하다고 평가되는 것은 그것이 비인간적 · 비인도적으로 통상의 인간적 감정을 가진 자에게 충격을 주는 경우에 한정된다고 한 다음에 사형이 수형자에게 정신적 · 육체적 고통을 주고 어느 정도의 참혹함을 수반하는 것은 피할 수 없는 것으로, 위와 같은 사정이 있다고 하여 그것이 잔학한 형벌에 해당한다고는 할 수 없다고 하였다(大阪地判 平成23 · 10 · 31 判タ 1397호 104쪽). 이 결론은 항소심(大阪高判 平成25 · 7 · 31 判タ 1417호 174쪽) 및 상고심(最判 平成28 · 2 · 23 裁判集刑 319호 1쪽)도 지지하고 있다.

6 最決 昭和60 · 7 · 19 判時 1158호, 28쪽.

7 最判 昭和36 · 7 · 19 刑集 15권 7호, 1106쪽.

8 最判 昭和26 · 4 · 18 刑集 5권 5호, 923쪽. 最判 昭和33 · 4 · 10 刑集 12권 5호, 839쪽.

2. 그 밖의 헌법문제

일본의 재판에서는 실제로 다루어진 적은 없지만, 사형의 합헌성에 관해서 죄형균형의 관점에서 사형이 부과되는 죄의 종류도 문제될 수 있다. 미국에서는 연방헌법 수정 제8조로 잔학한 형벌을 금지하고 있는데, 연방대법원이 피해자가 사망하지 않았고 동시에 피고인에게 피해자를 살해할 의도가 없는 강간죄에 대해 선택형으로 사형을 정한 주의 법률에 대하여 현저하게 균형을 잃어 지나치다고 하여, 그 법률이 수정 제8조에 위반하였다고 한 판례가 있다.[9]

또한, 연방대법원은 지적장애자에 대한 사형 및 18세 미만인 사람에 대한 사형을 역시 마찬가지로 수정 제8조에 반하여 위헌이라고 하고 있다.[10] 모든 판결에서 각주의 입법 동향과 함께, 지적장애자 및 18세 미만인 사람의 능력이 다른 사람에 비교하여 유형적으로 낮다는 점을 이유로 들고 있는데, 이는 피고인의 행위시의 책임능력의 정도라는 관점에서 죄형의 균형을 문제로 삼은 것으로 평가할 수 있을 것이다.

일본에서는 죄형균형을「헌법」제31조가 요청하는 실체적 적정절차의 내용 중 하나로 해석하고 있고, 이에 따르면 범죄와 형벌이 현저하게 균형을 잃어 불합리한 법정형이 규정되어 있는 경우에는「헌법」제31조 위반이 된다.[11] 따라서 사형의 선고가 대상이 되는 죄종과 개인과의 관계에서「헌법」제31조 위반이 되는 경우도 있을 수 있게 된다. 이러한 관점에서 보면, 일본의 경우 사형을 법정형으로 규정한 죄 중에는 현주건조물등방화죄나 폭발물사용죄와 같이 사망의 결과를 수반하지 않는 죄도 있다. 실제 운용에서 살인과 강도살인 이외에는 사형이 적용된 사례가 없다는 점도 감안하면, 이러한 죄에 대해서는 법정형에서 사형을 삭제하는 것을 검토해야 할 것이다.

---

9 Coker v. Georgia, 433 U.S. 584 (1977), Kennedy v. Louisiana, 554 U.S. 407 (2008).

10 Atkins v. Virginia, 536 U.S. 304 (2002), Roper v. Simmons, 543 U.S. 551 (2005).

11 団藤重光, 刑法綱要総論[第3版], 創文社, 1990, 53쪽. 大谷實, 刑法講義総論[新版第4版], 成文堂, 2012, 62쪽.

Ⅲ 사형선택의 기준

1. 나가야마永山사건 판결

현행법상 절대적 법정형으로 사형이 규정되어 있는 것은 외환유치죄(형 제81조) 뿐이고, 그 이외의 죄에 대해서는 재판소가 사형을 선택할지 여부를 결정해야 한다. 사형의 선택기준에 관한 대표적인 판례가 이른바 나가야마사건에 관한 최고재판소 판결이다.[12] 사안의 내용은 범행 당시 19세였던 피고인이 미군기지로부터 권총과 실탄을 절취한 다음, 그것을 사용하여 약 1개월 사이에 4명을 살해하고 그 후 강도살인미수를 저질러 체포된 것이다.

최고재판소는 피고인에게 무기징역을 선고한 항소심판결을 현저한 양형부당을 이유로 파기했는데, 사형의 선택기준에 대하여 "범행의 죄질, 동기, 태양 특히 살해수단과 방법의 집요성 · 잔학성, 결과의 중대성 특히 살해된 피해자의 수, 유족의 피해감정, 사회적 영향, 범인의 연령, 전과, 범행 후의 정상 등 제반 정상을 종합적으로 고찰할 때, 그 죄책이 실로 중대하고 죄형균형의 견지 및 일반예방의 견지에서도 극형이 부득이하다고 인정되는 경우에는 사형의 선택도 허용된다"고 설시하였다. 그리고 나서 본건 사안에 대해서는 피고인에게 불리한 사정으로 범행의 죄질, 결과, 사회적 영향이 극히 중대한 점, 동기에 동정해야 할 점이 없는 점, 살해의 수단방법도 집요하고 잔학한 점, 유족의 피해감정도 심각한 점을 들었다. 다른 한편, 유리한 사정으로는 피고인이 범행 시 소년이었던 점, 피고인의 성장환경에 동정할 만한 점이 있는 점, 1심 후 결혼한 점, 유족 일부에게 피해변상을 하고 있는 점을 지적했지만 범행의 동기, 태양에서 엿보여지는 범죄성의 심각성을 보아 18세 미만의 소년과 같이 볼 수 있다는 원심 판단에는 의문이 있고 성장환경의 영향, 결혼, 피해변상의 사실도 과대평가해서는 안 된다고 하였다. 그리고 결론으로 피고인의 죄책은 실로 중대하여 원판결이 피고인에게 유리한 사정으로 지적한 점을 고려하더라도 피고인을 사형에 처하는 것이 지나치게 과하다고 한 원심의 판단에는 충분한 이유가 있다고는 인정되지 않는다고 하였다.

위의 판시에 따르면 죄책의 중대성에 비추어 죄형의 균형과 일반예방의 관점에서 사형이 부득이하다고 할 수 있는지가 사형을 선택하는데 있어서 일반적인 기준

12 最判 昭和58 · 7 · 8 刑集 37권 6호, 609쪽.

이 된다. 다만, 이 중에서 일반예방은 사형에 의한 특별한 위하력를 적극적으로 증명할 수 없다는 점에 더하여, 사형을 부과하는 것이 극히 예외적인 경우라는 점을 고려하면 실제적인 기준으로서의 의미는 별로 없다. 그러므로 이 기준의 핵심은 죄형의 균형에 있다고 해도 좋다.

다만, 본 판결은 사형을 선택할지 여부를 판단할 때 고려요소의 하나로 범죄 후의 정상을 들었고, 본건에 구체적으로 적용하면서도 결혼과 피해변상을 특별예방의 요소(피고인의 교정가능성이라는 의미에서)로 고려하고 있다. 즉, 본 판결에서는 죄형균형과 일반예방의 관점뿐만 아니라 피고인의 교정가능성의 관점도 가미한 다음에 사형을 선택할지 여부를 판단하고 있다. 이 이후의 판례도 일반적 기준으로 위의 판시부분에 따르면서 양 측면의 요소를 고려한 다음에 판단을 내리고 있다.

다만, 나가야마사건 이후의 최고재판소 판결 중에는 성장기록, 반성의 정 등의 주관적 사정은 피고인을 위해 참작해야 할 사정이라고 하더라도 이를 지나치게 중시해서는 안 된다고 한 것이 있다는 점을 일반론으로 제시한 판례가 있다.[13] 또한, 이른바 히카리光시 모자살해사건에 대한 제1차 최고재판소 판결[14]에서는 죄형의 균형의 관점과 피고인의 교정가능성의 관점 양쪽을 고려하면서도 이를 동일한 차원이 아니라 우선은 전자를 고려하여 사형에 상당하는 사안인지 여부를 정하고, 다음으로 이를 부정할 만한 특별한 사정이 있는지 여부라고 하는 관점에서 후자의 요소를 고려하는 방식을 채택하고 있다. 그러므로 판례는 죄형균형과 일반예방의 관점과 피고인의 교정가능성의 관점 모두를 고려하지만, 죄형균형의 관점이 1차적인 판단요소가 되고 있다고 할 수 있다.

2. 사형선택의 판단요소

나가야마사건 판결은 사형을 선택할지 여부의 판단요소로 ① 범행의 죄질, ② 범행의 동기, ③ 범행의 태양, ④ 결과의 중대성, ⑤ 유족의 피해감정, ⑥ 사회적 영향, ⑦ 범인의 연령, ⑧ 전과, ⑨ 범행 후의 정상을 들고 있는데, 동 판결은 최종적으로는 이들을 포함한 제반 사정을 고려해야 한다고 하고 있어, 고려요소를 위의

13 最判 平成11 · 12 · 10 刑集 53권 9호, 1160쪽. 最判 平成11 · 11 · 29 判時 1693호, 154쪽.

14 最判 平成18 · 6 · 20 判時 1941호, 38쪽.

요소로 한정하고 있는 것은 아니다. 그 때문에 이후의 판례에서는 나가야마 판결이 명시한 요소 이외의 요소도 고려하고 있다. 그 이후의 판례에서 종종 언급되고, 중요한 판단요소로 되어 있는 것은 ⑩ 범행의 계획성 유무 및 정도[15]와, ⑪ 공범이 있는 경우 피고인의 역할[16]이다.

각각의 요소가 가지는 비중을 보면, 우선 ① 범행의 죄질에 대해서는 실제 사형이 선택되는 경우는 살인 및 강도살인에 한정되고 있다.

다음으로 ② 범행의 동기에 대해서는 범행의 악질성 정도를 보여주는 것으로서 피고인에게 유리하게도, 불리하게도 고려되고 있지만 그 자체가 결정적인 의미를 가지는 요소는 아니다.

③ 범행의 태양에 대하여 나가야마사건 판결은 살해방법의 집요성 · 잔학성을 특히 고려해야 할 요소로서 명시하고 있다. 실제로도 사형이 선택된 경우에 살해방법의 집요성 · 잔학성이 지적되는 경우가 많은데, 사형을 선고해야 할지 여부가 문제되는 사안은 통상 여기에 해당하기 때문에 이 요소 자체는 사형 또는 무기징역 여부를 결정하는데 있어서는 그다지 적극적인 역할을 하고 있지는 않다.

④ 결과의 중대성에 대해서는 전술한 것처럼 사형이 실제로 적용되는 범죄는 살인과 강도살인으로 한정되고 있어, 사람의 살해라고 하는 결과가 발생한 것이 전제로 되어 있다. 그에 더하여 나가야마사건 판결은 살해된 피해자의 수를 특히 고려요소로서 들고 있어서 그 후의 판례도 이를 중요한 고려요소로 삼고 있다. 다만, 피해자가 복수이어야 사형이 되는 것은 아니다. 이를 일반론으로 명시한 최고재판소 판결도 있고,[17] 또 실제로도 나가야마사건 판결 이후 최고재판소는 피해자가 1명인 사건에서 사형판결을 선고한 원심판결을 유지한 것이 적지 않게 존재한다. 다만, 피해자가 1명인 경우에 사형이 선고되는 사례는 몸값 목적, 보험금 목적, 피해자에 대한 보복 등 그 동기가 악질적인 경우와 성범죄를 수반하면서 살해방법이 극

15 最判 平成27 · 2 · 3 刑集 69권 1호 1쪽은 사형을 선택할지를 평의하는데 다루어야 할 요소에 대하여 집적된 재판례로부터 도출되는 고려요소로서 나가야마사건 판결이 명시한 요소에 더하여 '계획성'을 들고 있다.

16 판례가 중요하게 고려하는 요소로서 이들에 더하여 (a) 살해의 비일회성과, (b) 성피해의 존재를 지적하는 견해도 있다(永田憲史, "死刑選択基準", 浅田和茂先生古希祝賀論文集 下巻, 成文堂, 2016, 543쪽). 전자에 대해서는 복수의 피해자를 다른 기회에 살해한 사례가 동일기회에 살해한 사례보다도 사형이 되기 쉽다고 한다. 또한, 후자에 대해서는 이욕목적과 같은 성적 목적 이외의 범행의 경우에 성피해가 수반되면 사형이 되기 쉬운 경향이 있다고 한다.

17 最判 平成11 · 12 · 10 刑集 53권 9호 1160쪽. 最判 平成11 · 11 · 29 判時 1693호, 154쪽.

히 잔학한 경우, 동종전과로 무기징역형을 받고 나서 가석방 중의 범죄라는 특단의 사정이 있는 경우로 한정되고 있다. 반대로 피해자가 복수인 경우에도 사형판결이 선고도지 않은 사례도 적지 않다. 그러한 의미에서 피해자의 수는 사형을 선택하는 데 매우 중요한 요소이지만 절대적인 요소는 아니라고 할 수 있다.

⑤ 유족의 피해감정에 대하여, 사형이 선택되는 경우는 유족의 피해감정이 준열峻烈하다는 점이 지적되는 경우가 많다. 그러나 유족이 있는지 여부, 그 의사 여부에 따라 양형이 결정적으로 좌우되는 것은 합리적이지 않고, 실제로도 유족의 피해감정이 사형 또는 무기징역 여부를 나누는 중요한 요소로 취급되고 있지 아니하다.

⑥ 사회적 영향의 크기도 사형이 선택되는 경우에 지적되는 경우가 많다. 그러나 원래 사회적 영향이라는 것은 구체적 내용이 없고, 그 정도의 판정이 곤란하기 때문에 고려요소로서 중요한 역할을 하고 있지 않다.

⑦ 범인의 연령에 대하여 「소년법」 제51조는 범행 시 18세 미만인 사람에 대해서는 사형에 처할 수 없다고 규정하고 있는데, 반대로 범행 시에 18세 이상이라면 소년이라도 법률상은 성인과 특별한 차이가 없다. 그러나 소년법에 형을 완화하는 규정을 둔 취지는 소년이 가소성이 풍부하고 개선가능성이 높은 점에 더하여 인격이 미숙하기 때문에 성인에 비하여 책임이 유형적으로 가볍다는 점을 고려한 것이다.[18] 그렇다고 한다면 이러한 취지는 범행 시 18세 이상의 경우도 정도의 차는 있지만 타당하고 또한 범행시의 연령이 18세에 가까우면 가까울수록 더 해당하게 될 것이다. 따라서 범행 시에 소년이었다는 사실은 사형의 선택에 있어서 중요한 고려요소가 되고 있고, 실제로 사형판결이 선고되는 사례도 한정되고 있다. 나가야마사건 판결 이후는 5건뿐으로, 그 가운데 사형판결이 확정된 것은 전술한 히카리시 모자살해사건을 포함하여 4건이다. 다른 3건 가운데 히카리시 모자살해사건 이전의 사건은 2건으로, 그중 하나는 범행 시 18세에서 19세였던 피고인이 4명을 살해하고 범행 시에 강도강간 등 14건의 죄를 저질렀다는 사안이고,[19] 또 하나는 범행 시 19세와 18세였던 피고인 3명이 11일 동안 3명을 살해하고, 1명을 상해치사로 사망시킨 사안[20]으로, 모두 결과가 매우 중대하였던 사건이다.

이에 대하여 히카리시 모자살해사건은 피해자가 2명으로 게다가 피고인은 범

---

18 田宮裕=廣瀬健二編, 注釈少年法[第4版], 有斐閣, 2017, 493쪽.

19 最判 平成13 · 12 · 3 裁判集刑 280호, 713쪽.

20 最判 平成23 · 3 · 10 裁判集刑 303호, 133쪽.

행 시 18세 30일인 사안이었지만, 최고재판소는 피고인이 범행 당시 막 18세가 되었다는 사정은 사형을 선택할지 여부를 판단하는 데 있어서 상응하는 고려를 해야 할 사정이지만 사형을 회피해야 할 결정적인 사정이라고는 할 수 없고, 범행의 죄질, 동기, 태양, 결과의 중대성 및 유족의 피해감정 등과 대비하여 종합적으로 판단하는데 고려해야 할 사정의 하나에 불과하다고 보아야한다고 하였다. 본 판결은 범행 시 소년이었다는 점을 가소성이 높기 때문에 개선가능성이 있다는 점을 보여주는 사정으로 파악하고 있고 그러한 이상 죄형균형을 제1차적 고려요소로 하고, 교정가능성에 관한 요소는 제2차적 고려요소로 하는 판례의 판단방식하에서는 이러한 사정이 사형을 선택할지 여부를 판단하는 데 결정적인 사정이 될 수 없다는 결론이 도출될 것이다. 본 판결로 피고인이 범행 시에 소년이었다는 사정의 비중이 바뀌어 그 중요도는 저하했다고 할 수 있다.

동 판결 이후에 범행 시 소년이었던 피고인에게 사형판결이 선고된 사건은 피고인이 과거에 사귀었던 피해자에게 폭행을 가하여 상해를 입힌 다음에, 피고인으로부터 피해자를 지키려고 했던 피해자의 언니와 친구를 살해하고 또 한사람의 친구에게 중상을 입힌 후에 피해자를 데리고 가서 약취하였다는 사안이다. 최고재판소는 범행의 동기와 태양의 악질성을 중시하여 피고인이 범행 시 18세 7개월의 소년으로 전과도 없었다고는 하지만, 범행은 피고인의 깊은 범죄성에 기인한 것으로 피고인의 형사책임은 매우 중대하다고 하여 제1심 재판소의 사형판결을 유지하고 있다.[21]

⑧ 전과 유무는 피고인의 범죄성 정도를 통하여 교정가능성의 유무 및 정도를 보여주는 요소로서 고려되고 있다. 특히 동종전과가 있는 경우에는 교정가능성이 낮다는 점을 보여주는 사정으로 사형을 선택하는 방향의 고려요소가 되고 있다.

⑨ 범행 후의 사정은 피고인이 깊이 반성하고 있는 점과 피해변상이 이루어졌다는 사실을 의미하지만, 이들은 피고인의 교정가능성이 존재함을 보여주는 요소로서 고려되고 있다. 반대로 이러한 사정이 인정되지 않는 것이 전과의 존재 등과 함께 피고인의 교정가능성이 낮음을 기초지우는 사실로서 사형을 선택하는 방향의 요소로서 지적되는 경우도 있다. 그렇지만 전술한 것처럼 최고재판소는 피고인의 성장환경 등도 포함하여 이러한 이른바 협의의 정상에 해당하는 요소를 과도하게 중시해서는 안 된다고 하고 있고, 범행의 객관적 측면인 범정과 비교하면 고려

---

21 最判 平成28・10・16 裁判集刑 320호, 99쪽.

의 정도는 좀 더 낮은 것으로 평가할 수 있다.

⑩ 범행의 계획성 유무는 사형 선택의 판단에 있어서 피고인의 유불리의 양쪽에 영향을 주지만, 특히 사형을 선택하지 않는 이유로서 살해에 대한 계획성이 없었던 점, 혹은 그 정도가 낮았던 점을 지적하고 있는 판례가 적지 않다. 다만, 히카리시 모자살해사건 판결에서는 살해가 다른 범죄를 수행하기 위해 확정적 고의를 가지고 이루어진 경우에 대해서는 살해 자체의 계획성 유무는 중요한 요소가 되지 않는다고 판시하고 있다.

마지막으로 ⑪ 공범자 간의 역할에 대해서는 공범자가 있는 경우에는 피고인이 주도적 입장이었는가, 그렇지 않으면 종속적 입장이었는가라는 점이 사형을 선택할지 여부를 판단할 때의 중요한 고려요소가 되고 있다. 최고재판소가 나가야마사건 판결 이후에 원심의 사형판결을 파기하여 무기징역을 선고한 유일한 사례[22]에서는 원심이 피고인과 공범자의 역할을 동등하게 본 반면, 최고재판소는 공범자가 주도적 지위에 있었고 피고인은 공범자에게 억지로 끌려간 면이 있다고 보고 있어 여기에 대한 평가의 차이가 판단의 분기점이 되고 있다.

3. 재판원제도에서의 사형선택기준

지금까지 살펴본 사형의 일반적 선택기준 및 선택 시 판단요소의 종류와 고려방법은 재판원재판에서도 기본적으로는 동일하게 타당하다. 다만, 이와는 달리 재판원재판은 형사재판에 국민의 양식을 반영시키려는 취지로 도입되었기 때문에, 재판원재판의 판단이 종래의 사형선택기준으로부터 일탈하는 부분이 있다고 해도 존중해야 한다는 의견도 있다. 그러나 최고재판소는 재판원재판으로 이루어진 제1심의 사형판결을 항소심이 파기하고 무기징역을 선고한 것의 당부가 문제된 사안에 대하여, 일반론으로 사형은 궁극의 형벌이기 때문에 그 적용은 신중하게 해야 하는 한편, 동시에 공평성을 확보해야 한다고 한 다음, 평의에서는 지금까지 집적된 판례로부터 사형을 선택할 때 고려되어야 할 요소 및 각 요소에 부여된 중요한 정도 · 근거를 반영하여 종합적으로 평가하고, 사형의 선택이 정말로 부득이하다고 인정되는지에 대하여 구체적, 설득적인 근거를 갖춘 판단이 이루어져야 하고,

22 最判 平成8 · 9 · 20 刑集 50권 8호, 571쪽.

이러한 사정은 재판원재판도 동일하다고 판시했다. 그리고 본건에서는 제1심판결에 의한 각 고려요소의 중한 정도에 관한 판단이 합리성을 결여하고 있고 사형에 처해야 할 구체적, 설득적 근거를 찾아보기 어렵기 때문에 이를 파기한 항소심 판결은 타당하다고 판단했다.[23]

Ⅳ 사형제도의 검토

1. 사형존폐론

사형제도를 폐지할지 여부의 의논은 이미 메이지시대(1868년~1911년)부터 존재하였다. 존치론의 주된 근거는 ① 흉악한 범죄에 대해서는 사형으로 대응하는 것이 사회 일반의 정의감과 응보감정에 합치하고, ② 피해자 유족의 감정을 고려해야 하며, ③ 사형에는 범죄를 억지하는 특별한 위하력이 있다라고 하는 점에 있다.

이에 반하여 폐지론은 ① 사형은 그 자체가 잔학하고, ② 사형은 국가에 의한 살인으로 이를 인정하는 것은 생명의 경시로 이어진다라고 인도주의 관점에서 이유를 제시하고, 이 외에도 ③ 사형에는 특별한 위하력이 없고, ④ 오판의 경우에 회복이 불가능하며, ⑤ 피해자에 대한 손해배상의 가능성을 박탈해 버리고 말아 피해자의 구제에 도움이 되지 않고, ⑥ 대상자의 개선갱생을 도모할 가능성이 없어 교육형의 이념에 반한다라고 형사정책적 견지에서의 이유도 제시하고 있다.

이렇게 양쪽에서 다양한 논거가 지적되고 있지만, 사형의 존폐론을 둘러싼 주된 논점은 ⓐ 사형에는 특별한 위하력이 있는가, ⓑ 오판의 가능성을 어떻게 생각할 것인가, ⓒ 국민의 법감정을 어디까지 고려할 것인가라는 3가지에 있다고 할 수 있다.

첫 번째 논점과 관련하여, 사형에 위하력이 있는 것은 다른 형벌과 마찬가지이므로 여기서의 문제는 사형에 범인의 생명을 빼앗는 것을 정당화할 만큼의 특별한 위하력, 즉 사형이 없는 경우의 최고형 이상으로 위하력이 있는지 여부이다. 이 점에 대하여 미국을 중심으로 몇 가지 실증과학적 연구가 이루어지고 있다.

이 중에서 셀린이 1959년에 공표한 연구는 인접하고 있는 사형의 존치주와 폐

---

23 最判 平成27・2・3 刑集 69권 1호, 1쪽.

지주의 살인 발생율을 비교하였는데, 발생율에 차이가 없었고 또한 폐지, 부활 등의 변동이 있었던 주에서 사형의 폐지중과 존치중의 살인의 발생율을 비교하였는데 폐지중이 높았던 적이 없었다는 결과가 나왔다. 이에 따르면 사형에는 특별한 위하력은 인정되지 않게 된다. 다만, 이러한 결과는 사형의 존부 이외의 조건이 전적으로 동일한 것을 전제로 할 때 비로써 성립되는 논의로, 이 점에서 그 결론의 타당성에는 의문도 제기되고 있다. 또한, 셀린의 연구와는 반대로 사형에 특별한 위하력이 인정된다고 하는 결론을 발표한 연구도 있어,[24] 결국 경험적 조사로는 어느 쪽이라고도 할 수 없는 것이 현실이다.

또한, 이러한 관점과는 별도로 일본과 같이 재판의 운용상 사형의 적용이 매우 한정되면, 사형의 대상이 되는 범죄가 제한되는 한편 사형의 대상이 되는 흉악한 범죄를 저지르는 범인의 형상이 기본적으로 사형을 통한 억지에 어울리지 않게 된다. 그 결과 사형이 가지는 위하력이 소위 양적으로 한정된다고 하는 면도 있다.

나아가 여기서 문제로 삼고 있는 것은 사형이 가지는 현실적인 위하력이지만, 이에 대해서는 현실적인 위하력과 함께 규범적인 위하력을 문제로 해야 한다는 의견도 있다. 즉, 사형의 위하력은 범인이 범죄를 저지르려고 하는 시점에 사형에 처해질 수도 있다고 생각할지 여부의 문제뿐만 아니라, 사형의 존재가 중대한 범죄를 저지르면 사형에 처해진다는 형태로 국민의 윤리의식에 각인되어, 그러한 범죄를 저지르지 않도록 방향지운다는 점에도 인정된다는 것이다.

이러한 규범적 위하력에 관해서는 무릇 증명이 곤란하지만, 이에 반하여 현실적인 위하력에 관해서는 사형의 존치론과 폐지론 어느 쪽이 범죄억지효과에 대해서 증명할 책임을 져야 할지가 문제될 것이다. 피고인의 생명이라고 하는 권리를 침해하는 처분을 부과하는 이상, 존치쪽이 증명책임을 지는 것이 이유라고 하는 의견이 있는 한편, 현재 존재하는 제도를 폐지하기 때문에 폐지쪽이 증명책임을 져야 한다는 의견도 있다.

사형의 존폐를 둘러싼 두 번째 논점은 오판의 가능성을 어떻게 생각할 것인가로, 이 문제가 폐지론의 최대의 근거가 되고 있다. 1980년대에 사형이 확정되었던 사건(멘다免田사건, 사이타가와財田川사건, 마쯔야마松山사건, 시마다島田사건)에 대하여 연이

---

24 계량경제학 기법을 이용하여 사형의 일반억지효과를 분석한 에릭의 연구가 저명하다. 에릭은 1975년에 "사형의 억지효과"라는 제목의 논문을 공표하여, 1933년부터 1969년 사이에 1년간 살인범을 한 사람 더 사형하면 살인자수는 평균하여 7명에서 8명 감소했을 것이라는 추계를 제시하고 있다.

어 재심무죄판결이 내려짐에 따라 이러한 우려가 현실적인 색채를 띠게 되었다. 다만, 이들 사건은 제2차 세계대전 후 혼란기에 발생한 것으로, 매우 신중한 절차가 이루어지고 있는 현재에는 문제없다는 의견도 있었다. 그러나 최근에도 사형사건은 아니지만 중대사건에서 재심무죄판결이 나오고 있으므로 그와 같이 문제없다고 단언할 수는 없을 것이다.

오판의 가능성을 이유로 하는 폐지론에 대하여, 존치론은 사형 이외의 형벌도 정도의 차이는 있지만 오판에 의한 회복불가능성이 인정되기 때문에 이를 근거로 사형을 폐지하는 것은 형벌제도 전체의 부정으로 이어진다고 하는 반론을 제기하고 있다. 이에 대하여 폐지론은 사형이 자유형과 재산형에 의하여 박탈되는 자유·재산 등 모든 이익이 귀속하는 주체인 인간의 근원에 있는 생명 그 자체를 빼앗는다는 점에서 사형과 다른 형벌 사이에는 정도의 차이로만 볼 수 없는 질적 차이가 존재한다고 주장하고 있다.

세 번째 논점은 사형에 관한 국민의 법감정을 어떻게 고려할까이다. 최근 내각부가 실시한 여론조사[25]에서 '사형은 폐지해야 한다'라고 답한 사람이 9.7%인데 반하여, '사형도 부득이하다'고 답변한 사람은 80.3%였다. 이렇게 대부분의 국민이 사형을 지지하고 있는 것이 현재의 존치론 최대의 근거로, 이를 이유로 사형폐지는 현시점에서는 시기상조라는 견해가 존치론의 다수를 차지하고 있다고 해도 좋다.

확실히 형벌 방식이 국민의 의식과 괴리되어 버리면, 국민이 형사사법제도에 가지는 신뢰가 상실되어 반동적인 형태로 정치적 쟁점이 되기 쉽다. 그러한 의미에서 국민의 응보감정을 충족시키고, 법질서에의 신뢰를 유지하는 것은 형사정책을 고려하는 데 있어서 중요한 요소이다.

다른 한편으로 사형의 존폐 논의에 국민여론을 이용하는 것에 대해서는 이론도 있다. 반대론은 사형을 존치해야 할지 여부는 범죄자의 생명권이라는 기본적 인권에 관한 문제로, 다수결로 정해야 할 사안이 아니라고 주장한다. 잔학한 형벌인지 여부는 국민이 어떻게 생각하는지가 아니라, 타인의 생명을 빼앗는 것이 생명권의 내재적 제약이 될 수 있는가, 달리 대체할 수 있는 수단은 없는가 등의 원리적 판단에 따라 결정해야 할 문제라는 것이다.

또한, 설사 여론을 고려한다고 해도 현재의 여론조사 방식에 문제가 있다는 지

---

25 内閣府, "基本的法制度に関する世論調査" (2014년 11월 실시).

적도 제기되고 있다. 여론조사 등에서 다수의 국민이 사형을 지지하고 있다고 해도 대부분의 국민은 사형의 실태를 제대로 알지 못한 채 답변하고 있어, 사형에 관한 정보를 더 공개한 다음에 그것을 전제로 질문방식을 개선하지 않으면, 올바르게 된 여론을 반영한 것이라고는 할 수 없다는 것이다.

이상의 세 가지 외의 논점은 사형 존폐의 판단에 있어서 중요한 의미를 가질 수 없을 것이다. 예를 들면 폐지론은 국가가 사람의 생명을 빼앗는 사형은 비인도적이라고 주장하지만, 인도주의의 내용은 다의적이므로 반대로 아무리 흉악한 범죄로 타인의 생명을 빼앗은 자에 대해서도 그 생명만큼은 보증한다는 제도는 오히려 생명을 경시하므로 비인도적이라는 견해도 가능하다. 폐지론이 주장하는 피해자 유족에 대한 손해배상의 가능성을 빼앗는다는 점도 피해자 유족의 다수가 범인의 사형을 희망하는 현실에서는 설득력을 잃는다. 오히려 유족의 생활보장은 공적인 보상제도를 충실하게 함으로써 도모해야 한다고 할 수 있을 것이다. 또한, 반대로 존치론이 근거로 하는 유족감정이라는 것도 살인이 원칙적으로 사형이 처해진다면 몰라도, 사형의 적용이 매우 한정되면 이미 결정적인 논거로는 될 수 없을 것이다.

2. 국제적인 동향

2016년 12월 기준으로 세계의 사형폐지국은 111개국이다. 이 중에서 104개국은 전폐, 나머지 7개국은 전시 중의 군사재판에 사형 등의 특별한 경우가 남아있지만 통상범죄에 대해서는 폐지하고 있다. 또한, 이 외에도 30개국이 10년 이상 사형을 집행하고 있지 않아 사실상 폐지국으로 간주되고 있다. 사실상 폐지국을 포함하면 폐지국은 전부 141개국이 된다. 지역적으로는 유럽, 중남미, 오세아니아에 폐지국이 많다. 유럽은 유럽인권조약 제6의정서로 통상범죄에 대해서는 사형을 폐지한다고 정하고 있다.

이에 반하여 존치국은 57개국으로 일본을 비롯한 아시아, 아프리카 국가들이 많다. 미국은 주에 따라 달라서 연방과 31개 주가 사형을 존치하고 있고, 19개 주와 콜럼비아 특별구가 폐지하고 있다.

전체적으로 보면 매년 사형을 폐지하는 나라가 증가하고 있다. 1998년에 성립한 국제형사재판소에 관한 로마규정에서도 최고형은 종신형으로 사형은 규정되어 있지 않다. 나아가 1989년에 유엔총회에서 「사형폐지를 목적으로 하는 시민적 및 정치적 권리에 관한 국제규약의 제2선택의정서」(사형폐지조약)가 채택되어 1991년에 발효하였다. 그 내용은 조약의 비준국에 대하여 사형을 집행하지 않도록 하는 한편, 사형폐지를 위한 조치를 취할 것을 의무지우는 것이다. 일본은 미국 등과 함께 반대하여 이후로도 이 조약을 비준하고 있지 않다. 또한, 사형에 관한 그 밖의 국제조약으로 아동의 권리조약이 있어 범행 시 18세 미만인 사람에 대한 사형을 금지하고 있다. 일본은 이 조약을 비준하고 있고, 「소년법」 제51조에 이에 대응하는 규정을 두고 있다.

3. 일본의 현황과 향후 과제

국제 앰네스티를 비롯한 민간차원에서 사형폐지를 위한 운동을 하고 있고, 이에 더하여 1994년에 '사형폐지를 추진하는 국회의원연맹'이 발족하였으며, 2011년에 「중무기형의 창설 및 사형에 처하는 재판의 평결의 특례 등에 관한 법률안」을 공표했다. 동법안은 ① 사형과 현행의 무기형의 중간에 가석방을 인정하지 않는 '중무기형'을 창설한다, ② 사형의 선고는 재판체 구성원 전원일치의 평결에 의한다는 취지의 특례를 둔다, ③ 국회에 사형조사제도회를 설치하여 3년을 기한으로 하여 사형의 존폐를 포함하여 사형제도에 관한 조사를 하는 한편, 본 법률 시행일로부터 4년간 사형의 집행을 정지한다라는 내용을 담고 있다.

동 법안에도 담겨진 가석방이 없는 무기형은 국민 대다수가 사형을 지지하고 있는 현실을 반영하여 단순히 사형을 폐지하는 것이 아니라, 현재의 무기형보다도 중한 형을 창설하고, 그 대신에 사형을 폐지하려고 하는 의도에서 주장되는 것이다. 그러나 이에 대해서는 사회복귀의 가능성이 아예 없는 자유형은 살아있기는 하지만 죽이는 것과 동일하고, 사형보다도 오히려 잔혹하다는 비판과 가석방을 인정하지 않는 무기형은 그 대상자에 대해 사회복귀를 위한 처우라는 개념이 성립하지 않아 순수한 격리가 될 수밖에 없기 때문에 교정현장이 곤란에 빠진다는 지적이 있다. 또한, 가석방되기까지의 기간이 장기화하여 무기형이 사실상 종신형에 가까워지고 있는 현재에는,[26] 가석방이 없는 무기형을 도입할 의미가 사실상 상실된 것은

---

26 법무성의 공표자료에 따르면, 2016년에 새롭게 가석방된 무기징역수형자는 7명으로, 평균 재소기간은 31년 9개월이다. 이에 대하여 2016년 중에 사망한 무기형수형자는 27명에 이르고 있다("無期刑の執行状況及び無期刑受刑者に係る仮釈放の運用状況について" (2017년 11월)).

아닌가라는 문제도 있을 것이다.

이렇게 국내적으로는 국민의 납득을 얻는 형태로 사형의 폐지가 가능한지 여부가 현재 실제적인 문제라고 할 수 있지만, 사형제도에 관한 또 하나의 현실적인 과제는 국제적인 동향에 어떻게 대응해야 할 것인가이다. 국제적인 추세로서 사형폐지국이 증가하는 가운데, 폐지를 위한 사실상의 압력이 강해지고 있는 것에 더하여, 실제 문제로서 사형폐지국이 일본에 사형이 있는 것을 이유로 삼아 범죄인의 인도를 거부하는 사태도 발생하고 있다.

사형폐지국이 사형이 폐지하게 된 이유와 경위는 다양하고, 한 나라의 형벌제도는 각각의 나라의 문화적 배경, 국민의식, 범죄정세, 정치상황 등에 따라 결정되어야 하기 때문에 국제적인 추세로서 사형폐지국이 증가하고 있다고 해서 일본도 바로 사형을 폐지해야 한다고는 할 수 없다. 그러나 일본은 국제무대에서 사형을 존치하는 이유에 대하여 지금까지 이상으로 설득적인 이유를 제시할 것이 요구될 것이다.

[참고문헌]

"〈特集〉死刑制度のあり方", ジュリ 798호, 1983.

佐伯千仭ほか編著, 死刑廃止を求める, 日本評論社, 1994.

"〈特集〉死刑制度の検討", 刑法雑誌 35권 1호, 1995.

"〈特集〉死刑制度のゆくえ", 法時 69권 10호, 1997.

団藤重光, 死刑廃止論[第6版], 有斐閣, 2000.

"〈特集〉死刑制度の現状と展望", 現代刑事法 3권 5호, 2001.

大阪弁護士会死刑廃止プロジェクトチーム, 終身刑を考える, 日本評論社, 2014.

井田良＝太田達也編著, いま死刑制度を考える, 慶応義塾大学出版会, 2014.

"〈特集〉死刑の論点", 法セ 732호, 2016.

제 3 절 자유형

Ⅰ 종류

현행법상 자유형은 징역(형 제12조), 금고(동법 제13조), 구류(동법 제16조)의 3종류이다. 징역 · 금고는 무기 또는 유기로 나뉘며, 유기의 경우 기간은 1개월 이상 20년 이하(동법 제12조 제1항, 제13조 제1항)이다. 다만, 형이 가중되는 경우는 상한이 30년이 된다(동법 제14조 제2항). 징역은 작업을 하는 것이 의무임에 반하여(동법 제12조 제2항), 금고는 그렇지 않다는 점에 양자의 차이가 있다. 이에 반하여 구류는 징역 · 금고보다도 단기의 형벌로, 그 기간은 1일 이상 30일 미만이다(동법 제16조). 교도소가 아니라 구류장에 구치되어 작업은 부과되지 않는다.

무기징역 · 금고라도 10년이 경과한 후에는 지방갱생보호위원회의 결정으로 가석방이 가능하다(형 제28조). 다만, 가석방되기까지의 재소기간은 장기화하고 있고 최근에는 대부분 30년을 넘고 있어 가석방이 인정되지 않은 채 사망하는 수형자도 적지 않다. 여기서 사실상의 종신형에 가까워졌다고도 지적되고 있다.

Ⅱ 자유형을 둘러싼 제문제

1. 자유형의 단일화

(1) 의의

현행법상의 징역과 금고의 구별을 폐지하고, 예를 들면 구금형이라는 형태로 일체화해야 한다는 문제이다. 미국과 유럽에는 단일화되어 있는 곳이 많다. 다만, 일체화하는 경우에 어떤 내용의 형으로 해야 할지에 대해서는 다양한 방법이 있을 수 있다. 지금까지는 주로 금고를 폐지해야 할지 여부를 문제로 삼아 왔다.

(2) 실무 동향

현행법상 금고를 규정하고 있는 죄는 크게 (a) 정치범, (b) 과실범, (c) 그 밖의 죄의 세 가지 유형으로 분류된다. 정치범으로는 내란, 소요, 공무집행방해 등을 들 수 있다. 공안조례 등에서도 징역과 금고의 선택형을 규정하고 있는 경우가 많다. 과실범은 과실운전치사상죄(자동차운전치사상 제5조)가 대표적이다. 자동차 운전에 관련된 과실로 사람을 사상시킨 행위는 이전에는 업무상과실치사상죄로 처벌되었지만, 당초는 법정형은 금고뿐이었다. 그러나 자동차 보급과 함께 교통사고가 빈발하였고, 그중에는 상당히 악질적인 사고도 많았기 때문에 1968년 형법을 개정하여 징역과 금고의 선택형으로 변경하였다. 마지막으로 그밖의 죄로는 허위진단서작성죄와 동의살인 등이 있다.

재판소의 과형상황을 보면, 2016년에는 통상 제1심[27]에서 금고형 선고건수는 3,178건으로, 내역을 보면 형법상의 업무상과실치사상죄가 26건, 중과실치사상죄가 12건, 중과실실화죄가 4건, 자동차운전치사상행위처벌법상의 과실운전치사상죄가 3,136건이었다. 즉, 현실에서는 앞의 세 가지 유형 중 거의 과실범에만 금고형이 부과되고 있다. 그리고 가장 수가 많은 과실운전치사상죄에 대해 살펴보면, 금고가 3,136건인데 비하여 징역은 1,049건으로 금고형이 차지하는 비율이 높다.

문제는 이러한 경우에 어떤 기준에 근거하여 금고형이 선택되고 있는가이다. 이 점에 대해 실무에서는 업무상과실치사상죄에 징역형이 선택형으로 도입된 입법경위를 반영하여 과실의 태양, 악질성에 따라 징역이냐 금고냐를 결정하고 있다고 한다.[28] 즉, 현재의 금고형 선택은 무언가 적극적인 의미를 가지고 이루어지고 있는 것이 아니라, 비난의 정도가 가벼운 사안에서 선고되고 있고 그러한 의미에서 금고형과 징역형이 질적으로 다른 것으로 평가되고 있는 의미는 아니다.

또한, 형의 집행에 있어서도 2017년 1월 24일 기준으로 금고수형자는 118명에 불과하여, 징역수형자가 약 5만 명인 것에 비하면 매우 적다. 이에 더하여 매년 금고수형자 중에서 90% 전후가 청원작업을 하고 있어, 실제의 교정현장에서는 작업의 유무로 징역형과 금고형을 구별할 의미는 별로 없다고 할 수 있다.

(3) 입법의 움직임

일찍이 감옥법하에서는 형법에서 징역형에 대해서는 '소정의 작업'을 하게 한다(형 제12조 제2항)고 규정하고 있었기 때문에 교도소에서의 교정처우에서도 징역

---

27 지방재판소 및 간이재판소에서 이루어지는 통상의 공판절차를 말한다.

28 植野聡, "刑種の選択に関する諸問題", 大阪刑事実務研究会編著 量刑実務大系(4)—刑の選択・量刑手続, 判例タイムズ社, 2010, 22쪽.

수형자에 대해서는 작업을 의무로 하고, 다른 한편 그 이외의 생활지도나 교과교육, 각 시설에서 실시해 온 처우유형별 지도 등을 받는 것은 법적인 의무가 아니라 수형자의 동의에 근거하여 실시하는 것으로 되어 있었다. 그 후 한정된 분야이긴 하지만 이러한 체계를 바꾸는 규정을 둔 것이 2000년의 개정 소년법이다.

이 개정으로 16세 미만의 소년이 징역 · 금고를 선고받은 경우에는 16세가 되기까지의 기간 그 집행을 형사시설이 아니라 소년원에서 할 수 있고, 그 경우 교정교육을 받도록 하는 특칙이 두어졌다(소 제56조 제3항). 본 규정에 따르면 징역수형자에 대해서도 작업을 과하는 것이 아니라 교정교육이 실시되게 되어, 징역형과 작업이 분리되었다. 이와 함께 금고수형자에 대해서도 징역수형자와 같이 교정교육이 실시되게 되어 집형면에서 양자의 구별이 없어지게 되었다. 이 개정은 그 대상이 한정되었다고는 하지만 형법이 규정하고 있는 징역 · 금고형의 내용과는 분리해서, 교정시설의 처우내용을 결정할 수 있다는 것을 제시하였다는 점에서 획기적인 것이었다.

그 후 형사수용시설법은 이러한 발상을 보다 일반적인 형태로 구체화하였다. 즉, 동법에서는 교정처우로서 작업과 개선지도 및 교과지도를 동등하게 열거한 다음에(형사수용 제84조 제1항), 형법에 근거규정이 없는 개선지도와 교과지도에 대해서는 그 근거규정을 두었다(동법 제103조, 제104조). 이 규정은 수형자에게 이를 수강할 의무가 있는 것을 제시한 것으로, 그 의무 부여를 실효적인 것으로 하기 위하여 정당한 이유 없이 개선지도나 교과지도를 거부해서는 안 된다는 것을 준수사항의 하나로 하고 있다(동법 제74조 제2항 제9호).

(4) 단일화의 당부當否

자유형의 단일화는 1960년대 후반 형법 전면개정작업에서도 다루어졌는데, 그 당시 금고를 존치해야 한다는 주장의 가장 중요한 논거로서 지적된 것이, 형벌은 사회윤리에 반하는 행위를 한 것에 대한 비난으로서 과해진다고 하는 도의적 책임론이었다. 이에 따르면 정치범은 정치적 사상의 차이로 처벌되는 것으로 존경할 만한 동기를 안고 있는 경우도 있고, 과실범은 범죄를 적극적으로 저지른 것이 아니라는 점에서 고의범과는 도의적인 질이 다르기 때문에 취급도 달리해야 한다고 하는 것이다. 파렴치범와 비파렴치범을 구별하여 정치범에게는 명예구금을 과한다는 발상이 그 기원을 이루고 있다.

그러나 이에 대해서는 어떤 범죄가 파렴치한지 비파렴치인한지라고 하는 윤리적, 심정적 구별을 국가가 법률상 및 재판상 해서는 안 된다는 비판이 있다. 또한, '정치범에게는 명예구금'이라고 하는 발상을 채택한다면, 어떠한 범죄이든 그것이 정치적 동기에서 저질러진다면 구금형을 선택할 수 있도록 모든 죄에 금고를 선택형으로 둘 필요가 있다. 그러나 현행 형법은 그러한 주장을 채용하고 있지 않다. 전술한 것처럼 현실에서 재판에서 금고형이 부과되는 것은 오로지 과실범으로, 금고가 선택형으로 규정된 죄에 대하여 정치적 동기가 있다는 이유로 금고형이 부과되는 일은 없다.

나아가 비파렴치범에게 금고형을 과해야 한다는 견해에 따르면 작업은 파렴치범에 대한 고통으로서 과해진다고 하게 된다. 징역형에 있어서 노동이 원래는 그러한 성격을 가지고 있었던 점은 확실하다고 해도, 형사수용시설법이 작업을 개선지도, 교과지도와 같이 열거하는 형태로, 수형자에 대한 교정교육의 내용이라고 명기한 현재에는 작업을 그렇게 평가하는 것은 적당하지 않을 것이다.

이에 대해서는 파렴치범과 비파렴치범의 구별을 징역과 금고에 대응시키는 것은 부정하면서도, 정치범에 대해서는 교정처우가 정치적 사상 · 신조를 개조하는 도구로 이용되는 것을 방지하기 위해서는 금고를 유지해야 한다는 의견도 있다.[29] 그러나 대상자의 사상 그 자체를 바꾸려고 하는 것은 허용되지 않는다고 해도, 그 사상을 범죄라는 형태로 실현하는 것은 인정되지 않는다는 것을 인식시키려고 개입하는 것이 허용되지 아니한다고 할 수 없다. 또한, 이러한 주장에 따르면 정치범인 금고수형자에 대해 개선지도를 받도록 의무지우는 것은 허용되지 않아야 하지만, 형사수용시설법은 그러한 예외를 두고 있지 아니하다. 즉, 현행법에서는 이 견해가 제기하는 우려 때문에 정치범을 특별하게 취급한다는 입장을 채택하고 있지 아니하고, 그렇다고 한다면 작업을 과하지 않는 금고라는 형을 존치해 둘 이유도 없게 될 것이다.

도의적 책임론에 입각한 논거 이외에 징역과 금고의 구별이 금고수형자에 대해서 특별한 처우를 할 논거로 거론되는 경우가 있었다. 교통사고의 증가에 따라 업무상과실치사상죄로 금고의 실형을 받는 자가 증가한 것에 대응하여, 1961년부터 특정한 시설에 교통사범으로 금고에 처해진 사람만을 모아 개방적 처우(집단처우)

---

29 吉川経夫, "自由刑の単一化の是非", 法セ 268호, 1977, 94쪽. 大谷實, 新版 刑事政策講義, 弘文堂, 2009, 128쪽.

를 실시하였다. 이와 같이 일반 수형자보다도 유리한 형태로 처우상의 차이를 두는 것의 정당화 이유로는 금고수형자인 점이 제시되었다. 그러나 그 후 교통사범으로 징역형을 받은 사람도 대상이 되게 되었고 이에 따라 금고인지 여부는 의미가 없게 되었다.

과실범에 대해서도 범죄의 성질을 기준으로 고의범과 구별할 필연성은 없고, 실제로도 과실범의 법정형으로 금고만이 정해져 있는 것도 아니다. 또한, 과실범 수형자 중에는 작업을 부과하는데 적합하지 않는 사람이 있다는 의견도 있지만, 이 지적은 자유형의 단일화로서 단순히 금고형을 폐지하고, 기존의 징역형으로 일체화하는 경우에 타당한 주장에 불과하다. 그렇지 않고 징역과 작업의 결합을 분리하여 통일된 자유형의 대상자에게는 교도소에서 작업을 포함하여 개선갱생에 필요한 처우를 하는 형태로 하면 작업을 과하는 것에 적합하지 않는 수형자에게도 대응할 수 있다.

이상과 같이 정치범, 과실범 모두에 대하여 징역과 금고를 구별하여 유지할 합리적 이유는 없다고 생각된다.

(5) 단일화 이후 자유형의 형태

자유형의 단일화론에는 원래 작업이 징역형의 불가결한 요소로 됨으로써 교도소의 처우 내용이 한정되어 버리기 때문에 작업의 속박에서 해방시켜 처우를 유연화, 개별화하려는 목적도 있었다. 즉, 수형자에 따라서는 개선갱생과 사회복귀를 위해서 작업보다도 다른 처우를 하는 편이 효과적인 경우가 있을 수 있다. 그러나 형법이 징역수형자에게는 작업을 시킨다고 규정하고 있는 이상, 개선지도나 교과지도는 작업과 병행하여 하는 한도에서만 가능하고 작업을 완전히 대체하거나, 그렇지 않더라도 처우기간의 대부분을 작업 이외의 지도로 채우는 형태로 운용하는 것은 형법의 취지에 반하여 허용되지 않는다고 해석되어 왔다.[30] 그 때문에 본래 해야 할 작업 이외의 처우에 충분한 시간을 들이는 것이 불가능한 사태가 발생할 수 있다.

이 문제를 해결하기 위해서는 단일화된 자유형에 대해서 수형자에 대해 작업을 시키는 것, 그 밖의 교정에 필요한 처우를 한다는 형태로 하면 해결된다. 그리

---

30 林眞琴ほか, 逐条解説刑事収容施設法[第3版], 有斐閣, 2017, 454쪽.

고 형사수용시설법이 작업을 개선지도, 교과지도와 같이 교정처우의 하나로 평가하고 있는 현행법제하에서는 그와 같은 규정을 두는 것에 이론적인 장애는 없을 것이다.

2. 단기자유형

(1) 정의

정의가 확립되어 있지는 않지만, 일반적으로 6개월 미만의 자유형의 실형으로 정의된다. 이는 교도소에서의 처우에 의한 개선효과를 거두기 위해서 필요한 최저기간의 하한을 충족하지 못하는 기간의 형이라는 관점에서 도출된 것으로, 단기자유형의 문제성에 대응한 정의이다.

현행법에서는 구류가 그 전형적인 예이지만, 징역 · 금고도 하한이 1개월 이상이기 때문에 과형에 따라서는 여기에 해당하게 된다.

(2) 과형의 현상

2016년 통상 제1심에서 구류가 선고된 인원은 5명이고, 6개월 미만의 징역 · 금고의 실형은 512명으로, 유기의 징역 · 금고 전체에서 차지하는 비중은 1%도 되지 않는다. 이와 같이 실무상 구류가 선고되는 경우는 거의 없고, 6개월 미만의 징역 · 금고의 실형도 전체에서 차지하는 비율이 낮다. 이는 실무가 단기자유형을 회피하는 방식으로 운용되고 있기 때문이다.

다만, 6개월 미만의 징역 · 금고의 실형이 선고되고 있는 사람의 약 40%는 도로교통법 위반을 이유로 한 것이다. 이는 악질적인 교통위반을 반복하는 사람이 적지 않기 때문이다.

(3) 단기자유형의 문제점

단기자유형에는 ① 형기가 너무 짧아 수형자를 개선갱생하기 위한 효과적인 처우를 할 수 없고, ② 형사시설에 수용됨에 따라 사회적 지위 상실과 시설 내에서 범죄성향이 강한 자와 접촉함으로써 수형자가 재범에 빠지기 쉽게 되며, ③ 형사시설의 과잉구금의 원인이 된다라고 하는 문제점이 있다. 이러한 이유에서 외국에서는

단기자유형을 회피하기 위한 일반규정을 두고 있는 곳도 있다.[31]

일본 형법에는 이에 대응하는 규정은 없지만, 실무운용상 단기자유형의 회피수단으로 벌금형에 의한 대체나 기소유예, 집행유예라는 방법이 이용되고 있어 규정이 없는 것이 특별한 문제를 초래하고 있지는 않다.

(4) 단기자유형의 재검토론

이와 같이 단기자유형의 폐해가 지적되는 한편, 단기자유형을 존속해야 한다는 의견도 있다. 그 이유로서는 죄형균형의 관점에서 단기자유형에 상응하는 범죄가 있다는 점 외에도 특히 일본의 구류는 자격제한을 동반하지 않는다는 점에서 독자적인 의미를 인정할 수 있다는 점을 들고 있다.

나아가 단기자유형에는 벌금형에는 없는 충격요법적인 효과가 있다고 하여, 죄종과 대상자를 선별한 다음에 처우방법을 개선하면, 대상자를 개선갱생한다는 관점에서도 적극적인 의의를 인정할 수 있다는 주장도 제기되고 있다. 그 대표적인 견해로 3S주의(short, sharp, shock)가 있다. 그 예로 영국에서 소년을 단기수용소에 수용하여 엄격한 훈련을 실시한 바 개선의 효과가 증가했다는 사례가 거론되는 경우가 많지만, 미국에서 1990년대에 급속하게 확산된 이른바 충격구금shock incarceration도 이러한 발상에 따른 것이다. 이는 부트캠프 프로그램으로도 불린다. 부트캠프란 원래는 해병대의 신병훈련소로 이 프로그램은 군대의 훈련방법을 교도소의 처우에 도입한 것이다. 그 기본적 내용은 통상 14세에서 21세까지의 젊은 사람으로 범죄성향이 진전되지 않은 사람들을 모아, 엄격한 규율아래 집단행동훈련, 육체노동 등을 내용으로 하는 군대식 훈련을 실시하는 것이다. 대부분의 프로그램이 동시에 교과교육과 직업훈련 등도 실시한다. 기간은 30일에서 90일 정도로 하고 있다. 이 프로그램은 통상 그 후의 보호관찰과 연계되어 있어 프로그램을 무사히 수료한 사람은 계속하여 일정기간 보호관찰에 처해진다. 반대로 프로그램 도중에 문제를 일으키면 교도소에 장기간 수용된다.

일본의 경우 형사수용시설법에 따라 징역, 금고, 구류 모두의 수형자에 대해서도 개선지도 및 교과지도가 의무지워져 있기 때문에 처우계획의 내용에 따라서는

31 예를 들면 독일형법전에는 '행위 또는 행위자의 인격에 존재하는 특별한 사정으로 자유형을 부과하는 것이 행위자에 대한 효과를 위해서 또는 법질서의 방위를 위해서 불가결한 경우에 한하여 재판소는 6개월 미만의 자유형을 부과한다'는 규정이 있다(제47조 제1항).

이와 동일한 운용도 가능하다. 다만, 미국의 부트캠프 프로그램은 교정효과에 의문이 제기되어 최근에는 축소되는 경향에 있고, 또한 일본의 경우 이러한 처우가 가장 효과가 있다고 생각되는 소년에 대해서는 소년원에서 단기처우가 가능하므로 그것과는 별도로 이러한 제도를 창설할 필요성이 어느 정도 있는지에 대해서는 의문도 있을 수 있다.

3. 부정기형

(1) 의의

부정기형에는 형기를 일체 정하지 않고 형을 선고하는 절대적 부정기형과 단기와 장기를 정하여 형을 선고하는 상대적 부정기형이 있다. 이 가운데 절대적 부정기형은 법률에서 형기를 전혀 정하지 않은 것과 동일하기 때문에 죄형법정주의에 위반한다고 보고 있다.

현행 형법에는 부정기형을 인정하는 규정은 없어, 성인에 대한 부정기형은 존재하지 아니한다.[32] 이에 반하여 소년법에는 부정기형을 인정하는 규정이 있어, 소년에 대해 유기의 징역 또는 금고로 처단해야 할 경우에는 처단해야 할 형의 범위 내에서 장기를 정함과 동시에, 장기의 2분의 1 이상의 범위 내에서 단기를 정하여 형을 선고한다고 규정하고 있다(소 제52조 제1항). 이와 같이 소년의 경우에는 부정기형이 원칙이다.

동 규정의 취지는 소년은 가소성이 풍부하여 교육에 의한 개선갱생을 보다 더 기대할 수 있으므로 형의 집행중인 소년의 개선 정도에 따르는 대응을 가능하게 하도록 하기 위해 형기에 폭을 줌으로써 처우에 탄력성을 가지게 한 점에 있다.[33]

형의 집행유예를 선고하는 경우에는 부정기형은 적용되지 않는다(소 제52조 제3항). 부정기형은 형사시설에서의 처우를 전제로 한 것이기 때문이다.

부정기형이 선고되는 경우 형의 실제 종료시기는 재판소가 아니라, 형사시설의 장 또는 소년원의 장의 신청에 따라 지방갱생보호위원회가 결정한다(갱생 제43조, 제44조).

---

32 개정 형법초안은 상습누범(제58조)에 대한 부정기형을 인정하는 규정을 두고 있어, 처단형의 범위 내에서 장기와 단기를 정하여 이를 선고한다고 되어 있다(제59조).

33 田宮=廣瀨, 앞의 주18), 497쪽.

(2) 부정기형의 법적 성격

부정기형은 수형자의 개선갱생이라는 관점에서는 형사시설에서의 처우를 행위책임에 대응하는 정해진 기간 동안 하는 것으로는 충분하지 않기 때문에, 수형자의 개선 정도에 따라 처우기간을 정할 수 있도록 형기에 폭을 둔다는 발상을 기초로 한 것이다. 그러므로 그것은 수형자의 사회복귀를 도모한다는 이념에 근거한 제도라고 할 수 있지만, 문제는 그 법적 성격, 구체적으로는 책임주의와의 관계에서 부정기형의 장기와 단기의 법적 의미를 어떻게 파악할 것인가이다.

하나의 주장은 부정기형의 장기는 수형자의 개선갱생이라는 관점에서 책임을 뛰어넘는 기간을 정한 것이라는 견해이다. 그중에도 단기가 책임형에 대응하는 것으로 이를 초과하는 부분은 보안처분이라는 주장과 단기와 장기의 중간에 책임형이 위치하고 이를 초과하는 부분이 보안처분이라는 주장이 있다. 그러나 부정기형도 형벌인 이상, 책임을 초과하는 형벌을 긍정하게 되는 이러한 견해는 채택할 수 없을 것이다.

여기서 단기에서 장기에 걸치는 기간 전체가 책임에 대응한다는 견해가 있다. 이를 근거로 하는 하나의 입장이 이른바 폭의 이론으로 책임에는 폭이 있어 부정기형은 그 폭의 범위 내에서 수형자의 개선갱생 정도를 고려하여, 실제의 형기를 결정하는 제도라고 한다. 그러나 이 견해에 대해서는 폭의 이론 자체에 대한 비판 외에 가령 책임에 폭이 있다고 해도, 예를 들면 소년법상의 부정기형에서 허용되고 있는 장기와 단기의 차는 이 견해로 설명할 수 없는 것은 아닌가라는 의문이 있다.

또 하나는 행위책임뿐만 아니라, 행위자의 인격형성과정에 대한 책임을 묻는 인격형성책임이론으로 그것을 평가하는 견해이다. 이 견해에 따르면, 예를 들면 위험한 상습범인이라고 해서 형을 가중할 수는 없지만, 위험한 상습범인이 되지 아니하고 살고 있었는데, 실제로는 되어버린 점에 책임을 물을 수 있게 된다. 이 주장에 이른바 동적 이론을 결합시켜, 형의 집행 중에 그 위험성을 스스로 제거하지 않은 점에 책임을 물음으로써 부정기형을 정당화하는 것이다. 그러나 이 견해에 대해서도 인격형성의 책임이라고 하는 것은 실제로는 확정이 불가능하므로 가설에 불과하다는 비판 외에도 스스로의 인격을 바꾸는 것을 형벌로 요구하는 것은 지나치다는 비판이 있다.

이와 같이 단기에서 장기에 걸친 기간 전체가 책임에 대응한다는 주장도 이론적으로 곤란한 점이 있다고 하지 않을 수 없다. 그 때문에 부정기형은 장기가 책임에 대응하고, 단기는 형의 집행중인 수형자의 개선정도에 따라 형기를 축소하기 위

한 것이라고 보아야 할 것이다.[34]

(3) 부정기형의 당부

부정기형에 대해서는 이와 밀접하게 결부된 가석방제도와 함께 ① 개개 피고인의 개선 정도를 고려하여 실제 형기를 결정하기 때문에 같은 범죄를 저지른 사람이라도 형기가 크게 달라지는 상황이 발생하여 불공평하고, ② 실제 형기의 결정 및 그 전단계인 가석방의 결정에 명확한 기준이 없어, 자의적으로 운용될 위험성이 있으며, ③ 대상자는 언제 가석방될지 또는 형기가 끝날지 알 수 없는 불안 속에서 처우자의 마음에 들도록 행동하게 되어, 현실의 사회생활에서 필요한 행동규범과 괴리가 발생하게 되기 때문에 개선갱생에 도움이 되지 않는다는 비판이 있다.

소년에 대한 부정기형에 대해서도, 그 형기는 15년을 장기의 상한으로 하고 단기는 장기의 2분의 1 이상이라고 하는 넓은 범위에서 결정되고(소 제52조 제1항), 게다가 가석방은 단기의 3분의 1로 가능하다고 하기 때문에(동법 제58조 제1항 제3호), 제도상 형사시설 내에서의 실제 처우기간에 큰 차이가 발생할 수 있다. 그 때문에 운영 여하에 따라서는 위의 비판이 타당하게 될 여지가 있다.

그러나 현재 교정보호에서의 운용은 부정기형이 선고되어도 대부분의 경우 부정기형의 장기를 형기로 하는 정기형에 가깝게 취급하고 있다. 그 결과로 위와 같은 문제는 발생하고 있지 않지만 이와는 반대로 부정기형이 의도하고 있는 기능을 제대로 하고 있지 못함을 의미하고 있다. 앞으로도 소년에 대한 부정기형을 존속시킨다면, 위와 같은 운용이 되고 있는 원인의 조사도 포함하여 부정기형에 있어서 가석방 방식을 재검토할 필요가 있을 것이다.

[참고문헌]

平野龍一, "懲役と禁錮", 犯罪者処遇法の諸問題(増補版), 有斐閣, 1982, 69쪽.

高橋則夫, "自由刑とその単一化", 阿部純二ほか編, 刑法基本講座1巻—基礎理論・刑罰論, 法学書院, 1992, 194쪽.

香川達夫, "不定期刑", 阿部純二ほか編, 刑法基本講座1巻—基礎理論・刑罰論, 法学書院, 1992, 217쪽.

34 소년법에서 부정기형을 정할 때 우선 장기를 정하고 다음으로 일정한 범위 내에서 단기를 정하는 순서를 밟고 있는 것은 우선 행위책임의 관점을 중시하여 장기를 정한 다음에 다음으로 특별예방의 관점을 중시하여 단기를 정하는 것으로서(中村功一=檞清隆, "少年法の一部を改正する法律について", 曹時 66권 8호, 2014, 64면.) 이는 본문의 주장에 친화적인 것이라고 할 수 있다.

제 4 절 재산형

Ⅰ 총설

현행법상의 재산형은 벌금(형 제15조), 과료(동법 제17조) 및 몰수(동법 제19조)이다. 벌금과 과료는 그 금액이 달라 벌금이 1만 엔 이상인데 반하여 과료는 천 엔 이상 1만 엔 미만이다. 그 외에 벌금에는 집행유예가 있는 외에(동법 제25조 제1항), 벌금에 처해진 것이 집행유예 및 가석방의 임의적 취소사유가 되고(동법 제26조의2 제1항, 제29조 제1항 제1호), 나아가 법령상의 자격제한을 수반한다는 차이가 있다. 몰수는 부가형인 것에 더하여 실질적 내용이 보안처분적인 성격도 가지는 경우도 있어 그러한 점에서 벌금 · 과료와는 성격을 달리 하고 있다.

Ⅱ 벌금 · 과료

1. 벌금형의 형사정책상 의의와 문제점

벌금형은 다음과 같은 형사정책상의 의의와 장점을 가지고 있다. 첫째, 경미한 범죄와 과실범에 부과하는 데 적합한 형벌이다. 둘째, 범인으로부터 일정한 금액을 박탈하기 때문에 이욕적 동기에 근거한 범죄에 대하여 효과가 있다.[35] 셋째, 자유형과는 달리 법인에 대해서도 부과할 수 있다. 넷째, 자유형에 비하여 집행의 경비가 많이 들지 않는다.

이러한 적극적인 의의에 더하여 벌금형은 단기자유형의 대체형으로써 이를 회피하는 수단이 될 수 있다는 점에도 형사정책상의 의의가 인정된다. 다른 나라에서는 이러한 벌금의 기능을 직접적으로 승인하여, 단기자유형을 벌금형으로 전환하는 규정을 두고 있는 곳도 있다. 예를 들면 독일 형법전에는 재판소가 6개월 미만의 자유형을 과할 수 있는 경우는 행위자에 대한 효과를 위해서 또는 법질서의 방위를 위해서 불가결한 경우로 한정된다고 한 다음에, 개별 사건에 있어서 6개월 이

35 다만, 범죄로 얻은 이익을 직접 박탈하는 것은 몰수나 추징이고, 벌금은 보다 상징적인 의미를 가진다. 따라서 벌금을 과한 다음에 피고인이 실제 범죄로 이익을 얻었는지 또 그 이익이 현존하고 있는지는 문제가 아니다.

상의 자유형이 예상되지 않고 동시에 6개월 미만의 자유형을 과하는 것이 위의 관점에서 불가결하지 않은 경우에는 법정형으로 벌금이 정해져 있지 않은 죄라도 재판소가 벌금형을 과할 수 있다고 하는 규정을 두고 있다(제47조).

다른 한편으로 벌금형의 문제로는 ① 자유형에 비하여 일반예방효과, 특별예방효과의 모든 점에서 떨어진다는 것 외에, ② 타인이 대신하여 지불해 버릴 가능성이 있다는 점, ③ 대상자의 경제상태에 따라 부담의 불평등이 발생한다는 점을 들 수 있다.

2. 과형의 현황

유죄판결에서 선고되는 형의 압도적 다수는 벌금이다. 2016년 제1심에서 유죄가 선고된 인원 가운데 전체의 82.2%를 차지하였다. 죄종별로는 도로교통법 위반과 과실운전치사상죄가 80% 이상을 차지하고 있다.[36] 형법범으로는 절도죄, 폭행죄, 상해죄 가운데 범행태양이 비교적 경미한 사안을 대상으로 하여 벌금형이 선고되고 있다.[37]

금액으로 보면 30만 엔 미만이 전체의 72.3%를 차지한다. 다만, 15년 전에는 10만 엔 미만이 전체의 90% 가까이를 차지했던 것에 비하여 현재는 약 절반을 차지하여 벌금액은 점차로 상승하고 있다.

3. 벌금액

(1) 벌금액의 상한

형법 총칙에서는 벌금액의 하한을 정하고 있을 뿐으로, 벌금액의 상한은 각각의 범죄별로 정해져 있다. 대부분의 죄에 대해서는 상한으로 일정액을 정하는 형식을 택하고 있지만, 세법상의 포탈범에 대해서는 포탈액이 법정의 벌금액 상한을 초과하는 경우에는 그 포탈액의 한도까지 벌금을 과할 수 있다고 하는 슬라이드 방식을 채용하고 있다(소세 제238조 제2항, 법세 제159조 제2항 등).

36 2017년 범죄백서, 41쪽.

37 眞田寿彦, "罰金刑の現状と今後の展望", 論究ジュリ 4호, 2013, 134쪽.

형벌로서의 벌금형이 가지는 위하력이라는 관점에서는 대상자가 그다지 고통을 느끼지 않는 액수로는 의미가 없다. 그 때문에 벌금액에 대해서는 경제상태와 화폐가치의 추이를 반영하여 계속적으로 검토가 필요하다. 1991년에는 이러한 관점에서 형법전상의 개개의 구성요건에서 정하고 있는 벌금의 다액을 원칙적으로 2.5배 인상하고, 그래도 낮은 죄에 대해서는 개별적으로 인상하여 그때까지 1만 엔이었던 다액의 최저액을 10만 엔으로 하는 내용의 개정이 이루어졌다.

(2) 양벌규정에서의 벌금형

특별법에서는 양벌규정으로 실제 행위자인 종업원 등의 자연인뿐만 아니라, 법인에 대해서도 형벌인 벌금을 부과할 수 있다고 규정하고 있는 법이 있다. 그리고 종래 법으로 정한 법인에 대한 벌금액은 행위자에 대한 벌금액에 연동하는 형태를 취하고 있었다. 그러나 이것은 자연인인 행위자와 법인이 가진 자력資力의 차이를 고려하면 타당하지 않고, 게다가 자연인인 종업원 등의 벌금액이 기준이 되기 때문에 법인에 대해서는 액수가 너무 낮아, 형벌로서의 위하력을 결여하는 결과가 되고 있었다. 이러한 경향은 법인이 획득하는 이익이 큰 경제범죄에 있어서 특히 현저했다.

그래서 1992년 독점금지법의 개정에 의해 일정한 범죄에 대하여 이러한 연동을 분리하여 법인에 대해서는 자연인 행위자보다도 다액의 벌금을 부과할 수 있도록 하였다. 예를 들면 부당한 거래제한의 죄에 대해서는 종업원 등에 대한 벌금액의 상한이 500만 엔인 반면, 법인의 벌금액의 상한은 5억 엔이 되었다(독금 제89조, 제95조 제1항).

양벌규정하에서 법인에 대한 벌금을 행위자에 대한 벌금에 연동시킨다고 하는 구조는 원래 1932년 제정된 자본도피방지법의 규정에서 유래하는 것이다. 그 당시는 법인에 대한 처벌은 자연인인 종업원 등의 책임을 전가한 것, 혹은 이를 대위한 것이라는 주장이 강하여 양벌규정의 배경에도 그러한 주장이 있었다고 생각된다. 이러한 견해를 전제로 하면 연동이 논리적인 귀결이 되지만, 그 후 법인의 처벌은 종업원의 처벌과는 독립한 근거에 따른 것으로 생각되게 되었다. 판례도 종업원의 위법행위를 방지하기 위하여 필요한 주의를 다하지 않은 과실에 법인처벌의 근거를 이끌어 내고 있다.[38] 그렇다고 한다면 벌금액을 연동시킬 필요성은 없기 때문에

38 最大判 昭和32 · 11 · 27 刑集 11권 12호, 3113쪽, 最判 昭和40 · 3 · 26 刑集 19권 2호, 83쪽.

이러한 주장에 근거하여 연동을 단절시키게 된 것이다.

이것을 효시로 하여 금융상품거래법과 부정경쟁방지법 등의 다른 경제법규상의 범죄에 대해서도 같은 조치가 채택되고 있다.

4. 과형 절차

대부분의 벌금, 특히 교통사범에 대한 벌금은 간이 · 신속한 처리를 목적으로 한 약식절차에 따라 부과되고 있다(형소 제461조 이하). 대상은 100만 엔 이하의 벌금 또는 과료를 과하는 사건이다. 검찰관이 피의자의 동의를 얻은 다음에 약식명령을 청구하고 이와 동시에 증거서류와 증거물을 재판소에 제출한다. 그 다음에 재판관이 공판을 열지 않고 서면심리만으로 기소사실의 존부를 판단하여 벌금 또는 과료를 선고하게 된다.

나아가 교통사건에 대해서는 약식절차를 운용면에서 보다 합리화한 3자즉일처리방식으로 불리는 절차로 처리하고 있다. 이것은 도로교통법 위반의 피의자에게 출두를 요구한 다음, 경찰관에 의한 조사와 사건송치, 검찰관에 의한 조사와 약식명령청구, 재판소의에 의한 약식명령 발부와 피고인에의 송달, 벌금 또는 과료의 가납부라고 하는 일련의 절차를 하루 안에 동일장소에서 완료시키는 것이다. 이를 위하여 동일한 청사 내에 경찰, 검찰, 재판의 세기관의 시설과 직원을 갖춘 이른바 교통재판소가 각지에 설치되어 있다. 여기서는 일종의 연속작업과 같이 절차가 진행되어 사건이 처리된다.

대량의 사건을 처리하기 위해서라고는 하지만, 이렇게까지 절차를 간소화해버리면, 그에 따라 부과되는 벌금에 형벌로서의 감명력과 위하력이 있을까라는 의문은 부정할 수 없다. 형벌의 형사정책적 의미는 그 내용뿐만 아니라 형벌을 부과하는 절차에 따라서도 크게 좌우되기 때문이다.

그러나 현실적인 문제로서 이러한 절차를 취하지 않으면 사건을 처리할 수 없다. 약식청구를 할지 여부는 검찰관의 재량이므로, 위반을 반복하는 사람에 대해서는 공판을 청구하는 등 사안에 따라 선별할 필요가 있을 것이다.

5. 벌금 · 과료의 징수

(1) 납부하지 않는 경우의 처리

벌금 · 과료를 선고한 재판의 집행은 검찰관의 명령에 의해 실시된다(형소 제490조 제1항). 명령은 집행력이 있는 채무명의와 동일한 효력을 가지기 때문에 자력이 있음에도 불구하고 벌금 · 과료를 지불하지 않은 경우에는 민사집행법 등의 규정에 따라 강제집행을 할 수 있다(동조 제2항).

이에 반하여, 자력이 없기 때문에 벌금 · 과료를 지불할 수 없는 경우에는 대상자를 형사시설에 설치된 노역장에 유치하여(형 제18조), 벌금 · 과료의 지불에 대신하여 작업을 시킨다. 그렇지만 이는 작업으로 올린 수익으로 벌금 · 과료를 지불시키는 것이 아니라, 유치기간은 법률로 정해진 기간의 범위 내에서 재판소가 결정하고 판결 시에 벌금형의 선고와 동시에 선고된다. 벌금 또는 과료의 액수를 노역장에의 유치일수로 환산할 때의 기준에 대해서는 특별한 규정이 없고 그것은 재판소의 자유재량에 맡겨져 있다. 현재 실무에서는 통상 벌금 · 과료 5천 엔을 1일로 환산하여 선고하고 있다.[39] 따라서 노역장유치의 법적 성격은 벌금 또는 과료의 특별한 집행방법이지만 그 실질에 있어서는 벌금 · 과료를 징역형으로 바꾸어 선고하는 것과 같다고 보는 견해도 가능하다. 2016년에는 4,559건의 노역장유치처분이 이루어졌다.

벌금 · 과료의 지불을 담보하기 위해 어떠한 수단이 필요하다는 점은 확실하지만, 벌금의 형사정책적 의의로는 자유형을 회피하기 위한 대체조치가 될 수 있다는 점도 중요하다. 그럼에도 불구하고 벌금을 지불할 수 없는 경우에 노역장에 유치한다고 하는 것은 일종의 단기자유형을 부과하는 것과 같아 본래의 취지에 반하는 면이 있는 것을 부정할 수 없다. 그 때문에 특별히 폐해가 크다고 생각되는 소년에 대해서는 교육적 배려 차원에서 노역장유치가 금지되고 있다(소 제54조).

다른 나라에서는 이러한 폐해를 고려하여 벌금을 지불할 수 없는 경우에는 노역장에 유치하는 것이 아니라 선택적으로 사회봉사명령을 명할 수 있도록 하는 제도를 채택하고 있는 곳도 있다. 일본에서도 같은 제도를 도입해야 한다는 의견이 있지만, 이에 대해서는 노역장유치에 처해지는 자는 주거부정과 소재불명인 경우

39 노역장유치의 최장기간이 2년으로 되어 있는 점(형 제18조 제1항)과 관련하여, 세법상의 포탈범 등에게 아주 고액의 벌금이 과해지는 경우에는 1일당 환산액이 크게 되는 경우도 있다.

가 많아 사회봉사명령의 대상자로서 적격성을 갖추지 못하였기 때문에 노역장유치의 대체조치로서 사회봉사활동을 하는 제도를 도입해도 그다지 의미가 없다고 하는 지적도 제기되고 있다.

(2) 벌금의 연납과 분납

실무상은 벌금을 완납할 수 없는 사태가 발생하는 것을 방지하기 위하여 법무성의 훈령인 징수사무규정에 따라 검찰관의 재량으로 벌금의 연납 · 분납이 실시되고 있다. 일정한 기간, 벌금의 지불을 유예하는 것이 연납이고, 분할 지불을 인정하는 것이 분납이다. 징수사무규정에는 연납에 대응하는 납부연기의 허가에 관한 규정(제17조)과 분납에 대응하는 일부납부허가에 관한 규정(제16조)이 마련되어, 각각 납부의무자로부터의 신청에 따라 검찰관이 그것을 허가할지 여부를 결정하도록 되어 있다.

6. 벌금형의 개혁

(1) 법정형에 벌금 추가

2006년의 개정 형법에 따라 절도죄(형 제235조)와 공무집행방해죄 및 직무강요죄(동 제95조)에 대하여 법정형에 벌금이 추가되었다.

이 중에서 절도죄에 벌금형의 도입은 소매치기와 같이 유형적으로 경미한 사안에 대하여는 상응하는 형벌을 과하여 재범을 방지할 필요가 있음에도 불구하고, 종래는 법정형에 징역형밖에 없어 기소유예로 할 수 밖에 없었기 때문에, 여기에 벌금형을 추가함으로써 형의 선택폭을 넓히는 것을 목적으로 한 것이다.[40] 따라서 그 대상으로 예정되고 있는 것은, 당시까지라면 기소유예가 되었던 경미한 사안으로 곤궁범이 아닌 경우이다.

절도죄 이외의 재산범으로 형법상 벌금이 규정되어 있는 것은 배임죄(제247조), 유실물등횡령죄(제254조), 무상의 양수를 제외한 도품 등에 관한 죄(제256조 제2항)뿐이다. 이에 대해서는 ① 재산범에는 벌금이 상당한 경미한 사안이 적지 않고, ② 이욕범인 재산범에 대해 경제적 고통을 줄 필요가 있으며, ③ 재산범에 벌금형이 규

---

40 眞田寿彦＝安永健次, "刑法及び刑事訴訟法の一部を改正する法律", ジュリ 1318호, 2006, 73쪽 이하.

정되지 않은 이유로서, 그 다수가 곤궁범이기 때문에 벌금을 부과하여도 다시 범죄를 저지르게 할 뿐으로 의미가 없다고 하는 점이 지적되어 왔지만, 이러한 지적이 타당하지 않는 사안도 있다는 이유에서 재산범 일반에 대하여 벌금형을 법정형으로 정해야 한다는 의견도 있다.

다른 한편 공무집행방해죄 등에 벌금형을 도입한 취지는 사안이 비교적 경미하고 형벌을 과하는 것에 의한 억지효과로 동종사범의 재발을 방지할 필요성은 인정되지만, 법정형이 징역 · 금고형으로 한정되어 있었기 때문에, 기소를 해야 할지 여부의 판단이 곤란한 경우가 적지 않고, 사안에 따라서는 공무성을 부정하여 소인을 폭행죄 또는 협박죄로 낮추어 벌금형을 요구하는 식으로 운용되었던 점을 고려한 것이다.[41]

(2) 재산형의 일체화(과료의 폐지)

2016년에 유죄가 선고된 인원을 보면, 벌금이 26만4,196명인데 반하여 과료는 1,831명으로 매우 적다. 이에 더하여 과료의 대상이 되어 있는 범죄는 행정상의 질서벌인 과태료의 대상이 되는 행위와 성질상의 차이가 없고, 또한 소액의 재산형으로는 형벌로서의 효과를 기대할 수 없다는 등의 이유에서 과료를 폐지하고 그러한 것을 행정벌인 과태료로 전환한 가운데 형벌을 벌금으로 일체화해야 한다는 주장이 있다.

이에 대해서는 과료에는 원칙적으로 자격제한이 수반되지 않는 점이 중요하고, 그러한 관점에서 벌금의 하한과 함께 과료의 다액을 인상하고 이를 존속시켜야 한다는 의견도 있다.

(3) 일수벌금제

원래는 북유럽국가에서 시작된 제도이지만 그 후에 독일, 프랑스 등 다른 유럽국가에서도 채용되어 있다.

일본의 벌금형은 법정의 벌금액 범위 내에서 책임에 따라 일정한 벌금액을 선고하는 제도이다(총액벌금제). 이에 비해 우선 죄상(책임)에 따라 벌금의 일수를 정하고, 그 다음에 1일마다의 금액(일액)을 대상자의 경제상태(지불능력)를 고려하여 결

41 眞田=安永, 앞의 주40), 70쪽.

정하는 제도가 일수벌금제이다. 따라서 벌금의 중함의 평가는 지불총액이 아니라 일수로 하게 된다. 이 제도의 목적은 동일한 금액의 벌금이라도 벌금을 내는 사람의 자력에 따라 부담의 불평등이 발생하게 되는 벌금형의 문제점을 해소하는 데 있다. 단적으로 경제상태에 따라 벌금의 총액 자체를 변경하면 책임에 따른 형벌이라는 원칙에 반하게 되기 때문에 이를 회피하면서 같은 효과를 거둘 수 있도록 고안된 제도이다.

벌금액 전체가 저액인 경우에는 이러한 제도를 시행해도 그다지 의미가 없지만, 벌금이 고액화하녀 현실적인 의미를 가지게 된다. 일본에도 이 제도를 도입해야 한다는 주장이 있는 한편, 같은 범죄행위를 했음에도 불구하고 피고인의 경제상태에 따라서 지불해야 할 벌금액이 바뀌는 것은 오히려 공평하지 않다는 이유에서 이를 반대하는 주장도 있다.

만약 이 제도를 도입하기로 한다면, 몇 가지 해결해야 할 문제가 있다. 첫 번째는 어떤 기준에 따라 일액을 산정할지이다. 구체적으로 수입액을 기초로 할 것인가, 그렇지 않으면 자산액도 고려할 것인가, 자기 자신의 수입이 없는 주부나 학생의 경우는 이를 어떻게 산정할 것인가 하는 점이 문제된다. 두 번째는 피고인의 수입과 자산 등의 경제상태를 어떻게 파악하고 결정하는가이다. 대량의 벌금대상사안에 대해 수사기관이 면밀한 조사를 하는 것은 현실적이지 않고, 대부분의 벌금선고가 약식절차로 이루어지고 있는 현실에서, 재판소가 개별적으로 피고인의 경제상태를 인정하여 일액을 정하는 것도 곤란하다. 그 때문에 일수벌금제를 도입하려면 적어도 그 대상사건을 한정하는 것이 필요할 것이다.

(4) 보전절차

벌금 · 과료를 지불할 수 없는 경우에는 노역장유치라는 환형처분이 정해져 있지만(형 제18조), 자연인과 달리 육체를 가지지 않은 법인에 대해서는 이를 적용할 수 없다. 여기서 법인이 재산을 유용하여 벌금의 지불을 사실상 면하는 것을 방지하기 위해 판결확정전에 그 재산을 보전하는 제도를 두어야 한다는 제안이 제기되고 있다.

이에 대해서는 벌금형의 장래 집행을 담보하기 위하여 재산을 보전하는 것은 무죄추정의 원칙에 반한다는 비판이 있다. 그러나 보전제도는 벌금형을 먼저 집행하는 것이 아니라, 일정한 혐의의 존재를 전제로, 유죄냐 무죄냐가 확정되기까지 재산의 처분을 금지하는 데 불과하므로 이것이 무죄추정의 원칙에 반한다고는 할 수 없을 것이다.

Ⅲ 몰수 · 추징

1. 내용

몰수는 대상물의 소유권을 원소유자로부터 박탈하여 국고에 귀속시키는 처분이고, 추징은 몰수대상물의 가액에 상당하는 금액을 납부시키는 처분이다.

몰수는 부가형이다(형 제9조). 따라서 독립하여 몰수만을 선고하는 것은 불가능하다. 또한, 책임무능력 등의 이유로 유죄판결을 할 수 없는 경우에는 설사 범죄사실이 인정된다고 해도 몰수를 할 수 없다.

추징(형 제19조의2)은 범죄에 의한 불법한 이익을 보전시킬 수 없다는 관점에서, 몰수를 할 수 없는 경우에 이루어지는 일종의 환형처분이다. 전형적인 예는 금전으로, 판례는 특별하게 봉금封金되어 있다고 하는 사정이 없는 한은 금전은 특정성이 없기 때문에 몰수가 아니라 추징의 대상이 된다고 하고 있다.

2. 몰수의 대상

몰수의 대상물에 대해서는 형법 총칙에 일반규정이 마련되어 있고(형 제19조 제1항), 이는 조성물건, 공용물건, 생성물건, 취득물건, 보수물건, 대가물건으로 구성된다.

조성물건이란 그 물건의 존재가 없으면 범죄구성요건이 충족되지 않는 물건을 의미한다. 위조통화행사죄의 위조통화, 음란물배포죄의 음란물 등이 그 예이다.

공용물건이란 범죄의 실행행위를 수행하는데 실제로 사용된 물건, 또는 실행행위를 수행하는데 사용할 목적으로 준비하였지만 실제로는 사용되지 않고 끝난 물건을 의미한다. 예를 들면 살인에 사용된 흉기 등이 여기에 해당한다.

생성물건이란 범죄행위로 존재하게 된 물건을 말한다. 통화위조죄의 위조통화, 문서위조죄의 위조문서가 그 예이다.

취득물건이란 범죄행위 당시에 이미 존재하고 있었던 물건으로, 범죄행위로 범인이 취득한 것을 말한다. 예를 들면 도박으로 얻은 금전, 음란문서를 판매하여 얻은 금전 등이 여기에 해당한다. 재산범의 피해품도 취득물건에 해당하지만 제3자 몰수가 금지되기 때문에(형 제19조 제2항), 피해자에게 소유권이 있는 피해품에 대해서는 이를 몰수할 수 없다.

보수물건이란 범죄행위의 보수로 얻은 물건을 말한다. 살인청부업자에게 지불된 보수가 그 예이다.

대가물건이란 위의 생성물건, 취득물건, 보수물건의 대가로서 얻은 물건을 말한다. 대가란 그 물건의 유상양도에 있어서 반대급부를 말한다. 예를 들면 재산범으로 획득한 물건을 매매하여 얻은 대금이 여기에 해당한다.

형법 총칙에 근거한 일반적 몰수는 이를 행할지 여부가 재판소의 재량에 맡겨져 있지만, 형법 각칙과 특별법은 필요적 몰수를 규정하고 있는 경우도 있다.

나아가 특별법에서는 위의 물건 중 어느 것에도 해당하지 않는 물건에 대해서 몰수를 인정하는 예도 있다. 예를 들면 「총포도검류소지 등 단속법」은 등록한 총기를 양수했음에도 불구하고 이를 신고하지 않은 경우 해당 총기의 몰수를 규정하고 있다(총도소지 제36조).

3. 몰수의 법적 성질

현행법상 몰수는 부가형으로, 몰수가 형벌인 것은 명백하다. 그러나 그 실질적인 성격을 보면 몰수는 형벌적 측면과 보안처분적인 측면을 가지고 있다.

형벌적인 측면은 범인이 형벌로 인해 얻은 이익의 박탈을 주된 목적으로 한다는 것으로 취득물건, 보수물건 및 대가물건의 몰수가 여기에 해당한다. 그 때문에 이들 물건에 대해서는 몰수할 수 없는 경우의 추징이 인정되고 있다(형 제19조의2). 이러한 물건을 사정을 알고 취득한 제3자로부터 몰수하는 경우(동법 제19조 제2항 단서)에는 순수한 의미에서의 형벌의 범위를 뛰어넘고 있지만, 이것은 불법이익의 박탈이라는 목적에 따라 그 대상이 확장된 것으로 평가할 수 있다.

이에 반해 보안처분으로서의 측면을 가진 것이 조성물건, 공용물건 및 생성물건의 몰수이다. 이러한 몰수는 대상물건이 다시 범행에 이용되는 것을 막는 것을 목적으로 하는 것으로 그러한 이상, 몰수할 수 없는 경우에 추징을 할 필요가 없다.

조성물건과 공용물건에 대해 추징이 인정되고 있지 않은 것은 그 때문이다. 다른 한편 생성물건에 대해서 추징이 인정되고 있는 것은 이 점에서 문제가 남는다.

보안처분적인 성격을 가진 몰수는 대상물건 자체가 가진 위험성에 착안한 것이기 때문에 본래는 위험성을 갖추고 있는 이상, 피고인에 대해서 형벌을 부과할 수 있는지 여부에 관계없이 그 물건을 몰수의 대상으로 하는 것이 합당할 것이다. 또한, 그 물건이 제3자에게 귀속하고 있는 경우에도 그것이 다시 범죄에 이용되는 등의 위험이 있으면 제3자가 사정을 알고 취득했는지 여부를 불문하고 몰수의 대상으로 해야 하게 된다.

개정 형법초안은 위와 같은 몰수의 법적 성질을 고려한 규정을 두고 있다. 우선 몰수를 부가형이 아니라 독립처분으로 하여 그 요건이 구비되어 있는 경우에는 행위자에 대해 소추 또는 유죄의 선고를 하지 않는 경우에도 이를 선고할 수 있다고 규정하고 있다(제78조). 이 경우에는 유죄인정절차와는 별도의 절차로 몰수 · 추징이 선고된다.

다음으로 몰수를 그 성격에 따라 보안처분적인 몰수(조성물건, 공용물건, 생성물건)와 형벌적인 몰수(취득물건, 보수물건, 대가물건)로 나누어 기재하였다. 그 다음에 전자에 대해서는 추징을 인정하지 않고, 또한 대상물건이 제3자에게 속하는 경우에는 그것이 다시 범죄행위를 조성하거나 또는 범죄행위에 사용될 우려가 있는 때 등 보안상 몰수를 필요로 하는 경우에는 몰수가 가능하다고 규정하고 있다(제74조). 이에 대응하여 제3자에게 귀책사유가 없는 경우는 몰수에 의한 손해의 보상규정이 마련되어 있다(제80조).

이에 대하여 후자의 유형에 대해서는 현행법과 동일하게 추징이 가능한 외에, 제3자에게 속하는 물건에 대해서는 사정을 알고 대상물건을 취득한 경우에 한하여 몰수가 가능하다고 규정하고 있다(제75조).

4. 몰수 · 추징에 관한 최근의 움직임

(1) 종래의 법제도의 문제점

몰수 · 추징에 대해서는 최근 범죄로 얻은 이익을 박탈한다는 기능이 재인식되어 활발한 제도개정의 움직임이 보인다. 그 배경에는 조직범죄대책으로 불법이익의 박탈이 중요하다는 인식이 침투한 것에 있다. 조직범죄는 많은 경우 경제적 이익의 획득을 주된 목적으로 저질러지기 때문에 그 방지를 위해서는 범죄행위 자체를 처벌하는 것에 더하여 범죄로 인해 얻은 이익을 확실하게 박탈하여 범죄의 동기를 상실하게 하는 것이 유효하다. 나아가 범죄이익의 박탈은 추가 범죄를 저지르기 위한 자금원을 차단한다는 점에서도 의미를 가진다. 그 때문에 이러한 의미에서의 불법수익의 박탈은 범죄행위에 대한 제재라는 측면과 불법한 수익을 사용한 장래의 범죄를 막는다는 보안처분적인 측면의 양쪽 성격을 가지게 된다.

이러한 관점에서 볼 때, 종래 일본의 법제에는 다음과 같은 문제점이 있었다.

첫 번째로 「형법」 제19조에 근거한 몰수의 대상은 유체물이고, 예를 들면 채권과 같은 무형의 이익은 그 대상이 되지 않는다. 또한, 추징도 본래 몰수가능한 물건이 법률상 또는 사실상의 사유로 사후적으로 몰수가 불가능하게 된 경우에 인정되는 제도이므로, 처음부터 몰수가 불가능한 것은 대상이 되지 않는다고 해석되고 있다. 이 해석에 따르면, 예를 들어 약물의 대금을 현금으로 수령한 경우에는 몰수 내지 추징이 가능하지만, 은행계좌로 입금시킨 경우에는 예금채권은 몰수할 수 없고 추징도 할 수 없다고 하는 불합리한 결과가 된다.

두 번째로 몰수 · 추징을 하기 위해서는 그 대상이 되는 물건이 개별 범죄행위로부터 얻은 것이라는 점을 입증하는 것이 필요하다. 그러나 예를 들면 계속적으로 약물을 밀매하여 이익을 얻고 있는 경우, 그러한 사실은 입증가능하다고 해도 각각의 양도행위를 특정하고 개별 행위로 무엇을 획득하였는지를 입증하는 것은 매우 곤란하다.

이러한 문제점이 있는 것은 일찍부터 지적되고 있었지만 구체적인 개정의 움직임은 오랫동안 없었다. 그러나 특히 1980년대 말경부터 범죄의 국제화와 함께, 세계적인 차원에서 범죄대책이 요구되면서 계기가 만들어졌다. 그 주요 테마 중 하나가 약물범죄로, 1988년에는 유엔에서 이른바 마약신조약(마약 및 향정신약의 부정거래의 방지에 관한 유엔조약)이 채택되었다. 이 조약의 주안점은 약물범죄로 얻은 불법수익을 효과적이고 철저하게 박탈하는 데 있고, 비준국에 대하여 박탈을 위한 몇 가지 구체적인 조치를 취하도록 의무지우는 내용이 담겨져 있다. 일본도 이 조약을 비준했지만, 그 내용에는 지금까지의 법률로는 대응할 수 없는 것이 포함되어 있었기 때문에, 조약을 국내에도 실시하기 위한 입법이 필요하게 되었다. 그 입법이 1991년 제정된 「국제적인 협력하에 규제약물에 관한 부정행위를 조장하는 행위 등의 방지를 도모하기 위한 마약 및 향정신약단속법 등의 특례 등에 관한 법률」(마약특례법)이다. 동법은 종래와는 다른 새로운 방식의 몰수 · 추징제도를 정하고 있다.

(2) 마약특례법의 몰수 · 추징제도

a) 몰수대상의 확장

몰수 · 추징의 기본적인 대상은 '약물범죄수익'(마약특 제2조 제3항)으로, 유체물에 한정하지 않고 모든 재산을 포함한다. 또한, 약물범죄수익의 과실로 얻은 재산과 약물범죄수익의 대가로 얻은 재산 등인 '약물범죄수익에서 유래하는 재산'(동법 제2조 제4항)은 어떻게 형태를 바꾸어도 추적가능한 이상 대상이 된다. 예를 들면 약물의 대금을 은행에 맡겨서 얻은 이자나 약물 대금으로 부동산을 구입하고 이를 전매하여 얻은 금전 등도 대상이 된다. 형법의 규정으로는 조문상 직접의 대가물건밖에 대상이 되지 않고 또한 약물 대금을 은행에 맡겨서 얻은 이자 등의 과실은 대상이 되지 않는다는 견해가 유력했었기 때문에 이러한 점에서도 몰수의 대상이 확장된 것이 된다.

다만, 이러한 규정으로 어디까지가 '약물범죄수익의 보유 또는 처분에 근거하여 얻은 재산'으로서 약물범죄수익에 유래하는 재산이라고 할 수 있는지는 반드시 분명하지 아니하다. 인과관계를 거슬러 올라가면 제한없이 확대될 가능성이 있는데 이를 모두 몰수하는 것은 타당하지 않은 경우도 있다. 예를 들면 약물대금을 기반으로 회사를 설립하고 합법적인 사업을 하여 얻은 이익은 약물범죄수익에서 유래하는 재산에는 포함되지 않는다고 되어 있다.[42]

b) 필요적 몰수 · 추징

형법상 몰수 · 추징이 재량적임에 반해서, 마약특례법상의 몰수는 원칙적으로 필요적이고(마약특 제11조 제1항), 또한 몰수할 수 없는 경우의 추징도 필요적이라고 규정되어 있다(동법 제13조 제1항).

c) 몰수의 간이화

약물의 양도 등을 '업으로 한' 것을 특별한 구성요건으로 하고(마약특 제5조), 이로 인하여 획득한 약물범죄수익을 몰수의 대상으로 했다(동법 제2조 제2항 제1호, 제2조 제3항). 이에 따라 업으로 한 전체로서의 복수 행위와 그 사이에 얻은 이익 전체

---

42 古田祐紀ほか, 麻薬特例法及び薬物四法改正法の解説, 法曹会, 1993, 42쪽.

와의 결부를 입증하면 충분하고, 개별 범죄행위와 몰수대상물과의 연관을 엄밀하게 입증할 필요가 없게 되었다.

그리고 더 나아가 약물의 양도 등을 업으로 한 기간 내에 범인이 취득한 재산으로 그 가액이 해당기간 내에서 범인의 일하는 상황 또는 법령에 근거한 급부의 수급상황에 비추어 상당하지 않게 고액인 것은 해당 죄에 관련된 약물범죄수익으로 추정한다는 취지의 규정이 두어졌다(마약특 제14조). 이에 따라 예를 들면 피고인이 업으로 약물을 밀매하고 있었던 기간 내에 피고인의 은행계좌에 수천만 엔의 금전이 입금되고 있는데, 그 기간에 피고인이 정규로 일하여 얻은 금전은 100만 엔뿐인 경우에는 피고인이 그 수천만 엔의 금전의 출처가 약물의 밀매로 인한 것이 아님을 명백하게 하지 않는 한 약물의 밀매로 얻은 수익으로 인정하여, 몰수할 수 있게 되었다.

d) 몰수 · 추징의 보전제도

종래의 법제도하에서는 유체물에 대해서는 몰수해야 할 물건을 압수할 수 있었지만(형소 제99조 제1항, 제222조 제1항). 압수의 효과는 재판소 또는 수사기관이 그 물건의 점유를 취득하는 것에 그치고, 처분을 금지하는 것은 가능하지 않았으며, 또한 무형의 재산에 대해서는 재산의 일시적 동결 제도는 존재하지 않았다. 나아가 추징에 대해서도 가납부제도가 존재했지만, 이는 재판소가 판결로 추징을 선고하는 경우에 같이 명할 수 있었던 제도로, 그 이전에 피고인의 일반재산의 처분을 금지하는 제도는 없었다. 이 때문에 범인이 몰수 · 추징을 회피하기 위해 사전에 재산을 처분해버린 경우에는 몰수 · 추징을 확실하게 하는 것이 곤란해진다는 문제가 존재했다.

이러한 사태에 대처하기 위해 재판소 혹은 재판관의 명령으로 몰수해야 할 재산, 추징의 경우는 그 일반재산의 처분을 금지할 수 있다고 규정하였다(마약특 제19조, 제20조).

마약특례법의 대상은 약물범죄에 한정되지만 동일한 요청은 조직범죄로서 저질러지는 다른 범죄에도 있으므로, 그러한 의미에서 본법의 규정은 이후의 몰수 · 추징제도의 모델이 될 수 있다. 이후 1999년에 성립한「조직적인 범죄의 처벌 및 범죄수익의 규제 등에 관한 법률」(조직적범죄처벌법)에서는 조직범죄로 저질러지는 경우가 많다고 생각되는 약물범죄 이외의 범죄유형에 대해서도 같은 몰수 · 추징규정이 마련되었다.

(3) 「조직적 범죄 처벌법」의 몰수 · 추징제도

몰수의 대상이 되는 것은 (a) 범죄수익, (b) 범죄수익에서 유래하는 재산, (c) 그 밖의 법률로 규정된 재산으로, 동산, 부동산 내지 금전채권이다(조직범죄 제13조 제1항). 범죄수익이란 ① 재산상 부정한 이익을 얻을 목적으로 저질러진 (i) 사형 또는 무기 혹은 장기 4년 이상의 징역 혹은 금고의 형이 정해져 있는 죄, (ii) 「조직적 범죄 처벌법」의 별표에서 규정하고 있는 죄에 의해 발생한 재산, 그로 인해 얻은 재산 또는 그 보수로서 얻은 재산, ② 일정한 자금 등의 제공의 죄(각성제단속법 제41조의10, 매춘방지법 제13조, 총포도검류소지 등 단속법 제31조의13, 사린 등에 의한 인신피해의 방지에 관한 법률 제7조)의 범죄행위로 제공된 자금, ③ 증인등매수의 죄(조직범죄 제7조의2), 외국공무원 등에 대한 부정이익의 공여 등의 죄(부정경쟁 제21조 제2항 제7호)의 범죄행위로 공여된 재산, ④ 테러자금 등의 제공의 죄(공중 등 협박목적의 범죄행위를 위한 자금의 제공 등의 처벌에 관한 법률 제3조 제1항 및 제2조 전단, 제4조 제1항, 제5조 제1항) 또는 그 미수죄로 인한 범죄행위로 제공되거나 또는 제공되려고 한 재산, ⑤ 테러 등 준비죄(조직범죄 제6조의2 제1항, 제2항)의 범죄행위인 계획을 한 사람이 계획을 한 범죄의 실행을 위한 자금으로서 사용할 목적으로 취득한 재산을 말한다(조직범죄 제2조 제2항).

이 가운데 ①의 조직범죄처벌법의 별표에서 규정하고 있는 범죄는 형법범, 특별형법범 양쪽을 포함하여 매우 광범위하지만, 입법당국에 따르면 이들은 사형 또는 무기 혹은 장기 5년 이상의 징역에 해당하는 죄 가운데 (a) 매우 중대한 범죄, (b) 폭력단 등의 자금원범죄 등 범죄조직에 의해 다액의 수익을 획득하기 위해 직업적 · 반복적으로 실행된다고 인정되는 범죄, (c) 합법적인 경제활동의 주변에서 다액의 범죄수익을 수반하는 범죄, (d) 다른 나라에서 폭넓게 자금세탁의 전제범죄로 보고 있는 범죄와 동종의 범죄, (e) 현실에서 폭력단 등이 다액의 수익을 획득하고 있다고 인정되는 자금원범죄를 선택한 것으로 하고 있다.[43] 이렇게 전제범죄의 선택에 있어서는 그 범죄가 폭력단을 대표로 하는 범죄조직에 의해 자금획득을 위해 저질러진다는 점이 하나의 고려요소로는 되어 있지만 조문상은 그것이 조직적으로 저질러진 것이 필요하다고 규정되어 있지 않다.

마약특례법의 규정과는 다르게, 범죄수익 가운데 유체물과 금전채권 이외의 재산은 몰수의 대상이 되고 있지 않지만, 이들에 대해서는 추징이 인정되고 있고

43 三浦守ほか, 組織的犯罪関連三法の解説, 法曹会, 2001, 72쪽.

(조직범죄 제16조), 어떤 방법으로든 범인의 수중에 범죄수익을 남기지 않는 구조로 되어 있다. 또한, 몰수 · 추징을 위한 재산의 보전절차도 동일하게 규정되어 있다(동법 제22조–제49조).

다른 한편, 마약특례법과는 다르게 '직업으로서' 저지르는 범죄유형과 범죄수익의 추정규정은 두어져 있지 않다. 이는 전제범죄가 상당히 광범위하기 때문에 그러한 범죄유형을 두는 것이 곤란하고, 설사 한정적으로 그러한 범죄유형을 두는 것이 가능하다고 해도, 거기에는 다양한 전제범죄의 범죄수익이 혼재할 것으로 예상되므로, 범죄수익인 것을 어떻게 추정하면 좋을까라는 문제가 발생하기 때문이다.

5. 그 밖의 불법수익의 박탈제도

일본의 몰수 · 추징은 형벌 및 그 환형처분이지만, 불법수익의 박탈을 형벌이 아니라 행정처분으로 하는 것도 가능하다. 예를 들면 미국에서는 형사절차에 의한 몰수와는 다른 민사몰수civil forfeiture라는 제도가 있어 널리 이용되고 있다.

일본에는 일반적인 행정상의 몰수 · 추징제도가 존재하지 않지만, 개별 영역에서 불법수익을 행정적으로 박탈하는 제도로서 독점금지법상의 과징금(독금 제7조의 2)이 있다. 이 제도는 원래 카르텔 등에 의해 얻어진 부당이득을 박탈하는 것을 목적으로 하여 공정거래위원회가 참가기업에 대해 행정처분으로서 일정한 금전의 지불을 명하는 제도로서 도입되었다. 다만, 카르텔 등에 의해 현실로 얻어진 이득을 정확하게 산정하는 것은 곤란하기 때문에 카르텔 등에 참가한 기업의 그 실행기간 내의 매상액에 일정율을 곱한 액수를 과징금으로 하는 형태를 취하고 있다. 그렇지만 2005년의 개정으로 위반의 태양이 악질적인 경우나 재차 위반한 경우에 과징금액을 가중하는 규정을 둠으로써 과징금의 성격은 부당이득의 박탈이라기보다도 위법행위의 억지를 목적으로 한 순수한 제재로서의 색채가 강해 졌지만, 그 기능으로는 여전히 불법수익의 박탈이라는 측면을 가지고 있다.

이 외에 과징금은 금융상품거래법 위반에 대해서도 규정되어 있다(금상 제172조 이하). 이 과징금도 원래는 내부자거래 등의 위법한 증권거래로 얻은 부당이득을 박탈하는 것을 목적으로 한 것이지만, 유가증권보고서의 허위기재 등 이득의 획득과는 직접적으로 결부되지 않는 위반까지 대상이 확대됨에 따라, 제재로서의 측면이 강해졌다.

불법수익을 효과적으로 박탈한다는 관점에서 일본에서도 행정상의 제재조치를 확대해야 한다는 의견이 있다. 확실히 미국의 민사몰수는 형벌로서의 몰수에 비하여 그 실체적 요건 및 절차가 완화되어 있기 때문에 이용하기 쉽고 그 때문에 큰 효과를 거두고 있다. 다만, 형벌이 아니라 행정처분이라고 해서 바로 그 요건, 절차를 완화해도 좋은지는 의문이다. 적어도 대상자에게 있어서는 실질적인 불이익이 동일한데도 그 라벨을 바꾼 것만으로 모든 형사법상의 원칙을 적용하지 않는다던가, 대상자에 대해 형사절차상의 권리보장을 하지 않아도 좋다고 해서는 안 될 것이다. 기본적으로는 개별 문제별로 형사법상의 원칙과 권리보장의 취지를 고려하면서, 무엇이 적용되고 무엇이 적용되지 않는지를 검토해 나갈 수 밖에 없다. 이러한 점을 명백히 하면서, 행정상의 제도와 형사법상의 제도를 어떻게 조합해 갈 것인가가 앞으로의 큰 검토과제이다.

[참고문헌]

藤本哲也, "財産刑・日数罰金制", 阿部純二ほか編 刑法基本講座1巻—基礎理論・刑罰論, 法学書院, 1992, 229쪽.

岩橋義明, "財産刑をめぐる基本問題について", ジュリ 1023호, 1993, 60쪽.

"〈特集〉財産刑改正問題", 自由と正義 45권 1호, 1994.

佐伯仁志, 制裁論, 有斐閣, 2009.

刑事政策研究会, "罰金刑", 論究ジュリ 4호, 2013.

永田憲史, 財産的刑事制裁の研究, 関西大学出版会, 2013.

平野龍一, "没収", 平場安治＝平野龍一編 刑法改正の研究(1)—概論・総則, 東京大学出版会, 1972. 297쪽.

町野遡＝林幹人編, 現代社会における没収・追徴, 信山社, 1996.

제 5 절 자격제한

자격제한이란 범죄자의 사회생활상의 권리나 지위를 박탈 내지 제한하는 것을 말한다. 현행법상 일정한 형에 처해진 것이 특정한 직업에 취직하는데 제한사유가 되고 있는 경우나 공적인 권리행사를 부정하는 사유가 되고 있는 경우가 적지 않다. 이러한 자격제한은 형벌은 아니지만, 그 내용에 따라서는 대상자에 대해서 형벌 이상의 현실적 불이익을 초래하는 경우도 있다. 또한, 여기에 그치지 않고 자격제한이 대상자의 사회복귀를 방해하는 경우도 생각할 수 있다. 그러나 현행법상은 일률적으로 취급하고 있고 구체적인 사안에 비추어 개별적으로 그 적용을 제외하는 규정은 존재하지 아니한다.

사안에 따라서는 대상자의 사회복귀를 도모하는 이익이 자격제한제도가 도모하려고 하는 이익을 뛰어넘는 경우도 있을 수 있기 때문에, 필요한 경우에는 개별적으로 자격제한을 제외할 수 있는 방식을 검토해야 할 것이다. 개정 형법가안은 이러한 관점에서 재판소가 형의 집행유예를 선고하는 경우에 필요하면 자격제한에 관한 법령의 적용을 배제하는 취지의 선고를 할 수 있다는 규정을 두고 있다(제70조).

제 6 절 보안처분

I 의의와 종류

보안처분이란 행위자의 위험성을 기초로 하여 사회방위와 본인의 교정 · 교육을 목적으로 하여 부과되는 처분을 말한다.[44] 책임을 기초로 하지 않는 점에서 형벌과 다르다. 행위자의 위험성이 처분의 기초인 이상, 형벌법령에 저촉되는 행위가 행해진 것은 논리적으로는 보안처분의 요건이 아니지만 통상은 발생이 요구되고

44 団藤重光, 앞의 주11), 603쪽.

있어 그러한 의미에서 보안처분은 형법상의 처분으로 평가되고 있다. 또한, 보안처분도 대상자의 권리 · 이익을 침해하기 때문에, 인권보장의 견지에서 보안처분을 선고하는 주체는 형벌과 같이 통상 재판소이다.

보안처분에는 대인적 처분과 대물적 처분이 있다. 전자에는 시설에의 수용을 동반하는 처분 외에 예를 들면, 일정한 직업상의 자격을 이용하여 범죄를 저지른 자에 대한 직업금지나 교통범죄를 저지른 자에 대한 운전면허의 취소처분 등이 있다. 또한, 시설수용 처분에도 상습범인에 대한 예방구금과 같이 대상자를 시설에 격리하는 것 자체로 사회방위의 효과를 거두는 것을 목적으로 한 것과 정신장애자에 대한 치료처분과 약물중독자에 대한 금절禁絕처분과 같이 시설에 수용하여 대상자를 개선하기 위한 처우를 실시하고 이를 통해 재범을 방지하는 것을 목적으로 하는 것이 있다. 이에 대하여 대물적 보안처분으로서 몰수, 영업소의 폐쇄, 법인의 해산 등을 들 수 있다.

Ⅱ 형벌과 보안처분의 관계

형법상의 처분으로 형벌과 보안처분 양자를 규정한 입법형식을 이원주의라고 부른다. 이 형식하에서 양자의 관계는 형벌의 목적을 어떻게 파악하느냐에 따라 달라지게 된다.

형벌의 목적을 과거의 행위에 대한 응보에만 구하는 절대적 응보형론에 따르면 형벌은 대상자에 의한 재범의 위험을 제거하는 것을 목적으로 하는 보안처분과는 그 목적에서 완전히 다르게 된다. 이에 반하여 형벌은 범죄를 방지하기 위해 과해진다고 하는 목적형론에 따르면, 그 목적에서 형벌과 보안처분은 중복되게 되고, 양자를 구별하는 기준은 책임주의가 적용되는지 여부에 구해지게 된다. 따라서 이 입장은 형식에서는 이원주의, 목적에서는 일원주의라고 하게 된다. 나아가 목적형론을 철저하게 관철하면, 형벌은 범죄자의 위험성을 제거하여 사회를 방위하기 위하여 과해지는 것이라고 하고, 책임의 관념을 중시하지 않는 신파의 입장에서는 형벌과 보안처분과의 사이에 본질적인 차이는 인정되지 않기 때문에 양자를 구별할 필요가 없어져 보안형 혹은 사회방위처분으로 일원화해도 좋게 될 것이다. 이러한 법형식이 일원주의이다.

이원주의에 근거한 입법의 경우, 책임무능력자에 대해서는 보안처분만이 과해지기 때문에 특히 문제는 발생하지 않지만, 한정책임능력 상태에서 범죄를 저지른 자에 대해서는 형벌인 자유형과 보안처분인 시설수용처분의 양자를 과할 수 있는 경우가 있다. 이 경우에 ① 집행의 순서를 어떻게 할 것인가, ② 양자를 반드시 집행해야 하는가라고 하는 문제가 있다.

첫 번째 문제에 대해서는 형벌의 기능으로서 응보와 일반예방을 중시하면, 우선 행위에 대한 비난을 명백하게 하기 위하여 형벌을 부과해야 할 것이다. 현재 형의 집행을 선행시키는 입법례도 있다(이탈리아 형법 제211조 제1항). 그러나 예를 들면 정신장애와 약물중독을 원인으로 하는 범죄 등에 대해서는 범죄자의 개선갱생이라는 점을 고려하면 우선은 치료를 위한 처분을 하는 것이 필요하게 된다. 가령 의료교도소와 같은 시설에 수용한다고 해도 형의 집행인 이상, 충분한 치료를 할 수 없고, 그 사이에 정신장애 등이 한층 더 악화되기 쉽기 때문이다. 이러한 이유에서 보안처분을 먼저 집행하는 것을 원칙으로 삼는 입법례도 있다(독일 형법 제67조 제1항).

두 번째 문제에 대해서는 형벌이 먼저 집행된 경우에 그 종료시점에서 아직 대상자에게 위험성이 남아 있는지 여부만의 문제로, 위험성이 인정되면 계속하여 보안처분을 집행하고 그렇지 않으면 이를 집행할 근거는 소멸한다. 따라서 집행의 대체라는 문제가 발생하는 것은 보안처분이 먼저 집행된 경우이다.

형벌의 목적을 응보 내지 일반예방에서 구하면 보안처분으로는 아무런 목적도 실현되지 않으므로 보안처분이 집행종료된 후 선고된 형벌을 그대로 집행하게 된다. 이것이 병과주의이다.

이에 대하여 보안처분이 집행된 후, 형벌의 일부 또는 전부의 집행을 면제하는 방식을 대체주의라고 부른다. 이러한 방식이 채택된 배경에는 보안처분이 응보와 일반예방을 목적으로 하는 것이 아니라고 해도, 자유의 박탈이라고 하는 불이익을 대상자에게 부과한다는 점에서는 형벌과 공통된다는 점, 또한 형벌의 목적으로서 대상자의 개선갱생을 중시하면 보안처분과의 차이는 줄어들어, 보안처분을 집행한 후 반드시 선고된 기간의 형벌을 부과한다는 것은 실질적으로 불필요한 형벌을 부과하는 것에 다름없다는 주장이 있다. 이 주장을 철저히 지켜 선고 시점에서 기본적으로 보안처분만을 선택하는 제도(택일주의)도 있다.

Ⅲ 보안처분을 둘러싼 일본의 역사

1. 현행법하의 보안처분

일본의 형법전에는 보안처분이 규정되어 있지 않다. 다른 법률에서 신체의 자유를 박탈하는 보안처분으로서의 성격을 가진 것으로는 매춘방지법상의 보도처분(매춘 제17조)이 있다. 이 처분은 매춘의 권유 등의 죄로 집행유예부 징역 또는 금고형을 받은 20세 이상의 여자에 대하여 부인보도원에 수용하여 6개월을 한도로 갱생을 위하여 필요한 생활지도, 직업의 보도 및 갱생의 방해가 되는 심신의 장애에 대한 의료를 하는 것이다. 그러나 현실에서는 이 제도는 거의 기능하고 있지 않다. 현재 부인보도원은 도쿄에 1개소 있을 뿐으로, 새로운 수용자는 2007년부터 2016년까지 10년간 3명뿐이다.

이 외에 보안처분에 해당하는 제도는 존재하지 않지만, 일본에서는 다른 나라에서 보안처분으로서 실시되고 있는 운전면허의 박탈처분과 영업소의 폐쇄처분 등이 행정처분으로서 실시되고 있어 실태로서는 같은 처분이 존재한다고도 할 수 있다.

다만, 역사적으로는 이미 제2차 세계대전 이전부터 보안처분을 정식으로 도입하자는 움직임이 있어, 그것이 개정 형법초안에 보안처분으로 조문화되어 있다.

2. 개정 형법초안의 보안처분

(1) 규정의 내용

개정 형법초안에서는 정신장애자에 대한 치료처분과 알콜 · 약물중독자에 대한 금절처분이라는 2종류의 보안처분을 창설하기로 하였다(제97조). 이들 처분은 모두 보안시설에 수용하여 필요한 조치를 하는 것으로 순수한 예방구금이 아니다. 보안시설은 교도소는 아니지만 법무성의 관리하에 있는 시설로 되어 있다.

이 가운데 치료처분의 요건은 ① 정신장애로 책임무능력인 사람 또는 책임능력이 현저히 낮은 사람일 것, ② 금고 이상의 형에 해당하는 행위를 했을 것, ③ 치료 및 간호를 하지 않으면 장래에 다시 금고 이상의 형에 해당하는 행위를 할 우려가 있을 것, ④ 보안상 필요가 있을 것이다(제98조). 기간은 3년으로 갱신은 2년마다

2회를 한도로 규정되어 있지만 중대범죄에 대해서는 갱신의 제한이 없어 제도상은 무기한의 수용이 가능하게 되어 있다(제100조).

이에 대하여 금절처분의 요건은 ① 과도하게 음주하거나 또는 마약, 각성제 그 밖의 약물을 사용하는 습벽이 있는 사람일 것, ② 그 습벽 때문에 금고 이상의 형에 해당하는 행위를 했을 것, ③ 그 습벽을 제거하지 않으면 장래에 다시 금고 이상의 형에 해당하는 행위를 할 우려가 있을 것, ④ 보안상 필요가 있을 것이다(제101조). 치료처분과는 달리 책임무능력자 또는 한정책임능력자일 것은 요건으로 되어있지 않기 때문에 완전책임능력을 가진 사람이라도 대상이 된다. 기간은 1년으로 갱신은 1년 마다 2회가 한도로 되어 있으므로(제103조), 최대한 3년간으로 치료처분과 같은 무기한의 수용은 불가능하다.

양 처분에 공통된 내용으로서, 첫 번째로 보안처분의 선고는 재판소가 한다(제97조 제1항). 두 번째로 책임무능력 등의 이유로 소추되지 않은 경우라도 형사재판과는 별도의 절차로 선고가 가능하게 되어 있다(제97조 제2항). 세 번째로 보안시설로부터 출소한 후에 사회 속에서 사후조치로서 요호관찰療護觀察에 처할 수 있다(제106조). 요호관찰은 가퇴소의 경우뿐만 아니라 퇴소의 경우에도 부과할 수 있다고 규정하고 있다.

형벌과 보안처분의 양쪽이 선고된 경우의 처리에 대해서는 형벌을 선행하여 집행하는 것이 원칙으로 규정되어 있다(제108조). 형법이 행위자의 책임을 기본으로 하는 것인 이상, 형벌이 원칙이고 보안처분은 그 보충이라는 주장에 근거한 것이다. 다만, 이에 따라 발생하는 실제상의 불합리를 회피하기 위해 재판소가 예외적으로 보호처분의 선행집행을 명할 수 있는 외에, 집행도중에 순서를 변경하는 것도 인정되고 있다(제109조).

또한, 형벌 및 보안처분의 어느 쪽이 집행된 경우에 대해서도 그것이 종료한 시점에서 다른 한 쪽의 처분을 집행할 필요가 없어졌다고 인정될 때는 재판소가 보안처분이면 이를 해제하고 형벌이라면 그 전부 또는 일부의 집행을 면제할 수 있다고 규정하고 있다(제110조).

(2) 제도창설의 이유

이렇게 개정 형법초안이 보안처분을 도입한 배경에는 정신장애자와 알콜 · 약물중독자가 모두 위험하지는 않지만, 중대한 범죄를 저지른 사람 가운데에는 정신장애나 중독에 기인하여 같은 행위를 반복할 우려가 있는 자가 적지 않다고 하는 인식이 있다. 이를 전제로 기존의 제도에는 정신장애자와 알콜·약물중독자에 의한 재범을 방지한다는 관점에서 살펴본 경우 다음과 같은 문제점이 있다고 지적되었다.

우선 책임능력은 인정되지만, 정신에 장애가 있는 사람에 대해서는 의료교도소에서 특별한 처우가 이루어지고 있지만 형의 집행인 것에 수반하는 제약이 있어 충분한 치료효과를 거두고 있지 않다. 또한, 행정상의 제도로서의 조치입원은 기본적으로 본인의 치료에 중점을 둔 제도로 위험한 정신장애자나 알콜·약물중독자로부터 사회의 안전을 지키기 위한 조치로서는 불충분한 것이다. 현실의 운용으로서 본래 조치입원의 대상이 되어야 할 사람이 입원되지 않거나, 입원해도 치료가 불충분한 상태로 퇴원하거나 하는 경우가 적지 않아, 결과적으로 재범에 이르는 사람도 많다.

나아가 보안처분이라는 새로운 제도를 창설하는 편이, 다음의 점에서 대상자에게 있어서도, 또 정신의료에 있어서도 바람직한 결과를 가져온다는 지적도 있었다. 즉, ① 정신위생법에 따른 정신의료시스템 및 그 운용이 재범의 방지라는 관점에서는 불충분하기 때문에, 재판소가 여기에 의존하는 것을 피하려고 해서, 책임능력의 판단이 엄격하게 되고 본래는 적합한 시설에서 치료를 받아야 할 사람이 교도소에 보내지고 있다. 그 때문에 오히려 재판소가 안심하고 치료를 위한 처분을 선고할 수 있는 제도를 구축하는 편이 본인을 위해서도 좋다. ② 정신위생법상의 제도는 보안적인 목적을 같이 가지고 있음에도 불구하고 본인의 치료를 위한 제도라는 표면상의 목적 때문에, 예를 들면 결정에 재판소의 관여가 없는 등 그 절차가 대상자의 권리보장의 면에서 충분하지 못하다. ③ 현재 정신병원에서의 치료가 개방적으로 되어 있는 현실에서, 범죄성이 강한 자를 다른 정신장애자와 같은 시설에서 치료하는 것이 곤란해지고 있는 가운데, 같이 치료하려고 하면 경우에 따라서는 정신의료전체가 보안적으로 되기 쉽다.

(3) 개정 형법초안에의 비판

다른 한편으로 개정 형법초안의 규정에 반대하는 입장도 유력하다. 이 주장은 보안처분이라는 제도를 두는 것 자체에의 반대론과 개정 형법초안의 보안처분규정에의 반대론으로 구분할 수 있다.

우선 보안처분 자체를 반대하는 주장의 근거는 다음과 같다. ① 정신장애자와 알콜 · 약물중독자에 대해서는 무엇보다도 의료가 우선되어야 하고, 현재의 제도에 충분하지 않은 점이 있다면 이를 개선하는 것이 타당할 것이므로, 형법상의 제도로 보안처분을 도입할 필요는 없다. ② 현재의 과학으로는 장기에 걸친 구금을 정당화할 수 있을 만큼, 장래의 위험성을 정확하게 예측할 수 없다. 잘못된 예측에 근거한 구금이라는 중대한 인권침해가 발생하기 쉽다. ③ 구금된 상태에서의 치료에는 그다지 효과가 없어, 결국 장기의 구금만을 내용으로 하는 예방구금이 되어 버릴 위험이 크다. ④ 정신장애자는 위험하다는 편견을 조장하게 된다.

다른 한편, 보안처분 자체의 창설을 용인하는 입장에서도 개정 형법초안의 보안처분규정에 대해서는 ⓐ '보안상 필요가 있다고 인정되는' 것이 요건이 되어 있는 점, ⓑ 일률적으로 법무성 관할의 보안시설에 수용한다고 하고 있는 점, ⓒ 치료처분에 대하여 무기한의 시설수용을 인정하고 있는 점 등 제도 전체의 보안적 색채가 강하다는 비판이 있었다. 여기서 초안의 입안단계에서는 대상자의 치료면을 중시하는 관점에 선 별도안도 나왔다(참고안 B안).

별도안의 주요 내용은 다음과 같다. ① 보안처분에 대신하여 요호처분이라는 명칭을 사용한다. ② 수용시설을 법무성 관할의 요호시설과 후생성 관할의 의료시설(정신병원)의 이원체제로 하여 어느 쪽에 수용할지는 오로지 치료를 필요로 하는가, 그렇지 않으면 범죄성의 제거를 필요로 하는가에 따라 재판소가 결정한다. 정신병원에 입원시킨 사람은 기본적으로 통상의 입원환자과 동일하게 취급한다. ③ 수용기간은 최장 7년으로 한다. ④ 형벌과 요호처분의 양쪽이 선고된 사람에 대해서는 요호처분을 먼저 집행하고, 그 집행이 종료한 다음에 형의 전부 또는 일부를 필요적으로 면제한다. ⑤ 최초부터 사회 내 요호관찰을 실시하는 것을 인정한다.

3. 형사국안

이러한 비판에 따라 법무성도 1981년에 개정 형법초안의 내용을 수정한 '보안처분제도(형사국안)의 골자'를 작성, 공표했다. 전체적으로는 개정 형법초안보다도 보안의 색채가 엷어진 내용으로 이루어져 있다. 수정된 주요 내용은 다음과 같다.

첫 번째로 금절처분을 치료처분에 통합하여 전체의 명칭도 보안처분에서 치료처분으로 변경하였다. 이에 따라 알콜 또는 약물중독자에 대한 처분도 알콜 또는 약물이 정신장애를 일으켜 이에 따라 책임무능력 또는 한정책임능력이 된 경우로 한정하였다. 두 번째로 처분의 대상범죄를 방화, 살인, 상해, 강간, 강제추행, 강도의 6종류로 한정했다. 세 번째로 수용기간을 1년 이내로 하고 갱신은 원칙적으로 7년까지로 하였다. 다만, 사형 또는 무기에 해당하는 행위를 저지르고, 이를 다시 저지를 우려가 있는 사람에 대해서는 무제한으로 하고 있다. 네 번째로 수용장소를 치료시설로 하여 국립정신병원을 이용하는 것도 검토하기로 하였다.

그러나 이 안에 대해서도 비판이 강하여, 성립의 전망은 서지 아니하였다. 다만, 실제문제로서 정신장애가 원인으로 범죄를 반복하는 사람이 있는 것은 사실로, 형법상의 책임을 물을 수 없다고 하여 이를 방치해서는 안 된다. 실제로도 이러한 경우가 방치되고 있는 것은 아니며 불충분하지만 정신의료상의 제도로 대처해 왔다. 이러한 가운데 2001년 이케다초등학교池田小学校 아동살상사건을 계기로 하여 2003년에 「심신상실 등의 상태로 중대한 타해행위를 한 사람의 의료 및 관찰 등에 관한 법률」(의료관찰법)이 성립하게 되었다.

4. 「심신상실자 등 의료관찰법」의 성립

동법은 방화, 성범죄, 살인, 상해, 강도 등의 대상행위(심신상실처우 제2조 제2항)를 저질러 심신상실 또는 심신미약이 인정되어 불기소처분된 사람, 또는 재판에서 심신상실을 이유로 무죄로 되었던지 혹은 심신미약을 이유로 형이 감경된 사람으로 징역 · 금고의 실형판결을 받지 않는 사람에 대하여 재판소의 결정으로 입원과 통원을 명령하는 것이다. 그것은 정신장애가 원인이 되어 범죄를 저지른 사람에게 특화된 처분을 정한 것이라는 점에서 보안처분제도에 유사한 측면도 있지만 그 목적이 '심신상실 등의 상태로 중대한 타해행위를 한 사람에 대하여 그 적절한 처우를 결정하기 위한 절차 등을 정함으로써 계속적이고 적절한 의료 및 그 확보를 위해 필요한 관찰 및 지도를 하는 것을 통하여 그 병상의 개선 및 이에 수반하는 같은 행위의 재발방지를 도모하고, 이로써 그 사회복귀를 촉진하는 것'에 있다고 하고 있어(동법 제1조), 기본적으로 기존의 정신의료제도의 연장선상에 있는 제도로 평가할 수 있다.(동법에 대해서는 제1권 제4편 제4장을 참조).

[참고문헌]

"〈特集〉保安処分の総合的検討", ジュリ 772호, 1982.

西原春夫, "保安処分論", 宮澤浩一ほか編, 刑事政策講座第3巻—保安処分, 成文堂, 1972, 1쪽.

"〈特集〉治療処分をめぐる諸問題", 判タ 454호, 1982.

平野龍一, "触法精神障害者の処遇", ジュリ増刊・精神医療と心身喪失者等医療観察法, 2004, 3쪽.

제 2 장 범죄화와 비범죄화

제 1 절 범죄화와 중벌화

범죄화는 지금까지 범죄가 되지 않았던 행위를 새로운 법률의 제정 내지 개정에 따라 범죄로 규정하는 것을 말한다. 이에 따라 형벌로써 통제되는 행위가 확대되지만, 형벌 적용범위의 확대라는 관점에서 보면 법정형의 인상으로 기존의 범죄에 대한 처벌을 무겁게 하는 조치와 절차상 형벌을 부과하는 요건을 완화하는 조치도 이와 유사한 기능을 가지고 있다. 일본에서는 1990년대 후반부터 이러한 의미에서의 범죄화 · 중벌화가 급속히 진행되었다. 그 배경에는 몇 가지 요인이 있다.

첫째, 범죄로서 처벌해야 할 새로운 유해有害사건이 발생한 것이다. 컴퓨터 · 네트워크의 발달과 보급에 따른 현상에 대응하는 것으로서 1999년에 「부정 액세스 행위의 금지 등에 관한 법률」이 제정되어 부정 액세스 행위 자체가 처벌의 대상이 된 예나, 2011년의 형법 개정을 통해 컴퓨터 바이러스의 제조, 배포 등을 처벌하게 된 사례가 이에 해당한다.

둘째, 지금까지 존재했던 특정행위나 사건에 대한 사회적 평가가 변화한 것이다. 그 전형적인 예로서 스토커 행위의 처벌을 들 수 있다. 이른바 스토커 행위는 기존에도 협박죄, 강요죄, 명예훼손죄에 해당되면 처벌이 가능했지만, 그에 못 미치는 행위를 처벌할 수 없었으며 그 단계에서 경찰이 개입할 수도 없었다. 따라서 그것이 확대되어 상해나 살인에까지 이르게 된 사안도 발생하였다. 이에 따라 2000년에 「스토커 행위 등의 규제 등에 관한 법률」이 제정되어 일정한 행위를 '따라 다니는 행위 등'으로 금지하고, 또한 공안위원회가 금지명령을 할 수 있도록 함과 동시에 그 명령에 위반하는 행위, 또는 '따라 다니는 행위 등'을 반복하는 행위(스토커 행위)를 처벌하는 규정이 마련되었다.

또한, 음주운전 등에 의한 참혹한 교통사고의 발생에 따라 종래에는 업무상과실치사상죄로 처벌되었던 일부 행위가 2001년의 형법 개정에 따라 위험운전치사상죄로 무겁게 처벌을 받게 된 사례도 교통사고에 대한 사회적 평가가 달라짐에 따라 새로운 범죄유형이 창설되었다고 하는 의미에서 이에 해당한다고 할 것이다.

나아가 행위에 대한 사회적 평가의 변화가 기존의 법정형의 인상을 초래하기도 한다. 최근의 예는 일부의 도로교통위반에 대한 법정형의 인상이 현저하다. 예를 들면 음주운전의 법정형은 종래에는 1년6월 이하의 징역이었지만 몇 차례 인상으로 현재는 5년 이하의 징역으로 되었다.

이러한 새로운 범죄유형의 창설이나 법정형의 인상은 특정한 참혹한 사건의 발생을 계기로 하여 개정을 요구하는 여론이 높아지고 그것을 배경으로 이루어지는 경향이 강하다. 최근 들어 이러한 경향이 나타나게 된 것은 2003년 무렵까지의 범죄인지 건수의 급격한 증가를 배경으로 하여 치안의 악화에 대한 일반국민의 불안이 높아지면서 안전 · 안심을 요구하는 국민의 의견이 언론 등을 통해 입법자를 비롯한 국가기관에 직접 영향을 주게 된 데 따른 것이다. 동시에 범죄피해자가 목소리를 내어 그 상황이 널리 알려지게 된 것도 범죄문제에 대한 국민의 관심을 높이는 요인이 되었다고 할 수 있다.

형사입법에 국민의 목소리가 반영되는 것은 그 자체로는 부정되어야 할 것은 아니다. 그러나 형벌을 엄격하게 한다고 해서 즉시 범죄를 억제할 수 있는 것이 아니기 때문에 특정 사건을 계기로 그 피해자와 그에 공감하는 일반 국민의 목소리에 떠밀리는 형태로의 조속한 입법은 형벌의 효과에 대해 냉정한 판단을 결여한 과도한 처벌로 이어질 위험도 있다. 이러한 관점에서 최근의 엄벌화 경향은 형벌 포퓰리즘에 따른 것이라고 하는 비판이 제기되고 있다.

형벌 포퓰리즘하에서는 법과 질서의 강화를 요구하는 시민단체나 범죄피해자의 권리를 주장하는 활동가와 언론이 일반시민의 대변자로서 정부의 형사정책에 강한 영향력을 가지는 반면, 사법관료와 형사법 연구자 등 지금까지 형사정책 결정을 지배하고 있었던 자들의 의견이 존중되지 않게 된다. 그 결과로 범죄와 형벌의 논의에서 통계 등을 근거로 한 과학적인 의견보다도 개인적인 경험이나 상식 등 직관적인 것이 힘을 얻게 되어 그것이 엄벌화로 이어지게 된다. 이러한 지적은 최근 일본의 상황에서도 일부 통하는 바이고, 이러한 경향에 대한 제동을 어떻게 걸 것인가가 문제가 되고 있다. 최근 범죄화의 배경에 있는 또 다른 하나의 중요 요인은 국제화이다. 국제화의 물결은 형사사법에도 영향을 주고 있으며, 범죄와 범죄자가 국제화함에 따라 유엔 다자간조약 등에서 일정한 행위의 범죄화가 의무화되는 경우가 많아지고 있다. 그것은 어떤 유형의 행위에 대해 해당 국가에서 그것을 범죄로 규정하지 않으면 그 행위를 처벌할 수 없을 뿐만 아니라 외국으로부터 수사공조를 요청받은 경우에 대처가 곤란해지기 때문이다. 그 예로서는 유엔마약신조약의 비준을 위해 1992년에 마약특례법이 제정되어 이른바 돈세탁의 처벌규정이 도입된 점을 들 수 있다. 2017년 테러 등 준비죄의 창설을 포함한 조직적 범죄처벌법의 개정도 이에 해당한다.

제 2 절 비범죄화

I 비범죄화의 개념과 근거

비범죄화는 범죄로 규정되어 있는 행위를 법률에 의하여 범죄에서 제외하는 것을 말한다. 이전부터 몇몇 범죄에 대해서 그것을 비범죄화해야 한다는 주장이 제기되어 왔는데 그 근거는 문제가 되고 있는 범죄유형에 따라 다르고 반드시 동일하지 않다.

첫째, 구체적인 법익침해가 없음에도 불구하고 도덕적 · 윤리적 관점에서 특정 행위를 처벌하는 것은 부당하다는 근거에 기초하는 것이다. 이것은 가치관의 다양성의 인정한 가운데 형법의 목적과 임무를 사회윤리의 유지가 아니라 법익의 보호에 한정하는 견해를 기초로 하는 것이다. 이러한 견해에 따르면 각 범죄유형의 구체적인 보호법익이 무엇인지에 주목해야 할 필요성이 있고, 구체적인 보호법익을 찾아낼 수 없는 범죄유형에 대해서는 그것을 비범죄화해야 하게 된다. 여기에서 이른바 '피해자 없는 범죄'의 비범죄화 주장이 나오게 된다.

이에 대해 형법의 목적을 사회윤리의 유지에 두고 있는 견해에 따르면 이상의 근거는 타당하지 않다. 그러나 이 입장에서도 국민의 의식이 변화하고 사회윤리 자체의 내용이 변화하였다고 말할 수 있는 상태가 되면 그에 반하지 않는 행위는 비범죄화하게 된다.

비범죄화의 두 번째 근거는 매우 경미한 법익침해 밖에 일으키지 않는 행위유형은 원래 형벌을 부과할 정도의 가치가 없다고 하는 것이다. 형법의 겸억성謙抑性을 근거로 하는 것으로 예를 들면 경미한 재산범죄나 교통위반이 이에 해당하게 될 것이다.

셋째, 어떤 행위를 범죄로 하더라도 결국 그것을 방지할 수 없을 뿐만 아니라 오히려 폐해가 더 커진다는 정책적인 근거이다. 예를 들면 동의낙태에 대해서 그것을 금지하더라도 그것이 없어질 것으로는 생각되지 않고 결국 음지에서 범죄조직에 의한 고가의 낙태가 이루어지거나 임산부 자신에 의한 위험한 낙태가 행해지거나 하게 된다는 지적이 있다.

이 외에도 특정행위가 사실상 수사기관에 의한 단속대상에서 제외되어 형벌법규로서의 실효성이 약해져 있는 경우에는 그 처벌규정을 남겨두더라도 무의미할 뿐만 아니라 국민의 준법정신의 저하를 초래하기 때문에 그것을 비범죄화해야 한다는 근거도 제기되고 있다. 이러한 상태를 사실상의 비범죄화라고 부르지만, 그러한 경우는 이상의 근거에서 그러한 상태에 이르고 있는 경우가 많다.

Ⅱ 문제시되는 범죄유형

유럽과 미국에서는 1960년대부터 비범죄화가 주장되어 왔는데 여기에서 문제가 된 범죄 중 동성애와 근친상간 등 특정 성행위의 처벌은 기독교적 윤리감에 근거하는 측면이 강하고, 일본에서는 종래부터 처벌의 대상이 아니다. 일본에서도 문제가 되는 것은 다음의 범죄이다.

1. 피해자 없는 범죄

피해자 없는 범죄는 ① 다른 사람으로부터 교환에 의해 사회적으로 용인되지 않고 법적으로 허용되지 않는 물건 또는 서비스를 받는 행위이며, ② 이에 관여하는 사람 이외에 직접적인 피해를 일으키지 않는 범죄를 말한다.

(1) 매춘

매춘은 양자의 합의에 따라 행해지기 때문에 그로 인해 불이익을 받는 사람은 없고, 그 자체를 처벌하는 근거는 성을 매매의 대상으로 하는 것은 바람직하지 않다고 하는 공공도덕의 보호에서 구할 수 밖에 없다. 이에 대해서는 바로 형벌에 의한 도덕의 강제라고 하는 비판이 적합하다.

다만, 현재의 성매매방지법은 성매매 자체 및 그 상대방이 되는 행위를 금지하고 있는데(매춘 제3조), 그것을 처벌하는 규정은 두고 있지 않으며 처벌의 대상은 공중의 눈에 띄는 방식으로의 매춘의 권유, 호객행위 등의 권유사범과 매춘을 위한 장소의 제공, 관리매춘 등의 조장사범에 한정되어 있다. 권유사범에 대해서는 권유받고 싶지 않은 사람을 권유하거나 그것을 공개적으로 행하여 그 장소의 분위기를 해치는 등의 관점에서, 조장사범에 대해서는 매춘시설 영업자 등에 의한 성매매 여성의 착취를 방지하고 여성을 보호하는 관점에서의 처벌로 이해할 수 있다. 그런 의미에서 모두 단순한 도덕과 윤리를 보호하기 위한 처벌규정이 아니다.

이 외에도 「아동매춘, 아동포르노와 관련된 행위 등의 처벌 및 아동의 보호 등에 관한 법률」(아동매춘 등 처벌법)에서는 18세 미만의 자가 대가를 지불하고 혹은 그 약속을 하여 성행위 및 유사행위를 하는 것 자체를 처벌의 대상으로 하고 있다(아동매춘 제2조 제2항, 제4조). 또한, 동법의 대상이 아닌 무상으로의 성행위 등에 대해서는 각 도도부현의 청소년보호육성 조례의 음행처벌규정에 의한 처벌이 이루어진다. 이들은 모두 아직 판단능력이 부족한 아동 및 청소년의 보호를 목적으로 한 처벌규정으로 특정 도덕과 윤리를 보호하기 위한 것은 아니다.

이러한 범위 내에서는 현행 법제는 문제없다고도 할 수 있지만, 전술한 처벌의 근거를 구체적으로 살펴보면 현재 성매매방지법에 의한 처벌의 범위가 매우 넓다고 하는 주장도 제기될 수 있다. 즉, 특정 지역에 한정하여 매춘의 상대방이 되고자 하는 사람만이 그 장소에 간다고 하는 형태로 한다면 공중에게 폐가 되지 않는다. 또한, 공공기관이 허가한 업자에게 경영을 하게 하고 그것을 감독하는 체제를 취한다면 성매매 영업을 금지하는 근거가 되는 매춘 여성의 착취도 이루어지지 않게 된다. 실제로 외국에서는 매춘을 합법화한 후 공공기관의 감독하에 두고 특정 장소에서만 영업하게 하는 형태를 취하고 있는 곳도 있다.

(2) 음란물 등의 배포

현행법에서는 음란물 등의 소지 및 구입은 처벌되지 않고, 처벌의 대상이 되는 것은 그 배포와 판매, 공연히 전시하는 행위이다(형 제175조).

판례 · 통설에 의하면, 그 보호법익은 국민의 선량한 성풍속과 성질서이다. 그러나 이에 대해서는 선량한 성풍속이라는 명목하에 일정한 도덕감을 강제하게 된다는 비판이 있다. 그것을 보게 되면 많은 사람들이 눈살을 찌푸리게 되는 행위라고 하더라도 어떤 개인이 스스로의 의사로 보는 것은 자유이고, 그러한 이상 보고 싶은 사람 대해서 그것을 판매하는 것을 국가가 처벌하는 것은 이상하다고 하는 의미이다.

이 입장은 음란물 등 반포죄의 보호법익을 개인의 자유(보고 싶지 않은 물건을 그 의사에 반하여 보여지지 않을 자유) 및 청소년의 보호에서 구한다. 그 귀결로서 공중에 띄는 형태로 판매, 광고 또는 청소년에게 판매하는 행위만을 처벌의 대상으로 해야 한다고 하게 된다.

이에 대해서 처벌긍정론에서는 음란물 등의 배포는 성범죄의 원인이 된다고 하는 주장도 제기되고 있다. 그러나 청소년에 대해서는 별문제로 하고, 성인에 대해서까지 일반적으로 그렇게 주장할 수 있을지는 의문이다.

또한, 「아동매춘 등 처벌법」에서는 아동포르노(아동매춘 제2조 제3항 제3호)라고 하는 새로운 유형을 마련한 가운데 그 제공 및 제조뿐만 아니라 단순소지도 처벌하는 규정을 두고 있다(동법 제7조). 여기에는 종래의 음란물의 개념에 포함되지 않을 가능성이 있는 것도 포함되어 있는 외에, 법정형도 음란물 등 반포죄보다 무겁게 되어 있다.

이러한 규정은 음란물 등 반포죄의 구성요건과 유사한 점은 있지만 그 처벌 근거는 아동의 보호에 있고, 그러므로 실재하는 아동을 대상으로 한 것일 것이 요구되고 있다. 일반 음란물 등의 배포 등의 처벌과는 그 근거를 달리하는 것이므로 그에 관련되는 행위를 폭넓게 처벌하는 것은 전술한 비범죄화론의 입장에 서더라도 정당화될 수 있을 것이다.

(3) 약물의 자기사용, 자기사용 목적으로의 소지 · 양수

이러한 행위를 비범죄화해야 한다고 하는 견해의 이론적 근거는 약물의 사용이 건강에 해로운 것이라고 하더라도 그것은 말하자면 일종의 자해이며, 자신의 신체를 다치게 하는 것이 상해죄가 되지 않는 것과 마찬가지로 보호해야 할 법익이 결여된다고 하는 점에 있다. 이 외에도 정책적 근거로서 ⓐ 비합법적이기 때문에 약물의 가격이 높아지게 되어 그것을 구입할 금전을 얻기 위한 범죄가 행해지게 되고, 따라서 공개적으로 싸게 공급하게 되면 그것을 막을 수 있으며, 또한 ⓑ 통상적인 수단으로는 구입할 수 없기 때문에 그것을 밀매하는 조직이 생겨나는 것으로,

따라서 합법화함으로써 조직범죄의 자금원이 되는 것을 방지할 수 있다는 점을 들고 있다.

이에 대해서 비범죄화 반대론에서는 약물사용으로 인한 폐해는 사용자 개인의 건강이 해를 입는다는 것뿐만 아니라 그 이상의 사회적 해악이 있다고 하는 주장이 제기되고 있다. 즉, 약물사용은 (a) 약물의 영향하에 타인을 해치는 범죄를 저지를 위험이 있고, (b) 약물 또는 그 대금의 입수를 위해 범죄를 저지를 위험이 있으며, (c) 약물남용의 만연은 사회를 황폐화시킨다고 하는 문제가 있고 그에 의해 침해될 가능성이 있는 사회적 이익을 보호법익으로 생각할 수 있다는 것이다.

약물의 사용이 이러한 사회적 해악을 초래하는 면이 있는 것은 확실해 보이지만, 보호법익을 고려할 때 이러한 간접적인 효과까지 고려에 넣을 수 있을지는 문제가 있다. 너무 확대하면 보호법익을 고려할 의미가 없게 될지도 모른다.

이 외에도 패터널리즘에 의한 정당화도 고려된다. 패터널리즘은 자신의 법익을 침해하는 행위라고 하더라도 그것을 처벌함으로써 국가가 후견적인 관점에서 자신의 법익을 침해하지 않도록 국민을 보호한다고 하는 견해이다. 본인의 의사에 근거하지만 법익침해 자체가 존재하고 있기 때문에 그것은 윤리위반을 근거로 처벌하는 것은 아니다.

이러한 사고가 전형적으로 나타나는 것은 판단능력이 일반적으로 충분하지 않은 소년의 경우 등이기 때문에 판단능력에 문제가 없는 성인에 대해서 그것이 처벌의 정당화 근거가 될 수 있을지는 의문이 제기되고 있다. 그러나 약물사용의 경우 그로 인해 건강을 해치고, 경우에 따라서는 폐인처럼 되는 경우도 있고, 사용자는 통상 이러한 중한 결과가 발생할 가능성을 잘 고려해서 사용을 결정하는 것은 아니고, 또한 만일 그것을 고려한다고 하더라도 실제 결과는 이러한 상태가 되어 보지 않으면 알 수 없다고 하는 면이 있다. 따라서 그러한 행위를 하지 않도록 국가가 개입한다고 하는 것이다.

이러한 처벌긍정론에서의 어떠한 근거도 약물의 사용에 사회적 해악이나 개인의 건강에 해악이 있다는 것이 전제가 되어 있다. 각성제나 코카인 등에 대해서는 그 해악은 분명하고, 문제가 되는 것은 그것과 비교해서 해악이 낮다고 하는 마리화나의 사용이나 사용목적으로의 소지를 처벌하는 것의 타당성이다. 이 점이 다투어진 사안에서 피고인이 대마에는 유해성이 없다는 점, 있다고 하더라도 매우 낮다는 점을 전제로 하여, 그 수입을 처벌하는 대마단속법의 규정이 「헌법」 제13조, 제

14조, 제31조, 제36조를 위반한다는 주장에 대해서 최고재판소는 피고인의 위 주장을 배척한 원심의 판단은 정당하다고 판단하였다.[45]

이 결정에 따라 대마의 유해성에 대해서는 실무상 결론이 났지만 대마와 같은 이른바 소프트 약물의 자기사용이나 사용목적을 위한 소지를 처벌하는 것에 대해서는 국제적으로도 논란이 있다. 네덜란드와 미국의 일부 주와 같이 자가사용을 위한 공급을 포함하여 그것을 법률상 혹은 사실상 비범죄화하고 있는 곳도 있지만 그 수는 소수이다. 또한, 비범죄화의 배경에는 약물이 어느 정도 사회에 침투하게 되면 형벌을 부과해도 소용이 없다는 정책적 배려가 있고, 그 정도까지 약물이 보급되어 있지 않은 일본과는 상황이 다르다는 것에도 주의가 필요하다.

(4) 도박

판례와 다수설에 따르면 도박죄의 보호법익은 노동에 의한 재산의 취득이라고 하는 국민의 건전한 경제생활의 풍습과, 도박에 수반되어 발생하는 재산범죄 등의 범죄방지에 있다고 한다. 전자에 대해서는 어떠한 방법으로 돈을 얻으려고 하는 것은 개인의 자유로 형벌에 의한 특정한 도덕의 강요한다고 하는 비판이 제기되고 있다. 후자에 대해서는 간접성 때문에 약물 사용의 경우와 동일한 문제가 있다.

따라서 적어도 단순도박에 대해서는 보호법익의 관점에서 그 처벌을 근거 짓는 것은 곤란하다. 그것을 정당화한다면 결국은 패터널니즘을 제기하지 않을 수 없고, 따라서 잃어버리는 이익의 중대성이라는 점에서 보아 단순도박의 처벌까지 이에 의해 정당화할 수 있을지에 대해서는 문제가 남는다.

이에 대해 도박장 개설에 대해서는 도박혐의의 보호법익을 재산의 보호로 파악한 가운데 그 행위가 일반시민의 재산에 대하여 위험을 준다고 하는 이유로 처벌할 수 있다고 하는 견해가 유력하다. 다만, 이에 대해서도 도박에 참여하는 사람은 스스로의 의사로 재산을 제공하는 것으로 사기도박이라면 몰라도 그렇지 않은 것까지 왜 일률적으로 처벌할 수 있는가 라고 하는 문제는 남는다.

나아가 도박에 대해서는 대규모 공영도박을 인정하고 있고, 그렇지 않은 형태로 하는 도박을 범죄로 규정하는 것은 모순된 것이 아닌가하는 근본적인 의문이 있다.

---

45 最決昭和60 · 9 · 10 判時 1165호, 8쪽.

2. 기타 범죄유형

(1) 동의낙태

동의낙태는 피해자 없는 범죄로 거론되는 경우가 있지만, 낙태죄의 주된 보호법익은 태아의 생명이기 때문에 이와 같이 주장할 수 없다. 따라서 비범죄화론의 근거는 여성의 자기결정권의 보장과 금지하더라도 낙태는 없어지지 않고 오히려 음지에서 위험한 수술이 이루어지게 된다고 하는 정책적 관점에 있다고 할 수 있다.

동의낙태는 형법상은 일률적으로 처벌의 대상이라고 하고 있지만(형 제213조), 모체보호법에 따라 일정한 사유가 있는 경우에는 낙태(인공임신중절)가 인정된다(모체보호 제14조). 인공임신중절이란 태아가 모체 외에서 생명을 보지할 수 없는 시기에 인공적으로 태아와 그 부속물을 모체 밖으로 배출하는 것을 말한다(동법 제2조 제2항). 태아가 모체 밖에서 생명을 보속保續할 수 없는 시기는 미숙아 의료의 발달과 함께 점차 단축되고 있으며, 후생노동성의 통달에 따라 현재는 일반적으로 임신 만 22주 미만으로 되어 있다. 따라서 ① 지정의사에 의할 것, ② 통상 임신 만 22주 미만일 것, ③ 법률에서 정한 사유에 해당할 것, ④ 본인 및 배우자의 동의가 있을 것이 인공임신중절의 요건이 된다.

이 규정은 위법성조각사유를 유형화한 것으로, 따라서 현행법에서는 무조건으로 동의낙태가 비범죄화되고 있는 것은 아니다. 이에 반해 외국에서는 일정한 임신기간에 도달하기 전이라면 그 이유를 묻지 않고 낙태를 인정하는 곳도 있다. 일본에서도 그런 제안이 있지만「모체보호법」제14조 제1항 제1호에서 "임신의 지속 또는 분만이 신체적 또는 경제적 이유로 모체의 건강을 크게 해칠 우려가 있다"라고 하는 요건 중, '경제적 이유'가 완화되어 해석되고 있는 것에 대하여, 그 판단은 의사에 맡겨져 있다는 점도 있어 실제로는 인공임신중절은 널리 행해지고 있다.[46] 단속도 거의 이루어지지 않고 있어 2016년에서는 낙태죄 전체 인지 건수는 0건이다. 인지 건수가 존재하는 해라도 수 건 정도이며, 사실상의 비범죄화 상태에 있다고 해도 좋다.

---

46 2016년의 인공임신중절건수는 168,015건이다(平成28年度衛生行政報告例の概況). 덧붙여 말하자면 2016년의 출생수는 996,978명이다(平成28年人口動態統計(確定數)の概況).

(2) 교통사범

교통위반통고제도의 대상이 되는 경미한 도로교통법 위반 외에 경미한 상해를 수반하는 과실운전치상죄도 비범죄화해야 하는 것이 아닌가가 문제가 되고 있다(제1권 제4편 제7장 제3절 참조).

[참고문헌]

"〈特集〉 最近の刑事立法の動きとその評価", 法時, 75권 2호, 2003.

日本犯罪社会学会, グローバル化する厳罰化とポピユリズム, 現代人文社, 2009.

井田良, "近年における刑事立法の活性化とその評価", 井田良=松原芳博編, 立法学のフロンティア 3—立法実践の変革, ナカニシヤ出版, 2014.

本庄武, "最近の刑事立法は何を実現しようとしているのか", 浜井浩一編, 犯罪をどう防ぐか, 岩波書店, 2017.

"〈特集〉 ディクリミナリゼイション——現代における犯罪化と非犯罪化", 法セ, 310호, 1980.

제 3 편

범죄자의 처우

제 1 장 총설

제 1 절 일본의 범죄자 처우의 개요

범죄자에 대한 처우란 광의로는 형사사법제도하에서 실시되는 범죄자에 대한 조치 전체를 말한다. 이러한 의미에서의 처우의 목적은 형벌의 목적에 따라 다양하지만 거기에는 범죄자를 개선갱생시켜 그의 사회복귀를 도모함으로써 재범을 방지하는 것도 포함된다. 협의로는 이 의미에서의 특별예방을 목적으로 하여 실시되는 일련의 조치를 가리켜 범죄자의 처우라고 한다.

어떤 사람이 범죄자라고 하는 것은 법적으로는 유죄판결이 확정됨에 따라 정해지는 것으로, 이후 형의 집행으로서 그 처우가 실시된다. 이 중 교도소 등 형사시설 내에서 실시되는 처우를 시설 내 처우, 형사시설 외에서 실시되는 처우를 사회 내 처우라고 부른다. 그러나 현실에서는 협의의 의미에서의 처우도 유죄판결이 확정되기 전의 형사절차의 단계에서부터 실시되고 있다. 이와 같이 경찰에 의한 범인의 검거에서부터 재판소에 의한 판결선고까지의 과정에서 실시되는 처우는 사법적 처우라고 불린다.

[그림 1]에서 볼 수 있듯이 범죄를 저질렀다고 하여 검거된 사람이 모두 교도소(형사시설)에 들어가서 처우를 받는 것은 아니다. 오히려 대부분의 사람은 그 과정에서 다양한 형태로 절차에서 제외된다. 경찰단계에서는 경미한 도로교통법 위반에 대해서 행정제재금인 교통범칙금을 지불하면 그 이후는 형사사건으로는 다루지 않는 교통반칙통고제도나 일정한 경미한 범죄에 대하여 검찰로 사건을 송치하지 않고 절차를 중단하는 미죄微罪처분이 있다. 또한, 검찰단계에서는 기소유예처분이 있고 형법범[47]에서는 약 50%가 기소유예가 되고 있다. 나아가 재판단계에서는 약식절차에 의해 벌금을 부과하는 처리가 형사재판의 결과의 대부분을 차지한다. 또한, 징역 · 금고형이 선고되는 경우에도 그 집행이 유예되는 경우가 있고, 법률상 집행유예를 선고할 수 있는 3년 이하의 징역 · 금고가 선고되는 사건 중 60%를 초과하는 사건에서 형의 집행이 유예되고 있다.

---

47 형법전에 규정된 죄, 위험운전치사상죄 및 행위의 기본유형이 형법전의 죄와 동일한 일정한 특별법(폭력행위 등 처벌에 관한 법률, 강도 등의 방지 및 처분에 관한 법률 등)상의 죄를 말한다.

[그림 1] 형사사법절차의 흐름

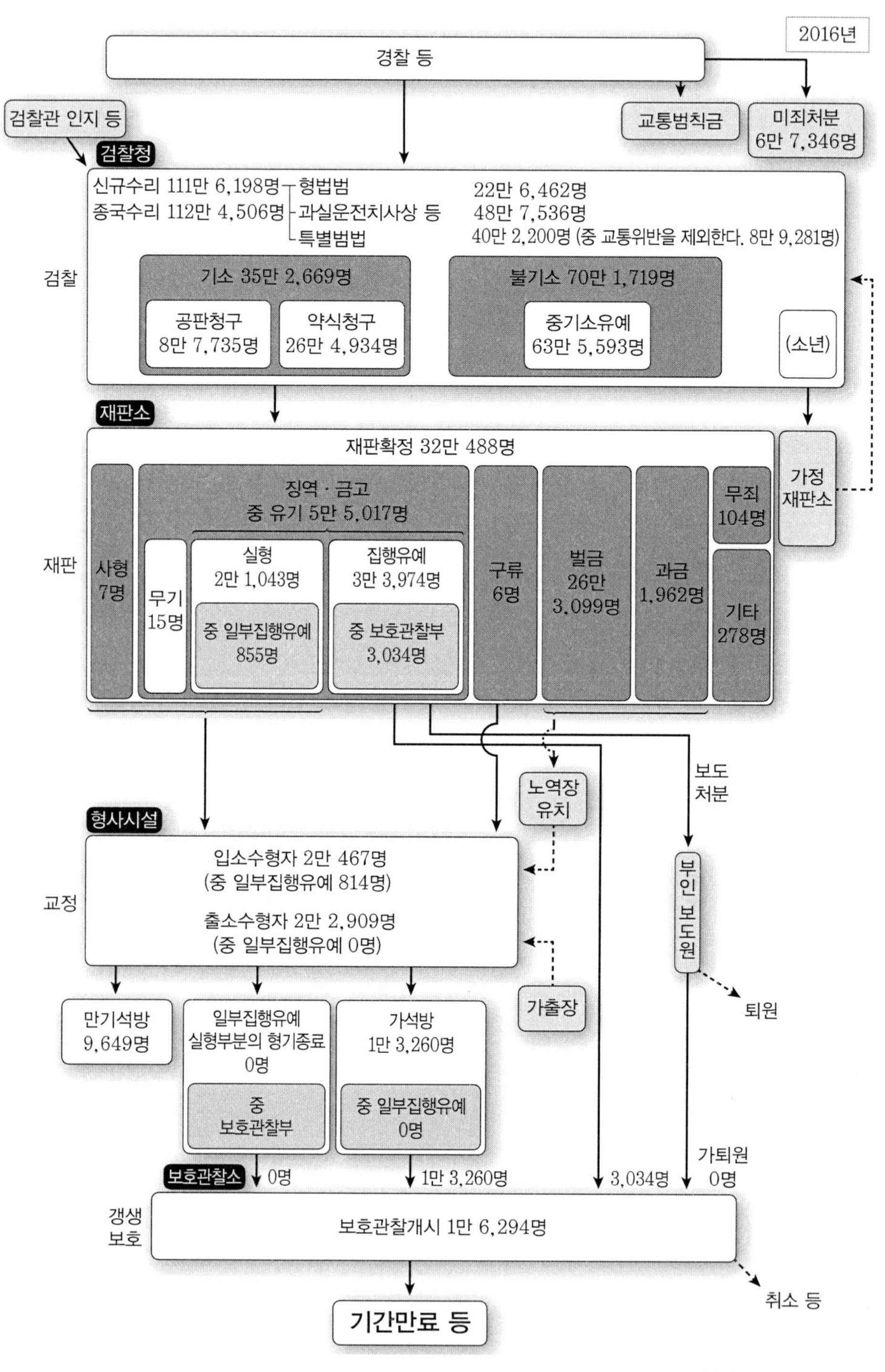

(출전) 2017년 범죄백서, 28쪽.

제 2 절 다이버전

1. 의의

범죄자의 개선갱생과 사회복귀를 도모하기 위한 수단으로 형사사법제도 중에서 적극적인 처우를 실시하는 것 이외에, 형사절차로부터 제외하여 다른 형태의 처우를 실시하는 방법도 생각할 수 있다. 그리고 사안에 따라서는 오히려 그러한 처우가 범죄자의 개선갱생과 사회복귀를 위해서 바람직한 경우도 있다. 그러므로 그와 같은 조치도 범죄대책으로서 중요한 의미를 가진다. 이러한 조치는 일반적으로 다이버전이라고 불린다. 무엇이 이에 해당하는가에 대해서는 다양한 견해가 있지만 여기에서는 형사사건절차의 흐름을 재판소에 의한 유죄인정 이전의 단계에서 통상의 형사사법절차의 과정에서 제외하는 것이라고 정의한다.[48]

이러한 절차에는 두 가지 측면에서 의의가 인정된다. 그 하나는 형사절차를 진행해 감에 따라 대상자에게 발생하는 불이익을 회피하는 동시에 형사사법기관의 부담을 경감한다고 하는 소극적 측면이고, 다른 하나는 경미한 사건을 형사절차로부터 제외하여 보다 효과적인 조치를 강구한다고 하는 적극적 측면이다. 즉, 다이버전에도 단순히 절차에서 제외하는 것(단순한 다이버전)과 어떠한 조치에 따르는 것을 조건으로 절차에서 제외하는 것(개입 조건 다이버전)이 있다. 후자의 예로는 마약중독자에 대해서 의료시설에 수용하여 치료를 하거나 상담 수강을 의무지우는 것과 최근의 범죄에 대해서 범죄자와 피해자와의 화해를 위한 자리를 마련하는 것 등을 들 수 있다.

다이버전이라고 하는 개념은 1960년대부터 1970년대에 걸쳐서 미국에서 등장한 것으로 거기에는 아래와 같은 배경이 있었다.

먼저, 이 시기에 형벌을 과도하게 사용하였다는 점, 특히 시설수용에 의한 폐해가 인식되게 되었고 또한 범죄를 저질렀기 때문에 즉시 처벌하는 것이 아니라 그 전제인 원인을 해결하는 것이 필요하다고 하는 주장이 높아짐에 따라, 그에 대응하여 형사사법제도 이외의 범죄자처우 수단에 주목하게 되었다. 이에 더하여 수사기관 및 재판소를 경미한 사건의 처리로부터 벗어나게 하여 형사사법 전체의 부담을

48 재판소가 유죄를 인정한 후, 실형으로 하지 아니하는 처분도 다이버전에 포함하는 견해도 있다. 이에 따르면 형의 집행유예도 다이버전에 포함되게 된다. 그러나 다이버전의 목적의 하나가 유죄를 선고받은 것에 의한 범죄자에 대한 낙인찍기를 방지하는 것에 있는 점을 고려하면 여기에서는 정의로서 너무 확대한 것일 것이다.

감경하는 한편, 동시에 중대한 사건에 자원을 집중시킬 필요성도 주장되었다. 그리고 이러한 주장은 동시에 수사기관이 과도한 사건을 처리하기 위해 자의적으로 재량권을 행사하거나 부당한 수단을 이용하는 것 등을 방지하고자 하는 것도 의도하였다.

이상의 점은 소위 비범죄화의 근거와 공통되는 점이 적지 않다. 다만, 비범죄화가 특정행위에 대해서 입법 수준에서 그것을 범죄에서 제외하는 것이라면, 다이버전은 어디까지나 그것이 범죄인 것을 전제로 하여 형사절차에서 제외하는 것으로 일정한 경우에는 형사절차로 다시 되돌리는 것을 가정하고 있다는 점에서 양자는 차이가 있다.

2. 일본의 현상

일본에서도 재판소에 의한 유죄인정 전에 형사절차에서 제외하는 조치는 여러 단계에서 실시되고 있다.

우선 범죄가 수사기관에 인식되어 형사절차가 개시되기 전 단계에서 사회 내에서 사건이 처리되는 경우가 있다. 이것을 사회 내 흡수라고 부르고 있다. 가족 내부에서의 범죄가 전형적인 예이지만 예를 들면 종업원에 의한 횡령과 같은 기업 내에서의 범죄도 그것이 발각됨으로써 기업이미지가 훼손되는 것을 우려하여 내부에서 처리하는 경우가 많다고 한다. 또한, 단순절도에 대해서도 종래에는 관계자가 훈계하고 대금을 지급하는 것으로 경찰에 통보하지 아니하고 처리하는 경우가 많았다.

이러한 처리가 이루어지는 경우에는 형사절차 자체가 개시되지 아니하기 때문에 낙인의 회피와 형사사법기관의 부담을 경감한다고 하는 점에서는 매우 효과적이다. 그러나 다른 한편에서 그 처리는 형사정책적 관점에서 실시되는 것이 아니기 때문에 본래는 형사절차에서 처리하는 편이 바람직한 사건까지도 여기에서 제외되어 버릴 가능성이 있다고 하는 문제가 있다.

형사절차에 편입된 후의 조치로는 경찰단계에서의 교통범칙통고제도나 미죄처분, 검찰단계에서의 기소유예처분이 있다. 이에 대해 재판단계에서는 유죄선고 전에 형사절차로부터 제외하는 제도는 존재하지 않는다.

이와 같이 유죄인정 전의 몇몇 단계에서 형사절차로부터 제외하는 조치가 실시되고 있는데, 일본의 경우 성인에 대해서는 형사절차에서 제외하는 대신에 일정한 처분을 하는 제도는 존재하지 않는다. 다이버전의 의의가 형사절차에서 제외하는 대신에 대상자의 사회복귀를 위하여 보다 효과적인 수단을 취한다고 하는 점에도 있다는 것을 고려한다면, 이러한 현 상황에는 문제가 있다고 할 것이다. 다만, 현실에서는 예를 들면 피해자와의 사이에서 합의가 이루어졌는지의 여부가 검찰관의 피의자 기소 여부를 결정함에 있어서 고려되고 있고, 검찰관이 그것을 사실상 촉구하는 경우도 있다고 한다. 그러한 의미에서 다이버전에 대응하는 일본의 제도도 단순히 사건을 형사절차로부터 제외하는 기능만을 활용하는 것은 아니라 다른 행위와 사실상은 연결되어 있다고도 할 수 있다.

이에 반해 소년에 의한 범죄는 소년법에 기초한 절차에 따라 처리되지만, 여기에서는 다이버전의 견해가 명확히 나타나고 있다. 즉, 소년사건은 원칙적으로 모든 사건이 가정재판소에 송치되는 특별한 절차하에서 조사, 심판이 이루어진 후 소년의 개선교육을 위하여 필요하다면 소년에 대해서 형벌과는 다른 보호처분이 부과된다. 다만, 가정재판소가 형사처분이 상당하다고 판단한 경우에는 사건이 검찰관에 송치되어 통상의 형사절차하에서 형벌이 부과되게 되는데, 실제로 검찰관 송치가 이루어지는 비율은 낮다. 이와 같이 제도 및 운용의 양면에 있어서 다이버전의 주장이 실현되고 있다(제1권 제4편 제1장 제3절 참조).

3. 다이버전의 문제점

다이버전에는 앞서 기술한 바와 같은 이점이 있는 반면 몇 가지의 문제점도 지적되고 있다.

첫째, 이것에 의해서 개인에 대한 사회적 통제가 오히려 확대될 위험이 있다. 단순히 형사절차에서 제외하는 것뿐만 아니라 그것을 위해 일정한 조건을 부과하는 다이버전에서는 형사절차에 편입되는 것과는 다른 의미에서 개인의 생활이 국가에 의해서 통제되게 된다. 그리고 그 내용에 따라서는 형벌을 받는 경우보다도 생활에 대한 구속도가 높아질 가능성이 있다. 또한, 조건부 다이버전이 제도화되어 지금까지는 단순히 절차의 중단으로 끝나게 될 사건이 그 대상이 되면 사회적 통제가 전체로 확대하는(네트 와이드닝) 결과를 낳는다.

둘째, 다이버전에 의한 처리는 형사절차와 비교하여 비공식적이고 재량적인 것이다. 이것은 사안에 따른 유연하고 신속한 처리를 가능하게 한다고 하는 이점이 있는 반면, 그것이 자의적으로 운영되거나 대상자의 절차적인 권리보장이 결여될 위험도 부정할 수 없다.

자의적인 운용을 방지한다고 하는 점에서는 처리의 기준을 명문화하는 것을 생각할 수 있지만, 사안별 구체적 사정을 고려한 기준이 수립될 수 있는지에 대해서는 의문이 크다. 이러한 점에서 오히려 대상자에게 처리이유를 고지하고 불복신청의 기회를 주는 것이 타당한 것이 아닌가라고 하는 의견도 있다. 또한, 대상자의 권리보장이라고 하는 점에 대해서는 미국에서는 그 처리에 대상자의 의견을 요구하는 것으로 문제를 회피하려고 하고 있다. 다만, 동의하지 아니하면 형사절차가 진행되어 형벌이 부과된다고 하는 위하하에서의 동의가 진정한 동의라고 할 수 있을지에 대해서는 문제가 있으며, 이 때문에 그 판단에 있어서 변호인의 원조를 받을 권리를 인정해야 한다고 하는 의견이 강하다. 이를 보다 철저히 하는 입장으로서 재판에 준하는 절차에서 사실을 인정하고 다이버전에 의해 처리한다고 하는 견해도 있지만 거기까지 가면 결국 형사절차와는 별개의 재판절차를 마련하게 되어 다이버전의 본래의 의미가 상실될 것이다.

셋째, 다이버전이 제도로서 확립되면 다이버전에 의한 처리를 하는 것이 새로운 낙인이 된다고 하는 문제점도 지적되고 있다. 이러한 면은 분명히 있지만 그것이 형사절차에의 편입에 따른 낙인 보다는 불이익이 적은 이상은 어쩔 수 없는 것이라고 할 것이다.

[참고문헌]

井上井仁, "犯罪の非刑罰的處理 –『デァヴァージョン』の觀念を手懸りについて", 岩波講座 · 基本法學8 – 紛爭, 岩波書店, 1983, 395쪽.

松尾浩也, "デァヴァージョンについて", 法敎, 30호, 1983, 53쪽.

제 2 장 사법적 처우

제 1 절 경찰

I 경찰에 의한 수사와 사건처리

경찰에 범죄가 인지됨으로써 수사가 개시된다. 수사의 목적은 증거를 수집 · 보전하고 또한, 범인을 특정하여 그 신병을 확보하는 데에 있다. 범죄가 발생한 경우에 확실하게 범인을 검거하는 것은 그 후의 범죄의 발생을 방지하는 효과를 가진다. 또한, 예를 들면 조사는 피의자로부터 자백을 얻어 범죄사실을 해명하는 것뿐만 아니라, 자백을 통해서 피의자의 반성을 촉구하여 그 재범을 방지하는 기능도 가지고 있다. 이러한 의미에서 수사는 형사정책상의 의의도 가지고 있다.

이와 관련하여 범죄의 수사율[49]이 높다는 점이 일본 경찰의 수사능력의 높은 수준을 실증하는 것이라고 여겨져 왔으나, 1988년 이후 무렵부터는 그 저하가 지적되고 있다.

2016년의 형법범 검거율은 32.8%에 지나지 않는다. [그림 1]이 보여주는 바와 같이 2001년에 19.8%로 20% 이하로 떨어져 과거 최저를 기록하였고, 이후 약간 회복세를 보이고 있지만 최근에는 30% 전후로 보합 경향을 보이고 있다. 그러나 이전에는 검거율이 60% 전후를 유지하고 있었고, 그것이 1989년부터 급격히 저하하였다. 이러한 검거율의 변동은 수적으로 다수를 차지하는 절도의 검거율의 변동에 따른 바가 크다.

검거율의 저하의 요인으로서는 검거건수 그 자체의 저하와 인지 건수의 증가를 생각할 수 있다. 이러한 관점에서 최근 20년의 검거율의 변화를 살펴보면 절도에 대해서는 인지 건수의 변동과 함께 검거건수의 변동이 상당히 있고, 또한 검거율이 두 건수의 요소에 의해 좌우되고 있음을 알 수 있다. 이에 반해 절도를 제외한 형법범에서는 검거건수의 변동은 거의 없고, 검거율의 저하는 오로지 인지 건수의 증가에 따른 것이다.

---

49 검거율은 인지 건수에서 차지하는 검거건수의 비율이다. 검거건수란 경찰에서 사건을 검찰청이나 가정재판소에 송치한 건수 또는 미죄처분을 한 건수를 말하고, 경찰단계에서는 사건이 해결된 건수를 의미한다.

[그림 1] 형법범 인지 건수 · 검거건수 · 검거율의 추이

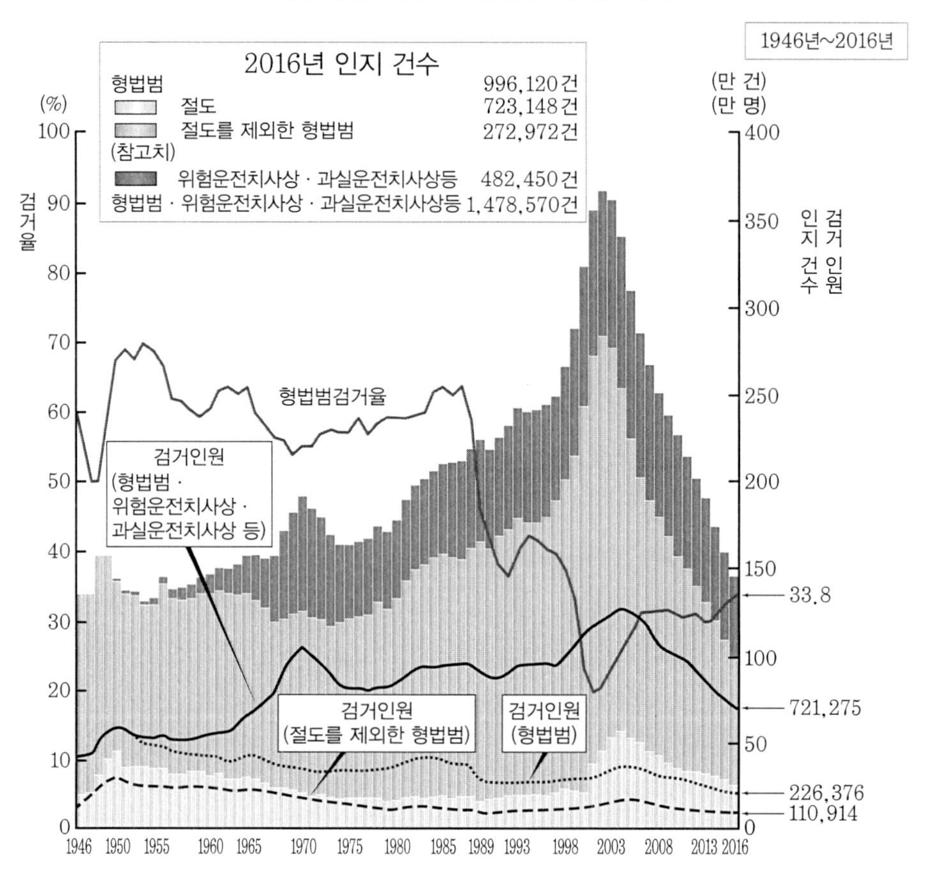

(출전) 2017년 범죄백서, 3쪽.

검거율의 저하는 경찰의 수사능력의 저하와 결부해서 생각하기 쉽지만, 1988년부터의 검거율의 급격한 저하는 경찰이 수사자원을 중대범죄의 검거에 집중하였기 때문으로, 특히 절도에 대해서 여죄수사에 의한 검거를 적극적으로 실시하는 것을 중지한다고 하는 방침전환을 모색한 것에 따른 것이라고 한다.[50] 이러한 관점에서 보면 확실히 살인의 검거율은 최근에도 95% 이상을 유지하고 있으며, 감소하지 않고 있다. 그렇지만 흉악범인 강도를 비롯하여 다른 형법범의 검거율은 2013년까지 모두 감소하고 있고, 인지 건수의 증가에 경찰이 모두 대응할 수 없었던 상황이 보인다. 또한, 절도는 확실히 살인 등과 비교하면 경미한 사안이라고 할 수 있지만,

---

50 浜井浩一, 實證的刑事政策論, 岩波書店, 2011, 38쪽.

일상적인 범죄이기 때문에 그 다수가 검거되지 않는다고 한다면 일반인의 안심감이나 경찰에의 신뢰감이라는 점에서 문제가 될 것이다. 최근 수년 검거율이 증가하고 있는 있는 배경에는 인지 건수가 감소하고 있는 것과 함께, 경찰 측의 인식의 변화에 따른 수사의 적극화가 있다고 생각된다.

Ⅱ 미죄처분

1. 제도의 개요와 현상

형사소송법에서는 경찰이 수사를 한 경우에는 검찰관에 사건을 송치한다고 되어 있다(형소 제246조). 따라서 혐의가 충분한 사건에 대해 경찰단계에서 절차를 종료하는 것은 원칙적으로 할 수 없다. 그러나 검찰관이 지정한 일정 사건에 대해서는 예외적으로 경찰만에서의 처리가 인정되고 있다(동조 단서). 사건의 지정은 각 지검의 검사정에 의해 관할지역에 속하는 모든 경찰관에 대한 일반적 지시(동법 제193조 제1항)라고 하는 형식으로 실시되고 있다. 이 경우는 1개월에 1회, 피의자의 성명, 연령, 직업 및 주소와 죄명 및 피의사실의 요지를 정리하여 검찰관에게 보고하도록 되어 있다. 제도상은 이것에 근거하여 검찰관이 다시 사건송치를 지시할 수도 있다는 의미이지만, 실제로는 그와 같은 일은 거의 행해지고 있지 않다.

미죄처분 적용 여부의 기준은 국가공안위원회 규칙인 범죄수사규범 및 그 실시세목에 규정되어 있다. 다만, 이것은 일반적인 기준에 지나기 않기 때문에 지역별로 세부항목은 차이가 있다.

우선, ① 피의자를 체포한 사건, ② 영장에 의거하여 강제수사를 한 사건, ③ 고소 · 고발 · 청구, 자수가 있었던 사건, ④ 검사정이 특히 송치해야 하는 것으로 지시한 사건은 적용이 제외된다. 이러한 사건을 제외하고 기본적으로는 경미한 범죄로서 다음과 같은 요건을 충족한 사건이 대상이 된다.

첫째, 재산범(절도, 사기, 횡령, 유실물 등 회령, 도품 등에 관한 죄)으로 (a) 피해액이 사소하고 범정이 경미할 것, (b) 피해의 회복이 이루어져 있을 것, (c) 피해자가 처벌을 희망하고 있지 아니할 것, (d) 재범의 우려가 없을 것의 요건을 충족한 사건이다.

둘째, 도박 중 (a) 도박금액이 적고 범정도 경미하며, (b) 공범자 전원에게 재범의 우려가 없을 것이다.

셋째, 이 이외에 검사정이 특별히 지시한 특정범죄의 사건으로 지방에 따라 폭행이나 상해 등이 지시되는 경우가 있다.

2016년의 통계에서는 형법범의 검거인원 중 미죄처분에 처해진 사람은 전체의 29.7%를 넘는다. 죄종별로 보면 절도에서 38.0%, 사기에서 12.6%, 유실물횡령에서 49.5%, 도품 등에 관한 죄에서 33.6%, 보통도박에서 6.3%, 폭행에서 47.0%로 되어 있다. 최근 10년간 동안 형법범 전체의 미죄처분율은 약 30% 전후로 안정되어 있다.

2. 형사정책적 의의

대상이 되는 죄종이나 그 요건에 나타나 있는 바와 같이, 미죄처분의 첫 번째 기능은 처벌에 가치가 없는 경미한 사건을 절차의 조기 단계에서 제외함으로써 대상자에 대해 범죄자라고 하는 낙인을 방지하는 한편 사건처리의 효율화를 도모하는 것에 있다. 다만, 미죄처분으로 절차를 중단하는 때는 경찰에 의해서 ① 피의자에 대해서 엄중한 훈계를 하고, ② 친권자나 고용주 등의 피의자를 감독하는 사람으로부터 장래의 감독에 대한 약속을 받으며, ③ 피의자에 대해 피해자에의 사죄나 피해의 회복권고와 같은 피의자의 사회복귀를 목적으로 한 처우를 위한 조치가 실시된다(범죄수사규범 제200조). 그러한 점에서 미죄처분은 단순히 절차를 중단하는 것뿐만 아니라, 협의의 의미에서의 범죄자 처우로서의 측면을 가지고 있다.

제 2 절 검찰

I 검찰단계에서의 사건처리

사건이 경찰에서 검찰관에게 송치되면 검찰관은 먼저 그 사건에 대해 피의자를 기소하기에 충분한 정도의 증거가 갖추어져 있는지 여부를 체크한다. 어느 정도의 혐의가 있으면 기소 여부에 대해서 형사소송법상에 명문규정이 없지만, 검찰실무상은 정확한 증거에 근거하여 유죄판결이 얻어질 고도의 예상이 있는 경우에만 기소해야 한다고 되어 있다.[51] 이것은 비교법적으로는 결코 자명한 것은 아니고, 유럽과 미국에서는 유무죄의 여부는 재판소에 의한 증거조사를 거쳐 결정되기 때문에 기소에 필요한 혐의의 정도는 유죄판결을 얻기 위한 혐의보다도 낮아도 좋다고 하는 입장을 취하고 있다.

경찰로부터 사건이 송치된 단계에서 기소에 필요한 증거가 갖추어져 있지 않은 경우에는 검찰관 스스로 보충수사를 하거나 경찰에 그것을 하도록 하지만 그렇게 한 후에도 증거가 갖추어지지 않으면 혐의불충분으로 불기소를 하게 된다.

또한, 일본의 형사소송법은 소위 기소편의주의를 채용하여, 공소제기의 조건이 모두 갖추어져 있는 경우에도 검찰관이 "범인의 성격, 연령 및 경우, 범죄의 경중 및 정상 및 범행 후의 정황에 따라 기소를 필요로 하지 아니한 때는 공소를 제기하지 아니할 수 있다"고 규정하고 있다(형소 제248조). 검찰관은 이 기소유예 권한을 적극적으로 행사하고 있고, 이에 따라 공소제기의 단계에서 범죄의 혐의 정도와 공소제기의 필요성이라고 하는 이중의 의미에서 신중한 구분이 이루어지게 된다.

Ⅱ 기소유예

1. 제도의 목적과 개요

기소유예제도는 범죄를 저지른 사람이라도 재범의 방지라고 하는 관점에서 보면, 기소를 하여 형을 집행함과 동시에 범죄자라고 하는 낙인을 찍어 사회적인 불이익을 발생시키기 보다는 적당한 훈계 등을 통해 절차를 중단하는 것이 타당한 경우가 있다고 하는 견해에 근거한 것이다. 또한, 현행법상 형에 처하는 것과 자격제한이 결합된 경우가 많기 때문에 기소유예에 의해 그것을 피할 수 있고, 그 이전에 대상자에게 기소된 것 자체에 따르는 다양한 사실상의 부담을 회피할 수 있다고 하는 이점도 있다. 이에 대해 여러 국가에서는 법집행의 공평성이라고 하는 점을 중

51 司法研修所検察教官室編, 検察實務講義案(平成27年版), 法曹會, 2016, 68쪽.

시하여 일정한 혐의가 있는 이상은 원칙적으로 기소를 하여야 한다고 하는 제도(기소법정주의)를 채용하고 있는 곳도 있지만, 일본의 형사소송법은 특별예방상의 고려를 중시하는 입장을 취하고 있다.

기소유예처분을 하는 것에 대해 죄종에 따른 제한은 없고, 또한 형사소송법상은 고려요소가 열거되어 있을 뿐으로 이러한 것을 어떻게 고려해야 하는가의 기준은 정해져 있지 않다. 조문에 열거된 요소는 크게는 ① 피의자 자신에 관한 사항(범인의 성격, 연령 및 경우), ② 범죄사실에 관한 사항(범죄의 경중 및 행동), ③ 범행 후의 정황에 관한 사항의 3종류로 구분된다. 범행 후의 정황 중에는 개전改悛의 정의 유무, 피해의 회복이나 사죄노력 등이 포함되지만, 이러한 것과 상기 피의자 자신에 관한 사항을 합친 특별예방적인 관점에서의 고려요소가 대상자의 처우라고 하는 관점에서는 의미를 가진다.

2. 역사적 연혁

메이지明治유신 이후 일본의 형사절차법은 치죄법, 메이지明治 형사소송법, 다이쇼大正 형사소송법, 현행 형사소송법의 4가지가 있다. 이 가운데 치죄법과 메이지 형사소송법에는 명문으로 기소유예를 인정하고 있지 않았고, 그 때문에 학설상으로는 기소법정주의를 채용하고 있다고 하는 견해가 강하였다. 그러나 실무상은 과잉수용과 감옥경비의 증대에 직면한 정부의 방침에 따라 1880년대 후반부터 감옥경비의 삭감을 목적으로 하여 기소유예가 실시되었다. 이것은 "경미한 범죄를 저지른 사람을 교도소에 수용하는 것은 국비의 낭비이다"라고 하는 주장에 근거한 것이고 따라서 그 성질은 단순히 경미사범을 형사절차에서 제외한다(미죄 불검거)는 것이었다.

그 후 학설의 비판에도 불구하고 기소유예의 운용은 확대하여 메이지시대(1868~1911) 후반부터는 그 성질도 단순히 경미한 사건을 제외하는 것뿐만 아니라 대상자에 따른 재범의 가능성을 고려한 특별예방적인 관점에서의 처분으로 변경되었다. 이를 반영하여 대상이 되는 범죄의 종류도 살인, 강도, 방화 등 경미하다고 할 수 없는 사건에까지 확대되었다.

이러한 실무상의 현상을 배경으로 1922년 제정된 구형사소송법은 명문으로 기소유예를 인정하는 규정을 두었다(제279조). 운용상에 있어서도 기소전의 수사가 정상참작의 측면도 포함하여 보다 면밀하게 실시되었고, 또한 교육형 사상의 고조를 배경으로 하여 기소유예가 재범방지를 위하여 유효한 수단으로 평가됨에 따라 기소유예는 보다 활발하게 이용되었다.

특별예방의 관점에서 기소유예를 받은 사람을 민간의 보호단체에 의한 보호조치에 붙이는 등 적극적인 조치도 강구되었다. 기소유예율은 계속 상승하여 1918년에 40.2%였던 기소유예율은 1934년에는 63.9%에 달하였다.

현행 형사소송법에는 (구)「형사소송법」 제279조의 규정이 거의 그대로 계수되었다. 유일한 차이는 새롭게 '범죄의 경중'이라고 하는 문언이 추가되었는데, 이것은 기소유예 여부의 판단에 있어 사건 자체의 성질을 간과해서는 안 된다는 것을 명시하여 지나친 특별예방적 관점에서의 운용을 방지하기 위한 것이라고 한다. 이에 따라 실무의 운용이 조금이나 변화할 것이라는 견해도 있었지만, 결국 특별예방의 관점을 가장 중시하는 운용에 있어서는 눈에 띄는 변화는 나타나지 않았다. 종래에도 범죄의 경중이 무시되었던 것은 아니었고 그 문언의 삽입은 확인적인 의미를 가지는데 지나지 않았기 때문이다.

3. 운용의 실상

2016년의 형법범의 기소유예율은 52.0%로 반수를 넘고 있다. 중대범죄에서도 살인은 12.1%, 강도 14.3%, 강간 11.9%가 기소유예가 되고 있는데,[52] 여기에서 알 수 있듯이 일본의 기소유예처분은 단순히 경미한 사건을 절차에서 제외하기 위한 것만은 아니다.

이와 같이 일본에서 기소유예가 적극적으로 운영되어 온 배경에는 ① 형사사법의 목적의 하나는 범죄자를 개선갱생시켜 사회에 복귀시키는 점에 있다고 하는 주장이 전통적으로 계승되어 왔고, 기소유예처분이 이러한 목적을 위하여 유효한 것이 된다고 한다면 적극적으로 이용해야 한다고 하는 사고가 실무에 침투해 있는 점, ② 처분할 가치가 없는 사건은 재판에 이르기 이전의 초기 단계에서 절차를 중단하여 무용한 절차상의 비용을 줄인다고 하는 소송경제상의 이점이 있는 점, ③ 기소유예라고 하는 약식 형태의 처리가 일본의 풍토나 국민감정에 맞는 점, ④ 검찰관에 대

52 죄명에는 예비, 미수, 교사, 방조가 포함된다. 또한, 살인에는 동의살인, 자살관여가 포함된다.

한 국민의 신뢰도가 높고 검찰관의 광범한 재량권과 그 전제가 되는 수사권한이 인정되고 있는 점 등을 들 수 있다.[53]

기소유예의 여부는 기본적으로 검찰관의 재량에 맡겨져 있지만 거기에는 검찰청 전체로서의 방침이 반영되고 있다. 그것을 보여주는 한 예가 각성제단속법 위반의 기소유예의 운용이다. 각성제사범의 다수는 단순소지나 사용이지만 기소유예율은 2016년에 7.7%에 그치고 있다. 이것은 약물사범에 대해서는 엄격하게 대처한다고 하는 검찰청의 방침에 따른 것이다. 또 하나의 예는 과실운전치사상죄이다. 최근에는 90% 정도가 기소유예가 되고 있지만 이전에는 25% 전후를 유지하고 있었다. 그것이 상해의 정도가 가벼운 사안은 기소유예한다고 하는 검찰청의 방침 전환에 따라 1986년을 경계로 급격히 상승하였다고 하는 사정이 있다.

4. 기소유예에 따르는 조치

기소유예를 한 경우 대상자에게 실시할 수 있는 조치로는 갱생긴급보호가 있다(갱생 제85조). 이것은 본인의 신청에 따라 6개월을 한도로 해서 실시하는 것으로, 보호관찰소가 주체가 되어 식사나 여비의 급여 등을 하는 일시보호와 민간의 갱생보호시설에의 숙박을 수반하는 계속보호의 위탁이 있다.

이에 반해 2차 세계대전 이전에 실시된 것과 같은 기소유예를 하고 보호조치에 붙이는 제도는 존재하지 않는다. 하지만 이전에 1955년대부터 1965년대에 걸쳐서 그것에 가까운 운용이 요코하마橫浜지검을 중심으로 몇몇 검찰청에서 실시된 적이 있었다. 그 내용은 20세~25세 미만의 청년층으로 재산범, 조폭범 가운데 종래의 기준이라면 기소 상당으로도 할 수 있지만, 갱생을 기대할 수 있는 사람에 대해 기소를 유예하고 보호관찰소장에게 맡겨 보호관찰관과 보호사의 지도하에 원칙적으로 6개월 동안 형의 집행을 유예 받은 사람에 대한 보호관찰에 준하는 처우를 실시하여 재범의 위험이 없다고 판단되면 절차를 종료하고, 그 위험이 인정되면 기소를 하는 제도이다. 이 제도의 운영에는 본인 및 보호자로부터의 신청을 받는 형식이 취해졌다. 형식상은 갱생보호의 신청이라고 하는 형식을 취했기 때문에 갱생보호조치부 기소유예라고 불렸지만, 그 실질은 보호관찰부 기소유예이다. 기소유예

53 三井誠, 刑事手續法 II, 有斐閣, 2003, 32쪽 이하.

를 하는 경우에는 적극적인 처우조치가 취해지지 않는 현행 제도상의 문제점에 대처하기 위해 고안된 제도였다.

그러나 이러한 제도에 대해서는 재판소에서 유죄로 인정되지도 않은 사람을 왜 일정한 자유의 제약을 수반하는 형태로 적극적으로 처우할 수 있는지에 대해서 의문이 제기된다. 그 때문에 본인 및 보호자로부터의 신청을 받는 형식을 취한 것이지만, 본인의 동의를 얻는다고 하더라도 동의하지 않으면 기소되기 때문에 진정한 의미의 동의라고 말하기 어렵고 결국 법률상의 근거 없이 대상자의 인권을 제약하는 것이 될 수 있다는 비판도 있었다. 이에 더하여 정식제도는 아니었기 때문에 인적 · 재정적인 제약이 있었던 점도 원인이 되어 점차 실시되지 않게 되었다.

그 후 기소유예에 따라 검찰관이 적극적인 조치를 하는 시도는 행해지지 않았지만, 최근에 이르러 형사사법과 복지의 연계라고 하는 관점에서 기소유예에 관해서도 '입구지원'으로 총칭되는 새로운 움직임이 생겨나고 있다.[54] 이것은 고령자나 장애자 등 복지적 지원이 필요한 피의자에 대해서 재범방지와 사회복귀를 위해서는 형벌을 부과하기 보다는 복지적 지원으로 연결하는 것이 유효하다고 하는 인식하에 기소유예단계에서 일정한 조치를 하는 것이다. 현재는 지방검찰청별로 관련 조치가 실시되고 있는 단계이고 그 방법도 다양하다.[55]

하나의 방법은 전술한 갱생긴급보호의 시스템을 이용한 것으로 검찰청과 보호관찰소가 연계하여 기소유예처분이 예상되는 구류중인 피의자에 대해 검찰관으로부터 의뢰를 받은 보호관찰소가 기소유예처분 전부터 조사 · 조정을 하고, 기소유예에 따른 석방 후의 주거 확보 등의 사회복귀지원을 하는 것이다(갱생긴급보호 사전조정모델).

이 외에 검찰청에 채용된 사회복귀상담사가 복지사무소나 지역정착지원센터 등 관계기관과 연락, 조정을 하여 기소유예된 피의자를 복지시설에의 입소 등의 복지적 지원으로 연결하는 운용도 실시되고 있다. 이 경우 사안이 경미한 등의 이유에 의해 기소유예처분이 당초부터 예상되는 것을 전제로 이러한 조치를 실시하는 사례와, 피의자를 처분보류로 석방하고 그 동의하에 준수사항을 정하여 그 이행상

54 입구지원은 기소유예된 피의자 뿐만 아니라 공판에서 집행유예부판결이 예상되는 피고인에 대해서도 실시되고 있다.

55 稻川龍也, "檢察における再犯防止 · 社會復歸支援の取組", 罪と罰 3권 4호, 2016, 5쪽. 和田雅樹 "檢察における再犯防止 · 社會復歸支援の取組", 法時 89권 4호, 2016, 19쪽.

황 등을 확인하고 그 결과 등도 고려하여 기소유예처분의 여부를 결정하는 사례가 있다.

5. 제도의 문제점

현재의 기소유예제도에는 전술한 바와 같이 기소유예와 적극적인 처우에 제도상의 연계가 없다고 하는 점 외에도 몇 가지의 문제점이 지적되고 있다.

(1) 재량권의 규제

현행 기소유예제도는 죄의 종류의 제한도 없고, 「형사소송법」 제248조에 열거된 요소를 어떻게 고려할지에 대해서도 검찰관의 재량에 맡겨져 있다. 또한, 재판소나 피의자의 동의도 요구되고 있지 않다. 이와 같이 법률상의 요건이나 명확한 기준이 없는 것은 탄력적인 운용을 가능하게 하는 이점이 있는 반면, 검찰관에게 주어진 재량이 매우 크기 때문에 그 권한이 자의적으로 행사될 위험도 있다.

다만, 실무에서는 명문화되어 있지 않지만 일정한 기준이 있어 기소유예의 판단이 개개의 검찰관의 완전한 자유재량에 맡겨져 있는 것은 아니다. 또한, 제도적으로도 검찰관 동일체의 원칙하에서 기소유예처분에 대해 상사의 결재를 받는 형태로 되어 있다.

한편, 외부로부터의 통제수단으로는 다음과 같은 것이 있다. 부당한 기소유예의 경우에는 기소유예와 혐의 불충분에 의한 불기소의 쌍방을 대상으로 하는 것으로 부심판청구(준기소절차)제도와 검찰청심사위원회제도가 존재한다. 이 중 부심판청구는 공무원의 직원남용 등의 죄에 대해서 고소, 고발이 있었음에도 불구하고 검찰관에 의해 불기소처분이 행해진 경우에 고소인, 고발인의 청구에 의해 재판소가 사건을 심판에 회부할지 여부를 심리하는 것이다(형소 제262조 이하). 심판에 회부하는 취지의 결정이 내려진 경우에는 그에 따라 당해 사건에 대해 공소제기의 효과가 발생한다. 이 경우에는 재판소에 의해 변호사가 지정되어 검찰관을 대신하여 공소유지를 맡게 된다. 공무원으로서의 동료의식 때문에 부당한 불기소가 행해질 가능성이 있는 점을 고려하여 마련된 제도이며, 그 때문에 죄의 종류가 제한되어 있다. 실제로 부심판 결정이 이루어지는 경우는 매우 드물다. 2016년에는 312명에 대해 처리되었지만, 부심판결정이 이루어진 것은 4명뿐이었다. 2007년부터 10년간을 보더라도 부심판결정이 이루어진 것은 4명뿐이었다.

이에 반해 검찰심사회제도는 선거인명부 중에서 추첨으로 선정된 11명의 심사원이 불기소처분의 심사를 하는 것이다. 죄의 종류는 제한되지 않는다. 고소 · 고발을 한 사람이나 피해자로부터의 신청 또는 직권으로 심사를 개시하고, 심사를 바탕으로 '불기소 상당', '불기소 부당', '기소상당' 중의 어느 하나를 의결한다. 이 제도는 제2차 세계대전 후의 검찰민주화의 한 방책으로 검찰관에 의한 공소권의 행사를 일반국민의 관점에서 점검한다고 하는 것을 목적으로 하여 도입된 것으로, 종래는 그 의결에 법적 구속력은 인정되지 아니하였고, 검찰관이 기소 여부를 재고함에 있어서의 참고사항에 지나지 않았다. 실제 운용에 있어서도 1947년 제도시행 이래 '불기소부당' 내지 '기소상당'의 의결이 이루어진 사건 중 기소된 것은 전체의 10%에 미치지 아니하였다.

그 때문에 종래부터 검찰심사회의 일정한 결의에 법적 구속력을 인정해야 한다고 하는 의견이 있었다. 그러한 가운데 사법제도개혁의 방침의 하나로 국민의 형사사법에의 참가의 확대가 제시되었고, 그 일환으로 2004년의 검찰심사회법의 개정에 따라 일정한 경우에 그 의결에 구속력이 인정되었다. 즉, 검찰심사회가 기소상당의 의결을 한 사건에 대해 검찰관이 재고를 하여 재차 불기소처분을 한 경우에는 검찰심사회가 그 불기소처분을 심사한다(검심 제41조 제1항). 그 심사를 바탕으로 검찰심사회가 기소를 여전히 상당하다고 인정하는 때는 기소해야 한다는 의결(기소의결)을 한다(동법 제41조의6 제1항). 이 기소의결이 이루어진 경우에는 재판소가 변호사 중에서 공소의 제기 및 유지를 담당하는 사람을 지정하고(동법 제41조의9 제1항), 그 지정변호사에 의해 의결에 따른 공소제기가 행해진다(동법 제41조의10).

이 개정은 검찰관의 기소독점주의의 예외를 인정하는 것인 동시에 재판원제도와 함께 국민의 형사사법에의 참가의 일환을 이루는 것이다. 그리고 그 운영 여부에 따라서는 국민의 시점에서 공소제기에 종래와는 다른 의미를 가지게 되는 가능성을 가진 것이라고 할 수 있다. 실제 기소의결이 있는 사건에서는 의결문에 유죄 또는 무죄라고 하는 종래의 검찰의 입장에서가 아니라 시민감각의 시점에서 공개재판에서 본건의 사실관계 및 책임의 소재를 명확하게 하는 입장에 선 뜻이 기술되어 있고, 이것은 바로 검찰심사회가 종래의 기소기준과는 다른 기준으로 기소를 해야 한다고 하는 입장을 나타낸 것이라고 할 수 있다. 기소의결에 의해 기소가 행해진 사건에서는 무죄판결이 계속해서 나오고 있고, 이에 본 제도의 재검토를 요구하는 의견도 있지만 위 주장에 따르면 이러한 결과는 오히려 본 제도가 기능하고 있다는 것의 증거가 될 것이다.

한편 부당한 기소의 경우에는 법제도상에는 그것을 규제하는 수단이 존재하고 있지 않다. 공소권남용론은 그것을 해석에 의해 인정하고자 하는 시도도 있었지만, 공소제기가 무효가 되는 것은 그 자체가 직무범죄를 구성하는 것과 같은 극한적인 경우에 한정되는 최고재판소 판례[56]에 따라 그 적용이 봉해진 것과 다름없는 상황이 되어 있다.

부당한 기소처분의 경우에는 불기소처분의 경우와 달리 직접적으로 불이익을 받는 사람이 있기 때문에 그것을 규제할 필요성이 보다 높다고 할 수 있다. 이에 검찰심사회에 기소처분의 당부를 심사하는 권한도 부여해야 한다고 하는 제안도 있다.[57] 또한, 여러 국가에는 기소 후에 공판을 개시할지 여부를 재판소가 결정하는 제도나 재판소에 의한 절차중지제도 또는 유죄인정만을 하고, 형의 선고를 유보하는 제도가 있는데 이러한 제도의 도입도 검토대상이 될 것이다.

(2) 기소절차의 비중

현재의 기소유예의 운용에 대해서는 형사절차 전체 중 기소절차의 평가라고 하는 관점에서의 문제점도 지적되고 있다. 즉, 특별예방의 관점에서 피의자의 재범위험의 유무를 판단하게 되면 단순히 범죄사정뿐만 아니라 피의자의 일신상의 사정 등도 조사하게 되어 수사가 매우 면밀하게 이루어지게 된다. 그리고 일본에서는 범죄사실의 존부에 관해서도 기소의 기준이 유죄판결을 얻을 수 있는 고도의 전망이라고 되어 있기 때문에 검찰단계에서 양형사정까지 포함하여 재판을 한 것과 같은 상황이 된다. 그 결과로 형사절차 전체가 앞으로 당겨지게 되고 재판이 형해화되는 결과가 초래된다고 하는 비판이 있다. 이러한 상태를 가리켜 일본의 형사사법은 '검찰관 사법'이라고 불리기도 한다.

그러나 기소에 따르는 피의자의 불이익을 생각하면, 지금까지보다도 낮은 혐의로 기소하여 공판에서 판단이 이루어져야 한다고는 당장 말하기는 어렵다. 또한, 기소유예의 운용에 관해서도 그것을 경미한 범죄에 대한 절차중단제도로 단순

56 最決昭和55 · 12 · 17 刑集 34권 7호, 672쪽.

57 三井 · 앞의 주53), 52쪽.

화하여 특별예방상의 고려를 부정하는 것이라면 차치하고, 그렇지 않다면 같은 역할을 재판소에 기대할 수 없는 이상 현재의 운용을 유지하지 않을 수 없을 것이다.

제 3 절 재판

I 양형

1. 양형절차

재판에서 인정된 범죄사실에 대해서 법정형으로 복수의 형이 정해져 있는 경우에는 먼저 형의 종류를 선택한다. 그 후 법정형에 가중감경을 실시하고 처단형이 결정된다. 가중감경사유와 가중감경의 방법 · 순서는 법률로 정해져 있고,[58] 이에 따라 형의 범위가 정해진다. 그리고 그 범위 안에서 구체적으로 선고되는 형(선고형)이 결정된다.

2. 양형기준

(1) 실무의 현황

이와 같이 선고형에 이르기까지의 과정에서 재판소의 재량에 맡겨진 부분이 상당히 있다. 덧붙여 여러 국가와 비교하면 일본의 형법은 개개의 죄에 대한 법정형의 폭이 넓다. 그러나 그럼에도 불구하고 양형의 기준을 제시하는 일반적인 규정은 존재하지 않는다. 그 결과 같은 사건에서 재판소에 따라 양형이 제각각이 된다면 공평하지 않고, 형을 선고받은 피고인은 납득할 수 없을 것이며 국민의 형사재판에의 신뢰도 손상될 우려가 있다. 그러나 실제로는 그러한 문제는 발생하지 않는다.

58 형의 가중사유는 재범가중(형 제56조 · 제57조)과 병합죄가중(제45조)이 있고, 감경사유로는 미수범이나 종범 등 법률상의 감경사유(제68조)와 작량감경(제66조 · 제71조)이 있다. 이러한 것을 볼 수 있는 경우는 재범가중, 법률상의 감경, 병합범가중, 작량감경의 순서로 적용한다(제72조).

이것은 재판소 내에서의 실무상의 기준으로, 소위 양형시세相場가 존재하고 있기 때문이다.

양형 시의 고려요소를 정상情狀이라고 하는데, 그것은 범정犯情과 일반정상으로 구성된다. 범정은 범죄행위 자체에 관한 요소로 예를 들면 범행의 동기, 수단 · 방법, 결과 등이 이에 해당한다. 이에 비해 일반정상은 그 이외의 요소로 일반예방이나 특별예방에 관한 정상을 중심으로 하는데, 그것에는 환원할 수 없는 형사정책목적에 기초한 요소도 포함된다. 구체적으로는 피고인의 성격, 성장환경, 전과, 반성의 정도 등 피고인의 속성에 관한 요소 외에 피해자의 처벌감정이나 피고인의 수사협력에 관한 사실 등이 이에 해당한다. 이를 바탕으로 실무에서는 먼저 범정에 따라 형의 큰 범위를 결정하고 그 범위 내에서 일반정상을 고려하여 최종적인 선고형을 결정하는 운용이 실시되어 왔다.[59] 여기에서는 범정이 결정적인 의미를 가지고 있고, 그러한 의미에서 지금까지는 행위책임을 기축으로 한 양형이 실시되어 왔다고 할 수 있다.[60]

이러한 사고에 기초한 구체적인 선고형의 결정에 있어서는 실무상 검찰관에 의한 구형이 참고요소가 된다. 구형은 법률상은 단순한 검찰관의 의견에 지나지 않고(형소 제293조 제1항), 재판소를 구속하지 않지만 실제로는 상당한 영향을 주고 있다. 많은 경우 선고형은 구형을 어느 정도 하회하고 있고, 반대로 구형보다 중한 선고형의 경우는 거의 없다. 다만, 이것은 재판소가 기계적으로 그렇게 하고 있다는 의미는 아니다. 검찰관이 응보나 일반예방의 관점을 중시하여 범정으로부터 도출된 범위의 상한에 가깝게 구형을 설정하는 한편, 공판에서는 범정의 입증에 힘을 기울이고 정상에 대해서는 범정 정도의 입증은 하지 않고 변호인에게 맡기기 때문에 그 활동에 따라 피고인에게 유리한 사정이 고려되어 선고형이 낮아지기 때문이라고 한다.

또한, 검찰관은 조직으로서 구형의 통일을 도모할 수 있기 때문에 그것을 통하여 재판소의 양형이 통일되어 간다고 하는 측면이 있고, 또한 일정한 사건에 대해 법정형의 변경이나 사회적 사정의 변화를 고려해서 전국적으로 구형기준을 변경함으로써 양형기준을 변화시키는 것도 가능하다. 각성제사건에서의 양형이 엄격하

59 河原俊也, "量刑 – 裁判の立場から" 三井誠編, 刑事手續の新展開(下), 成文堂, 2017, 547쪽.

60 最判平成26 · 7 · 24 刑集 68권 6호 925쪽은 "재판에서는 행위책임의 원칙을 기초로 당해 범죄행위에 적합하다고 생각되는 형이 선고되게 된다"고 기술하고 있다.

게 된 사례 등은 이에 해당한다.

나아가 양형의 통일이라고 하는 점에서는 양형부당이 공소이유로 되어 있고(형소 제381조), 이에 근거한 상소심의 심사를 통하여 불균형이 시정되는 점도 중요하다.

(2) 재판원재판의 양형

재판원은 사실인정뿐만 아니라 양형에도 관여한다. 양형에도 국민의 건전한 사회상식이 반영되는 것이 기대되고 있고, 이에 따라 종래의 양형시세와는 다른 양형이 실시될 가능성이 있다는 점은 당초부터 예상되었다. 다만, 재판원이 완전한 백지에서 형을 양정하는 것은 용이하지 않고, 또한 공평성의 관점에서는 정도의 차이는 있지만 재판원재판에서도 동종의 사건에서는 동일한 양형이 이루어질 것이 요구된다.[61] 이에 2008년 4월부터 재판원재판을 위한 양형검색시스템이 운용되고 있다. 이것은 제1심에서 유죄판결이 선고된 재판원재판 대상사건에 대해 사안의 개요 외에 동기, 흉기의 종류, 피해의 정도, 공범과의 관계, 피고인으로부터 본 피해자의 입장 등 주로 범정에 관한 수십 개 항목의 양형인자를 데이터로 입력하여 축적한 것으로 이러한 항목에 대응하는 검색조건을 입력함으로써 적합한 사례를 검색할 수 있다. 검색결과는 양향분포그룹과 사례일람표로 구성된다. 이에 따라 재판원이 동종의 사건에서 어떠한 양형이 이루어지고 있었는가를 알 수 있고, 그것을 양형 평의시의 참고자료로 활용하고 있다. 이 시스템은 재판원재판 대상사건을 담당하는 검찰관과 변호인도 이용할 수 있는데 양형상의 주장, 입증을 하는 경우에 참고로 할 수 있다.

이러한 시스템의 존재에 덧붙여, 원래 재판원재판은 재판관과 재판원이 협동하여 판결을 내리는 점도 있기 때문에 재판원재판에서도 대체로 안정된 양형이 행해지고 있다. 다만, 죄명별의 양형분포는 같은 시기에 실시된 재판원재판과 비교한 결과에 따르면 상해치사나 성범죄 등에서는 양형이 무겁게 이루어지고 있는 반면, 살인기수 등에서는 집행유예율이 높아지고 있으며,[62] 피고인에게 동정할 수밖

61 최고재판소는 양형에 관한 선례의 집적을 '양형경향'으로 평가한 가운데 재판원재판의 양형에서도 양형요소가 객관적으로 적절하게 평가되어 결과가 공평성을 손상하지 아니하는 것이라는 것이 요구되기 때문에 지금까지의 양형경향을 변용시키는 양형판단을 실시하는 것이라면 그것을 전제로 해야 하는 것은 아니하는 사정의 존재에 대해 구체적, 설득적인 판시가 행해져서는 아니 된다고 하고 있다(最判平成26・7・24 刑集 68권 6호, 925쪽).

62 最高裁判所事務總局, 裁判員裁判實施狀況の檢證報告書, 23쪽, 2012. 12.

에 없는 범정이 있는 친족 간의 살인사건 등에서는 양형이 가벼워지고 있다. 이것은 재판원재판의 양형에 있어 피고인의 갱생이 중시되는 경향이 나타난 것으로, 이러한 사실은 집행유예의 경우 보호관찰율이 재판관재판의 경우보다도 상당히 높다는 점에서도 나타나고 있다고 할 수 있다.[63]

(3) 양형기준의 객관화

지금까지 실무관행으로서의 양형시세는 존재하고 있었지만, 그것은 명문화된 것은 아니고 또한 구속력이 있는 것이 아니기 때문에 재판소에 의한 차이가 발생하는 것은 어쩔 수 없다. 재판원재판에서는 그 정도가 넓어질 가능성도 있다. 이러한 양형상의 불균형을 피하는 방법의 하나가 양형에 대한 객관적인 기준을 명문화하는 것이다. 그 예로 개정 형법초안에는 형적용의 일반기준에 관한 규정이 마련되어 있다(제48조). 거기에는 형은 범인의 책임에 따라 양정하여야 한다고 하고, 형의 적용은 범죄의 억제와 범인의 개선갱생에 도움이 되는 것을 목적으로 하여야 한다고 규정하고 있다. 이것은 양형의 구체적인 지침이 되는 것은 행위책임이고, 일반예방과 특별예방이라고 하는 형사정책적 목적은 그 범위 내에서 고려되는 것을 제시한 것이다. 이는 소위 적극적 책임주의에 근거하는 기준인 동시에 양형실무의 입장에 따른 것이라고 할 수 있다. 다만, 이것은 소위 기본적인 입장을 제시한 것에 지나지 않은 것으로 거기에서 구체적인 양형이 유도되는 것은 아니다. 이와 관련하여 여러 국가에서는 보다 상세한 양형기준을 작성하고 있는 곳도 있다. 그 대표적인 예가 미국의 양형가이드라인이다.

미국에서는 이전에는 사회복귀사상에 근거한 부정기형과 가석방에 있어서 재판소 및 가석방위원회에 많은 재량권이 주어져 있었다. 그 결과 재판소에 의한 양형 또는 실제의 형기에 현저한 불균형이 발생하였고, 1970년대부터는 이에 대한 비판이 높아졌다. 그리고 응보이념에 근거하는 양형으로의 전환이 이루어지게 되었다.

구체적으로는 범죄와 형벌의 균형, 재판관 재량의 통제, 가석방제도의 폐지 등의 방침이 세워졌다. 이러한 요청에 대응하여 등장한 것이 엄격한 양형기준에 근거하는 양형이라고 하는 주장이다. 그 방식에는 두 가지 형태가 있다. 첫째, 법률로

---

63 原田國男, "裁判員裁判における量刑傾向", 慶應法學 27호, 2013, 169쪽.

범죄종류에 대한 표준형과 그 가중감경사유 및 그 정도를 규정하는 것이고, 둘째, 법률에는 폭이 있는 법정형을 정하여 두고 그것과는 별도로 재판관 그 밖의 유식자로 구성되는 양형위원회를 설치하여 그곳에서 상세한 가이드라인을 작성하여 재판소에 의한 양형을 규제하는 것이다. 후자의 쪽이 정치적인 영향을 받기 어렵고 또한 유연하게 대응할 수 있기 때문에 연방에서는 이러한 방법을 채택하고 있다.

연방의 양형가이드라인은 범죄사실을 기준으로 하는 43단계의 '범죄레벨'을 세로축으로, 피고인의 전과경력을 기준으로 하는 6단계의 '범죄경력레벨'을 가로축으로 하는 차트에 의해 형의 상한과 하한이 규정되어 있다. 범죄레벨은 유죄가 인정된 범죄사실을 출발점으로 하여 범행태양, 결과, 역할 등의 사정에 따라 단계를 상하로 조정하여 결정된다. 개개의 사건에서 '범죄레벨'과 '범죄경력레벨'을 적용하여 차트의 어느 곳에 해당하는지가 결정되지만, 이에 따라 도출된 형기의 범위를 가이드라인의 범위 내지 양형범위라고 부른다. 하나의 범위에 대응하는 구금형에는 어느 정도의 폭이 있지만 그것은 상당히 좁다.

제정 당시의 가이드라인에서는 재판관은 특별한 사정이 있으면 그에 따를 필요는 없지만, 그 경우에는 서면으로 그 이유를 제시해야 하고, 그 판단에 대해서는 피고인, 검찰관 쌍방으로부터 상고할 수 있는 것으로 하였다. 그러나 2005년의 연방최고재판소 판결[64]에 따라 연방양형가이드라인은 재판소를 법적으로 구속하는 것이 아니라 양형 시의 지침을 제시하는 것에 한정된다고 하는 판단이 내려졌다. 이에 따라 그 후 재판소는 양형을 결정할 때에 가이드라인을 고려해야 하지만, 또한 그것과는 다른 형을 선고할 수 있게 되었다. 다만, 실무의 운용상에는 그 후에도 일반적으로 가이드라인에 따라 양형이 이루어지고 있다.

3. 양형절차

일본의 형사재판에서는 범죄사실을 인정하는 절차와 양형절차는 구별되어 있지 않고, 증거조사에 있어서도 대상이 어느 쪽에 속하는 증거인지에 따른 구분은 없다. 또한, 양형을 위한 자료는 소송당사자로부터의 증거조사청구에 기초하여 조사하는 것이 원칙이고, 양형을 위한 자료를 조직적으로 수집하는 시스템은 존재하

64 United States v. Booker, 543 U.S. 220(2005).

지 않는다. 재판소가 직권에 의한 정상情状감정을 하는 것도 제도상은 가능하지만, 그와 같은 수단은 거의 사용되고 있지 않다. 그 결과 재판소가 양형에 있어서 의거할 수 있는 자료가 한정되기 때문에 대상자의 사회복귀라고 하는 관점을 바탕으로 하는 적정하고 과학적인 양형을 실시하는 것이 곤란한 문제가 있다. 이 문제에 대응하는 제도가 판결전조사제도이다.

(1) 판결전조사제도

판결전조사제도는 양형에 관한 사정, 그중에서도 피고인의 경력, 소질, 환경 등에 관한 사정에 대해서 재판관 이외의 전문가에 의한 조사를 실시하고 그것을 자료로 하여 재판소가 형을 결정하는 제도이다. 판결전조사제도는 원래는 미국에서 프로베이션(보호관찰)의 적격성을 판단하기 위한 제도로서 발달한 것이지만, 이후 처우 일반의 결정을 위한 조사제도로 확대해 왔다. 그 내용은 법역法域에 따라 다르지만 연방을 예로 하면 통상은 유죄답변이 행해졌는가, 공판에서 유죄의 평결이 이루어진 후, 재판소에 소속된 기관인 보호관찰관이 피고인이나 관계자와의 면담 등을 통해서 피고인의 성장배경, 학력, 취업상황, 정신상태, 전과 등을 조사하여 범죄사실의 내용과 함께 그러한 사실을 조사보고서에 정리하여 재판소에 제출한다. 보고서에는 양형에 관한 의견도 기재된다. 조사보고서는 양형심리 전에 양당사자에게 개시되고, 양당사자는 그 내용에 대해 이의를 신청할 수 있다.

연방의 경우는 재판소가 기록에 제시된 증거만으로 양형이 가능하다고 판단한 경우에는 판결전조사를 실시하지 않아도 되지만, 중죄사건에 대해서는 그것을 필요적으로 하고 있는 법역도 있다.

판결전조사의 1차적인 목적은 재판소에 대해 적정한 양형을 위한 자료를 제공하는 것이지만, 조사보고서는 보호관찰 시의 조건 설정이나 교도소에서의 처우, 가석방의 결정을 위한 자료로서도 이용된다.

대륙법계의 국가에도 유사한 제도가 있다. 예를 들면 독일에서는 재판소 보조Gerichtshilfe라 불리는 기관이 수사단계에서부터 형의 집행단계에 이르기까지 검찰청과 재판소의 위탁을 받아 적정한 양형과 장래의 사회복귀를 위한 조치를 결정하는 것을 목적으로 중립적인 입장에서 대상자의 인격이나 생활환경 등을 조사하여 보고를 하고 있다. 재판에서의 양형을 위하여 피고인에 관한 자료를 수집하는 것도 그 역할의 하나이고 그 보고서가 공판에 증거로 제출된다.

일본에서는 성인에 대해서 이러한 제도는 존재하지 않지만, 소년사건에서는 가정재판소 조사관에 의한 사회조사나 소년감별소에 의한 감별이 실질적으로 그에 해당한다. 다만, 일본에서도 일찍부터 성인에 대해서 판결전조사제도를 창설하고자 하는 움직임은 있고, 1959년에는 최고재판소 내에 설치된 판결전조사제도 협의회가 '판결전조사제도 요강'을 채택하였다. 요강에서는 유죄를 인정한 피고인 또는 조사에 이의가 없는 피고인을 대상으로 재판소 조사관이 주체가 되어 조사를 실시한다고 되어 있다. 조사관은 조사한 후 재판소에 조사보고서를 제출하지만, 이 보고서는 어디까지나 적정한 양형을 실시하기 위한 자료로 하는 것을 목적으로 하기 때문에 범죄사실의 증거로 할 수 없다. 다만, 그것이 사실상 범죄사실의 인정에 영향을 줄 가능성이 있기 때문에 보고서의 제출 시기는 범죄사실에 관한 증거를 조사한 후라고 되어 있다. 또한, 절차의 공정성을 확보하고 피고인이 납득할 수 있는 절차를 밟는다고 하는 관점에서 소송관계자에게 보고서 열람의 기회를 주고 있다.

그러나 이 요강에 대해서는 변호사회로부터 ① 피고인에게 불이익한 자료가 조직적으로 수집되고 또한 양형자료의 수집이 직권적인 절차로 실시되기 때문에 이에 대한 변호인의 활동이 제약되어 결과적으로 종래보다도 무거운 형이 부과될 가능성이 있고, ② 절차를 이분화하지 않는 현행의 형사절차에는 익숙하지 않은 제도라고 하는 비판이 제기되었다. 그 때문에 제도의 창설을 위한 합의가 성립되지 않아 결국 판결전조사제도는 실현에는 이르지 못하였다.

그러나 공판에 제출되는 일반정상에 관한 자료가 피고인에게 유익한 것에 치우쳐져 있다고 한다면 그것에 기초하여 이루어진 양형은 적절한 것이라고 말하기 어렵고, 피고인에게 불이익한 자료에 대해서는 공판에서 반증의 기회가 주어지기 때문에 변호인의 활동이 부당하게 제약되는 것도 아니다. 또한, 대륙법계 국가에서도 유사한 제도가 채용되고 있다는 점에서 알 수 있듯이 판결전조사제도는 반드시 절차를 이분하지 않으면 채용할 수 없는 제도는 아니다. 양형에 있어서 특별예방상의 고려를 하는 것을 인정하는 이상 그것을 위한 충분한 자료를 수집하는 시스템이 존재하는 것이 바람직하고, 그것은 양형에서의 선택지를 늘리는 제도개정을 위한 기초가 될 수 있기 때문에 그 필요성이 유형적으로 높은 사건에 대상을 한정하는 것 등을 포함하여 그 도입을 위한 검토를 해야 할 것이다.

(2) 절차이분론

판결전조사제도를 도입하는 것에 그치지 않고 그 전제가 되는 형사절차를 범죄사실의 인정절차와 양형절차로 나누는 형태로 변경해야 한다고 하는 의견도 있다. 이를 절차이분론이라고 부른다. 공판에서 먼저 범죄사실에 관한 증거조사를 실시하여 재판소가 유무죄의 판단을 제시하고, 유죄가 선고된 경우에 그 후 양형에 관한 심리를 실시하는 절차의 형태는 원래는 영미법계의 국가에서 채택되고 있지만, 대륙법계의 국가에서도 이러한 절차의 도입 여부에 대해서 논의되어 왔다. 그와 같은 논의가 이루어진 배경에는 형벌의 목적에 대한 견해의 변화가 있다. 즉, 형벌의 목적이 단순히 응보에 그치는 것이라면 형은 범죄사실에 대응하기 때문에 범죄사실의 인정절차와 양형절차는 완전히 중복되어, 양자를 구별할 필요는 없다. 이에 비해 형벌의 목적으로 범죄자의 개선갱생이 강조되면, 그에 따라 형을 개별화할 필요성이 있기 때문에 이를 위해서 범죄사실 이외에 관한 증거를 수집하여 공판에서 조사를 해야만 한다. 또한, 이러한 증거는 그 성질상 범죄사실에 관한 증거와는 다른 형태의 절차에 따라 조사를 하게 되는데, 다른 증거능력의 규제에 따르는 것이 바람직한 경우도 있다. 다만, 그 자체는 절차를 완전히 분리하지 않더라도 가능하지만 양자를 하나의 절차에서 실시하는 경우에는 다음과 같은 문제가 발생한다.

첫째, 예를 들면 전과에 관한 증거와 같이 본래 양형자료이어야 하는 증거가 범죄사실의 인정에 영향을 미칠 우려가 있다. 특히 일반국민이 관여하는 재판에서는 그 가능성이 높아진다. 둘째, 피고인의 유죄가 아직 인정되지 않은 단계에서, 예를 들면 피고인의 성장배경 등의 일반정상에 관한 증거조사가 실시되게 되어 피고인의 프라이버시의 보호라는 점에서 문제가 발생한다. 셋째, 변호인의 입장에서는 피고인이 무죄를 주장하고 있는 때에 유죄가 된 경우에 대비해서 일반정상에 관한 자료를 제출하기 어렵다.

이러한 점에서 적어도 부인사건에 대해서는 절차를 이분해서는 안 된다고 하는 의견이 적지 않게 주장되고 있다. 그러나 이에 대해서는 현재의 양형은 범정이 기본적 요소로 되어 있기 때문에 범죄사실의 인정과정과 양형자료가 되는 사실의 인정과정은 서로 중복되는 것으로 그것을 분리할 수 없고, 만약 분리한다고 하더라도 동일한 일을 반복하는 것이 될뿐이라는 비판이 제기되고 있다.

또한, 양형자료가 범죄사실의 인정에 영향을 미칠 우려에 관해서는 종래에도 증거조사의 순서로 전과조서나 정상증인의 조사는 범죄사실에 관한 증거조사를 마친 후에 실시하는 조치가 이루어지고 있었고, 최근 개정에서 형사소송규칙에 그 취지의 명문규정이 마련되었기 때문에(형소규 제198조의3) 실제로는 문제가 발생하지 않는다는 지적이 있다. 그러나 이에 대해서는 재판원재판하에서는 증거조사의 순서를 규제하는 것만으로는 충분하지 않고 범죄사실에 대한 조사가 끝난 단계에서 중간평의를 실시하여 유무죄의 결론을 내리고, 무죄의 결론이 나온 경우에는 그 이후의 양형에 관한 증거조사를 중지하는 형식으로, 보다 절차를 이분하는 형식에 가까운 운용을 해야 한다고 하는 주장도 제기되고 있다.[65]

Ⅱ 형의 집행유예

1. 제도의 개요

재판소는 형의 선고와 함께 일정기간 그 집행을 유예할 수 있다. 형식적 요건은 이전에 금고 이상의 형에 처해진 적이 없는 사람 또는 이전에 금고 이상의 형에 처해진 적이 있어도 그 집행을 종료한 날 또는 그 집행의 면제를 받은 날부터 5년 이내에 금고 이상에 처해진 적이 없는 사람에 대해 3년 이하의 징역 또는 금고 또는 5만 엔 이하의 벌금을 선고형으로 선고받는 경우이다(형 제25조 제1항). 이 요건하에서 대부분의 죄가 형의 집행유예의 대상이 될 수 있다. 예를 들면 살인(동법 제199조)의 법정형은 사형, 무기 또는 5년 이상의 징역이기 때문에 작량감경(동법 제66조)을 한다면 처단형은 2년6월 이상이 되고(동법 제68조 제3호), 선고형에 따라서는 그 집행을 유예하는 것이 가능하게 된다.

형식적 요건을 충족한 경우에 '정상에 따라' 집행을 유예할 수 있다. 실무에서는 그 내용은 일반적인 양정기준과 같은 것으로 파악하고 있는데, 먼저 범정에 근거하여 집행유예를 예상할 수 있는 사안인지 여부를 판단하고, 다음으로 특별예방상의 요소를 고려하여 집행유예의 여부를 결정하고 있다.[66]

---

65 杉田宗久, 裁判員裁判の理論と實踐[補訂版], 成文堂, 2013, 193쪽. 青木孝之, "裁判員制度と節次二分" 木谷明編, 裁判所は何を判斷するか, 岩波書店, 2017, 88쪽.

66 植野聰"刑種の選擇と執行猶豫に關する諸問題", 大阪刑事實務研究會編著, 量刑實務大系(4) − 刑の選擇 · 量刑手續, 判例タイムズ社, 2011, 47쪽.

한편, 집행유예 중에 다시 범죄를 저지른 경우 다시 집행유예를 부과할 수 있는 것은 1년 이하의 징역 또는 금고를 선고하는 경우로, 정상에 특히 작량해야 할 부분이 있는 때로 한정되어 있는데(형 제25조 제2항 본문) 형식면, 실질면의 양 측면에서 요건이 엄격하게 되어 있다. 또한, 최초의 집행유예 시에 보호관찰에 붙여져 있고 그 기간 중에 죄를 범한 경우에는 다시 집행유예에 붙일 수 없다고 규정되어 있다(동항 단서).

집행유예의 기간은 재판소가 1년 이상 5년 이하의 사이에서 결정한다. 이것은 피고인의 선행유지를 확인하기 위해 필요한 기간이라고 하는 관점에서 결정되기 때문에 반드시 선고형의 장단長短과 대응하는 것은 아니다.

2. 운용의 실상

2016년에 지방재판소 · 간이재판소에서 선고된 3년 이하의 징역 또는 금고형 중 (전부)집행유예가 선고된 비율은 65.0%로, 집행유예의 선고가 가능한 사안 중 3분의 2 가까이가 집행유예가 되었다.[67]

한편, 50만 엔 이하의 벌금에 대한 집행유예도 가능하지만 이러한 경우는 거의 없다. 2016년에는 공판절차에 의해 벌금이 선고된 사건은 전부 2,415건이었지만 집행유예가 선고된 것은 2건이고, 약식절차에 의한 30만 9,959건의 벌금에 대해서는 집행유예는 1건뿐이다. 현재의 벌금액이 그렇게 높지 않다는 점, 벌금에는 낙인효과가 거의 없기 때문에 집행유예를 선고하는 의미가 거의 없다는 점에 의한 것이다. 실무상은 집행유예가 선고되는 경우는 사안이 매우 경미하고 명목적인 처벌로 충분한 경우나 피고인에게 물적 능력이 부족하고, 제반사정에서 벌금의 징수가 너무 가혹할 우려가 있는 경우에 한정된다는 지적이 있다.[68]

---

67 이에 대해 재차 집행유예의 선고는 예외적이고 연간 200건 정도에 지나지 아니한다. 실무상은 재차의 집행유예가 인정되는 것은 통상은 재범이 과실범인가, 고의라면 집행유예에 관련되는 범죄와 다른 종류의 죄인 경우이고, 재범이 동종의 고의범인 경우에는 매우 예외적으로밖에 인정되지 아니한다고 되어 있다(植野 · 앞의 주66), 60쪽).

68 原田國男, 量刑判斷の實際[第3版], 立花書房, 2008, 59쪽.

3. 보호관찰과의 관계

재판소는 형의 집행을 유예하는 동시에 집행유예 기간 중 대상자를 보호관찰에 붙일 수 있다(형 제25조의2 제1항 전단). 재차의 집행유예의 경우는 반드시 보호관찰에 붙여야 한다(동조 후단). 단순이 형의 집행을 유예할 뿐만 아니라 사회 내에서의 사후관리의 실시를 목적으로 하는 것이다.

2015년 집행유예 대상자 전체에서 필요적 보호관찰에 붙여진 자를 제외한 자 중「형법」제25조의2 제1항 전단에 따라 재량적으로 보호관찰에 붙여진 자는 8.6%에 지나지 아니하여 그 적용은 예외적이라고 할 수 있다. 이것은 보호관찰 조건부 집행유예가 단순집행유예보다도 실형에 가까운 것으로 평가되어, 보호관찰을 붙이는 것이 피고인의 개선갱생(재범의 방지)에의 기여 여부라고 하는 관점보다도 피고인이 저지른 범죄의 객관적인 측면(행위책임)에 따라서 선택되는 경향이 있는 점, 또한 보호관찰 조건부 집행유예로 하면 재차의 집행유예가 인정되지 아니하기 때문에 재판소가 그 선택을 함에 있어 신중하다는 점에 의한 것이라고 한다.[69]

다만, 재판원재판에서는 피고인의 개선갱생에 기여하는가라고 하는 관점을 중시하여 보호관찰을 붙이는 비율이 증가하고 있다. 최고재판소에 의한 검증보고서에 따르면 재판원제도의 시행으로부터 3년간 재판원재판의 대상이 된 사건에서 집행유예의 유죄판결을 받은 피고인 중 보호관찰에 붙여진 비율은 재판관재판에서 35.8%이었던 것에 비해 재판원재판에서는 55.7%였다.[70]

4. 취소

집행유예 중에 일정한 사유가 발생한 경우에는 집행유예가 취소된다. 필요적인 취소가 행해지는 것은 재범에 의해 금고 이상의 실형에 처해지는 경우 등이다(형 제26조). 이에 비해 재범에 의해 벌금에 처해진 경우나 보호관찰 조건부 집행유예의 경우에, 준수사항을 준수하지 않고 그 정상이 무거운 때 등은 재판소가 재량에 따라 집행유예를 취소할지 여부를 결정한다(동법 제26조의2).

집행유예가 취소된 경우에는 당초에 선고된 형이 그대로 집행된다. 집행유예가

69 植野 · 앞의 주66), 65쪽.

70 最高裁判所事務總局, 裁判員裁判實施狀況の檢證報告書, 23쪽(2012년 12월).

어느 단계에서 최소되었는지는 문제되지 않고, 만약 집행유예 중 보호관찰에 붙여져 있고 일정한 자유의 제한이 이루어지고 있었다고 하여도 그것은 고려되지 않는다.

[표 1] (전부) 집행유예선고 · 취소인원 등의 내역(2016년)

집행유예선고인원			집행유예취소인원					
			총수	취소사유				
				재범		여죄	준수사항 위반	기타
총수	단순 집행유예	보호관찰부		단순 집행유예 중	보호관찰 중			
33,975	30,952	3,023	4,346	3,399	695	161	73	18

(출전) 2017년 범죄백서, 212쪽.

2016년의 전부집행유예의 취소인원의 내역은 [표 1]에서 보는 바와 같으며, 취소사유는 그 대부분이 재범에 의한 것이다. 취소율은 대체적으로 약 10%에서 15%이지만, 2016년에는 보호관찰 조건부 집행유예의 경우의 재범에 의한 취소율은 23.0%로 단순집행유예의 경우의 11.0%와 비교하면 상당히 높다. 동일한 집행유예의 경우라도 범죄성향이 진전된 자가 보호관찰에 붙여지는 것이 그 한 요인이라고 하더라도 그 차이는 그것에만 환원할 수 있는 것은 아니라 재판소가 양형을 위한 충분한 자료를 얻는 시스템이 없는 상황하에서 객관적인 범죄행위를 중시한 양형이 이루어지고 있기 때문에 정확한 선별을 할 수 없는 것도 그 원인의 하나이라고 하는 견해도 있다.

5. 형의 효력과 그 실효

형의 집행이 유예된 경우에도 형에 처해졌다는 사실에는 변함은 없기 때문에 그 효력에 수반되는 자격제한 등이 발생한다. 한편 집행유예기간이 경과하면 자동적으로 형의 선고가 효력을 상실하기 때문에(형 제27조), 그에 수반되는 효과도 소멸한다.

6. 형사정책적 의의

집행유예의 형사정책적 의의는 ① 단기자유형을 회피하는 동시에, ② 형의 선고에 따른 감명력과 다시 재범을 한 경우에는 집행유예가 취소되어 형사시설에 수용된다고 하는 위하효과에 의해 범죄자의 자발적 개선, 갱생을 촉구하고 재범을 방지하는 점에 있다고 한다. 전자에 대해서는 확실히 그러한 장점이 있지만 현행법은 구류에 대하여 집행유예를 인정하지 않는 반면, 단기자유형으로 보기 어려운 최고 3년 이하의 징역 · 금고에 대해서도 집행유예를 인정하고 있고, 그에는 반드시 단기자유형의 회피를 직접적인 목적으로 한 것이라고 할 수 없다. 또한, 벌금에도 집행유예가 인정되고 있기 때문에 자유형만을 예정한 것도 아니다. 그러한 의미에서는 그것은 오히려 형벌 일반에 따르는 폐해의 회피를 목적으로 한 제도로 파악하는 것이 타당할 것이다. 또한, 후자에 대해서도 그러한 면이 있다는 것은 분명하지만 집행유예가 보호관찰과 결합됨으로써 그것은 형이 감명력이나 취소에 따른 위하를 통한 재범방지라고 하는 것을 넘어서 대상자의 개선갱생을 위한 적극적인 처우수단(사회 내 처우의 일환)의 면도 함께 가지게 되었다고 할 수 있다.

7. 현행제도의 문제점

이와 같이 집행유예를 대상자의 개선갱생을 위한 수단으로 평가하는 경우, 현행 제도에는 몇 가지의 개선해야 할 점이 있다. 첫째, 보호관찰 조건부 집행유예 기간 중에 재범을 한 경우에는 일반적으로 재차의 집행유예가 인정되지 않는다는 점이다(형 제25조 제2항 단서). 이 규정의 배경에는 보호관찰을 하나의 제도로서 파악하여 보호관찰 조건부 집행유예를 실형과 단순집행유예와의 중간에 있는 제도로 보는 견해가 있다. 그러나 사안에 따라서는 재차의 집행유예를 인정하여 보호관찰을 계속하는 편이 좋은 경우도 있어, 보호관찰이 대상자의 개선갱생과 사회복귀를 도모하기 위한 수단이라고 한다면 그것을 부정할 이유는 없을 것이다.

둘째, 집행유예 조건부 유죄판결에도 자격제한이 적용되는 점이다. 이에 따라 집행유예가 되었음에도 불구하고 사회적 기반을 상실할 우려가 있고, 그것은 집행유예의 취지에 반하는 결과가 될 것이다. 개별사안에 따른 유연한 대응을 가능하게 하는 관점에서는 재판소가 집행유예를 선고하는 때에 자격제한에 관한 법령의 적용을 배제하는 취지의 선고를 할 수 있도록 하는 제도의 도입을 검토해야 할 것이다(개정 형법초안 제70조).

현행제도의 또 하나의 문제점은 집행유예가 취소된 경우에 판결 단계에서 선고한 형을 그대로 집행하지 않으면 안되어, 형의 집행을 조절할 수 없다는 점이다. 실무상 집행유예를 선택하는 경우에는 실형으로 하는 경우보다도 형기를 어느 정도 높게 하는 관행이 있기 때문에 취소가 되면 실형이 있었던 경우보다도 장기간 교도소에 수용될 가능성이 있고, 집행기간 중 보호관찰에 붙여져 있었던 경우에도 그에 따르는 자유의 제한을 받고 있었던 것이 전혀 고려되지 않기 때문에 선고된 형을 그대로 집행하는 것은 대상자에게 과도한 불이익을 부담시키는 것이 아닌가라고 하는 의문이 있다. 또한, 판결 후 취소까지의 과정에서 발생한 사정에 대해 그것이 양형상 의미가 있었다고 하더라도 전혀 고려할 수 없다고 하는 문제도 있다. 그러므로 집행유예를 취소하는 경우에는 재판소의 재량에 따라 선고형의 일부의 집행을 면제할 수 있다고 하는 규정을 두는 것도 검토할 가치가 있을 것이다.

8. 형의 일부집행유예

종래의 집행유예제도는 선고형 전부의 집행을 유예하는 것이었다. 이에 대해서 2011년 형법 개정 및 「약물사용 등의 죄를 범한 사람에 대한 형의 일부의 집행유예에 관한 법률」의 제정에 의해 형의 일부의 집행을 유예하는 제도가 도입되어 2016년 6월 1일부터 시행되었다. 이 제도는 예를 들면 3년의 징역형을 선고할 때에 그중 2년은 실형으로 하고 나머지 1년은 그 집행을 3년간 유예한다고 하는 것과 같이, 하나의 자유형의 일부를 실형으로 하고 일부를 집행유예로 하는 것이다.

본 제도의 취지 · 목적은 시설 내 처우에 이어서 충분한 사회 내 처우의 기간을 확보함으로써 시설 내 처우와 사회 내 처우를 효과적으로 연계시키고 피고인의 개선갱생과 재범방지를 도모하는 것에 있다. 그 법적 성격에 대해서는 입법 당시에는 일부집행유예는 실형이 선고되는 경우와 단순집행유예가 선고되는 경우의 중간의 형사책임을 가지는 경우에 대응하는 것으로 한다는 이해도 있었지만, 현재는 그것은 실형 상당 사안에서 실형 형기의 일부를 중단하고 사회 내 처우로 돌리는 것으로 실형의 특별예방의 관점에서의 변화라고 하는 이해[71]가 확산되고 있다.

본 제도의 기본적인 골격은 선고형이 3년 이하의 징역 또는 금고인 경우에 범정의 경중 및 범인의 환경, 그 밖의 사정을 고려하고 재범을 방지하기 위해 필요하

71 小池信太郎, “刑の一部執行猶豫制度の施行”法教, 434호, 2016, 43쪽. 園原敏彦=江見建一, “刑の一部執行猶豫”, 高嶋智光ほか編, 新時代における刑事實務, 立花書房, 2016, 188쪽.

고 상당하다고 인정되는 때에[72] 그 형의 일부의 집행을 1년 이상 5년 이하의 기간 유예하고 그 기간 중에 보호관찰에 붙인다고 하는 것이다. 이를 바탕으로 본제도를 적용할 필요성이 높고 그리고 재판소가 그 필요성을 판단하기 쉬운 사안이라고 하는 관점에서 적용대상을 ① 처음 교도소에 입소하는 자 또는 그에 준하는 자와, ② 규제약물 등의 자기사용 · 단순소지에 관련된 죄(약물사용 등의 죄. 약물일부유예 제2조 제2항)를 범한 자로 한정하고 있다. 유예기간 중의 보호관찰은 ①에 대해서는 재량적인 것에 비해(형 제27조의3 제1항), ②에 대해서는 필요적으로 되어 있다(약물일부유예 세4조 제1항). 이와 같이 약물사용 등의 죄에 대해 특별한 취급을 하고 있는 것은, 그 대상에 대해서는 시설 내 처우뿐만 아니라 약물의 유혹이 있는 사회 내에서 계속해서 상응하는 기간 동안 보호관찰을 실시할 필요성이 높다고 하는 고려에 근거하는 것이다.

2016년 중에 일부집행유예 판결의 선고를 받은 인원은 1,007명으로 그중 941명이 약물사용 등의 죄 또는 그것과 다른 죄와의 병합죄의 사건에 의한 것이다. 그 이외의 죄로는 절도, 상해, 강간, 도로교통법 위반 등에 대해 일부집행유예판결이 선고되었다. 또한, 약물사용 등의 죄 이외의 죄에 대해서 선고된 일부집행유예판결에서도 그 모두에 보호관찰이 붙여져 있다.[73]

Ⅲ 선고유예

1. 제도의 개요

재판소가 유죄판결을 선고하고 형의 선고를 실시하지 아니하는 제도로서,[74] 기

72 전술한 제도취지에 비추어보면 일부집행유예의 필요성 · 상당성이 인정되는지 여부는 ① 피고인에게 재범의 우려가 있는가, ② 1년 이상이라고 하는 비교적 장기의 사회 내 처우의 기간을 확보하여 실시하는 유용한 처우방법을 예상할 수 있는가, ③ 그 사회 내 처우(보호관찰)의 방법을 실효적으로 실시할 수 있는가 라고 하는 세 가지의 스텝에서 판단되게 될 것이다(小池 · 앞의 주71), 47쪽 이하). 이에 추가하여 '범정의 경중'이 고려요소로 되어 있는 점에서 선고형이 3년 이하라도 형사책임의 무게 때문에 상당성이 결여되는 경우가 있게 된다.

73 2017년 범죄백서, 38쪽.

74 이전의 영국에서는 재판소가 유죄의 인정은 하면서 유죄판결의 선고를 하지 아니하는 형태도 있었지만 현재는 그와 같은 제도는 존재하지 아니한다.

소유예와 집행유예의 중간에 위치한다. 형의 선고를 일정기간 유예한 가운데 처우 프로그램 수강 등의 일정한 조건을 부과하고, 정해진 기간 그 조건을 준수하면 재판소가 그대로 절차를 중단하거나 가벼운 형을 부과하고, 위반이 있으면 형의 선고를 유예한 죄에 대해서 그 사실을 고려하여 형을 부과하게 된다.

집행유예가 대륙법계의 국가에서 발달한 제도인 것에 비해, 선고유예는 영미법계의 국가에서 발달한 제도로서 그 연혁을 달리한다. 예를 들면 미국에서는 선고유예가 제도로서 확립되기 이전부터 피고인의 동의하에 소송절차를 일시정지하고 보호관찰(프로베이션)에 붙이고 그 기간 중 문제가 발생하지 아니하면 절차를 중단하는 제도가 실시되고 있었다. 그러나 소송절차를 정지하는 것에 대한 비판이 있었기 때문에 사실의 인정과 유죄의 선고까지는 실시하고, 형의 선고는 유예하여 보호관찰에 붙이는 제도가 채용되게 되었다. 이러한 제도가 성립한 배경에는 영미의 형사절차에서는 범죄사실의 인정절차와 양형절차가 제도적으로 분리되어 있는 점, 보호관찰을 단순히 자유형의 부속물이 아니라 그것과는 독립한 처분으로서 평가하고 있는 점이 있었다고 한다.

이에 대해 대륙법계에서는 사실인정절차와 양형절차를 분리하는 개념이 없고 하나의 절차에서 두 절차가 실시되는 점과 보호관찰의 전통이 없었기 때문에, 유예제도의 목적으로는 자유형에 대신하는 처우라기보다도 단기자유형의 회피라고 하는 측면이 중시되었다는 점에서 선고유예가 아니라 집행유예가 발달하였다.

이와 같이 각각의 제도의 연혁은 다르지만 현재는 선고유예는 영미법계의 제도, 집행유예는 대륙법계의 제도라고 하는 도식은 무너졌고, 양법계의 어느 쪽에 속하는 국가에 관계없이 두 제도를 모두 가지고 있는 경우가 적지 않다.

2. 형사정책적 의의

선고유예에는 기소유예, 집행유예와 비교해서 각각 아래와 같은 장점이 있다.

우선, 기소유예와는 달리 재판소에 의한 유죄의 인정은 이루어지기 때문에 보호관찰 등의 처분을 함에 있어 어려운 점이 없다. 또한, 집행유예와의 관계에서는 ① 집행유예에 비해서 낙인의 기능이 적고, ② 형을 선고하지 않기 때문에 '형에 처해진' 것이 아니어서 자격제한을 수반하지 않으며, ③ 선고유예 기간 중에 재범을 하여 그것을 취소하는 경우 그 동안의 사정을 고려해서 형을 결정할 수 있다고 하는 장점을 가지고 있다.

이와 같은 형사정책적인 의의 외에 선고유예에는 부당한 기소의 억제수단으로서 기능할 수 있다는 점과 부당한 기소라고 하는 이유는 아니지만 공판 절차에서 사후적으로 피고인에게 유리한 사정이 판명된 경우에도 형을 선고하지 아니하고 절차를 종료시킬 수 있다고 하는 절차법상의 의의도 있다.

[참고문헌]

三井誠, "猶豫制度(1) – 起訴猶豫", 宮澤浩一ほか編, 刑事政策講座 第1卷 – 總論, 成文堂, 1971, 293쪽.

"〈特集〉 檢察審査會制度の改正", ひろば 62권 6호, 2009.

原田國男, 量刑判斷の實際[第3版], 立花書房, 2008.

遠藤邦彦, "量刑判斷過程の總論的檢討", 大阪刑事實務硏究會編著, 量刑實務大系(1) – 量刑總論, 判例タイムズ社, 2011, 1쪽.

鈴木茂嗣, "判決前調査制度", 刑事政策講座第1卷 – 總論, 成文堂, 1971, 357쪽.

岩瀬徹, "手續二分論", 熊谷弘ほか編, 公判法大系Ⅱ – 公判・裁判(1), 日本評論社, 1975, 139쪽.

平野龍一, "執行猶豫と宣告猶豫", 犯罪者處遇法の諸問題[增補版], 有斐閣, 1982, 6쪽.

"〈特集〉 刑の執行猶豫の多角的檢討", 論究ジュリ 14호, 2015.

太田達也, 刑の一部執行猶豫, 慶應義塾大學出版會, 2014.

제 3 장 시설 내 처우

제 1 절 총설

I 시설 내 처우의 의의와 시설의 종류

시설 내 처우는 범죄 및 비행에 관련하는 수용시설에 수용하여 처우하는 것을 말한다. 수용시설에는 형사수용시설, 보안시설, 보호시설 등이 있다. 그중 형사수용시설은 형사시설, 유치시설 및 해상보안유치시설의 총칭이다(형사수용 제1조).

형사시설은 ① 징역 · 금고 · 구류라고 하는 자유형의 집행을 위하여 구치된 사람(수형자), ② 형사소송법의 규정에 따라 체포 · 구속된 사람(미결구금자), ③ 사형의 선고를 받고 유치된 사람(사형확정자) 등을 수용하는 시설을 말한다.[75] 유치시설은 도도부현의 경찰에 설치되어 ① 형사소송법의 규정에 따라 체포된 사람, ② 법령에 의해 유치시설에 유치할 수 있다고 되어 있는 피구속자 등을 수용하는 시설을 말한다. 해상보안유치시설은 관구해상보안본부 등에 설치되어 해상보안청법 및 형사소송법의 규정에 따라 체포된 사람 등을 수용하는 시설을 말한다. 보안시설은 보안처분을 선고받은 사람을 수용하는 시설을 말하고, 현행법상의 부인보도원이 이에 해당한다. 보호시설은 비행소년을 수용하기 위한 시설로 소년원, 소년감별소 등이 이에 해당한다.

시설 내 처우라고 하더라도 피수용자의 법적지위가 다르기 때문에 각종 처우에 관한 법적 문제도 각각 다르다. 본절에서는 주로 자유형의 집행을 위하여 시설에 구치된 수형자의 처우 문제를 중심으로 기술하고자 한다(비행소년에 관한 시설 내 처우에 대해서는 제1권 제4편 제1장 제4절 Ⅲ을 참조).

75 일반적으로 ①을 대상으로 하는 시설을 '교도소', ②와 ③을 대상으로 하는 시설을 '구치소'라고 한다. 이러한 것들은 행정조직법상의 용어이다.

Ⅱ 형사수용시설법의 성립

종래 형사시설 내의 처우를 규율하는 기본법은 1908년에 시행된 감옥법이었다. 이 법률은 주로 19세기말부터 20세기 초기의 형사정책 사상에 입각한 것으로 그 당시에는 세계적으로도 매우 진보적인 입법이었지만 시설의 관리운영에 중점을 두고 있었고, 수형자의 개선갱생 · 사회복귀를 위한 교정처우라는 발상과 수형자의 권리보장이라는 주장이 약했다는 점에서 시대적인 한계를 가지고 있었다. 특히, 제2차 세계대전 후 (신)헌법이 제정되었고, 또한 유엔의 피구금자처우최저기준규칙 등에 따라 피구금자 처우의 국제적 표준이 도모되면서 감옥법의 기본사상이 수형자의 사회복귀와 권리의무의 명확화라고 하는 현대 행형의 기본에 부합하지 않는 다는 점이 한층 명확하게 되었다. 그 때문에 제2차 세계대전 후 교정실무는 감옥법 시행규칙과 행형누진처우령이라고 하는 2개의 정령政令과 다수의 훈령 · 통달의 시행으로 시대의 요청에 따른 행형운영의 개선에 노력해 왔지만, 이와 같은 운용에 따른 문제해결에는 당연히 한계가 있었고, 행정명령에 의지한 행형이 법치주의의 관점에서 볼 때 바람직하지 않다는 점은 분명했다. 이러한 점에서 감옥법의 개정은 제2차 세계대전 후 형사정책에서 가장 중요한 과제의 하나로 다루어져 왔다.

감옥법 개정의 경위를 간단히 되돌아보면 1976년 법무대신이 법제심의회에 대하여 자문을 하였고, 이를 받아들인 법제심의회 감옥법 개정부회의 심의를 거쳐 1980년에 「감옥법개정의 골자가 되는 요강」(이하 '요강'이라 한다)이 법무대신에게 답신되었다. 법무성은 이를 토대로 ① 행형의 근대화(내용 · 형식의 양측면에서 현대의 이념에 적합한 것으로 한다), ② 행형의 국제화(유엔의 최저기준규칙과 각국의 입법에 나타나 있는 국제적인 사고방식과 수준을 고려한다), ③ 행형의 법률화(피수용자와 시설 측과의 권리의무관계, 그 밖의 처우에 관한 중요사항을 가능한 한 법률로 명확하게 한다)라고 하는 3가지 원칙을 개정의 지침으로 하면서 요강의 취지를 구체화한 「형사시설법안」을 입안하였고 이것이 국회에 제출되었다. 그러나 이 법안에 대해서는 일본변호사연합회를 중심으로 특히 유치장을 감옥으로 대용할 수 있다고 하는 소위 대용감옥제도의 존속을 인정한 것에 대한 반대가 강하게 제기되었고 결국 중의원 해산에 따라 폐안이 되었다. 그 후에도 형사시설법안은 일부 수정되어 두차례에 걸쳐 국회에 제출되었지만 모두 폐안이 되었다.

그러나 2002년부터 다음 해에 걸쳐 나고야名古屋교도소의 수형자 사상死傷사안이 밝혀짐에 따라 이것을 계기로 행형운영상의 문제에 대한 사회적 관심이 갑자기 높아졌다. 이것을 배경으로 민간전문가로 구성된 행형개혁회의가 구성되었고, 동 회의가 2003년 12월에 발표한 '행형개혁회의 제언 – 국민에게 이해되고, 지지받는 교도소에로'에서 감옥법의 신속한 전면개정이 강하게 촉구되었다. 이 제언을 받아 법무성에서 감옥법 개정작업이 진행되었으나, 대용감옥제도와 관련하여 다시 의견대립이 있었기 때문에 우선 수형자의 처우를 대상으로 한 법안작성이 진행되었고, 2005년에 「형사시설 및 수형자의 처우 등에 관한 법률」이 한발 앞서 국회에서 성립하였다. 그 후 미결구금자의 처우 등에 관한 전문가회의가 설치되었고, 그 제언에 따라 2006년에 대용감옥을 포함한 미결구금자의 처우에 관한 개정내용을 상기의 법률에 포함한 「형사수용시설 및 피수용자 등의 처우에 관한 법률」(이하 형사수용시설법이라 한다)이 국회에서 성립되었다. 이로써 감옥법의 전면개정이 드디어 실현되었다.

신법의 수형자 처우에 관한 내용에 대하여 살펴보면, 기본적으로는 요강과 그 취지를 이어받은 형사시설법안의 내용에 근거한 것이지만, 형사시설시찰위원회의 창설 등 행형개혁회의의 제언을 반영한 것도 적지 않고 그러한 의미에서 형사수용시설법은 오랜 기간에 걸친 감옥법 개정논의의 집대성이라는 측면을 가지고 있다고 할 수 있다.

Ⅲ 행형의 기본원칙

형사수용시설법은 "형사수용시설의 적정한 관리운영을 도모하는 한편 피수용자, 피유치자 및 해상보안피유치자의 인권을 존중하면서 이러한 사람의 개별적 특성에 따른 적절한 처우를 실시하는 것을 목적으로 한다"고 규정하고 있다(제1조).

이 가운데 '이러한 사람의 상황에 따른 적절한 처우'는 수형자의 경우 개선갱생 및 사회복귀를 도모하기 위한 '교정처우'(제30조)를 의미하는 것으로, 이 목적 규정에 의하면 자유형의 집행(행형)에는 ① 형사시설의 적정한 관리운영, ② 수형자의 인권의 존중, ③ 수형자의 개선갱생을 목적으로 한 교정처우가 3가지의 기본원칙이 된다. 감옥법하에서는 전적으로 ①의 측면에서 규정이 마련되어 실무상 ②와 ③을 고려하여 운영되어 왔지만, 형사수용시설법에서는 ②와 ③을 명문화하였다는 점에 의미가 있다.

다만, 이상의 3가지 원칙은 각각이 별도로 존재하는 것이 아니라 상호 간에 연결되어 있기 때문에 그 상호관계를 어떻게 이해할 것인지도 중요한 문제가 된다. 상기 목적 규정은 형식적으로는 ①, ②, ③을 병렬적으로 규정하고 있지만, 법의 궁극적인 목적은 '적절한 처우'의 실현이다.[76] 따라서 이 목적 규정은 수형자의 경우 ③의 개선갱생을 도모하기 위한 교정처우를 실시하기 위해서는 수형자의 생활을 보장하는 한편으로 그 자유의 한계를 구분지을 필요가 있는데, 그때에 ①의 '형사시설의 적정한 관리운영'과 ②의 '수형자의 인권의 존중'을 고려해야 한다는 것을 규정한 것이라고 해석해야 할 것이다.[77]

이와 같이 이해한다면 ①의 관리운영의 내용을 이루는 시설 내의 규율 및 질서를 유지하기 위한 자유제한은 단순히 시설관리의 편의 때문이 아니라, 시설 내의 공동생활의 안전확보라고 하는 ②의 인권보장의 견지 및 수형자에게 적절한 처우환경을 확보한다고 하는 ③의 교정처우의 견지에서 합리적으로 실시될 것이 요구된다.

또한, ②의 인권존중과 ③의 교정처우의 관계에 대해서도 수형자의 개선갱생이 교정처우의 목적이고, 이를 위해서 일정한 의무 부과와 자유 제한이 허용된다고 하더라도 여기에는 수형자의 인권이라는 관점에서 한계가 있다는 귀결로 이어진다.

이와 같이 행형에는 '수형자의 교정처우', '수형자의 권리', '시설의 규율 및 질서의 유지'라는 3가지 측면이 상호 관련된다. 이하에서는 각각의 측면에 대하여 기술하고자 한다.

제 2 절 수형자의 교정처우

Ⅰ 수형자 처우의 목적

1. 국제적 동향

수형자 처우의 목적은 전통적으로 교정처우를 통해 범죄자를 사회에 복귀시키는데 있다고 인식되어 왔다. 국제적으로도 이와 같은 견해가 주류였다. 1955년 제

76 林眞琴ほか, 逐條解說 刑事收容施設法[第3版], 有斐閣, 2017, 9쪽.

77 芝原邦爾, 刑事司法と國際準則, 東京大學出版會, 1985, 126쪽 참조.

1회 유엔범죄방지 및 범죄자처우회의에서 결의되어 그 후 세계 각국의 교정처우의 이론과 실천에 큰 영향을 준 피구금자처우최저기준규칙[78]이, 구금형의 제1차적인 목적은 범죄로부터 사회를 지키고 재범을 감소시키는 것에 있고, 또한 '이 목적은 범죄를 저지른 사람들이 준법적이고 자주적인 생활을 보낼 수 있도록 석방시에 이러한 사람들의 사회에의 재통합을 가능한 한 확보하기 위하여 구금기간이 이용되는 경우에만 달성할 수 있다'라고 규정하고 있는(제4조 제1항) 것은 바로 이와 같은 주장에 따른 것이라고 할 수 있다.

다만, 이러한 사회복귀의 이념은 1970년대에 들어서 소위 '교정페시미즘'의 사상에 의해 신랄한 비판을 받기에 이르렀다. 그 대표적인 사례가 미국으로, 미국에서는 소위 '의료모델medical model'에서 '공정모델just dserts model'로의 전환이 시도되었다. 즉, 1960년대까지 미국에서는 사회복귀사상을 보다 철저하게 추구하여 범죄자를 환자로 인식하고, 시설 내 처우라는 것은 환자를 병원에 입원시키는 것과 마찬가지로 범죄자를 형사시설에 수용하여 그 병의 원인을 제거하기 위한 치료를 실시하는 것이라는 입장이 지배적이었다. 형사사법제도도 이와 같은 견해에 근거하여 설계되어, 대상자에게 어떠한 처우를 해야 하는지를 판결 전에 조사한 후 판사가 형기의 폭이 넓은 부정기형을 선고하여 시설에 수용하고, 또한 가석방위원회가 개선의 정도를 고려하여 가석방을 한 후 잔형기간과는 구별해서 사후관리로서의 보호관찰을 하는 식으로 운용되었다.

이와 같은 견해에 대한 비판은 이전부터 있었지만 1970년대에 들어서 비판의 목소리가 급격하게 높아졌다. 그 계기가 된 것이 마틴슨Martinson의 연구로 대표되는 일련의 실증적 연구들로, 이들 연구들은 시설 내 처우의 효과에 대한 의문을 제기하였다. 이러한 연구는 특별한 사회복귀프로그램을 실시하고 있는 곳과 그렇지 않은 곳에서의 재범률은 차이가 없다고 결론을 도출하였고, 이러한 결론은 시설 내 처우의 효과에 대한 의문을 제기하는 한편, 의료모델의 기초가 된 과학에 의한 인간행동의 파악에 대한 신뢰를 뒤흔드는 결과로 이어졌다.

이러한 실증연구에 더하여 사회복귀사상에 기초하는 형사사법제도의 운용은 진보파와 보수파 양쪽으로부터 비판을 받았다. 전자는 양형과 가석방 기준의 불명확성과 대상자 간에 존재하는 현저한 불공평을 문제삼아 적정절차 내지 인권보장

78 동 규칙은 2015년 개정되어 「넬슨 만델라 규칙」이라고 호칭되었다.

의 관점에서 비판을 전개하였고, 후자는 중대한 죄를 저지른 사람이 조기에 가석방되는 것을 문제시하여 엄벌론의 관점에서 비판을 전개하였다. 이러한 다양한 측면에서의 비판을 받아 미국에서는 사회복귀이념이 현저하게 퇴조하게 되었다.

의료모델에 대체하여 등장한 것은 '공정' 및 '선택적 격리selective incapacitation'사상이다. 전자는 범죄의 중대성에 따른 형벌을 부과해야 한다고 하는 죄형균형의 견해이고, 후자는 위험한 누범자를 선별하여 사회로부터 격리함으로써 재범을 방지한다는 견해이다. 즉, 자유형의 목적은 사회 일반과 해당 범죄자에 대한 억제와 사회로부터의 격리라고 보고, 사회복귀는 자유형의 기능 중 하나이지만 목적은 아니라고 본 것이다.

이와 같은 견해에 기초하여 각 주에서 법이 개정되었고, 연방 차원에서도 1984년에 포괄적 범죄규제법이 성립하기에 이르렀다. 동법에서는 첫째, 구금형은 사회복귀를 추진하기 위한 적절한 수단이 아니고 따라서 구금형의 부과 여부, 부과할 경우에 그 기간을 결정함에 있어서 사회복귀를 목적으로 하고, 또한 그것을 위한 요소를 고려하는 것은 타당하지 않다는 취지가 명문으로 규정되었다. 다만, 이는 사회복귀사상을 모두 부정하는 것은 아니고, 예를 들면 구금형이 부과된 사람에 대하여 교도소에서 사회복귀를 위한 처우를 실시하는 것은 무방하다. 그러나 그것을 수형자에게 의무지워서는 아니 된다고 규정하였다. 둘째, 부정기형이 폐지되었고 정기형이 도입되는 한편, 재판관의 재량을 제한하기 위해 양형위원회에 의해 상세한 양형가이드라인을 작성하는 것으로 규정하였다. 셋째, 가석방제도가 전면적으로 폐지되는 한편, 시설 내 질서를 유지하기 위한 수단으로 규율을 지킨 사람에 대하여 1년에 몇일 정도의 형기 단축을 인정하는, 이른바 선시제善時制가 채용되었다. 넷째, 구금형에 대체하는 형벌로서 보호관찰, 손해배상명령, 벌금 등 비구금형의 다양화가 도모되어, 구금형을 선택하지 아니한 사람에 대해서는 이러한 비구금형을 적용하게 되었다.

미국에서의 동향은 국제적인 형사정책의 전개에도 커다란 영향을 주었다. 예를 들면 유엔의 활동을 보더라도 1970년대 이후는 시설 내 처우의 폐해를 강조하여 구금형의 대체 조치의 활용을 각국에 권고하는데 역점이 두어졌다. 그 상징적인 사건이 1990년 제8회 유엔범죄방지회의에서 「비구금조치에 관한 유엔최저기준규칙」의 채택이다.

다만, 시설 내 처우의 효과에 회의적인 견해를 보이는 입장에서도 사회복귀이념에 대한 평가가 반드시 동일하지 않다는 점에는 주의할 필요가 있다. 유엔이 시설 내 처우에 대해 보이는 문제의식은 주로 자유사회에서의 자유의 훈련을 자유를 박탈한 상황하에서 실시하는 것의 한계를 지적하고, 또한 행동과학에의 과도한 신뢰를 전제로 한 의료모델을 상정하였던 것으로 처우를 통하여 수형자의 행동패턴에 일정한 영향을 줄 수 있는 것 자체를 부정하는 것은 아니었다. 바꾸어 말하면 그것은 수형자를 사회복귀시킨다고 하는 이념 자체를 부정하는 것이 아니라 오히려 그것을 전제로 하여 그것을 달성하기 위한 수단으로서의 구금형의 한계에 주의를 환기시키고, 구금형을 가능한 한 회피해야 한다고 하면서도 구금형이 사용되는 경우에는 그 기간을 이용해서 수형자가 석방 후에 사회에 적응할 수 있도록 끊임없는 노력이 행해져야 한다는 입장이라고 할 수 있다. 미국과 함께 시설 내 처우에 대한 비판을 강력하게 전개한 북유럽국가에서도 기본적으로는 이와 같은 입장을 취하고 있다고 할 수 있다.[79] 그러한 의미에서 시설 내 처우의 기본이념을 범죄자의 사회복귀에서 구하자고 하는 견해는 오늘날에도 기본적으로는 변하지 않았다고 할 수 있다.

2. 일본의 상황

일본에서도 자유형을 포함하는 형벌의 목적이 무엇인지에 대해서는 다양한 견해가 있다(제4편 제1장 제1절을 참조). 먼저 재판소에 의한 양형에서는 범정犯情이 그 기초가 되고 있기 때문에 범죄자의 사회복귀를 주된 목적으로 하여 형이 결정되는 것은 아니다. 이러한 의미에서는 과거의 미국과 같이 사회복귀의 이념이 형사사법 전체를 지탱하는 주된 목적으로 평가된 것은 아니다. 그러나 행형의 단계, 즉 시설 내 처우의 단계에 있어서 사회복귀모델이 주류이고, 실무에서도 그러한 견해에 바탕을 두고 운용되어 왔다.

물론 사회복귀의 견해에 대한 회의적인 관점이 존재하지 않은 것은 아니다. 이미 제2차 세계대전 전에도 종래 감옥제도는 범죄자의 개선과 교정이라고 하는 목적을 도저히 달성할 수 없고 파산에 이르렀다고 하는 '감옥파산론'이 주장되었다.[80]

79 芝原邦爾, "國際刑事政策の展開 – 第7回國連犯罪防止會議にみるその動向", 犯罪と非行 66호, 1985, 11쪽.

80 正木亮, 行刑上の諸問題[增補版], 有斐閣, 1958, 235쪽 이하.

그러나 감옥파산론이라고 하는 이름하에 주장된 구체적인 내용에 대하여 살펴보면, 그 내용은 반드시 교도소를 폐지해야 한다는 주장이 아니라 오히려 구금과 계호를 중심으로 하는 종래 행형의 운영방식을 예리하게 비판하고, 사회성의 훈련을 사회로부터 단절된 부자연스러운 환경 속에서 실시하는 자유형의 모순을 지적하면서, 이를 바탕으로 대체 조치에 의해 자유형을 가능한 한 회피하는 한편, 외부통근과 개방적 처우 등에 의해 자유형의 다양화와 사회화를 도모해야 한다는 것을 주장하는 것이었다. 따라서 감옥파산론은 행형에 의한 사회복귀에 힘입은 낙관론에 대하여 경종을 울리는 것이기는 하지만, 그렇다고 반드시 사회복귀의 목적 자체를 부정하는 견해는 아니었다.

사회복귀사상은 소위 '자유형 순화론'으로부터도 비판을 받아왔다. 자유형 순화론은 자유형의 내용을 자유의 박탈(구금)에만 그쳐야 한다는 견해이다.[81] 구체적인 주장은 논자에 따라 다르지만, 주요 내용은 ① 자유형은 구금만을 내용으로 하고 국가에 의한 처우의 강제는 원칙적으로 허용되지 아니한다. 처우를 전부로 해서는 안 된다는 것은 아니지만, 그것은 국가로부터의 사회복귀를 위한 원조의 제공이기 때문에 그것을 받을지 여부는 수형자의 자유이고, ② 수형자에게는 교도소 내에서의 행동의 자유와 의사결정의 자유를 인정하고, 생활양식도 가능한 한 외부의 세계와 같아야 하며, ③ 교도작업은 형벌과는 단절된 자유노동으로 그것에 적합한 임금을 주어야 한다는 것이다.

그러나 이와 같은 견해는 많은 지지를 얻지 못하고 있다. 자유형 순화론은 원래는 열악한 감옥 상황하에서의 가혹한 노동에 의해 수형자가 사망하거나 건강을 해치는 등 자유형이 소위 신체형과 재산형으로서도 기능하고 있는 것과 같은 현상을 개선하려고 하는 의도에서 주장된 것으로,[82] 사회복귀를 위한 처우를 부정하는 이론은 아니었다. 유엔의 피구금자처우최저기준규칙에도 구금제도가 '(구금에) 고유의 고통을 증대시켜서는 아니 된다'고 하는 규정이 있지만(제3조), 이 규정 또한 국가의 처우권을 부정하는 취지가 아니라는 것은 분명하다. 또한, 미국의 공정모델이 그 비판의 창끝을 향하고 있었던 너무 앞서간 의료모델과 부정기형제도와 비교

81 福田雅章, "受刑者の法的地位と『要綱案』", ジュリ712호, 1980, 40쪽. 土井政和, "社會的援助としての行刑(序說)", 法政研究 51권 1호, 1985, 35쪽. 松本孝明, "「自由刑の單一化」と刑罰目的 · 行刑目的", 法時 89권 4호, 2017, 79쪽 등.

82 正木亮, 新監獄學, 有斐閣, 1941, 134쪽 이하.

하면 일본의 상황은 크게 다르고, 미국의 이론에 기초하여 처우권을 부정하는 것은 설득력이 없다고 말할 수 있을 것이다.

다만, 처우권을 부정하는 것은 너무 앞서 나갔다고 하더라도 국가에 의한 교정처우에는 한계가 있다고 하는 주장 자체는 매우 타당하다. 왜냐하면 전술한 바와 같이 국가에 처우권이 있다고 하여도 수형자의 개선갱생을 위해서라면 무엇을 하여도 좋다고 하는 의미는 아니고, 거기에는 수형자의 인권보장이라고 하는 관점에서의 제약이 있기 때문이다.

3. 현행법에서의 처우의 목적

형사수용시설법은 "수형자의 처우는 그 사람의 자질 및 환경에 따라 그의 자각에 호소하여 개선갱생 의욕의 환기 및 사회생활에 적응하는 능력의 육성을 도모하는 것을 취지로 하여 실시한다"고 규정하고 있다(제30조).

'개선갱생 의욕의 환기'는 수형자에게 자신의 범죄의 책임을 자각시켜 재범하지 않고 사회생활을 영위하려고 하는 의욕을 가지게 하는 것을 말하고, '사회생활에 적응하는 능력의 육성'은 수형자가 통상의 사회생활을 함에 있어 필요한 지식, 기능 및 생활태도를 몸에 익히도록 하는 것을 말한다. 요컨대 수형자의 '의욕'이라고 하는 주관면과 '능력'이라고 하는 객관면의 쌍방에 작용함으로써 개선갱생과 사회복귀를 도모한다는 취지이다. 이와 같이 형사시설수용법은 처우의 목적을 수형자의 개선갱생과 사회복귀에서 구하고 있고, 반교정사상의 입장을 취하지 않는다는 것을 선언하고 있다고 해도 좋을 것이다.

그러나 동시에 주의하지 않으면 안 되는 것은 개선갱생과 사회복귀를 도모하는 것이 반드시 수형자를 도의적으로 훌륭한 인간으로 교정하는 것을 의미하는 것은 아니라고 하는 점이다. 처우의 목표를 그와 같이 설정하는 것은 내용이 불명확할 뿐만 아니라, 특정의 가치관을 수형자에게 강제하여 과잉교정에 빠질 우려가 있다. 따라서 어디까지나 석방 후 범죄에 이르지 않고 자주적인 생활을 할 수 있는 의사와 능력을 수형자에게 가지도록 하는 것이 개선갱생과 사회복귀를 도모한다고 하는 것의 의미내용이라고 이해해야 할 것이다.

Ⅱ 처우의 기본원칙

형사수용시설법은 상기 목표를 달성하기 위한 처우의 기본적 지침으로 "그 사람의 자질 및 환경에 따라 그의 자각에 호소한다"라고 규정하고 있다(제30조). 전단은 처우의 개별화의 원칙, 후단은 수형자의 주체성 존중의 원칙을 제시한 것이다.

1. 처우의 개별화

처우의 개별화는 수형자가 가지고 있는 문제에 따라서 그 수형자에게 가장 적절한 처우를 실시한다고 하는 원칙이다. 개개의 수형자가 가지는 문제는 그의 인격적 특성과 사회적 환경에 따라 천차만별이기 때문에 그 차이에 따른 처우를 실시하지 않으면 처우의 효과를 기대할 수 없다는 것은 분명하다.

처우의 개별화 원칙은 처우의 다양한 장면에서 구체화되고 있다. 예를 들면 교정처우는 목표와 그 기본적인 내용 및 방법을 수형자별로 정하고 있는 처우요령에 따라 실시한다고 규정하고 있는 것이(제84조 제2항) 그 하나의 예이다.

다른 한편, 개별적인 처우라고 하더라도 그것은 처우를 모두 개인단위로 실시하는 것을 의미하는 것은 아니다. 그것은 현실적으로 불가능하기 때문에 실제로는 수형자를 일정한 집단으로 편성한 형태의 집단처우를 실시하게 된다. 그리고 처우의 개별화의 관점에서는 수형자의 문제성에 따른 처우를 가능하게 하기 위하여 집단편성을 합리적으로 하는 것이 필요하다.

2. 수형자 주체성의 존중

전술한 바와 같이 시설 내 처우에 대한 회의적인 견해가 주장하고 있는 근거의 하나는 '자유의 훈련을 자유를 박탈한 상황하에서 실시할 수 있을까'라고 하는 것이었다. 즉, 형사시설이라고 하는 것은 타율적이고 수동적인 환경으로 프라이버시도 없다고 해도 과언이 아니다. 그 상황 속에서 생활해 온 수형자가 사회 내에서 자립하여 생활해 나갈 수 있을까라고 하는 의문이 제기된다.

이와 같은 의문으로부터 처우 자체를 부정하는 결론을 이끌어내는 것은 너무 비약이지만, 문제의 지적 자체는 타당한 측면을 가지고 있다. 수형자를 단순히 처우의 객체로 파악하여, 명령과 복종의 관계에서 처우를 일반적으로 강제하는 것만으로는 처우의 효과를 거둘 수 없다는 것은 분명하다. 수형자가 진정한 의미에서 개선갱생을 하기 위해서는 자발적, 자율적으로 개선갱생의 의욕을 가지는 것이 중요하고, 이를 위해서는 처우를 실시하는 측이 조언과 설득을 하여 수형자가 그것을 납득하고 받아들이는 관계를 구축할 필요가 있다. 형사수용시설법이 '그 자각에 호소'라고 규정하고 있는 것은 바로 이러한 취지를 나타낸 것이라고 할 수 있다.

주체성 존중의 원칙도 처우의 다양한 장면에서 구체화되고 있다. 예를 들면 처우요령을 정할 때에 필요에 따라 수형자의 희망을 참작해야 한다고 규정하고 있는 것과(제84조 제4항), 자발성 및 자율성을 함양하기 위해 수형자 처우의 목적을 달성할 전망이 높아짐에 따라 폐쇄적 처우에서 개방처우로의 단계적 이행을 해야 한다고 규정하고 있는 것은(제88조) 모두 이러한 원칙의 구체적인 예이다. 또한, 외부통근작업(제96조)과 외출 · 외박(제106조)도 자주적 · 자율적인 판단과 행동의 자기통제가 요구된다고 하는 의미에서 수형자의 자각에 호소한 처우라고 볼 수 있을 것이다.

3. 행형의 사회화

수형자의 사회복귀의 관점에서 본다면 사회로부터 극단적으로 단절된 폐쇄적인 시설환경하에서 처우를 실시하는 것이 적절하지 않다는 것은 분명하다. 이에 행형의 폐쇄성과 밀행성을 완화하고 시설환경을 사회의 환경과 유사하게 한다고 하는 의미에서 행형의 사회화라고 하는 견해가 주장되어 왔다. 형사수용시설법에는 이 원칙이 직접적으로 규정되어 있지는 않지만 그 주장을 반영한 조치가 많이 강구되어 있다.

그 하나는 시설 자체의 사회화를 도모하는 것이다. 예를 들면 시설의 물적 설비, 인적 조치에서의 구금의 정도를 완화한 개방적 시설에서 실시되는 처우가 그 전형적인 예이다(제88조 제2항). 개방적 시설은 행형의 사회화의 관점에서도, 또한 전술한 수형자의 자율성을 촉진하는 관점에서도 중요한 의미를 가지는 제도이다. 감옥법하에서는 실무운용에서 교통교도소 등에서 이와 같은 개방적 처우가 실시되어 왔으나 형사수용시설법에서는 이것을 직접 인정하는 근거규정을 두었다.

또 하나는 수형자와 외부사회와의 연결고리를 유지 · 강화하기 위한 시책이다.

예를 들면 가족 등과의 접견과 접견인 외부교통의 강화(제100조 이하), 외부통근작업 제도(96조), 외출 · 외박제도의 신설(제106조) 등이 이에 해당한다.

Ⅲ 수형자 처우의 흐름

수형자 처우의 개요과 흐름은 [그림 1]에서 보는 바와 같다. 수형자 처우의 과정은 크게 구분하여 ① 형집행 개시 시에 실시되는 평가 및 오리엔테이션 단계, ② 중간단계에 실시되는 교정처우의 실시 · 처우방침의 재검토 단계, ③ 석방 전에 실시되는 석방후의 생활에 대한 지도 · 원조의 단계라고 하는 3단계로 구성된다.

[그림 1] 수형자 처우의 흐름

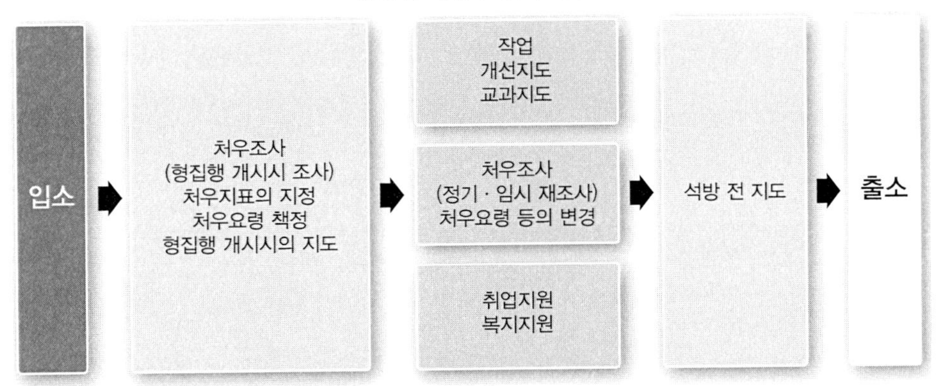

(출전) 2017년 범죄백서, 53쪽.

처우의 주요 부분은 작업 · 개선지도 · 교과지도를 내용으로 하는 교정처우이지만, 개별적 처우의 관점에서 교정처우는 수형자 별로 교정처우의 목표와 기본적인 내용 및 방법을 규정한 '처우요령'에 기초해서 실시해야 한다(제84조 제2항). 따라서 ①의 단계에서는 의학, 심리학, 교육학, 사회학 등의 전문적 지식 및 기법을 활용하여 수형자의 자질 및 환경 조사(처우조사)를 하고 그 결과에 따라 처우요령의 책정을 하게 된다(제84조 제3항, 제5항). 통상의 경우 처우조사는 각 형사시설에서 실시되지만, 새로운 형이 확정된 수형자로서 26세 미만의 사람과 특별개선지도의 실시에 해당하여 특별히 조사를 필요로 하는 사람(예를 들면 성범죄자) 등은 조사센터로 지정되어 있는 특정 형사시설에서 정밀한 처우조사를 실시하도록 하고 있다. ①의 단계에서는 그 외에 형집행 개시 시의 지도로서 수형자의 의의와 시설 내의 생활 및 행동 등에 관한 오리엔테이션이 실시된다.

다음으로 ②의 단계에서는 처우요령에 기초한 교정처우가 실시되는 동시에 정기적 또는 임시로 재조사가 실시되고, 그 결과와 성적평가에 따라 처우요령의 수정 · 변경이 실시된다. 그리고 석방이 가까워지는 ③의 단계에서는 가석방자와 만기석방자로 구분하여 석방 전 지도가 실시되고, 석방 후의 사회생활에서 즉시 필요로 하는 지식과 석방후의 생활에 대하여 지도가 실시된다.

Ⅳ 교정처우의 기본제도

교정처우를 실시하기 위한 기본제도로서 종래에는 분류처우와 누진처우제를 두 축으로 하여 실시되어 왔지만 형사수용시설법의 제정으로 모두 폐지되었고, 그에 대신하여 집단처우, 제한의 완화, 우대조치라고 하는 3가지 제도가 신설되었다.

1. 집단처우

(1) 집단처우의 의의

집단처우는 개별적 처우가 원칙이지만 형사시설의 인적 · 물적 조건이 한정되어 있기 때문에 완전하게 개개의 수형자 별로 처우를 실시할 수 없다. 따라서 이러한 한계하에서 개별적 처우를 효율적으로 실시할 필요가 있는데, 이를 위해서는 수형자의 문제점과 처우내용 등에 따라 동질의 수형자를 집단으로 편성하여 처우를 실시하는 것이 효과적이다. 그리고 이러한 처우를 가능하게 하기 위해서는 적절한 집단편성이 중요한 것은 말할 필요가 없다.

(2) 감옥법하의 분류처우제도

종래 수형자의 집단편성은 분류처우제도에 근거하여 실시되었다. 수형자를 특성에 따라서 분류하는 방식은 제2차 세계대전 전부터 있었지만 그것이 제도로 확립된 것은 미국의 영향을 받은 제2차 세계대전 후이다. 구체적으로는 1972년에 시행된 수형자분류규정에 근거하여 운용되어 왔다.

분류처우제도의 기본적인 구조는 ① 개개의 수형자가 가진 문제점을 명확하게 하기 위한 과학적 조사(분류조사), ② 그 결과에 기초하여 수립된 처우계획, ③ 그 계획을 실시하기 위한 집단편성, ④ 각 집단에 따른 적절한 처우의 실시로 구성되어 있다.

집단편성의 방법은 '수용분류급'과 '처우분류급'의 조합에 따라 실시되었다([표 1]을 참조). 수용분류급은 수형자를 어떤 교도소에 수용할 것인지 또는 교도소 내의 어느 구획에 수용할 것인지라고 하는 관점에서의 분류이고, 처우분류급은 수용된 교도소 내에서 어떤 처우를 할 것인지, 어떤 처우를 중점으로 할 것인지라고 하는 관점에서의 분류이다. 분류조사과정에서는 우선 [표 1]에서 제시된 순서로 수용분류급이 결정된다. 그리고 형사시설별로 수용분류급이 미리 지정되어 있고, 수형자는 대응하는 시설에 입소한 후 각각의 처우분류급에 따른 처우를 받는 형태로 되어 있었다.

분류처우제도의 취지는 처우의 개별화를 도모한다는 점에 있지만, 그 내용과 실무의 운용에 관해서는 ① A급 · B급의 구분을 중심으로 한 수용분류급을 먼저 결정하고 그 후에 처우분류급을 결정하게 되면 교정처우 보다도 시설의 보안유지에 중점을 두게 되기 쉽고, ② 수용분류급이 시설 내에서 실시되는 처우의 종류이나 내용과 유기적인 관련성을 가지지 않게 되며, ③ 처우분류급에 대하여 대부분의 수형자가 '생활지도를 필요로 하는 자(G급)'로 분류되어 있음에도 불구하고 실제로는 특별처우가 실시되고 있지 않는 등의 다양한 문제점이 지적되었다. 이러한 상황을 고려하여 행형개혁회의의 제언에서는 개개의 수형자에 따른 처우를 실시하는 가운데 충분히 기능할 수 있는 분류와 이에 기초한 수용방식을 근본적으로 검토해야 한다고 제언하였다.

[표 1] 수형자의 분류급별 인원

(2004년 12월 31일 현재)

수용분류급	인원	
총수	64,047	
	남자	여자
A급(범죄경향이 진전되지 아니한 사람)	14,731	1,707
B급(범죄경향이 전전된 사람)	29,262	958
F급(일본인과 다른 처우를 필요로 하는 외국인)	3,105	236
I급(금고에 처해진 사람)	256	16
J급(소년)	50	–
L급(집행형기 8년 이상의 사람)	4,451	209
Y급(26세 미만의 성인)	4,335	206
M급(정신장애인)	487	18
P급(신체상의 질환 또는 장애가 있는 사람)	492	17
Jt급(16세 미만의 소년으로 소년원에서의 교정교육을 필요로 하는 사람)	–	–
미분류	3,215	296
(참고) W급(여자)	3,367	

주 1. 교정통계연보에 의한다.
2. 수용분류급의 란의 ( ) 내는 당해 분류급의 의미이다.

(2004년 12월 31일 현재)

처우분류급	인원	
총수	64,047	(100.0)
V급(직업훈련을 필요로 하는 사람)	1,387	(2.2)
E급(교과교육을 필요로 하는 사람)	363	(0.6)
G급(생활지도를 필요로 하는 사람)	41,918	(65.4)
T급(전문적 치료처우를 필요로 하는 사람)	1,033	(1.6)
S급(특별한 양호적 처우를 필요로 하는 사람)	2,838	(4.4)
R급(치료적 생활훈련을 필요로 하는 사람)	–	
O급(개방적 처우를 적당하다고 인정되는 사람)	819	(1.3)
N급(경리작업 적격자라고 인정되는 사람)	10,073	(15.7)
미분류	5,616	(8.8)

주 1. 법무성 교정국의 자료에 의한다.
2. 처우분류급의 란의 ( ) 내는 당해 분류급의 의미이다.
3. 인원란의 ( ) 내는 구성비이다.

(출처) 2005년 범죄백서, 105쪽, 106쪽.

(3) 현행법에서의 집단편성

형사수용시설법은 교정처우 등의 효과적인 실시를 도모하기 위하여 필요에 따라 수형자를 집단으로 편성하여 이를 실시한다는 취지를 규정하고 있으나(제86조 제1항), 그 집단편성의 구체적인 방법에 대해서는 규정을 두고 있지 않다. 다만, 법개정을 통해 실무에서는 종래의 분류제도에 대신하여 '처우지표'에 따른 집단편성이 실시되었다.[83]

이에 따르면 형 집행개시 시에 처우조사를 실시하여 그 결과에 따라 수형자별로 교정처우의 목표와 기본적인 내용 및 방법이 처우요령으로 정해지고, 또한 처우지표가 지정된다. 처우지표는 (a) 교정처우의 종류 및 내용([표 2] ①), (b) 수형자의 속성([표 2] ②의 부호 D에서 Y), (c) 범죄경향의 진행정도([표 2] ②의 부호 A와 B)라고 하는 3개의 지표로 구성된다. 복수의 지정을 해야 하는 경우에는 중복해서 지정된다. 예를 들면, 일반작업을 실시하고, 폭력단이탈지도를 필요로 하며, 형기 10년 이상의 범죄경향이 진전된 수형자는 V0, R2, LB의 지표를 받게 된다. 형사시설별로 처우지표에 대응하는 처우구분(형사시설에서 실시할 수 있는 교정처우의 종류 및 내용, 그리고 형사시설에서 수용할 수 있는 속성 및 범죄경향의 진도의 구분)이 사전에 지정되어 있기 때문에 수형자는 지정된 처우지표에 따라 대응하는 형사시설에 수용된다. 2016년 말 현재 처우지표의 구분 및 지정 상황은 [표 2]와 같다.

종래의 분류처우제도와 비교하면 처우지표에 따른 분류는 발상을 전환하여 처우요령을 수형자별로 책정하는 것을 전제로 처우조사에 따라, 우선 실시해야 하는 교정처우의 종류와 내용을 정하고 다음으로 속성으로서 성별, 연령, 형기 등을 적용하고, 마지막으로 범죄경향의 진행정도를 살펴보는 것으로 집단편성의 실시순서가 구성되어 있다. 이러한 분류방식에서는 ① 시설의 보안유지 보다도 교정처우를 중시하는 자세를 보이고 있는 점, ② 시설수용을 시설 내에서의 처우내용과 관련지우고 있는 점, ③ 처우의 메뉴를 다양화하는 한편, 처우조사에 기초하여 수형자별로 매우 세세하게 처우내용을 결정하고 있다는 점에서 일정한 개선이 이루어졌다고 할 수 있다. 앞으로는 각 형사시설에서 실시되는 각종 교정처우, 특히 개선지도 내용의 충실 · 다양화를 도모하는 한편, 처우지표의 내용을 부단히 재검토하고 개개의 수형자에게 보다 적합한 집단편성을 실시하는 것이 기대된다.

83 受刑者の集團編成に關する訓令(2004년 5월 23일 矯正訓第3314号法務大臣訓令).

[표 2] 처우지표의 구분 · 부호별 인원

① 교정처우의 종류 및 내용

종류	내용		부호
작업	일반작업		V0
	직업훈련		V1
개선지도	일반개선지도		R0
	특별개선지도	약물의존이탈지도	R1
		폭력단이탈지도	R2
		성범죄재범방지지도	R3
		피해자의 시점을 도입한 교육	R4
		교통안전지도	R5
		취업지원지도	R6
교과지도	보습교과지도		E1
	특별교과지도		E2

② 수형자의 속성 및 범죄경향의 진행정도(2016년 12월 31일 현재)

속성 및 범죄경향의 진행정도	부호	인원
구류수형자	D	–
소년원에의 수용을 필요로 하는 16세 미만의 소년	Jt	–
정신상의 질병 또는 장애를 가지고 있기 때문에 의료를 주로하여 실시하는 형사시설 등에 수용할 필요가 있다고 인정되는 사람	M	257
신체상의 질병 또는 장애를 가지고 있기 때문에 의료를 중점적으로 실시하는 형사시설 등에 수용할 필요가 있다고 인정되는 사람	P	285
여자	W	3,773
일본인과 다른 처우를 필요로 하는 외국인	F	1,257
금고수형자	I	100
소년원에의 수용을 필요로 하지 아니하는 소년	J	11
집행형기가 10년 이상인 사람	L	5,101
가소성을 기대한 교정처우를 중점적으로 실시하는 것이 상당하다고 인정되는 26세 미만의 성인	Y	1,963
범죄경향이 진전되지 않은 사람	A	11,056
범죄경향이 진전된 사람	B	21,866

(출처) 2017년 범죄백서, 54쪽.

2. 제한의 완화와 우대조치

(1) 감옥법하의 누진처우제도

누진처우는 자유형의 집행과정에 몇 가지의 단계와 등급을 설정하고, 이를 바탕으로 수형자의 행형성적에 따라서 최하위에서부터 등급을 올려가면서 그에 대응하여 생활조건에서의 우대조치와 구속의 정도를 완화해 가는 제도이다.

누진처우제도는 18세기 말에 마코노키Alexander Maconochie에 의해 호주에서 창설되었고 그 후 영미국가와 대륙국가의 모두에 도입되었다. 일본에서도 다이쇼大正시대(1912~1926)부터 실시되었고, 1933년 행형누진처우령이 제정된 후에는 이에 근거하여 운영되어 왔다.

누진처우제도가 적용되는 대상자는 형기 6월 이상의 징역수형자로서 작업에 적합한 사람이었다(행형누진처우령 제2조). 징역수형자로 한정되었던 것은 그것이 작업을 전제로 한 제도라는 이유에 따른 것이지만, 현실적으로는 금고수형자에 대해서도 징역수형자에 준하는 처우가 실시되었다. 형기를 6월 이상으로 한 것은 형기가 그보다 짧으면 누진처우를 실시할 수 없기 때문이다.

등급은 4급에서 1급까지 4단계가 마련되어 있고, 수형자는 최초에는 모두 4급이 되고 순차적으로 1급까지 진급할 수 있게 되어 있었지만(제17조), 실제 운용에서 있어서는 2급 단계에서 가석방되는 경우가 많았기 때문에 1급까지 진급하는 사람은 거의 없었다.

진급의 결정에 있어서는 ① 작업성적, ② 소내에서의 생활태도, ③ 책임관념 및 의식의 정도, ④ 학업성적(소년수형자에게만 해당)이 판단의 기준이 되었다(제21조).

등급별로 마련되어 있는 처우의 차이는 주로 ① 거실, ② 검진 및 신체검사의 면제, ③ 자치활동, ④ 자기결정, ⑤ 작업상여금의 사용허가금액, ⑥ 등급별 집회, ⑦ 대여품, ⑧ 자기사용물품의 범위, ⑨ 접견 · 통신의 회수, ⑩ 접견 시 입회 등에 관한 것이었다. 예를 들면 ①에 관해서는 1급과 2급은 야간독거, 3급과 4급은 혼거로 되어 있고(제29조, 제30조), ⑨에 관해서 1급은 수시, 2급은 주 1회 · 1통, 3급은 매월 2회 · 2통, 4급은 매월 1회 · 1통으로 규정되어 있었다(제63조).

누진처우제도는 수형자의 갱생을 향한 스스로의 노력을 촉구하는 한편, 등급의 상승에 따라 서서히 사회생활에 적응시켜 가는 것을 주된 목적으로 하는 것이었다. 노력하면 보상을 받을 수 있다는 것이기 때문에 타율적인 환경 속에서 자율성을 발휘할 수 있는 제도이었고, 그러한 의미에서 누진처우제도는 수형자 주체성의 존중이라고 하는 원칙에 비추어 볼 때 적극적으로 평가할 수 있는 제도였다고 할 수 있다.

다른 한편에서, 이 제도에 대해서는 ① 입소 시 모든 수형자를 최하급의 단계에 위치지우는 것은 처우의 개별화의 이념에 반한다는 점, ② 실제 운용에 있어서는 규율위반의 유무를 중심으로 진급을 결정하기 때문에 제도가 단순히 시설의 질서유지를 위한 수단으로 이용될 우려가 있다는 점, ③ 형기에 따른 일정 기간의 경과를 진급의 중요한 요소로 하기 때문에 진급이 획일적인 운용에 빠져있다는 점, ④ 제도시행 당시에는 1급에 진급하면 신속하게 가석방 절차에 들어가는 것으로 되어 있었지만, 그 후 진급과 가석방간의 사이에 직접적인 연관관계가 없어졌고, 또한 시설 내 생활수준의 전반적인 향상에 따라 등급의 구별이 축소되었기 때문에 상위급에 인정되고 있는 우대의 내용이 개선갱생의 의욕을 향상시킬 정도로 매력적인 것은 아니게 되었다라고 하는 점 등 다양한 비판이 제기되었다. 이러한 문제점을 고려하여 행형개혁회의에서는 누진처우제도를 폐지하고 (1) 수형자에게 있어서 매력이 있는 특전을 포함한 복수의 등급을 설정하고 원칙적으로는 많은 수형자가 표준적인 등급의 처우를 받는 것을 기본으로 하면서, (2) 수형자의 복역태도의 여하에 따라 임시적으로 특전을 더 부여하거나 또는 박탈하거나 함으로써 진정으로 수형자의 개선갱생의 의욕을 환기시키는 것이 가능한 장려제도를 마련해야 한다는 취지의 제언을 하였다. 이것을 받아들여 형사수용시설법에서는 종래의 누진처우제도에 대신하여 제한의 완화와 우대조치라고 하는 2가지의 제도를 마련하였다. 전자가 제언의 (1), 후자가 제언의 (2)에 각각 대응하고 있다.

(2) 제한의 완화

형사수용시설법은 '수형자의 자발성 및 자율성을 함양하기 위하여 형사시설의 규율 및 질서를 유지하기 위한 수형자의 생활 및 행동에 대한 제한은 법무성령으로 정하는 바에 따라 제30조의 목적(개선갱생의 목적. 필자 주)을 달성할 가능성이 높아짐에 따라 순차적으로 완화한다'라고 규정하고 있다(제88조 제1항). 이에 따라 「형사시설 및 피수용자의 처우에 관한 규칙」 등에서 제한완화의 구체적인 방법이 규정되어 있다.

1) 제한구분의 지정 · 변경

수형자의 생활 및 행동에 대한 제한에는 제1종에서 제4종까지 4종류로 구분되어 있고, 제1종이 가장 완환된 구분이다. 형사시설의 장은 형집행개시 시의 지도를 종료한 후 즉시 개선갱생의 목적을 달성할 전망을 재평가하여 그 평가에 따라 수형자에게 제한구분을 지정하고, 그 후 정기적으로 또는 수시로 그 가능성을 재평가하여 제한구분을 변경한다고 규정하고 있다(형사수용칙 제48조). 제한구분의 지정·변경의 기준은 어디까지나 개개의 수형자가 개선갱생의 목적을 달성할 전망이 있기 때문에 모든 수형자가 제4종에서 순차적으로 진급해 가는 것은 아니고 처음부터 상위의 구분으로 지정되는 경우도 있을 수 있다(실제로는 많은 사람은 입소 시 제3종으로 지정되고 있다). 이 점이 종래의 누진처우제도와 크게 다른 점이다. 또한, 누진처우제도하에서는 장기형 수형자에 대해서 장기간에 걸쳐 진급이 되지 않는다고 하는 경직적인 운용이 이루어지고 있었으나 제한완화제도에서는 정기적으로(약 6개월에 1회) 또는 수시로 재평가를 실시함으로써 조기에 제한의 완화를 도모하고 있다.

2) 지정 · 변경의 기준

제한구분의 지정·변경은 개선갱생의 목적을 달성할 전망의 평가에 따라 실시되는데 그 전망은 구체적으로 ① 범죄에 대한 책임의 자각, 회오의 정 및 개선갱생의 의욕의 정도, ② 노동의욕의 정도 및 직업상의 유용한 지식과 기능, ③ 사회생활에 적응하기 위해 필요한 지식 및 생활태도의 습득상황, ④ 수형 중의 생활태도의 상황, ⑤ 심신의 건강상태, ⑥ 사회생활의 기초가 되는 학력의 유무를 종합적으로 평가해서 판단한다고 규정하고 있다.[84] 규율위반의 유무를 중시하였던 누진처우제도에 비해 개선갱생의 정도를 중시한 기준으로 되어 있다고 할 수 있다.

3) 각 구분의 처우의 차이

① 거실지정, ② 교정처우 등을 실시하는 장소, ③ 서신검사, ④ 접견의 입회, ⑤ 외출·외박, ⑥ 외부통근, ⑦ 전화에 대해서 상위의 제한구분에 지정된 사람일수록 완화된 운용이 행해진다. 예를 들면 ①의 거실지정에 대해서는 제1종의 거실은 시정을 하지 않는 등의 개방적 거실을 지정하고, 제2종 및 제3종에 대해서는 일정한 경우에 한정하여 제1종과 동일한 거실을 지정할 수 있다고 규정하고 있다(형사수용칙 제49조 제1항, 제2항). ②의 교정처우 등을 실시하는 장소에 대해서는 제1종과 제2종의 교정처우 등은 주로 거실동 외의 적당한 장소에서 실시하고, 경우에 따라서는 형

---

84 受刑者の生活及び行動の制限の緩和に關する訓令(2006년 5월 23일 矯正訓第3321号法務大臣訓令) 제4조. 또한, 이 훈령의 운영에 대하여 규정하고 있는 통달에 이러한 사항을 평가함에 있어서의 기준이 상세하게 규정되어 있다.

사시설 외에서 실시할 수 있지만, 제3종의 경우는 형사시설 외에서의 처우는 실시할 수 없고 주로 거실동 외의 적당한 장소에서 실시하고, 제4종의 경우는 원칙적으로 거실동 내에서 실시하는 것으로 규정하고 있다(동조 제3항, 제4항). 또한, ⑤의 외출 · 외박에 대해서는 제1종의 제한구분에 지정되어 있는 것이 허가기준의 하나가 되고(동규칙 제65조 제2호), ⑥의 외부통근, ⑦의 전화에 대해서도 제1종 및 제2종의 제한구분에 지정되어 있는 것이 허가기준의 하나로 규정하고 있다(동규칙 제83조 제2호).

4) 운용상황

2017년 4월 10일 현재 형사시설 본소 76개 시설, 형무지소 8개 시설 및 대규모 구치소 4개 시설, 합계 88개 시설에 대한 조사결과에 따르면 시설의 제한구분별 인원은 제1종이 431명(0.9%), 제2종이 7,403명(15.3%), 제3종이 35,834명(74.0%), 제4종이 1,041명(2.2%), 지정없음이 3,704명(7.7%)으로 되어 있다.[85] 제3종이 압도적으로 많은 것으로 나타나고 있다.

(3) 우대조치

우대조치는 수형자의 개선갱생의 의욕을 환기시키기 위해 일정 기간별 수형태도의 평가에 따라 물품의 대여 · 회수 등에 관해 우대조치를 강구하는 것을 말한다(제89조). 기술한 바와 같이 제한의 완화는 많은 수형자가 원칙적으로 받게 되는 표준적인 제한등계급을 유형적으로 완화해 가는 것임에 비해, 우대조치는 비교적 단기간의 수형태도에 따라서 임시적으로 특전을 줌으로써 수형자의 개선의욕을 더욱 촉진하고자 하는 것이다.

우대조치의 기본적인 구조에 대해서 살펴보면 6개월마다 수형자의 수형태도가 평가되고 그 평가에 따라 제1종에서 제5종의 우대구분이 지정 또는 변경된다(제1류가 최상위). 수형태도의 평가는 일상생활의 태도, 상벌의 상황, 작업에의 임하는 태도, 각종 지도에 임하는 태도, 자격의 취득상황을 종합적으로 고려해서 실시된다(형사수용칙 제53조).

우대 내용은 실내장식품 등의 물품의 대여 · 지급, 식료품과 기호품 등 자변물품의 섭취의 허가, 접견의 시간과 횟수, 발신의 통수 등에 관한 것으로 우대구분별로 차이가 있다(동규칙 제54조). 예를 들면 제1류 수형자에 대해서는 실내장식품, 그

---

85 2017년 범죄백서, 55쪽.

밖의 일상생활에 사용되는 물품의 대여 또는 1월에 1회 이상 기호품의 지급, 식료품 및 음료에 대해서 1월에 1회 이상 자변 물건의 섭취 허가, 다른 우대구분에 지정되어 있는 사람의 접견시간의 약 2배의 접견시간 배정, 1월에 7회 이상의 접견가능횟수, 1월에 10통 이상의 발신가능통수를 우대조치하고 있다. 다른 한편, 제3류에 대해서는 시설 내 장식품 및 샌들에 대해서 자변물건의 사용 허가, 기호품에 대해서는 1월에 1회 이상 자변물건의 섭취 허가, 1월에 3회 이상의 접견횟수, 1월에 5통 이상의 발신통수를 우대조치하고 있다.

운용상황에 대해서 살펴보면 2017년 4월 10일 현재, 전술한 88개 시설에 대한 조사결과에 따르면 우대구분 인원은 제1류가 766명(1.6%), 제2류가 7,742명(16.0%), 제3류가 20,297명(41.9%), 제4류가 4,444명(9.2%), 제5류가 4,753명(9.8%), 지정없음이 10,411명(21.5%)으로 되어 있다.[86]

제한완화제도와 우대조치제도는 누진처우제도에 비해 일보 전진한 것이라고 할 수 있지만 그 운용에 대해서 살펴보면 제한완화의 제3종과 우대조치의 제3류가 압도적으로 많은 것으로 나타나고 있다. 수형자가 상위를 목표로 노력하고자 하는 의욕을 강화하기 위해서는 상위 구분의 비율을 더욱 높여갈 필요가 있을 것이다.

V 개방적 처우

개방적 처우는 물적설비와 인적설비에서의 구금의 정도를 완화한 상태에서 수형자의 자율심 및 책임감에 대한 신뢰를 기초로 하여 실시하는 처우의 형태를 말한다. 일반적으로는 개방적인 시설에서 실시하는 처우를 의미하지만, 직원의 동행 없이 형사시설 밖에서 실시되는 처우 형태도 넓은 의미에서의 개방적 처우의 일종으로 파악할 수 있을 것이다.

1. 개방적 시설

형사시설수용법은 수형자의 자발성 및 자율성을 함양하기 위해 수형자의 생활

86 2017년 범죄백서, 55쪽.

및 행동에 대한 제한을 개선갱생의 목적을 달성할 전망이 높아짐에 따라 순차적으로 완화해야 한다고 하는 한편(제88조 제1항), 그 전망이 특히 높다고 인정되는 수형자의 처우는 개방적 시설에서 실시할 수 있다고 규정하고 있다(동조 제2항).

여기서 말하는 '개방적 시설'이란 수용을 확보하기 위해 통상적으로 필요로 하는 설비 또는 조치의 일부를 마련하지 않거나 또는 전혀 강구하지 않는 형사시설의 전부 또는 일부를 말한다. 따라서 전구역에 걸쳐 이러한 설비 등을 완화한 형사시설 외에 부분적으로 설비 등을 완환한 영역(형사시설의 일부)도 개방적 시설에 해당한다. 예를 들면 외벽을 낮은 펜스로 한 시설, 거실에 시정설비를 설치하지 않는 시설, 일정한 범위의 이동이나 행동의 자유가 인정되는 시설이 이에 해당한다. 또한, 소위 구외작업을 실시하는 시설(구외작업장)도 통상적으로는 수용확보를 위한 설비 등이 완화되어 있어 그러한 경우에는 개방적 시설에 해당한다.

개방적 시설에서의 처우는, 역사적으로는 1950년대부터 교통사범의 증대를 배경으로 한 교통사범 수형자에 대한 집금集禁처우가 하나의 모델이 되었고, 그 후 다른 일반 수형자에 대해서도 확대적용되었다. 다만, 감옥법하에서는 이것을 직접 인정하는 근거규정이 없었기 때문에 형사수용시설법에서는 명문으로 이것을 인정하였다.

이러한 의미에서의 개방적 처우의 형사정책적 의의는 무엇보다도 수형자의 자발성 및 자율성을 함양하는 점에 있다. 시설 내 처우에 대해서는 사회로부터 격리된 시설에서 자유로운 사회에서 살아가는 능력을 몸에 익히도록 하는 것은 일종의 모순이라고 하는 비판이 있지만, 개방적 처우는 이러한 비판에 대응하는 제도의 하나라고 할 수 있다. 즉, 상기의 비판에의 대응책으로 한편으로는 사회 내 처우, 다른 한편으로는 폐쇄적 시설에서의 행형의 사회화(접견 · 통신 등의 외부교통의 확대 등)가 있지만 개방적 시설에서의 처우는 그 중간에 위치하는 것이다.

이 외에 처우의 개별화, 폐쇄적 구금환경이 가져오는 고통의 완화 등의 처우의 인도화라고 하는 점도 개방적 시설에서의 처우의 형사정책상의 의의로 들 수 있다.

현재 개방적 시설로 지정되어 있는 것은 아바시리網走교도소의 후타미가오까二見ケ岡농장(구외작업장), 이치하라市原교도소, 히로시마広島교도소의 아리이有井작업장(구외작업장), 마쯔야마松山교도소의 오오이大井조선작업장(구외작업장)이 있다.

개방적 시설에서 처우를 받는 대상자는 제한완화에 따라 제1종의 제한구분에 지정된 수형자로 한정되어 있다(형사수용칙 제50조). 그에 더하여 ① 석방 후의 보호

상황이 양호할 것, ② 고령, 그 밖의 이유에 의해 취업이 곤란하지 않을 것, ③ 양호한 생활태도가 계속되고, 또한 계속할 전망이 있을 것, ④ 과거에 도주나 자살을 기도한 적이 없을 것, ⑤ 시설 인근의 거주력이나 지역력 등을 고려하여 당해 시설에서 개방적 처우를 실시함에 있어서 특별히 지장이 없을 것이라고 하는 조건을 충족할 필요가 있다.[87]

전술한 바와 같이 2017년 4월 10일 현재 제1종 제한구분에 지정된 수형자는 431명(0.9%)에 불과하여 개방적 시설에서의 처우대상자는 매우 한정되어 있다고 할 수 있다.

2. 형사시설 외에서의 처우

수형자의 자율심 및 책임감에 대한 신뢰를 기초로 한 처우에는 개방적 처우시설에서의 처우 외에도 외부통근작업제도와 외출 · 외박제도가 있다.

(1) 외부통근작업제도

이것은 수형자를 형사시설 직원의 동행 없이 형사시설 밖의 사업소(외부사업소)에 통근시켜서 작업을 실시하는 제도이다.

감옥법하에서도 수형자를 민간사업소에 통근시켜 작업을 하는 것이 일부 형사시설에서 실시되어 왔지만(통근작업), 그때에는 반드시 형사시설의 직원이 같이 동행하게 되어 있었다. 이에 비해 형사수용시설법에서는 직원의 동행 없는 외부통근작업제도를 새롭게 신설하였다.

외부통근작업이 인정되는 요건은 ① 가석방이 인정되는 기간이 경과하였을 것, ② 개방적 시설에서의 처우를 받고 있을 것, ③ 원활한 사회복귀를 위해 필요가 있을 것이라고 규정하고 있다(제96조 제1항). 2016년 말 현재 외부통근작업을 실시하고 있는 수형자는 10개 시설 21명이다.

외부통근작업을 하는 수형자는 매일 정해진 시각에 형사시설로 귀소하여야 하고, 귀소하지 않을 경우에는 1년 이하의 징역에 처한다고 규정하고 있다(제293조 제2항 제1호).

87 「受刑者の生活及び行動の制限の緩和に關する訓令」 제9조 제2항.

(2) 외출 · 외박

수형자가 직원의 동행 없이 외출하거나 또는 7일 이내의 기간을 정하여 외박을 인정하는 제도이다. 이 제도도 형사수용시설법에서 신설된 제도이다. 그 취지는 가족 · 지인이나 취업회사 등과의 관계를 유지시킴으로써 석방 후의 안정된 생활환경을 확보하는 한편, 자율심이나 책임감을 함양하여 스스로의 행동을 자주적으로 조절하는 능력을 몸에 익히도록 하는 것에 있다.

외출 · 외박이 인정되는 요건은 ① 가석방이 인정되는 기간이 경과할 것, ② 개방적 시설에서의 처우를 받고 있을 것, ③ 원활한 사회복귀를 도모하기 위하여 형사시설의 밖에서 수형자가 석방 후의 주거 또는 취업지의 확보 등 일신상의 중요한 용무의 수행, 갱생보호 관계자에의 방문, 그 밖에 사회생활에 유용한 체험을 할 필요가 있을 것이다. 다만, 외박에 대해서는 이에 더하여 6월 이상의 형집행이 필요하다고 규정하고 있다(제106조 제1항). 형사수용시설법 시행 후부터 2017년 5월 말까지의 실적은 외출이 190건, 외박이 22건이고, 할로워크에의 취업상담과 귀주예정지의 갱생보호시설을 방문하기 위하여 외출한 사례, 기업의 채용면접에 참가하기 위해 외박을 실시한 사례 등이 있다.

외출 또는 외박의 기간이 지나서도 형사시설에 귀소하지 않는 경우에는 1년 이하의 징역에 처한다고 규정하고 있다(제293조 제2항 제2호).

또한, 외부통근작업 및 외출 · 외박의 운용확대를 도모하기 위하여 2011년부터는 형사시설의 장이 외부통근작업 및 외출 · 외박의 조건으로 대상이 되는 수형자에게 GPS기기를 휴대 또는 장착할 수 있게 되었다(형사수용칙 제57조의2, 제65조의2).

3. 개방적 처우의 과제

수형자의 자율성 함양의 관점에서 보아도, 또한 사회환경에 가능한 한 빨리 적응시켜 조기의 석방을 가능하게 하는 관점에서 보더라도 개방적 처우는 매우 중요한 의미를 가지는 것으로 형사수용시설법이 외부통근작업과 외출 · 외박 등을 인정한 의의는 높게 평가해야 한다. 그러나 현재까지의 운용을 살펴보면 이러한 제도의 대상자 선별이 매우 신중하게 행해진 점도 있고, 제도의 취지를 충분히 반영하고 있다고는 말하기 어려운 상황이다. 그 배후에는 수형자의 도주 등에 대한 우려가 있다는 것은 틀림없을 것이다. 확실히 예를 들면 수형자의 외출을 하가하였는데,

도주하여 사건을 일으켰다고 한다면 사회의 거센 비판에 직면하게 될 것이고, 그러한 분위기에서는 제도가 잘 기능하지 않다는 것은 분명하다.

그러나 다른 한편으로 이와 같은 시책을 확대해 간다면 어느 정도의 실패 사례가 나오는 것은 불가피하고, 반대로 너무 신중하게 시행한다면 제도가 발전하지 않는다. 이러한 의미에서 제도의 발전에는 어느 정도의 위험이 수반된다는 것을 사회가 받아들일 수 있는지가 개방적 처우제도의 발전 여부의 열쇠가 된다고 할 수 있다. 일본과 유럽 또는 미국과의 사이에는 개방적 처우에 대한 매스미디어나 국민의식의 간격이 크다는 지적도 제기되고있고,[88] 그렇다고 한다면 이상민을 추구하더라도 문제는 해결되지 않는다. 게다가 신중하게 일을 진행하면서도 제도의 의의와 정확한 사실을 사회에 알리는 등 국민의 이해를 얻기 위한 치밀한 노력을 해가는 것이 중요할 것이다.

Ⅵ 교정처우의 종류와 내용

시설 내 처우의 중심적인 내용은 당연히 교정처우를 실시하는 것이다. 형사수용시설법은 교정처우의 내용으로서 ① 작업, ② 개선지도, ③ 교과지도의 3가지 종류를 규정하고 있다(제84조 제1항).

1. 작업

(1) 작업의 법적 성격

'작업'은 형사시설에서 수형자에게 실시하는 노무를 말한다. 작업에는 징역수형자가 실시하는 작업과 금고수형자 및 구류수형자가 실시하는 작업의 2종류가 있고, 그 법적 성격도 다르다.

징역수형자의 경우는 형법상 "징역은 형사시설에 구치하여 소정의 작업을 실시한다"고 규정되어 있기 때문에(형 제12조 제2항) 작업은 징역형의 내용으로 되어 있고 수형자에게 있어서 의무적인 것이다. 다른 한편 금고수형자와 구류수형자의

88 森本益之ほか, 刑事政策講義[第3版], 有斐閣, 2003, 135쪽.

경우는 형법상 이와 같은 규정이 없기 때문에 작업이 형의 내용으로서 의무인 것은 아니다. 다만, 금고수형자 또는 구류수형자가 희망하는 경우에는 형사시설의 장이 작업을 인정할 수 있다(제93조. 종래에는 '청원작업'으로 불리었다). 실제로 예년 금고수형자의 80%에서 90%가 작업에 종사하고 있다.

이와 같이 의무의 유무라고 하는 점에서 차이가 있지만 형사수용시설법에서는 징역수형자의 작업과 금고수형자 등의 작업은 모두 교정처우의 내용으로서 의무적으로 실시하도록 규정하고 있기 때문에(제84조 제1항), 수형자의 개선갱생을 도모하기 위한 수단이라고 하는 점에서는 차이가 없다. 따라서 징역수형자에게 있어 작업은 형벌의 내용이라고 하는 측면과 교정처우의 내용이라고 하는 측면을 동시에 가지고 있다.

(2) 작업의 형사정책적 의의

작업은 ① 규칙적인 근로생활을 유지시켜 규율이 있는 생활태도의 습득, ② 공동작업을 통해 바람직한 사회공동생활에의 순응성 함양, ③ 근로의욕의 양성, ④ 직업적인 기술 및 지식의 부여, ⑤ 주어진 작업목표의 달성을 통하여 인내력 내지 집중력의 양성이라고 하는 기능이 있기 때문에, 개선갱생 의욕의 환기 및 사회생활에의 적응능력의 양성이라고 하는 교정처우의 목적에 기여하는 것으로 인식되어 왔다. 감옥법하에서는 과도하게 작업 중심의 처우를 실시해 왔다는 점에서 문제가 있었다고 할 수 있지만, 작업이 수형자의 개선갱생을 도모하기 위한 중요한 수단이라는 것은 분명해 보인다. 형사수용시설법에서도 이와 같은 관점에서 작업을 교정처우의 하나로 평가하고 있다.

그 밖에도 작업은 범죄에 대한 징벌적인 의미를 가진다고 하는 견해도 있다. 징역형의 경우 작업이 형벌의 내용으로 되어있기 때문에 그것이 범죄행위에 대한 제재라고 하는 측면을 가진다는 점은 분명하다. 그러나 이것은 반드시 작업을 징벌적인 목적으로 실시해야 한다는 것을 의미하는 것은 아니다. 작업은 형벌의 내용인 동시에 개선갱생을 위한 수단으로 평가되기 때문에 그것은 어디까지나 개선갱생에 기여하는 형태로 운용되어야 한다. 작업이 사실상 고통을 수반한다고 하는 점과 그 목적을 어떻게 생각할 것인지라고 하는 점은 별개의 문제이다.

또한, 수형자에게 일정한 작업을 실시함으로써 시설의 규율질서를 유지하는 것을 작업의 의의로 보는 견해도 있다. 인간은 아무것도 하지 않고 매일을 보내는 존재가 아니고, 그러한 상태에서는 스트레스나 불만이 쌓여 규율을 유지하기 어렵게 되기 때문에 교도작업이 사실상 시설의 질서유지를 용이하게 하는 기능을 가지고 있는 것은 분명하지만 그것을 작업의 목적으로까지 생각하는 것은 타당하지 않다고 생각한다.

또한, 작업에는 교도소 내의 자급자족에 기여하는 기능이 있다고 하여, 시설의 영리수선, 취사, 식료품이나 피복 등의 제조에 의해 행형에 대한 국가의 지출을 보전한다고 하는 견해도 있다. 이 점에 관해서도 그러한 측면이 있다는 것은 분명하지만 그것은 어디까지나 개선갱생을 목적으로 하는 작업에 부수하는 간접적인 효과이고 자급자족을 자기목적화하는 것은 타당하지 않다고 생각한다.

(3) 작업의 종류

작업에는 ① 생산작업, ② 자영작업, ③ 직업훈련, ④ 사회공헌작업의 4종류가 있다. 실무에서는 ①과 ②를 합쳐서 '일반작업'이라고 부르고 있다.

①의 생산작업은 시장성이 있는 상품을 제조하는 작업과 노무를 제공하는 작업으로, 업종으로는 목공, 인쇄, 양재洋裁, 금속 등의 물품제작 작업과 노무제공 작업이 있다.

②의 자영작업은 형사시설의 유지와 관련된 작업으로 취사, 세탁, 개호介護, 이발, 지도보조 등의 경리작업과 시설의 건물 수리 등의 영선작업으로 구분된다.

③의 직업훈련은 수형자에게 직업에 관한 면허나 자격의 취득과 직업에 필요한 지식 및 기능의 취득을 목적으로 실시하는 훈련이다(제9조 제2항). 일반작업도 가능한 한 직업상 유용한 지식 및 기능의 습득을 목적으로 하지만(동조 제1항), 직업훈련의 경우는 그것이 주목적이고 팔기 위한 제품을 만드는 것은 아니다. 수형자 출소 후의 취업을 확보함에 있어서 직업훈련이 가지는 의의는 크다. 이에 따라 2006년부터는 시설 내에서의 취업지원책의 일환으로 '고용상황에 따른 직업훈련'을 실시하게 되어 기존의 직업훈련의 내용을 재수정하는 한편 새로운 훈련종목의 확대가 도모되었다. 2016년도에는 지게차 운전과, 용접과, 자동차 정비과, 정보처리기술과, 개호복지과, 비즈니스 기능과 등 25개 종목이 실시되어 13,789명이 수료하였고, 7,993명이 국가자격 또는 면허를 취득하였다. 그중에서도 직업훈련 등의 실시를 민간사업자에게 위탁하고 있는 PFI시설과 공공서비스개혁법의 대상시설에서 직업훈련이 적극적으로 실시되고 있고, 2016년도에는 직업훈련 수강인원의 약

70%가 이러한 시설에서 직업훈련을 받고 있다.[89]

④의 사회공헌작업은 2011년 6월부터 도입된 것으로 공원 등의 제초작업과 통학로 등의 제설작업 등 임금을 수반하지 않는 자원봉사적인 노무제공작업으로 사회에 공헌하고 있는 것을 실감함으로써 개선갱생 및 사회복귀에 기여하는 것으로 인정되고 있는 작업이다. 2016년도에는 16개 시설에서 296명의 수형자가 사회공헌작업에 종사하였다.

작업의 업종이나 직업훈련의 종목은 필요에 따라 수형자의 희망을 참작하고, 그 적성을 고려하여 지정된다.[90]

(4) 작업시간

감옥법하에서는 작업이 징역형의 본질적 요소이라고 하는 이해에서 작업 중심의 처우가 실시되어 왔다. 즉, 1일 8시간, 1주당 40시간의 작업시간을 우선 확보하고 그 나머지 시간에 운동이나 교육적인 처우를 위한 시간대를 할당하는 운용이 실시되어 왔다.[91] 그러나 작업이 개선갱생을 위한 유효한 수단이라고 하더라도 그것은 어디까지나 수단의 하나에 지나지 아니하고, 수형자에 따라서는 작업보다도 치료적 처우나 교과교육을 실시하는 쪽이 개선갱생을 위하여 보다 효과가 있는 경우도 당연히 생각할 수 있다. 또한, 형법 해석에 있어서도 "소정의 작업을 실시한다"(형 제12조 제2항)라고 하는 문언을 징역수형자에게 반드시 작업을 실시한다고 하는 취지로 해석할 필연성도 없을 것이다. 이러한 이유에서 행형개혁회의에서도 "일률적으로 1일 8시간의 교도작업시간을 확보하려고 하는 처우의 방식을 근본적으로 재검토할 필요가 있고, 현행 형법의 체계하에서 교도작업의 유용성을 충분히 배려하면서 개개의 필요에 따라서 작업시간을 단축하는 등 보다 유연한 교도작업의 방식을 검토해야 한다"라고 제언하였다.

이러한 지적을 반영하여 형사수용시설법에서는 개선지도와 교과지도 내용의 강화를 도모하는 한편, 작업시간에 대해서도 형사시설의 장이 법무성령으로 정하는 기준에 따라 1일의 작업시간 및 작업을 실시하지 않는 날을 정하는 것이 가능하도록 하였다(제95조 제1항). 이에 따라 현재의 운용에서는, 작업시간은 개선지도와

89 法務省矯正局, 矯正の現状, 曹時 69권 11호, 2017, 404쪽.

90 林ほか, 앞의 책76), 456쪽.

91 「在監者の作業時間を定する訓令」(1986년 矯作訓第534号法務大臣訓令)

교과지도를 실시하는 시간과 합산하여 1일 8시간을 넘지 않는 범위 내로 하고(형사수용칙 제47조 제1항), 또한 토요일, 일요일, 공휴일, 연말연시, 하기휴일(3일간), 친족이 사망한 때에 복상하는 것을 희망하는 날 및 작업 이외의 교정처우를 실시하는 날을 원칙적으로 작업을 실시하지 않는 날로 규정하고 있다(동규칙 제46조).

교정처우의 효과적인 실시라고 하는 관점에서는 수형자에 따라 처우시간의 전부 또는 대부분을 작업 이외의 교정처우에 할당하는 것이 개선갱생과 사회복귀를 위해 유효한 경우도 생각할 수 있지만, 작업을 징역형의 내용으로 하는 현행 형법하에서는 이것을 실현하는 것은 곤란하다. 따라서 형법의 재검토를 포함한 검토가 필요할 것이다(제2편 제1장 제3절 Ⅱ 1 참조).

(5) 작업장려금

작업의 실시에 의한 수입은 모두 국고에 귀속한다(제97조). 2016년의 작업에 의한 수입액은 약 40억 엔에 이르고 있다.

한편, 작업에 종사한 수형자에 대해서는 작업장려금이 지급된다(제98조 제1항). 감옥법하에서는 '작업상여금'이라고 하는 용어가 사용되었지만, 현행법에서는 '작업장려금'으로 개정되었다. 작업장려금은 작업에 대한 임금이 아니라 근로의욕의 촉진을 도모하기 위한 장려금과 석방 후의 갱생에 도움에 되도록 하는 갱생자금으로서의 성격을 가진다. 통상적으로는 석방시에 일시불로 지급되지만 사용 목적이 가족에의 송금이나 피해자에의 변상 등 상당한 경우에는 수용시에도 사용이 인정된다(동조 제4항).

작업장려금의 지급액은 2016년에는 1인 1개월당 평균 4,320엔이었다. 매년 조금씩 증액되고 있지만 총액으로는 매우 적은 금액이라고 하지 않을 수 없다. 이 정도의 금액으로 근로의욕의 촉진을 도모하고, 석방후의 갱생을 위하여 도움이 된다고 할 수 있을지는 의문이다. 따라서 금액인상의 필요성에 대해서는 대부분 의견이 일치하고 있다고 해도 좋을 것이다.

또한, 학설에서는 금액의 인상뿐만 아니라 원래 수형자에게는 작업의 대가로서 국가에 대하여 임금의 지불을 청구할 권리가 있다고 하는 소위 '임금제'를 주장하는 견해도 있다.[92] 이 견해는 작업은 교정처우를 위한 수단이 아니라 일반사회에

92 吉岡一男, "自由刑(5) – 刑務作業と賃金", 宮澤浩一ほか編, 刑事政策講座 第2巻 – 刑罰, 成文堂, 1972, 143쪽 이하.

서의 노동과 같은 자유노동이라고 하는 이해를 전제로 하고 있다. 그 배경에는 국가의 처우권을 부정하는 생각이 자리잡고 있다. 또한, 이와 같은 견해를 취하지 않더라도 실제적인 고려로서 수형자의 노동을 정당하게 평가하고 그에 대한 임금을 지불하는 형태로 하는 것이 만약 금액은 동일하다고 하더라도, 근로의욕을 높여 사회복귀에 도움이 된다고 하는 견해도 있을 수 있다.

그러나 국가의 처우권을 부정하고 작업을 교정처우와 단절한다고 하는 입장을 전제로 하는 견해가 타당하지 않다는 것은 전술한 바와 같다. 또한, 임금제를 채용한다고 하면 일반적인 임금지급의 원칙에 따라 수형자는 노동에 의해 교도작업의 수익에 기여한 정도에 따른 보수를 받게 되지만, 그렇게 되면 직업훈련과 같이 본래 수익을 목적으로 하지 않는 처우를 받고 있는 사람이나 생산성이 낮은 노동밖에 할 수 없는 사람에게는 보수를 지급하지 않는다고 하는 귀결로 이어질 수 있다. 그러나 형사정책적으로는 그러한 결론은 바람직하지 않다고 할 것이다. 만약 수익에는 기여하지 않았다고 하더라도 본인이 노력한 경우에는, 근로의욕을 고취시킨다고 하는 관점에서는 보수를 지불하는 편이 좋기 때문이다. 작업을 교정처우의 하나로 평가하는 이상 기업 원리에 근거한 임금제를 채용하는 것은 곤란하다고 할 것이다.[93]

형사수용시설법도 이와 같은 입장에서 임금제를 채용하고 있지 않다. 다만, 작업장려금을 감옥법하의 작업상여금과 비교하면 여기에는 일정한 수정이 가해져 있다. 즉, 감옥법에서는 작업상여금은 감옥의 장의 재량에 따라 지급되는 것으로 하고, 금액의 산출에 있어서는 작업성적 외에 수형자의 일반적인 행상도 참작하는 것으로 규정하고 있었다(제27조). 즉, 작업상여금은 근로의욕의 촉진이라고 하는 목적뿐만 아니라 규율준수 등의 양호한 행상에 대하여 은혜적으로 지급되는 것이라고 하는 측면도 있었다. 이에 비해 형사수용시설법에서는 작업장려금을 반드시 지급하여야 한다고 하여 권리성을 인정하는 한편, 금액의 산출에 있어서는 수형자의 일반적인 행상은 고려하지 않고 작업의 성적, 그 밖에 취업에 관한 사항만을 고려하는 것으로 하였다(제98조 제1항~제3항). 이것은 작업에 대한 보수적인 성격을 강화함으로써(명칭이 '장려금'으로 개정된 것도 그러한 이유 때문이다) 수형자의 근로의욕을 고취시켜 사회복귀에 도움이 되도록 하는 작업장려금의 성격을 보다 명확하게 하는 취

93 林ほか, 앞의 책76), 483쪽.

지일 것이다. 다만, 작업은 일반사회의 자유로운 노동과는 본질적으로 다르기 때문에 그것에 대하여 지불되는 작업보장금도 순수하게 노동의 대가로서 지급되는 임금과는 결국 성격이 다른 것이다.

(6) 작업의 현황과 과제

작업의 운영에 대해서는 여러 가지 문제가 있지만 그중에서도 작업을 어떻게 확보할 것인지가 중요한 문제이다. 현재의 작업은 ① 생산에 사용되는 원재료의 전부 또는 일부를 국가가 조달하여 실시하는 '제작작업', ② 계약의 상대방으로부터 원재료의 전부를 제공받고 수형자의 노동력만을 제공하는 '제공작업', ③ 생산에 사용되는 원재료의 전부 또는 일부가 재단법인 교정협회 교도작업협력사업부에서 제공되는 '사업부 작업'의 3가지로 구분되어 있다.

그중 ②의 제공작업은 외부의 기업이 계약의 상대방이 되기 때문에 기업의 이해와 협력이 불가결하다. 또한, 계약의 상대방에는 중소기업이 많기 때문에 경기변동의 영향을 받기 쉽고 불황이 되면 수주가 감소하여 처우 자체가 정체상태에 빠지게 될 우려가 있다. 이에 비하여 ①의 제작작업은 작업의 확보라고 하는 문제는 발생하지 않지만, 예약주문과 같은 경우를 제외하고 제작된 제품을 어떻게 판매 · 처리할 것인지라고 하는 문제에 봉착한다.

이와 같은 문제점에 대처하기 위해 1983년에 창설된 것이 재단법인 교정협회 교도작업협력사업부Correctional Association Prison Industry Cooperation이다(두 문자를 따서 CAPIC캐픽이라고 부른다). 이것은 교정협회의 내부에 설치된 조직으로 원재료의 공급과 제품의 판매를 담당하고 있다. 따라서 캐픽은 형식상으로는 제공작업과 같이 형사시설의 계약상대방이지만, 설립에 있어서는 그때까지 제작작업을 위해 국가가 지불하고 있었던 원재료비의 대부분을 없애고 교정협회에 보조금이 지급되는 형태로 되어 있어 실질적으로는 종래의 제작작업을 대신하는 것이다. 다만, 캐픽에 의한 작업은 재단법인에 의한 영리사업이고 따라서 그것은 작업운영에 기업적 요소가 도입되어 활성화를 도모한 것이라고 할 수 있다. 게다가 이 방식에 의하면 일반의 민간기업과 같이 불황 때문이라고 하여 간단하게 계약을 해약하는 경우도 없기 때문에 작업의 안정적인 운영에 도움이 된다고 하는 점도 있다. 사업부 작업에 의한 제품은 캐픽이라고 하는 브랜드명으로 일반소비자에게도 판매되고 있다.

그러나 이러한 개혁에 의한 노력에도 불구하고 작업의 확보는 여전히 심각한 상황에 있다. 또한, 작업의 내용이라 하여도 그 정도의 기술력을 필요로 하지 아니하는 단순작업이 증가하고 있다. 그것을 반영하여 1일 평균취업인원이 약 50,300명으로 거의 같았던 2001년도와 2015년도를 비교하면 작업에 의한 수입액은 약 91억7천만 엔에서 약 40억3천만 엔으로 대폭 감소하였다. 교정처우에 있어서 운동시간의 확보나 각종 지도의 충실에 따라서 작업시간이 단축된 것도 한 원인일 것이지만, 최대의 원인은 수익력이 높은 작업을 확보하기 어렵게 된 것에 있다고 생각된다.[94]

형사수용시설법에서는 작업은 가능한 한 수형자의 근로의욕을 높이고 작업상 유용한 지식 및 기술을 습득시키도록 실시해야 한다는 취지를 규정하고 있기 때문에(제94조 제1항), 작업의 확보에는 그 양을 확보하는 것만으로는 충분하지 아니하고 수형자의 사회복귀에 도움이 되는 것같은 질의 작업을 확보하는 것이 필요하다. 일반사회에서의 작업구조가 변화하는 가운데 종래와 같은 제조업 중심의 교도작업의 구조 그 자체를 근본에서 재검토할 필요가 있다고 하는 지적도 있다.[95] 작업의 양과 질을 어떻게 확보하는가는 법개정에도 불구하고 여전히 커다란 전진이 보이지 아니하는 곤란한 과제로 되어있다.

2. 개선지도

(1) 의의와 종류

개선지도란 수형자에 대하여 범죄의 책임을 자각시키고, 건강한 심신의 배양과 사회생활에 적응하는 데에 필요한 지식 및 생활태도를 습득시키기 위해 실시하는 지도를 말한다(제103조 제1항).

이 개선지도는 모든 수형자에 대하여 일반적으로 실시하는 것이지만 약물의존이 있는 경우, 폭력단원인 경우 등의 사정에 의해 개선갱생 및 원활한 사회복귀에 지장이 있다고 인정되는 수형자에 대해서는 그 사정의 개선에 도움이 되도록 특별히 배려한 지도의 실시가 요구되고 있다(동조 제2항). 실무상 이러한 특정 수형자의 문제에 특별히 배려한 개선지도를 '특별개선지도'라고 부르고, 그 이외의 개선지도

94 大橋哲, "刑務作業の現状と課題" 法時 80권 9호, 2008, 22쪽 이하.

95 太田達也, "刑務作業の危機!? 刑務作業と矯正處遇", 刑政 119권 5호, 2008, 72쪽 이하.

(일반개선지도)와 구별하고 있다.

일반개선지도는 강의, 체육, 행사, 면접, 상담 등의 방법에 의해 ① 피해자의 감정을 이해시키고 죄의식을 자각시키고, ② 규칙적인 생활습관 · 건전한 사고방식을 부여하고 심신의 건강증진을 도모하며, ③ 생활설계와 사회복귀에의 마음가짐을 가지게 하고 사회적응에 필요한 기술의 습득을 목적으로 하여 실시된다.

이에 비해 특별개선지도는 일반적으로 그룹워크 방법을 채용하고 소수의 집단으로 편성하여 체계적이고 전문적인 프로그램에 기초하여 실시된다.

감옥법하에서도 처우의 하나로 '생활지도'가 실시되었지만 대부분의 수형자가 '생활지도를 필요로 하는 사람(G급)'으로 분류되었음에도 불구하고 실제로는 특별한 처우는 실시되지 아니하였고 '분류는 있고 처우는 없음'이라고 하는 상황이었다. 또한, 수형자의 작업시간을 일률적으로 확보하려고 한 나머지 작업 이외의 처우내용이 불충분하다고 하는 비판이 제기되어 왔다. 이러한 비판을 받아들여 형사수용시설법에서는 작업시간의 단축을 가능하게 하는 한편, 개선지도와 교과지도의 내용을 강화하고 있다. 일반개선지도 외에 특별개선지도를 규정한 것도 그러한 예의 하나이다.

(2) 특별개선지도의 실시상황

현재 특별개선지도로서 체계적으로 실시되는 처우프로그램에는 아래의 6종류가 있다.[96]

1) 약물의존이탈지도

마약, 각성제, 그 밖의 약물에 대한 의존이 있는 사람을 대상으로 하여 약물의 해악과 의존성을 인식시키고, 또한 약물의존에 이른 자기의 문제성을 이해시켜 다시 약물을 남용하지 않기 위한 구체적인 방법을 생각하도록 하는 것을 내용으로 하는 프로그램이다. 많은 형사시설에서는 민간의 자조단체(예를 들면 약물의존증 회복시설인 다르크)와 약물단속관, 의사 등의 협력을 얻어서 실시하고 있다.

2) 폭력단이탈지도

폭력단원인 사람을 대상으로 폭력단의 반사회성을 인식시키고, 또한 폭력단원

96 「受刑者の各種指導に關する訓令」(2006년 5월 23일 矯成訓第3348号法務大臣訓令)

이 된 자기의 문제성을 이해시켜 소속된 폭력단과 절연하는 의지를 공고히 하도록 하는 것을 내용으로 하는 프로그램이다.

3) 성범죄재범방지지도

성범죄의 원인이 되는 인지의 편향, 자기통제력의 부족 등이 있는 사람을 대상으로 심리학상의 인지행동요법에 따라 성범죄로 이어지는 인지의 편향, 자기통제력의 부족 등 자기의 문제성을 인식시키고 개선을 도모하는 한편, 재범하지 않기 위한 구체적인 방법을 습득시키는 것을 내용으로 하는 프로그램이다. 대상자를 선별하기 위한 평가를 엄밀하게 실시하는 한편, 대상자의 문제성의 정도에 따라 프로그램을 고밀도, 중밀도, 저밀도의 3단계로 구분하여 실시하고 있다. 특별개선지도 프로그램 중에서도 가장 체계적이고 과학적으로 진행되고 있는 프로그램이다.

4) 피해자의 시점視點을 도입한 교육

피해자의 생명을 빼앗거나 또는 신체에 중대한 피해를 가져온 범죄를 저질러, 피해자와 유족 등에 대한 사죄나 배상 등에 대하여 특별히 생각하도록 할 필요가 있는 사람을 대상으로 스스로가 저지른 죄의 무게와 피해자 및 유족의 심정을 인식시키고 또한 자기의 문제성을 이해시켜 피해자 및 유족 등에게 성의를 가지고 대응하기 위한 방법을 생각하게 하는 것을 내용으로 하는 프로그램이다. 구체적인 방법으로는 강의, 그룹워크(수형자 간에 서로 이야기하면서 그 과정을 통하여 적절한 인지나 행동을 학습해 가는 방법), 역할교환편지법(수형자가 1인 2역을 연기하여 쌍방의 입장에서 편지를 씀으로써 자기의 문제성을 인식시켜 가는 방법) 등이 도입되어 있고 피해자의 유족이나 피해자 지원단체의 구성원이 게스트 스피커로서 프로그램에 참가하는 경우도 있다.

5) 교통안전지도

피해자의 생명이나 신체에 중대한 영향을 미친 교통사고를 일으킨 사람이나 중대한 교통위반을 반복한 사람을 대상으로 하여 교통규범 준수의 중요성을 인식시키고, 또한 스스로가 일으킨 사고의 책임이나 사고에 이른 자기의 문제성을 이해시켜 인명존중의 정신을 몸에 익히도록 하는 것을 내용으로 하는 프로그램이다.

6) 취업지원지도

직업훈련을 받고 석방 후의 취업을 예정하고 있는 사람 또는 석방예정일부터 근로 능력 · 취업의욕을 가지고 공공직업안정소에 의한 취업지원을 받을 의사가 있는 사람 중 형사시설의 장이 본 지도를 하는 것이 필요하다고 인정된 사람을 대상으로 직장에 적응하기 위한 마음가짐 및 행동양식을 습득시키고, 또한 직장에서 직면하는 구체적인 장면을 예상한 대응방식 등 취업생활에 필요한 기초적인 지식 및 기능 등을 습득시키는 것을 내용으로 하는 프로그램이다.

또한, 2006년도부터 취업안정기관이나 갱생보호기관과 연계하는 형태로 '교도소 출소자 등 종합적 취업지원대책'이 실시되고 있고, 교정시설에서의 구체적인 대응으로는 상기의 취업지원지도와 고용상황에 따른 직업훈련 외에 커리어 컨설턴트나 산업카운셀러 등의 자격을 가지고 있는 취업지원 담당자의 배치, 할로워크 직원에 의한 직업상담 등이 실시되고 있다. 또한, 2016년도에는 도쿄東京 및 오사카大阪 교정관구에 교정취업지원 정보센터실이 설치되어 수형자 등의 귀주지와 취업자격 등의 정보를 일괄 관리하고 출소자 등의 고용을 희망하는 기업의 상담에 대응하는 등의 업무를 실시하고 있다(사회 내 처우에서의 취업지원의 대응에 대해서는 제4장 제3절 Ⅷ을 참조).

[표 3] 특별개선지도의 수강개시 시 인원의 추이

(2012년~2016년)

구분	2012년	2013년	2014년	2015년	2016년
약물의존이탈지도	7,034	6,741	6,694	7,006	9,435
폭력단이탈지도	522	608	556	431	519
성범죄재범방지지도	549	521	492	497	493
피해자의 시점을 도입한 교육	1,091	1,028	964	860	843
교통안전지도	1,686	1,701	2,036	1,739	1,792
취업지원지도	2,687	2,923	3,290	3,684	3,668

(출처) 2017년 범죄백서, 57쪽.

최근 5년간의 특별개선지도의 수강개시 시 인원의 추이는 [표 3]과 같다. 약물의존이탈지도가 차지하는 비율이 가장 높은 상황은 변함이 없지만, 다른 개선지도의 수강인원이 거의 비슷한 것에 비해 취업지원지도의 경우 수강인원이 계속 증가하고 있는 점이 특징적이다.

(3) 개선지도의 의무 부여

감옥법하에서는 작업만이 징역수형자의 의무로 되어있었고, 생활지도 등을

받는 것을 의무로 하는 법률상의 근거규정은 없었기 때문에 이러한 지도들은 수형자가 임의로 응하는 경우에만 실시하는 것으로 되어 있었다. 따라서 특정처우프로그램을 필요로 하는 수형자에 대해서도 수강을 강제로 받게하는 것이 곤란하다는 문제가 지적되었다. 이에 따라 형사수용시설법에서는 교정처우로서 교도작업에 더하여 개선지도와 교과지도를 열거한 가운데(제84조 제1항), 형법에 근거규정이 없는 개선지도와 교과지도에 대해서는 그 근거규정을 두었다(제103조, 제104조). 이 규정은 수형자에게 그것을 수강할 의무가 있다는 것을 제시하는 것으로,[97] 그 의무를 실효적인 것으로 하기 위하여 정당한 이유없이 개선지도나 교과지도를 거부해서는 안 된다고 하는 것이 수형자의 준수사항의 하나로 되어 있고(제74조 제2항 제9호), 이를 위반한 경우에는 그것이 징벌사유가 된다고 규정하고 있다(제150조 제1항).

다만, 개선지도나 교과지도는 수형자가 그것을 자발적으로 받는 경우에 효과를 기대할 수 있기 때문에 수강을 거부하였다고 해서 기계적으로 징벌을 과하는 운용은 법의 취지에 맞지 않다는 것은 분명하다. 그러한 의미에서 개선지도나 교과지도에 자발적으로 참가하지 않는 수형자에 대해서도 강제력으로 참가하도록 하고, 일단 지도에 참가시킴으로써 개선갱생을 향한 계기를 제한한다는 점에 의무화의 의의가 있다고 할 수 있다.

(4) 향후 과제

전술한 바와 같이 실무의 운용에서는 법개정에 따라서 개선지도의 내용을 충실화 · 전문화하는 움직임이 활발해져 왔지만 강구해야 할 과제는 여전히 남아 있다.

우선 전문적인 처우를 실시하기 위해서는 전문적인 담당자가 필요하지만 현재는 이러한 인재가 매우 부족한 상황이다. 향후 전문적인 지식과 처우기술을 가진 심리전문가나 교관 등을 증원하여 배치하는 한편, 직원의 연수를 더욱 충실하게 할 필요가 있다.

다음으로 새로운 처우프로그램에 대해서는 처우효과를 검증하여 그 내용을 개선해 갈 필요가 있다. 지금까지 성범죄 재범방지지도에 대해서는 수강군과 비수강군의 재범율을 비교분석하는 형태의 효과 검증이 실시되었고, 프로그램에는 일정

97 林ほか, 앞의 책76), 503쪽, 511쪽.

한 재범방지효과가 있다는 결과를 얻었다.[98]

또한, 마약의존이탈지도(밀도별 프로그램)에 대해서는 수강 전후의 수형자 본인의 약물의존에 대한 문제의식과 치료에 대한 동기부여의 정도를 평가하는 방법의 효과검증이 실시되고 있고, 모든 밀도의 프로그램의 수강자에 대해서도 긍정적인 효과를 얻었다고 하는 결과가 나와 있다.[99] 특별개선지도가 정착된 현재에는 성범죄자재범방지지도에 대하여 실시된 수강군과 비수강군의 대조 분석을 실시하는 것은 곤란하지만 그 이외의 방법으로 다른 개선지도에 대해서도 효과검증을 하는 것이 필요할 것이다.

마지막으로 새로운 처우프로그램의 개발도 필요하다. 현재의 6종류의 처우프로그램으로는 전문적인 처우를 필요로 하는 수형자의 문제성에 충분히 대응할 수 없는 경우도 적지 아니하다. 예를 들면 '피해자의 시점을 도입한 교육'은 피해자의 생명을 빼앗거나 또는 신체에 중대한 피해를 가져온 수형자를 대상으로 한 프로그램이지만 그중에는 가정폭력이나 아동학대라고 하는 가정 내 폭력의 수형자도 포함되어 있다. 그러나 이러한 가족관계라도 하는 특수한 문제성을 가지고 있는 수형자에 대해서는 본래는 별도로 처우프로그램을 개발할 필요가 있을 것이다.[100]

3. 교과지도

교과지도는 학교 교육의 내용에 준하는 지도를 말한다(제104조). 교과지도에는 ① 보습교과지도, ② 특별교과지도의 2종류가 있다.

보습교과지도는 수형자 중에는 의무교육을 수료하지 않는 사람도 있고, 수료하였다고 해도 학력의 정도가 낮은 사람이 적지않다고 하는 상황을 고려할 때, 그러한 사람에게 사회생활을 원활하게 보내기 위해 필요한 최저한도의 학력을 습득하게 하는 것을 목적으로 하는 것이다. 주로 의무교육에 준하는 교육이 실시된다. 이에 비하여 특별교과지도는 보다 고도의 학력을 습득시켜서 더욱 원활한 사회복

---

98 法務省矯正局成人矯正課, "刑事施設における性犯罪者處遇プログラム受講者の再犯等に關する分析", 2012. 2.

99 鈴木清登, "藥物依存離脫指導 必修プログラム及び專門プログラムについて – 効果檢證の視點から" 刑政 128권 4호, 2017, 83쪽.

100 富山聡, "改善指導の現狀と課題", 法時 80권 9호, 2008, 18쪽 이하. 前澤幸喜, "重大事犯者の處遇の實情と課題 – 刑事施設における特別改善指導を中心として", ひろば 64권 1호, 2011, 37쪽 이하 등 참조.

귀를 도모하고자 하는 것으로, 의무교육에 한하지 않고 고등교육이나 대학에서의 교육에 준하는 교육이 실시된다. 감옥법하에서도 보습교과지도에 상당하는 교육이 실시되어 왔지만 형사수용시설법에서는 특별교과지도도 실시할 수 있다고 하여 교과지도의 범위를 확장하고 있다.

법개정에 따라 2007년부터는 법무성과 문부과학성이 연계하여 형사시설에서 고등학교 졸업정도의 인정시험이 실시되고 있고, 또한 4개의 지정된 형사시설에서는 동 시험의 수험을 위한 지도가 적극적으로 실시되고 있다.

또한, 마츠모토松本교도소 내에는 지역의 중학교 분교가 설치되어 있고 전국 형사시설에 수용되어 있는 의무교육 미수료자 중 희망자를 중학교 3학년에 편입시켜, 지역 중학교의 정교사 및 직원 등이 학습지도요령을 기초로 한 교육을 실시하고 있다. 수료자에 대해서는 지역 중학교로부터 졸업증서가 교부된다. 또한, 3개의 소년교도소에서는 각각의 지역 고교의 통신과정에 입학하여 고등학교 졸업자격을 취득할 수 있도록 하고 있다.

제 3 절 수형자의 법적 지위

I 총설

감옥법 제정 당시에는 수형자의 권리라고 하는 것 자체가 아직 명확하게 인식되지 않았다. 수형자의 권리는 교도소의 입소에 의해 일단 소멸하고 시설측이 재량적으로 인정하는 것이라고 생각되었다. 예를 들면 재감자의 서신수발을 '허가한다'라고 규정하고 있었던 것도(제46조), 이러한 발상의 표현일 것이다. 이러한 사고방식은 2차 대전 후 (신)헌법하에서는 부정되었고 헌법상의 기본적인 인권은 수형자에게도 보장되어 있다고 하는 점에 대해서는 이론이 없다.

다만, 수형자의 권리 자체가 인정된다고 하더라도 ① 권리제한의 형식(법률상의 근거가 필요한지의 여부) 및 ② 권리제한의 한계(권리제한의 기준)에 대해서는 수형자의 지위에 있다는 점을 고려한 별도의 검토가 필요하다.

1. 권리제한의 형식

종래 수형자를 포함한 피수용자 구금의 법적 성격을 공법상의 소위 특별권력관계로 파악하는 견해가 유력하였다. 특별권력관계이론은 독일의 행정법학에서 유래하는 것으로 특별권력관계에 있는 경우에는 일반권력관계에 있어서의 법치주의의 원칙은 배제된다고 하는 것이다. 재감관계에도 이 이론이 적용되어 ① 구금의 목적에 비추어서 필요가 인정되는 범위와 한계에 있어서는 구체적인 법률의 근거 없이 피수용자의 권리나 자유를 제한할 수 있고, ② 피수용자의 권리나 자유를 제한하는 시설측의 처분이 사법심사의 대상이 되지않는다고 보았다.

이러한 견해를 법원이 처음으로 명확하게 부정한 것은 오사카大阪지방법원 1948 · 8 · 20 判時159호 6쪽 판례에서이다. 사안은 사형판결이 확정되어 구치소에 구금되어 있었던 원고가 시설에 의한 서신의 수발 불허가와 신문구독의 불허가 등의 처분의 취소와 무효확인을 당시 행정사건소송특례법에 근거하여 청구한 것이다. 피고인 구치소장이 특별권력관계이론을 원용하여 이와 같은 소송 자체가 부적법하다고 주장한 것에 대하여, 법원은 원고와 피고 사이에는 특별권력관계가 성립하고 있지만, 그러한 점 때문에 구체적인 법률의 근거없이 명령강제를 할 수 있다고 속단하는 것은 허용되지 아니하고, 그것에 대한 사법적 구제의 여지가 없다고도 할 수 없다는 취지를 판시하였고, 이를 바탕으로 신문구독의 불허가 등의 몇가지의 처분에 대하여 그것이 위법하다는 것을 인정하였다. 판결은 형식적으로는 특별권력관계가 성립하고 있다고 기술하고 있지만 내용적으로는 그것을 부정하였다고 할 수 있다. 본 판결은 그 후의 판례 · 학설 및 입법의 동향에 큰 영향을 미쳤다. 그 때문에 지방법원의 판결임에도 불구하고 피수용자의 법적지위의 문제에 관한 리딩케이스가 되고 있다.

이에 비하여 최고재판소의 입장은 명확히 제시되지 않았다. 예를 들면 미결구금자에 대한 흡연금지의 합헌성이 다투어진 사안[101]에서 원고가 피수용자에 대한 흡연의 금지는 「감옥법 시행규칙」 제96조에 규정이 있을 뿐으로 감옥법에는 대응하는 위임규정이 없다는 점을 이유로 흡연의 금지가 법률에 근거하지 아니하는 자유의 제한으로서 무효라고 주장한 것에 대하여 최고재판소는 법률의 근거가 필요한지 여부에 대해서는 언급하지 아니하고 「헌법」 제13조와의 관계에서 제한의 합

101 最判昭和45 · 9 · 16 民集 24권 10호, 1410쪽.

리성만을 문제로 하여 결과적으로 당해 규정을 합헌이라고 하였다. 판결은 특별권력관계이론에 대해서는 아무런 언급하고 있지 않지만 감옥법 시행규칙에 근거하는 흡연의 금지를 합헌으로 한 이상 구체적인 법률의 근거는 불필요하다고 하는 의미이고, 그러한 의미에서 내용적으로는 특별권력관계이론을 인정한 것이라고 해석할 여지가 있다. 한편으로 본 판결은 감옥법 시행규칙의 합헌성은 판단하고 있고 재감관계에 대해서 사법적 구제가 미치지 않는다고 하는 입장을 취하고 있지 않다는 점은 분명하다.

다른 한편에서 피구류자와 14세 미만의 사람과의 접견금지에 관련한 국가배상사건[102]에서 최고재판소는 14세 미만의 사람과의 접견금지를 규정한 당시 「감옥법 시행규칙」 제120조 · 제124조는 「감옥법」 제50조의 위임의 범위를 넘어서고 있고, 따라서 피구류자와 유소년과의 접견를 허가하지 않는 한도에서 무효라고 판시하였다. 여기에서는 접견의 제한을 법률의 유보가 타당한 영역에 속하는 것으로 파악하는 자세가 명확하게 나타나고 있다.

학설상으로도 적정절차의 보장을 규정한 「헌법」 제31조를 근거로 피수용자의 권리제한은 법률에 근거하여야 하고(행형법률주의), 권리를 제한하는 처분에 대해서는 법원에 의한 사법심사가 미친다고 하는 견해가 지배적이었다. 이와 같이 현재는 형사사시설의 피수용관계에 관한 한 특별권력관계이론은 판례 · 학설상 부정되고 있다고 할 수 있다.

2. 권리제한의 기준

특별권력관계이론을 부정하고 권리의 제한에는 법률상의 근거가 필요하다고 하더라도, 어떠한 경우에 그것을 제한할 수 있는지라고 하는 기준은 그것으로부터 즉시 도출된다는 의미는 아니다. 이에 대해서는 피수용자 각각의 권리관계를 고려하여 별도로 검토할 필요가 있다.

일반론으로서 말하자면 피수용자의 권리에 대해서는 구금의 목적에 비추어 필요최소한의 합리적 제한만이 허용된다고 할 것이다. 그때에는 아래의 점에 주의할 필요가 있다.

102 最判平成3 · 7 · 9 民集 45권 6호, 1049쪽.

첫째, 권리제한의 근거를 생각할 때에는 동일한 피수용자라고 하여도 거기에는 수형자, 미결구금자, 사형확정자라고 하는 다른 입장의 사람이 포함되어 있기 때문에 그 차이를 고려에 넣을 필요가 있다. 우선 이러한 피수용자에게 공통적으로 말할 수 있는 것은 수용의 확보(도주의 방지) 및 시설 내의 규율 · 질서의 유지를 위한 필요최소한의 합리적 제한은 허용된다고 하는 것이다. 그것에 더하여 수형자에 대해서는 개선갱생을 도모하기 위한 교정처우의 실시가, 미결구금자에 대해서는 죄증인멸의 방지가 각각의 구금의 목적으로 되어 있기 때문에 이를 위한 필요최소한의 합리적 제한은 인정된다고 할 수 있다.

둘째, 필요최소한의 합리적 제한인지의 여부에 대해서는 일반론으로서 말하자면 권리제한이 ① 상기의 목적달성을 위하여 필요불가결한 것인지, ② 필요성의 정도에 비추어 균형을 잃는 것은 아닌지라고 하는 관점에서 판단될 것이다.

이상을 전제로 아래에서는 수형자의 권리가 문제가 되는 개별적인 장면에 대하여 법개정의 내용을 언급하면서 구체적으로 검토하고자 한다.

Ⅱ 개별적 권리와 제한

1. 서적 등의 열람

(1) 자변서적 등 열람의 권리성

서적, 잡지, 신문 등 문서도화의 열람은 헌법상의 권리보장과 관련된 문제이다. 다만, 감옥법하에는 적어도 규정방식에 있어서 서적 등의 열람이 피수용자의 권리인지 여부는 명확하지 않았다. 동법 제31조 제1항은 "재감자가 문서, 도화의 열람을 신청한 때에는 이를 허가한다"라고 규정하고 있었지만, 동 조항이 '교회 및 교육'의 장에 규정되어 있었던 것에서 알 수 있듯이 문서, 도화의 열람은 피수용자의 권리라기 보다는 단지 피수용자에 대한 교육의 수단으로 평가되었다. 또한, '허가한다'의 의미는 허가하여야 한다는 것이 아니라 시설측의 재량에 의해 허가한다고 하는 취지라고 해석되었다.

그러나 최고재판소는 공안사건으로 미결구금 중인 사람이 구독하고 있었던 신문기사 중 소위 '요도호 납치사건'에 관한 기사의 말소처분의 적법성을 다툰 사건

103에서 결론적으로는 시설의 장에 의한 당해 처분의 적법성을 인정하였으나, 그 판단의 전제로 「헌법」 제19조, 제21조 및 제13조를 인용하면서 미결구금자에 대하여 신문, 도서 등의 열독의 자유가 헌법상 보장된다는 취지를 명확하게 판시하였다. 또한, 징역형을 선고받아 복역 중인 원고가 소지하는 서적의 열람이 불허가되었기 때문에 처분이 헌법에 반한다고 하여 국가배상을 청구한 사건104에서, 최고재판소는 "처분이 「헌법」 제13조, 제19조 및 제21조의 각 규정에 위반하는 것은 아니하는 것은 [최고재판소 1983년 판결(最高裁 昭和58年6月22日大法廷判決)]의 취지에 비추어 명백하다"고 판시하여 1983년 판결에서 미결구금자에 대하여 제시한 합헌성 판단의 틀을 수형자에게도 적용하였다. 이와 같이 감옥법하에서도 판례상 피수용자의 서적 등의 열람은 헌법상의 권리로서 보장되는 것으로 인정되고 있었다.

이에 대하여 형사수용시설법에서는 "피수용자가 자변서적 등을 열람하는 것은 이 절 및 제12절의 규정에 의하는 경우 외에 이것을 금지하거나 또는 제한해서는 안 된다"고 명문으로 규정함으로써(제69조) 그것이 원칙적으로 제한할 수 없는 권리라는 점을 보다 명확하게 규정하고 있다.

(2) 제한의 기준

감옥법하에서는 서적 등의 제한기준은 행정명령에 규정되어 있었다. 즉, 감옥법 제31조 제2항이 "문서, 도서의 열람에 관한 제한은 명령으로 이것을 정한다"라고 하고, 이에 따라 「감옥법 시행규칙」 제86조 제1항이 문서, 도화의 열람은 ① 구금의 목적에 반하지 아니하고, 또한 ② 감옥의 규율을 위반하지 아니하는 한 이것을 허가한다고 규정하고 있었다. 그러나 이것도 기준으로서는 추상적이기 때문에 법무대신의 훈령 등으로 그 하위기준을 정하고 있었다.

이러한 규정에 의하면 모든 피수용자에게 공통되는 요건은 ① 신병의 확보를 저해할 우려가 없을 것, ② 기율을 위반할 우려가 없을 것이었다. 그것에 더하여 피수용자별 구금의 목적에 대응하는 요건이 있어, 미결구금자의 경우는 죄증인멸의 우려가 없을 것, 수형자의 경우는 그 사람의 교화에 적절한 것일 것, 사형확정자에 대해서는 그 사람의 심정의 안정을 해할 우려가 없을 것이라고 규정하고 있었다.

---

103 最大判昭和58 · 6 · 22 民集 37권 5호, 793쪽.

104 最判平成5 · 9 · 10 判時 1472호, 69쪽.

이와 같이 서적 등의 열람자유의 제한기준을 행정명령에 포괄적으로 위임하는 형식이 행형법률주의의 관점에서 타당하지 않다한 것은 분명하다. 이에 형사수용시설법에서는 제한의 기준을 법률에 규정하는 것으로 하였다. 그 내용은 ① 형사시설의 규율 및 질서를 위반할 우려가 있는 때, ② 피수용자가 수형자인 경우에 교정처우의 적절한 실시에 지장을 초래할 우려가 있는 때, ③ 피수용자가 미결구금자인 경우에 죄증인멸의 결과를 초래할 우려가 있는 때에 시설의 장이 서적 등의 열람을 금지할 수 있다고 하는 것이다(제70조 제1항).

①은 모든 피수용자에게 공통되는 금지요건으로, 예를 들면 도주나 자살의 방법을 구체적으로 기술한 서적이나 시설 내의 기율을 위반할 우려가 있는 외설적인 내용의 서적 등이 이에 해당한다. ②와 ③은 피수용자의 지위의 차이에 대응한 금지요건으로, 예를 들면 약물의존이탈지도프로그램을 수강 중인 수형자에 대하여 약물의 사용에 의한 쾌락을 전달하는 것과 같은 서적의 열람의 금지를 생각할 수 있다. 또한, 전술한 바와 같이 감옥법하에서는 사형확정자에 대해 심정의 안정을 해치는 문서, 도화를 금지의 대상으로 하였지만 심정의 안정은 사형확정자 본인의 내심의 문제이고 기본적으로 강제할 수 있는 사항은 아니라고 하는 이유에서 형사수용시설법에서는 심정의 안정을 해칠 우려를 이유로 하는 열람의 금지는 할 수 없다고 규정하고 있다.[105]

또한, 제한사유의 판단에 관해서는 제70조 제1항에서 말하는 '위험'의 정도를 어떻게 해석할 것인지라고 하는 문제도 있다. 이 점에 대해서는 (a) 명백하고 그리고 현재의 위험의 존재가 필요하다, (b) 상당한 구체적 개연성의 존재가 필요하다, (c) 일반적, 추상적인 위험으로 충분하다라고 하는 3가지의 해석을 생각할 수 있다. 최고재판소는 전술한 요도호 납치기사 말소사건의 판결에서 형사시설의 질서유지를 위한 도서의 열람제한이 합헌이 되기 위해서는 단순히 일반적이고 추상적인 위험이 있는 것만으로는 충분하지 않고, 구체적 사정하에서 그 열람을 허가함으로써 감옥 내의 규율 및 질서의 유지상 방치할 수 없을 정도의 장애가 발생할 상당한 개연성이 있다고 인정되는 것이 필요하다고 기술하고 있어, 상기 (b)의 견해를 취하고 있음을 명확히 하고 있다.

형사시설 내가 일종의 긴장관계에 있는 장소인 이상 일반적이고 추상적인 위험

---

105 林ほか, 앞의 책76), 295쪽.

이라고 하는 것은 많은 경우에 인정되기 때문에 (c)의 입장에서는 열람을 권리로서 이해하는 의미가 상실된다. 다른 한편 이와 같은 형사시설의 특수성을 고려하면 일반사회에서와 같은 기준을 적용하는 것은 제한을 허용하는 기준으로서 너무 엄격한 측면이 있다. 최고재판소가 (b)의 견해를 취한 것은 이러한 견해에 근거한 것으로 생각된다. 본 판결은 직접적으로는 미결구금자를 대상으로 규율 · 질서의 유지를 제한사유로 한 경우의 기준에 대하여 판시한 것이지만 그 취지는 그 이외의 피수용자 및 제한사유에 대해서도 똑같이 타당하기 때문에 제70조 제1항의 '위험'에 대해서도 동일한 취지로 해석해야 할 것이다.[106]

(3) 실무의 상황

형사수용시설법의 제정에 따라 실무에서는 거실 내에서의 서적 등의 소지 권수 및 열람기간의 제한이 없어지고, 또한 종래는 인정되지 아니했던 수형자에 의한 자변신문이 구독도 가능하게 되었다.[107]

(4) 텔레비전 · 라디오 시청

형사수용시설법은 피수용자가 외부사회의 상황을 접할 기회를 실질적으로 보장하는 등의 견지에서, 자변서적 등의 열람의 보장뿐만 아니라 국가의 부담으로 일간신문의 비치, 보도채널 방송 등의 방법에 의해 가능한 한 주요한 시사보도에 접하는 기회를 주도록 노력하여야 한다고 규정하고 있다(제72조 제1항). 또한, 여가활동을 원조하는 조치로 국가의 부담으로 형사시설에 서적 등의 비치를 요구하고 있다(동조 제2항).

이 가운데 보도채널의 방송은 텔레비전이나 라디오 등의 보도채널을 피수용자가 시청하는 것을 의미한다. 종래에도 적당한 채널을 선택하여 이것을 녹화, 녹음하여 시설의 수신 기기를 이용하여 피수용자가 시청하는 운용이 행해지고 있었지만 감옥법에서는 이에 대응하는 규정이 없었기 때문에 형사수용시설법에서는 이것을 명문으로 인정하는 근거규정을 두었다. 다만, 시사보도에 접할 기회의 부여는 시설의 장의 노력의무로 규정하고 있는 것에 불과하기 때문에 텔레비전이나 라디

106 林ほか, 앞의 책76), 296쪽.

107 児玉一雄, "被收容者の權利自由について", 法時 80권 9호, 2008, 26쪽 이하.

오의 시청이 피수용자의 권리로서 인정된 것은 아니다.

자변신문의 열람 이외에 텔레비전 · 라디오의 시청이 알 권리의 내용이라고 할 수 있는지에 대해서는 논의의 여지가 있으나, 특히 시사보도에 대해서는 속보라고 하는 특성 뿐만 아니라 전달되는 정보도 다르기 때문에 이것을 권리로 인정할 여지도 있을 것으로 생각된다. 이에 비하여 형사수용시설법에서는 자변의 텔레비전이나 라디오를 사용하여 방송을 시청하는 것에 대해서는 제한사유의 유무를 방송전에 미리 확인하는 것이 불가능하다는 이유 때문에 이것을 권리로 인정하지 않았다.[108] 그러나 이러한 이유는 시설측이 제공하는 텔레비전 · 라디오의 시청에 대해서는 타당하지 않기 때문에 그 시청에 의해 시사보도에 접할 기회를 실질적으로 보장해야 한다. 따라서 시설의 장의 노력의무라고 하더라도 신문의 비치만으로는 불충분하고 신문과 텔레비전 · 라디오와의 병용이 바람직할 것이다.

2. 접견 · 서신의 수발

접견과 서신의 수발은 소위 외부교통(피수용자와 외부자 사이의 의사연락)의 기본적인 부분이다. 사람과 만나서 이야기를 할 기회나 사람과의 사이에서 통신할 기회를 아무런 이유도 없이 박탈되지 아니할 권리는 기본적 인권의 하나라고 생각되기 때문에, 접견과 서신의 수발은 단순히 은혜적인 조치로 이해하는 것은 타당하지 아니하고 「헌법」 제13조 내지 제21조에서 보장된 피수용자의 권리라고 보아야 한다.

또한, 수형자에 대해서 말하면 접견과 서신의 수발은 사회와의 단절을 막고 출소 후의 원활한 사회복귀를 도모함에 있어서도 중요한 의의를 가진다. 이러한 관점에서 형사수용시설법에서는 수형자에 대하여 외부교통을 허가하거나 또는 이것을 금지, 정지 또는 제한하는데 있어서는 적정한 외부교통이 수형자의 개선갱생 및 원활한 사회복귀에 기여하는 것이라는 점에 유의하여야 한다는 취지를 특별히 규정하고 있다(제110조).

(1) 접견

감옥법에서는 "재감자에게 접견을 청구하는 사람이 있는 때는 이를 허가한다"

108 林ほか, 앞의 책76), 305쪽.

라고 하고, "접견에 관한 제한은 행정명령에 위임한다"(제50조)라고 하는 구조로 되어 있었다. 그리고 여기에서 말하는 '허가한다'는 반드시 허가한다고 하는 의미가 아니라, 그것은 원칙적으로 소장의 재량에 의한 것이라고 해석되었다. 따라서 접견도 권리가 아니라 피수용자에의 은혜적 조치로 해석되었다.

이와 같은 견해에 기초하여 수형자나 사형확정자의 접견는 매우 제한되어 있었다. 예를들면 수형자에 대해서는 접견의 상대방은 원칙적으로 친족에 한하였고(제45조 제2항), 또한 접견에는 원칙적으로 입회가 필요하였으며(감옥법 시행규칙 제127조), 접견의 횟수도 징역수형자의 경우는 1월에 1회로 규정하고 있었다(동규칙 제123조). 다른 한편으로 미결구금자에 대해서는 형소법상 변호인 등과의 접견교통권이 보장되어 있었고, 변호인 등 이외의 사람과의 접견에 대해서도 상대방의 제한이 없는 등 수형자와 비교해서 외부교통이 폭넓게 인정되었다.

이에 비해 형사수용시설법에서는 수형자의 접견에 대해서도 일정한 범위에서 이것을 권리로 보장한다고 하는 전제하에, 수형자의 접견이 가지는 형사정책적 의의도 고려하여 접견에 대한 제한을 종래와 비교해서 대폭 완화하고 있다.

우선 접견의 상대방에 있어서 ① 수형자의 친족, ② 혼인관계의 조정 등 수형자의 중대한 이해와 관계된 용무의 처리를 위하여 접견하는 것이 필요한 사람, ③ 수형자의 개선갱생에 기여할 것으로 인정되는 사람과의 접견은 원칙적으로 이것을 허가하는 것으로 규정하고 있다(제111조 제1항). 문언상 감옥법과 같이 '허가한다'로 되어 있지만, 이것은 허가하여야 한다는 취지로 해석되기 때문에 이러한 사람과의 접견은 수형자의 권리로서 보장되게 된다.

또한, 상기의 사람 이외의 사람과의 접견에 대해서도 그 사람과의 교우관계의 유지, 그 밖에 접견하는 것을 필요로 하는 사정이 있거나 또는 접견에 의해 형사시설의 규율 및 질서를 위반하는 결과의 발생, 또는 수형자의 교정처우에 지장을 초래할 위험이 없다고 인정되는 때는 이것을 허가할 수 있다고 규정하고 있다(제111조 제2항). 이러한 사람과의 접견은 수형자의 권리로서가 아니라 시설의 장의 재량에 의해서 인정된다. 다만, 시설의 장이 재량권을 행사함에 있어서 형사수용시설법 제110조가 규정한 유의사항이 그 판단의 지침이 되는 것은 당연하고, 외부교통이 수형자의 사회복귀에 기여하는 것이라는 점이 동조에 의해 특히 강조되고 있는 취지에 비추어 보면, 규율 · 질서의 유지나 교정처우상 지장을 초래할 위험이 없는 한 교우관계가 있는 친구 · 지인과의 접견은 그 자체가 원활한 사회복귀에 기여하는 것으로서, 기본적으로 이것을 허가하여야 한다고 해석될 것이다.[109] 이와 같이 지인 · 친구와의 접견에 대해서도 시설의 장의 재량은 상당히 한정된다.

다음으로 접견의 입회에 대해서는 감옥법하에서는 수형자의 교화라고 하는 적극적인 이유가 없는 한 입회없는 접견는 허용되지 아니한다고 규정하고 있었다. 이에 비해 형사수용시설법에서는 형사시설의 규율 및 질서의 유지나 수형자의 교정처우 등의 이유에 의해 '필요가 있다고 인정된 경우'에 입회를 할 수 있다고 규정하고 있기 때문에(12조), 입회를 하지 않더라도 지장이 없는 소극적인 경우에도 입회를 하지 않을 여지가 인정되고 있다. 또한, 접견의 상황을 파악할 필요가 있는 경우라도 심리적 압박이 동반되는 직원의 입회 보다도 억제의 정도가 낮은 수단으로써 녹음 · 녹화의 조치를 취할 수 있다. 또한, 수형자가 자기가 받은 처우에 관해서 구제를 청구하기 위하여 공적기관의 직원이나 변호사와 접견하는 경우에는 형사시설의 규율 및 질서를 위반할 우려가 있다고 인정되는 특별한 사정이 있는 경우를 제외하고 입회는 허용되지 아니한다고 규정하고 있다(동조 단서).[110]

이 외에 형사수용시설법에서는 접견의 최저보장횟수에 대해서도 1월에 2회를 하회해서는 안 된다고 규정하여(제114조 제2항), 종래보다도 보장을 확대하고 있다.

(2) 서신의 수발

감옥법하에서는 서신의 수발에 대해서도 접견와 같이 그 상대방은 원칙적으로 친족에 한정되었고(제46조 제2항), 수발의 통수도 징역수형자의 경우에는 1월에 1통으로 규정하고 있었다(감옥법 시행규칙 제129조 제1항). 또한, 수신발신에 대해서도 소장이 검열한다고 규정하고 있었다(동규칙 제130조).

이에 비해 형사수용시설법에서는 수형자의 서신의 수발에 대해서 범죄성이 있는 사람, 그 밖에 그 수발에 의해 형사시설의 규율 및 질서를 위반하거나 또는 교정처우의 적절한 실시에 지장을 초래할 위험이 있는 자를 제외하고 상대방의 범위에 제한을 두지 않고 기본적으로 이것을 권리로서 보장하고 있다(제126조, 제128조).

---

109 林ほか, 앞의 책76), 564쪽.

110 최고재판소는 사형확정자와 재심청구 변호인과의 접견에 관해서 형소법 제440조가 정한 재심청구인의 변호인 선임권을 실질적으로 보장하는 견지에서 사형확정자와 재심청구인에게는 비밀접견를 하는 정당한 이익이 있다고 한 가운데, 그 이익은 특단의 사정이 없는 한 보장된다고 판시하였다(最判平成25 · 12 · 10民集67권9호 1761쪽). 비밀접견의 이익이 재심청구인의 변호인의뢰권으로부터 도출되는 이상 동 판결의 취지는 재심청구인이 수형자인 경우에도 동일하게 타당할 것이다.

즉, 접견의 경우와는 달리 친족 등 이외의 사람과의 서신의 수발에 대해서도 그것을 권리로서 인정하고 있다. 이것은 접견의 경우에는 그것이 즉시적인 외부교통방법이기 때문에 직원의 입회가 있어도 부적당한 내용의 의사연락을 충분히 억제할 수 없는 것에 반해, 서신의 수발의 경우는 사전 검사에 의해 부적당한 내용의 서신 수발을 정지하는 것이 가능하다고 하는 차이를 근거로 한 것이다. 수형자의 권리를 필요최소한의 합리적인 한도에서 제한한다고 하는 관점에서 볼 때 타당한 입법조치라고 할 수 있다.

수발하는 서신의 검사는 형사수용시설법에서도 예정하고 있다(제127조). 서신의 검사는 통신의 비밀에 대한 제한이 되는데 수발 제한의 근거가 그 내용에 관한 것인 이상 내용을 보지 않고는 수발의 인정 여부를 판단할 수 없기 때문에 서신의 검사를 긍정할 수 밖에 없다고 생각한다. 그러나 반대로 내용을 검사하지 않고서도 수발의 금지 여부를 판단할 수 있는 경우라면 검사를 인정해서는 안 된다. 이러한 관점에서 형사수용시설법에서는 접견의 입회와 마찬가지로 형사시설의 규율 및 질서의 유지나 수형자의 교정처우 등의 이유에 의해 '필요가 있다고 인정되는 경우'에 검사를 실시할 수 있다고 규정하고(제127조 제1항), 또한 수형자가 구제를 청구하기 위한 불복신청의 서신이나 수형자의 처우에 대해서 조사를 실시하는 공적기관 · 변호사와의 사이에서 수발하는 서신은 원칙적으로 내용의 검사를 실시할 수 없다고 규정하고 있다(동조 제2항).

이 외에도 예를 들면 발신의 통수를 제한하는 경우에는 1월에 4통을 하회해서는 안 된다고 규정하여(제130조 제2항), 최저보장 통수가 종래보다도 확대되었다.

(3) 전화 등에 의한 통신

감옥법하에서는 서신 이외의 통신은 일체 금지되어 있었다. 그것은 전화 등의 통신수단은 사전에 대화내용을 체크할 수 없고 상대방을 확인할 수 없다고 하는 문제가 있었기 때문이다. 그렇지만 전화 등에 의한 통신에는 형사시설로부터 멀리 떨어진 지역에 거주하는 친족 등이 일부러 시설까지 오지 않더라도 피수용자와 대화할 수 있는 장점이 있다고 하는 것은 분명하고, 그러한 점에서 행형개혁회의의 제언에서도 일정한 기준하에 전화에 의한 통신을 하도록 검토해야 한다고 하였다. 이 제언을 반영하여 형사수용시설법에서는 수형자에 한정하여 일정한 요건하에 전화 등에 의한 통신을 인정하고 있다.

구체적으로는 ① 개방적 시설에서 처우를 받고 있을 것, 그 밖의 법무성령에서 정하는 사유에 해당하는 경우에 ② 그 사람의 개선갱생 또는 원활한 사회복귀에 기여한다고 인정할 때, 그 밖에 상당하다고 인정할 때에 전화 등에 의한 통신을 허가할 수 있다고 규정하고 있다(제146조 제1항).

①은 전화 등에 의한 통신을 허가받은 상대방 이외의 사람과의 통신이 행해질 위험이 낮은 경우나 만약 그것이 행해졌다 하더라도 교정처우에 지장을 초래할 위험이 낮은 경우로 한정하는 취지이다. '개방적 시설에서 처우를 받고 있는' 경우 외에 제한완화 중 제1종 · 제2종의 제한구분으로 지정되어 있는 경우나 석방 전 지도를 받고 있는 경우에 전화를 허가할 수 있다고 규정하고 있다(형사수용규칙 제83조).

②는 수형자의 외부교통은 접견과 서신의 수발이 기본이고 전화 등에 의한 통신은 보완적으로 이것을 허가하는 것이기 때문에, 접견이나 서신의 수발에 더하여 이것을 인정함에 있어서는 그것을 상당하다고 인정하는 이유가 개별적으로 필요하다고 하는 취지를 표현한 요건이다. 예를 들면 친족이나 친구 · 지인이 시설로부터 멀리 떨어진 장소에 거주하고 접견을 오는 것이 곤란한 경우 등이 이에 해당할 것이다.

법률상은 '전화, 그 밖의 정령에서 정하는 전기통신'이라고 규정하고 있기 때문에 전자메일 등도 이에 포함되지만 현재 실무에서 허가되는 것은 전화뿐이다.

통신 시의 부적절한 발언 등을 확인하기 위해 직원은 통신을 감청하거나 또는 내용을 기록할 수 있다(제147조 제1항). 다만, 통신의 감청 등도 접견의 입회와 마찬가지로 형사시설의 규율 및 질서의 유지나 수형자의 교정처우 등의 이유에 의해 필요가 있는 경우에 실시된다고 규정하고 있고, 개방적 시설에서 처우를 받고 있는 수형자 등의 경우에는 통상적으로 그러한 필요성은 적다고 생각될 것이다.

3. 수형자의 생활 일반

(1) 거실의 형태

감옥법하에서는 수형자의 구금형태로 독거구금과 혼거구금이라고 하는 개념이 사용되었다. 독거구금은 수형자를 독거실에 구금하는 형태를 말하고, 혼거구금은 복수의 수형자를 혼거실에 구금하는 형태를 말한다.

역사적으로 보면 한때에는 혼거구금이 세계적으로 보편적인 구금형태였다. 그러나 18세기 이후부터 유럽제국에서 감옥 내의 열악한 생활조건에 대하여 감옥개량운동이라 불리는 개혁이 이루어지게 되었고, 그중에서 무질서한 혼거구금의 형태가 신날한 비판을 받았다. 이 운동의 결과로서 독거구금이 생겨났다.

이 운동이 미국에도 파급되어 1790년에는 필라델피아 감옥이 창설되었다. 그곳에서는 주야 모두 독거구금하여 다른 수형자로부터 격리하는 소위 엄정독거방식이 채택되었다. 그것은 작업을 인정하지 않고 오로지 반성을 촉구하는 것으로 다분히 종교적인 배경을 가진 것이었다. 그러나 이것은 정신건강상 바람직하지 않다는 점 때문에 독거에서의 주야작업을 승인하는 펜실베니아제나 주간혼거 · 야간독거의 방식을 취한 오번제가 채용되기에 이르렀다.

다른 수형자로부터의 악영향을 받는 것을 방지하고 피수용자의 프라이버시를 보호한다고 하는 관점에서 본다면 독거가 바람직하지만, 정신적인 건강을 위해서는 작업이나 학습은 공동으로 실시하는 편이 좋기 때문에 2가지 형식의 장점을 취한 주간혼거 · 야간독거방식이 바람직하다고 생각한다.

감옥법하에서는 행형누진처우령에 따라 2급 이상의 사람은 야간독거를 한다고 규정하고 있었지만, 실제로는 혼거방식이 적은 시설로 운영이 가능하고 재정적인 부담이 적기 때문에 2급이라도 대부분 주야혼거로 운영되는 실정이었다.

형사수용시설법에서는 독거 · 혼거 대신에 단독실 · 공동실이라고 하는 개념을 채용하고, 미결구금자와 사형확정자에 대해서는 상호 접촉의 방지나 피수용자의 프라이버시를 보호하는 관점에서 원칙적으로 주야단독실에서의 구금을 규정하고 있다(제35조, 제36조). 이에 비하여 수형자 거실의 형태에 대해서는 특별히 규정을 두고 있지 않다. 형사시설법안에서는 수형자의 교정처우를 실시함에 있어 공동실이 적당하다고 인정하는 경우 등을 제외하고 원칙적으로 단독실로 하는 규정이 있었으나(제56조), 이번의 입법에서는 이 규정의 채택은 미루어지게 되었다. 가장 큰 이유는 형사시설의 현재 상황이나 과잉수용 상황하에서 만약 단독실을 원칙으로 한다면 막대한 재정지출이 예상되어 실현이 곤란하였기 때문으로 생각한다. 이상과 현실의 차리를 메우는 것은 용이하지 않지만 적어도 향후 시설정비를 실시할 때에는 가능한 한 단독실을 늘리는 방향으로 노력해야 할 것이다.

(2) 생활조건

수형자의 의식주 등의 생활조건은 형의 집행에 수반되는 일정한 제약을 받는 것은 부정할 수 없지만, 그것이 일반사회의 기준에서 너무 차이가 있다는 사실은 인권보장의 관점에서도 행형의 사회화의 관점에서도 바람직하지 않다. 형사수용시설법에서도 일상생활에 필요한 물품의 대여 등에 있어서는 국민생활의 실정을 감안해야 한다고 규정하고 있다(제43조).

또한, 형사수용시설법은 상기의 생활수준을, 기본적으로는 국고의 부담으로 적정한 범위에서의 물품의 대여 · 지급에 의해 보장한다고 하는 입장을 취하고 있다(제40조, 소위 관급원칙). 이론적으로는 수형자는 구금을 제외하면 일반인과 동일한 자유를 전면적으로 보장하고 있다는 진제하에, 물품의 자변(자비구입이나 차입)의 자유를 전면적으로 인정하는 한편으로 수형자에게 구금비용을 부담시킨다고 하는 견해도 있을 수 있다. 그러나 현행법은 이러한 입장을 채택하지 않고 있으며, 피수용자가 강제적으로 구금되어있는 이상 그 기본적인 생활조건은 국가가 보장해야 한다고 하는 전제를 취하고 있다. 그러한 반면 수형자에 의한 자변물품의 사용 · 섭취에 대해서는 이것을 권리로 인정하지 않고, '그 사람의 처우상 적당하다고 인정할 때' 시설의 장의 재량에 의해 이것을 허가할 수 있다고 규정하고 있다(제41조).

구체적으로 관급으로서 대여 · 지급이 보장되는 것은 ① 의류 · 침구, ② 식사 · 음용수, ③ 일용품, 필기구 등이다. 그 외 실내장식품 등 일상생활에 사용되는 물품이나 기호품도 필요에 따라 대여 · 지급된다(제40조). 이 중 식사에 관해서는 2017년도의 성인수형자 1인당 1일 식비(예산액)는 약 533엔이다. 고령자, 임산부, 종교상의 이유 때문에 통상적인 식사를 섭취할 수 없는 수형자에 대해서는 식사의 내용이나 지급량에 별도의 배려가 실시되고 있다. 또한, 의류로서는 상의 · 하의 외 내의 · 양말 · 모자 등이 지급된다.

한편, 자변에 의한 사용 · 섭취가 허가되는 것은 ① 의류, ② 식료품 · 음료, ③ 실내장식품, ④ 기호품, ⑤ 일용품 등이다. 전술한 바와 같이 이것은 시설의 장의 재량에 의해 인정되는 것이지지만, 문제는 그 재량의 범위이다. 형사시설법안에서는 자변물품의 사용 등은 '그 사람의 개선갱성에 기여하는 경우에는' 이것을 허가한다고 규정하고 있었다(제14조). 이에 비해 형사수용시설법에서는 적극적으로 개선갱생에 기여할 것까지는 요구하지 않고 '처우상 적당하다고 인정한 때'라고 규정하고 있기 때문에(제41조 제1항), 그 허용범위가 보다 확대되었다고 할 수 있다.

자변물품의 대해서는 기호품을 어디까지 인정해야 할 것인지라고 하는 문제도 있다. 법률상 '주류'는 명문으로 금지되어 있다(제40조 제2항). 이것은 피수용자가 술에 취해서 시설의 규율 · 질서를 위반하는 행위에 이를 위험이 크기 때문이다. 이에 비해 흡연은 명문으로는 금지되어 있지 않다. 최고재판소는 미결구금자의 흡연금지의 합헌성을 다툰 사안에서 흡연의 자유가 「헌법」 제13조가 보장하는 기본적 인권의 하나에 포함된다고 하여도 흡연을 인정함으로써 죄증인멸의 위험이 있고, 또한 화재가 발생하면 피구금자의 도망이 예상되는 것을 이유로 그 합헌성을 인정하고 있다.[111] 이 중 후자의 이유는 수형자에게도 타당하다. 그러나 다른 한편에서 만약 흡연의 자유가 헌법상 보장된 권리라고 한다면 그것을 제한할 수 있는 것은 교정처우의 실시 및 시설 내의 규율 · 질서의 유지에 지장을 초래할 상당한 개연성이 있는 경우에 한정될 것이기 때문에 화재발생의 방지조치를 취하는 것을 전제로 그것을 인정해야 한다고 하는 해석도 있을 수 있다. 형사수용시설법은 이와 같은 해석의 여지를 남겨두었다고도 할 수 있지만 실무상 피수용자의 흡연은 허가되고 있지 않다.

(3) 보건위생 · 의료

피수용자는 법률에 의해 행동의 자유가 제한되어 생활의 전반에 걸쳐서 규제를 받고 있기 때문에 자기의 건강관리나 질병의 치료를 스스로 하는 것은 곤란하다. 또한, 피수용자의 건강의 유지 · 회복은 피수용자에 대하여 교정처우를 실시하는 전제가 되는 것이다. 그 때문에 형사수용시설법에서는 "형사수용시설법에서는 … 사회일반의 보건위생 및 의료의 수준에 비추어 적절한 보건위생상 및 위생상의 조치를 강구한다"라고 규정하여(제56조), 피수용자의 건강관리 및 위생관리가 형사시설측의 책무라는 것을 명확히 하고 있다.

이를 위한 구체적 조치로는 실외운동, 목욕, 이발, 건강진단, 진료, 감염병예방상의 조치 등이 있다(제56조 내지 제66조). 예를 들면 실외운동에 관해서는 일요일이나 휴일 등을 제외하고 가능한 한 그 기회를 주어야 하고 1일에 30분 이상을 확보하여야 한다고 규정하고 있다(제57조, 형사수용규칙 제24조 제2항). 감옥법하에서는 주에 2, 3일만 운동시간을 두는 것이 일반적이었기 때문에 그것에 비하면 일보 진전이라고 할 수 있다. 다만, 1일 30분의 운동시간은 너무 짧다는 비판도 제기되고 있어, 앞으로는 운동공간이나 계호직원 확보의 문제를 해결해 가면서 운동시간을 더

111 最判昭和45 · 9 · 16 民集 24권 10호, 1410쪽.

욱 확충해 갈 필요가 있을 것이다.

또한, 진료 등에 관해서는 원칙적으로 형사시설의 직원인 의사(교정의무관)가 이것을 실시한다고 규정하고 있으나, 형사시설의 의료에 관한 인적 · 물적 자체에는 한계가 있고 피수용자의 질병에 따라서는 내부의사만으로는 대응할 수 없는 경우도 있을 수 있다. 따라서 필요한 때는 외부의사에 의한 진료를 실시할 수 있고, 또한 형사시설 외부의 병원에 통원 · 입원시킬 수 있다고 규정하고 있다(제62조). 그러나 의료의 현상황에 대해서 살펴보면, 현재 각 형사시설에 의사나 간호사 등의 의료전문직원이 배치되어 있고, 또한 전적으로 의료상의 조치를 필요로 하는 피수용자를 수용하기 위한 의료기관, 의료스텝 등을 특히 중점적으로 정비한 4개의 '의료전문시설(의료교도소)', 의료기기, 의료스텝 등을 중점적으로 정비한 9개의 '의료중점시설'이 존재하고 있지만, 그 이외의 '일반시설'에서는 의료스텝의 부족과 의료설비의 노후화 등 때문에 시설 내에서의 의료만으로는 수형자의 필요에 충분히 대응할 수 없는 경우도 많다. 또한, 시설 외 병원에의 통원 · 입원에 대해서도 받아들이는 병원의 확보와 시설직원의 동행 · 계호가 필요하기 때문에 이러한 조치가 용이하게 인정되지 않는다는 문제도 있다.

이상의 교정의료의 현상을 개선하기 위해서는 교정의무관의 확보가 무엇보다도 긴급한 과제이다. 교정의료의 특수성과 어려움, 그리고 국가공무원 신분이라는 이유의 근무조건의 제약 등 때문에 종래부터 교정의무관은 만성적인 부족상태에 있었고, 무엇보다 최근에는 현원이 정원의 80% 이하까지 떨어져 있는 상황이었다.

이러한 위기적 상황을 타개하기 위하여 2014년에 성립된 '교정의료의 개선방안에 관한 유식자검토회'에서는 교정의무관의 처우개선을 위한 특례법의 제정이나 지역의료와의 연계강화를 포함하는 다양한 개선책이 제언되었고, 이것을 반영하여 법무성에서는 교정의무관의 확보책으로서 대학 의학부에의 적극적인 홍보와 각종 의료관계단체에의 의사파견의 협력 요청 등의 대처를 시작하였다. 또한, 2015년에는 「교정의무관의 겸업 및 근무시간의 특례 등에 관한 법률」이 성립하여 교정의무관이 겸업의 특례로서 근무시간을 할애하여 외부의 의료기관에서 진료를 하는 것을 인정하는 등 국가공무원법 등의 특례가 마련되었다.[112] 이와 같이 교정의무관의 충실강화를 도모하기 위한 대책이 마침내 시작되었지만, 향후에는 이러한 교정

112 西岡愼介, "矯正醫療の現狀について", 罪と罰 53권 2호, 2015, 6쪽 이하 참조.

의무관의 확보책에 더하여 의료설비의 개선책을 포함한 각종 시책을 확실하게 실시하여 교정의료의 기반을 정비해 나갈 필요가 있을 것이다.

제 4 절 시설 내의 규율 및 질서의 유지

I 의의 및 한계

형사시설의 수형자의 적절한 처우환경을 확보하기 위하여 일정한 규율 및 질서가 필요한 것은 분명하다. 또한, 일반사회의 환경과는 이질적인 형사시설 내에서의 집단생활에 있어서는 스트레스나 생활습관의 차이 등 때문에 수형자 사이에서 다툼이 발생하기 쉬울 뿐만 아니라 지배 · 피지배의 관계가 생겨나고, 경우에 따라서는 수형자의 생명 · 신체 · 자유가 위협받을 위험도 있다. 따라서 안전하고 평온한 공동생활을 유지하기 위해서 일정한 규율 및 질서를 유지하는 것이 필요하다.

그러나 다른 한편으로는 그것이 과잉하게 되면 사회로부터의 괴리가 심화되고 교정처우의 효과도 오르지 않으며, 나아가 수형자 인권의 부당한 침해로 이어진다. 이러한 점과 관련하여 종래의 형사시설 내의 규율 및 질서의 형태에 대해서는 그것이 불필요하게 너무 엄격하다는 비판이 제기되어 왔다. 행형개혁회의의 제언에서도 예를 들면 소위 군대식 행진의 강제나 거실 내에서의 정좌의 강제 등에 대해서는 수형자의 품위를 손상하는 것으로 개선이 필요하다는 지적이 있었다. 이러한 종래의 운용의 배경에는 규율있는 행동을 하도록 훈련하는 것이 수형자의 개선갱생을 위해서도 도움이 된다고 하는 견해가 기초하고 있다고 생각되지만, 그 견해 자체를 모두 부정해서도 안되겠지만, 그것이 너무 지나친 경우에는 수형자의 존엄을 손상하거나 자율성이나 자발성의 양성에 있어 오히려 방해하게 된다는 점에 유의할 필요가 있다.

감옥법에는 규율 · 질서의 유지에 관한 일반 규정이 마련되어 있지 않았지만, 형사수용시설법에서는 상기의 관점에서 규율 및 질서는 '적정하게' 유지하여야 한다고 하면서 그것을 달성하기 위한 조치는 수용을 확보하고, 또한 처우를 위한 적정한 환경 및 안전하고 평온한 공동생활을 유지하기 위해 필요한 한도를 넘어서는 안 된다고 규정하여(제73조) 그 한계를 명확하게 제시하고 있다.

Ⅱ 규율 및 질서를 유지하기 위한 조치

규율 및 질서를 유지하기 위한 조치는 다양하지만, 여기에서는 주로 직접적으로 수형자의 자유 등에 제한을 가하는 강제조치를 중심으로 서술하고자 한다.

1. 징벌

규율 및 질서를 유지하기 위해서는 피수용자가 시설 내의 행동규범을 준수하는 것이 중요하다는 점은 말할 필요도 없지만, 그것을 피수용자의 임의에 맡기는 것만으로는 실효성을 결여하기 때문에 그것을 담보하기 위한 수단으로서 징벌제도가 존재한다. 즉, 징벌은 규율위반행위를 한 사람에 대해서 제재를 가함으로써 당해 위반자 및 그 이외의 피수용자의 규율위반행위를 억제하는 점에 그 의의가 있다.

(1) 실체적 요건

감옥법에서도 "재감자가 기율에 위반한 때는 징벌에 처한다"라고 하는 규정이 있었다(제59조). 그리고 거기에서 말하는 '기율'의 구체적 내용은 각 시설에서 '소내 준수사항'으로 규정되어 있었다. 그러나 여기에서는 법률상 징벌의 실체적 요건이 전혀 정해져 있지 않는 것과 마찬가지이다. 징벌은 행정법상의 질서벌로서 형벌이 아니기 때문에 죄형법정주의의 직접적인 적용이 없다고는 하더라도, 대상자에게 불이익처분인 것은 분명하기 때문에 행형법률주의의 관점에서 볼 때 가능한 한 그 요건을 법정하는 것이 바람직하다.

이에 형사수용시설법에서는 징벌의 요건으로 ① 준수사항 위반, ② 외부통근 작업 등의 경우의 특별준수사항 위반 및 ③ 피수용자의 생활 및 행동에 대해서 행해진 형사시설 직원에 의한 지시에 대한 위반이라고 하는 3가지의 사유를 명기하였다(제150조 제1항). 그리고 ①의 준수사항에 대해서는 그것을 형사시설의 장이 정하는 것으로 하면서도(제74조 제1항), 시설의 장이 구체적으로 정해야 하는 준수사항의 내용으로 범죄행위를 해서는 안 된다는 것, 다른 사람에 대하여 저급하거나 또는 난폭한 언동 또는 피해를 주는 행위를 해서는 안 된다는 것, 자상행위를 해서는 안 된다는 것, 직원의 집무를 방해를 해서는 안 된다는 것 등 11항목에 걸친 사항을 명기하고 있다(동조 제2항). 이에 따라 징벌의 요건이 상당한 정도로 명확하게 규정되었다.

다만, 제74조 제2항은 1호부터 9호까지 준수사항으로 일반적으로 생각되는 것을 유형화하여 열거하고, 10호에서 '전 각호에서 열거하는 것 외에 형사시설의 규율 및 질서를 유지하기 위해 필요한 사항'이라고 하는 포괄적 조항을 두고 있고, 또한 상기와 같이 ③의 지시위반도 징벌사유로 되어 있기 때문에 징벌사유 내용의 결정이 시설측에 맡겨져 있는 부분이 있다는 점은 부정할 수 없다. 징벌의 실체적 요건은 가능한 한 망라적으로 법정하는 것은 바람직하지만, 모든 사태를 예상하는 것은 곤란하고, 과도하게 상세히 규정하는 경우에는 오히려 각 형사시설에 수용되어 있는 수형자의 차이를 무시한 경직된 운용을 초래할 위험도 있기 때문에 현행법과 같은 규정방식도 불가피하다고 생각한다.

(2) 징벌의 종류

형사수용시설법은 ① 계고, ② 금고수형자 및 구류수형자의 작업의 10일 이내의 정지, ③ 자변물품 사용 등의 일부 또는 전부의 15일 이내의 정지, ④ 서적 등의 열람의 일부 또는 전부의 30일 이내의 정지, ⑤ 장려금계산고의 3분의 1 이내의 삭감, ⑥ 30일 이내(성인에 대해서 특히 정상이 중한 경우에는 60일 이내)의 폐거閉居라고 하는 6종류의 징벌을 규정하고 있다(제151조).

그 가운데 ⑥의 폐거벌이란 다른 사람과의 접촉을 단절한 엄격한 격리하에 원칙적으로 주야 거실 내에 기거시키고 반성을 촉구하기 위하여 근신시키는 것이다. 그때에는 자변물품의 사용, 종교상 의식행사에의 참가, 서적 등의 열람, 접견 · 서신의 수발 등의 행위가 정지된다(제152조).

감옥법에는 12종류의 징벌이 규정되어 있었지만, 그중 예를 들면 운동 5일 이내의 정지(제60조 제1항 제8호), 7일 이내의 감식(동 제10호), 7일 이내의 중병금(동 제12호, 징벌실을 어둡게 하고 침구의 사용을 금지하는 것)은 피수용자의 건강 유지의 관점에서 문제가 있기 때문에(중병금은 잔혹한 형벌에 해당한다고 하는 의문도 있을 것이다), 실제로는 사용되지 않았다. 형사수용시설법에서는 이러한 것은 징벌로 규정되지 않아 제도상 정식적으로 폐지되었다.

(3) 일반기준

감옥법하에서는 징벌의 실체적 요건뿐만 아니라 특정의 기율위반에 대해서 어느 정도의 징벌을 부과할 것인지라고 하는 기준에 대해서도 법률상 아무런 규정을 두지 않았다. 그러나 징벌은 행정상의 제재로서 형벌이 아니라고는 하여도 그 불이익성을 고려하면, 그 한계를 법률상 정하는 것이 바람직하다. 이에 형사수용시설법에서는 징벌을 부과함에 있어서의 일반기준을 규정하고 있다.

우선, 징벌을 부과함에 있어서 고려해야 하는 요소로서 '피수용자의 연령, 심신의 상태 및 행상, 반칙행위의 성질, 경중, 동기 및 형사시설의 운영에 미친 영향, 반칙행위 후의 그 피수용자의 태도, 수형자에게 있어서는 징벌이 그 사람의 개선갱생에 미치는 영향, 그밖의 사정'을 열거하고 있다(제150조 제2항).

문제는 이러한 요소를 어떠한 기준 내지 체계에 따라 고려할 것인지이다. 징벌에 대해서 형사법상의 죄형균형의 원칙이 그대로 적용되지 않는다고 하더라도 행정법상의 비례원칙의 관점에서 본다면 징벌에 대해서도 기본적으로는 그것이 반칙행위의 중대성과 균형을 가질 것이 요구될 것이다. 이에 상기의 요소를 분류하여 보면 반칙행위의 성질, 경중, 동기 및 형사시설의 운영에 미친 영향이 반칙행위의 중대성과 관련되는 객관적 사정이고, 그 이외의 요소가 반칙행위를 한 피수용자의 주관적 사정이다. 일반론으로 말하자면 징벌의 정도는 우선은 반칙행위의 객관적 사정을 고려하고, 반칙행위의 중대성에 따라 징벌의 수위를 결정하는 것을 기본으로 하면서 그러한 범위 내에서 주관적 사정을 고려해야 할 것이다.[113]

또한, 형사수용시설법에서는 '징벌은 반칙행위를 억제하는 데에 필요한 한도를 초과해서는 아니 된다'라고 규정하고 있지만(제150조 제3항), 규율 및 질서를 유지하기 위한 필요한 한도를 초과해서는 안 된다는 것은 징벌에 한하지 않고 모든 조치에 관한 기본원칙이기 때문에(제73조 제2항), 동 조항은 이것을 징벌에 대하여 특히 확인한 것이라고 할 수 있다.

(4) 반칙행위의 조사 및 징벌의 부과 절차

징벌을 부과하기 위해서는 반칙행위가 전제되어야 하기 때문에 그 존부에 대한

113 林ほか, 앞의 책76), 770쪽.

조사가 필요하게 된다. 또한, 전술한 것처럼 징벌의 정도가 다양한 사정을 기초로 해서 결정되기 때문에 그러한 사정에 대해서도 조사가 필요하다.

징벌은 행정상의 제재이기 때문에 형사절차의 경우와 동일한 내용의 적정절차의 보장이 요구되지 않는다는 것은 분명하지만, 수형자의 권리이익에 중대한 영향을 미치는 것이라는 사실은 틀림이 없기 때문에 법률상 그것을 부과하기 위한 적절한 절차를 규정할 필요가 있다. 그러나 감옥법하에서는 이러한 절차에 관한 규정은 거의 존재하지 않고, 훈령[114]에 근거하여 규율위반행위가 있는 경우 본인 및 관계자의 조사를 실시한 후 직원으로 구성되는 징벌심사회가 개최되어 동 위원회가 제출하는 징벌표에 따라 시설의 장이 징벌을 결정한다고 하는 방식으로 운용되어 왔다. 이에 비해 형사수용시설법에서는 이러한 절차의 내용을 법률로 규정하는 한편 절차적 보장의 내용을 보다 강화하고 있다.

우선 반칙행위의 조사에 관해서는 반칙행위의 의심이 있다고 사료되는 경우에는 신속하게 조사를 실시하여야 하고, 그 조사를 위해 필요가 있는 때는 피수용자의 신체, 의복, 소지품 및 거실을 검사하여 그 소지품을 몰수해서 일시보관할 수 있다고 규정하고 있다(제154조 제1항, 제2항). 또한, 단독실 수용을 원칙으로 하는 미결구금자 등과 달리 공동실 수용이나 집단처우가 실시되는 수형자에 대해서는 다른 피수용자와의 사이에 말을 맞추거나 협박 등에 의한 증거인멸의 위험도 생각할 수 있기 때문에 필요가 있는 때는 원칙적으로 2주간을 넘지 않는 한도에서(최장 4주간), 다른 피수용자로부터 격리할 수 있다고 규정하고 있다(동조 제4항, 제5항).

다음으로 징벌을 부과하는 절차에 관해서는 징벌의 근거가 되는 반칙행위에 관한 사실을 본인에게 고지하고 변명의 기회를 주는 것은 적정절차의 기본적 요청이라고 할 수 있기 때문에 그것을 보장하기 위한 청문절차를 규정하고 있다.

변명을 청취하는 주체는 시설의 장이 지명하는 3인 이상의 직원으로 규정하고 있고(제155조 제1항 전단), 동 직원으로 징벌심사회가 구성된다.[115] 직원의 지명에 대해서는 법률상 특단의 제한이 없지만, 절차의 공정성이라고 하는 관점에서는 반칙행위에 직접 관여한 직원이나 반칙행위의 조사를 담당한 직원을 심사회의 위원에 지명하는 것은 피해야 할 것이다.

또한, 본인이 반칙행위에 대해서 정확하게 변명하기 위해서는 징벌사유에 대

114 「懲罰手續規程」(平成4年3月25日矯保訓第582号法務大臣訓令)

115 「被收容者の懲罰に關する訓令」(平成19年5月30日矯成訓第3351号法務大臣訓令)

해서 사전에 고지하는 한편, 변명의 준비를 위해 필요한 기간이 확보되어야 한다. 따라서 본인에 대하여 미리 서면으로 변명해야 할 일시 또는 기간 및 징벌의 원인이 되는 사실의 요지를 통지하여야 한다고 규정하고 있다(동항 중단).

또한, 피수용자 중에는 자신의 주장을 논리적이고 설득적으로 전개하는 능력이 불충분한 사람이 있고, 또한 형사시설 내에서의 자유로운 행동의 제약 때문에 반증을 위해 필요한 증거수집을 충분히 할 수 없는 경우도 많다. 그 때문에 변명 · 방어의 권리를 실질적으로 보장하는 취지에서 피수용자를 보좌하는 사람을 형사시설의 직원 중에서 지정하여야 한다고 규정하고 있다(동항 후단). 이 점에 대해서는 대상자가 보좌인으로 변호사를 선임할 권리를 보장해야 한다는 의견도 있지만,[116] 변호사가 형사시설 내의 실정에 정통하고 있다고는 한정할 수 없고, 또한 일상적으로 다수 발생하는 징벌 사안의 모두에 대해서 변호사를 관여시키는 것은 현실적인 문제로서 곤란하다는 점 등의 이유 때문에 채택되지 않았다.[117] 행정상의 불이익처분을 부과하는 절차에 있어서는 형사절차와 동일한 정도의 권리보장이 요구되지 않는다고 하더라도 보좌인의 지명에 있어서는 대상자의 방어권이 실질적으로 보장될 수 있도록 운영이 이루어질 필요가 있을 것이다.

2. 그 밖의 강제조치

징벌 이외에도 규율 및 질서를 유지하기 위한 강제조치로서 신체의 검사, 수형자의 격리, 제지의 조치, 포승 · 수갑 등의 사용, 보호실 수용, 무기의 휴대 · 사용 등이 있다. 이러한 조치는 형사사고(도주, 자살 · 살상 사안 등)의 미연의 방지나 규율위반조치의 진압을 위해 필요하지만, 다른 한편으로 피수용자의 신체의 자유 등을 직접적으로 제약하기 때문에 그 구체적인 내용이나 요건 및 한계에 대해서는 법률로 규정할 필요가 있다. 감옥법하에서는 몇가지의 예외를 제외하고 그러한 사항들이 모두 행정규칙에서 규정하고 있었지만, 형사수용시설법에서는 이것을 법률로 규정하여 상세한 규정을 두고 있다(제75조 이하).

116 日本辯護士會,「刑事施設及び受刑者の處遇等に關する法律案」についての日辯連の意見, 2005, 40쪽.

117 林ほか, 앞의 책76), 801쪽.

(1) 신체검사 등

교도관은 필요가 있는 경우에는 피수용자에 대하여 그의 신체, 의복, 소지품 및 거실을 검사하고, 또한 소지품을 몰수하여 일시보관할 수 있다(제75조 제1항). 이것은 도주나 살상행위 또는 방화행위를 사전에 방지하기 위하여 칼종류나 공구, 라이타 등의 위험한 물품이 은닉 · 소지되는 것을 방지하기 위한 조치이다. 전술한 반칙행위의 조사를 위해서도 신체검사 등이 실시되는 경우가 있지만(제154조 제1항, 제2항), 그것은 반칙행위의 의심이 있는 경우에 실시되는 것으로 본 조에 근거한 검사 등은 그와 같은 구체적인 의심에 이르지 않는 경우에 실시된다.

(2) 수형자의 격리

수형자의 격리는 수형자가 ① 다른 피수용자와의 접촉에 의해 규율 및 질서를 위반할 우려가 있을 때, 또는 ② 다른 피수용자로부터 위해가 가해질 위험이 있고 그것을 피하기 위한 다른 방법이 없을 때에 형사시설의 장의 권한으로 그 사람을 종일 단독실에서 처우함으로써 다른 피수용자와의 접촉을 차단하는 조치를 의미한다(제76조 제1항). 구체적으로는 예를 들면 다른 사람과 전혀 공동생활을 할 수 없는 특이한 성격을 가진 사람, 폭력적인 경향이나 다른 사람을 선동하는 습성을 가지고 있고 공동생활을 함에 있어 규율질서를 위반할 우려가 특히 현저한 사람, 다른 사람으로부터 정신적 · 신체적 압박을 받기 쉬운 사람, 폭력단 관계자로부터 위해가 가해질 위험이 있는 사람 등이 그 대상이 될 것이다.

수형자는 다른 피수용자로부터 격리됨으로써 집단생활이 허가되지 않는 불이익을 받을 뿐만 아니라, 단독실에의 수용이 장기간에 이를 경우에는 그의 심신에 미치는 영향도 크다. 이에 형사수용시설법에서는 격리기간에 대해서 감옥법하에서는 원칙적으로 6개월로 하고 3개월마다 이것을 갱신한다고 한 규정을 개정하여 원칙적으로 3개월로 하고 1개월마다 이것을 갱신하는 것으로 규정하고 있다(제76조 제2항). 또한, 소정의 기간 내이더라도 격리의 필요가 없게 된 때는 즉시 격리를 중지해야 하고(동조 제3항), 형사시설의 장은 3개월에 1회 이상 정기적으로 당해 수형자의 건강상태에 대해서 형사시설의 직원인 의사의 의견을 청취하여야 한다고 규정하고 있다(동조 제4항).

(3) 제지 등의 조치

교도관은 피수용자에 의한 자상 · 타해 · 도주 · 직무집행의 방해, 그 밖에 규율 및 질서를 현저하게 위반하는 행위가 현재 실행되고 있거나 또는 행해지려 하고 있는 경우에는 합리적으로 필요하다고 판단되는 한도에서 행위의 제지, 피수용자의 구속, 그 밖에 행위를 억지하기 위해 필요한 조치를 취할 수 있다(제77조).

감옥법하에서는 계구 · 무기의 사용에 이르지 않는 범위에서의 강제력 행사에 대해서는 명문의 규정이 마련되어 있지 않았고, 실무에서는 교정사고의 방지를 위한 직원에 의한 강제력 행사(소위 '제지적 계호')는 당연히 허용된다고 하는 해석에 근거하여 운용되고 있었지만, 형사수용시설법에서는 피수용자의 신체에 직접적으로 유형력을 행사하여 그 자유를 구속하는 근거, 요건, 조치의 내용 및 한계를 명확하게 규정하였다.

(4) 구속구의 사용

구속구는 피수용자의 신체를 직접적으로 구속하는 기구를 말한다(감옥법하에서는 '계구'라고 하였다). 규율 및 질서를 위반하는 행위를 하는 사람에 대해서는 이러한 구속구의 사용에 의해 그 행위를 계속적으로 억지할 필요가 있는 경우가 있는 것은 부정할 수 없지만, 다른 한편으로 구속구에 의한 자유의 침해성이 높고 대상자의 심신에 주는 영향도 크기 때문에 그 사용에 대해서는 특히 신중을 기할 필요가 있다.

형사수용시설법은 구속구의 종류로서 포승, 수갑 및 구속의의 세 가지를 규정하고 있다(제78조). 감옥법 시행규칙에서는 그 외에 방성구를 규정하고 있었으나(제48조 제2항), 사용방법에 따라서는 호흡장애를 일으킬 위험이 있고 또한 실무에서도 거의 사용되지 않았기 때문에 형사수용시설법에서는 이것이 제외되었다.

형사수용시설법이 규정하고 있는 구속구 중 구속의는 피수용자의 신체 전체를 직접적으로 구속하는 의류 형태의 구속구이다. 구속의는 그 물리적인 구속성이 포승 또는 수갑에 비해서 매우 강하고, 또한 대상자의 정신적이 측면에 미치는 영향도 매우 크다는 점에서 법률에서는 이것을 포승 · 수갑과 분리하여 규정하고 그 사용에 대해서 보다 엄격한 조건을 요구하고 있다. 즉, 포승 · 수갑에 대해서는 호송의 경우 외 ① 도주의 위험, ② 자상타해의 위험, ③ 시설 설비의 기물 등을 손상할 위험이 있는 경우에 교도관이 독자의 권한으로 이것을 사용할 수 있는 것에 비하여

(제78조 제1항), 구속의에 대해서는 피수용자가 자상행위를 할 위험이 있는 경우에 한하고, 게다가 이를 제지하는 다른 수단이 없는 때에 형사시설의 장의 명령에 의해 교도관이 이것을 사용할 수 있다고 규정하고 있다(동조 제2항). 또한, 교도관이 자상행위를 방지하기 위해 긴급히 이것을 사용한 경우에도, 신속하게 그 사실을 형사시설의 장에게 보고하도록 규정하고 있다(동조 제3항). 또한, 구속의의 사용시간은 원칙적으로 3시간 이내로 하고, 특히 계속의 필요가 있는 경우에도 합산하여 12시간을 넘지 않는 한도에서 3시간마다 그 기간을 갱신할 수 있도록 규정하고 있으며, 형사시설의 장은 구속의를 사용하거나 또는 기간을 갱신한 경우에는 신속하게 대상자의 건강상태에 대해서 형사시설의 직원인 의사의 의견을 청취하여야 한다고 규정하고 있다(동조 제4항, 제6항).

(5) 보호실에의 수용

보호실(감옥법에서는 '보호방'이라고 하였다)은 현저한 흥분상태나 정신적으로 불안정한 상태에 있고 자살 또는 자상의 위험이 있거나 큰소리를 내는 등 규율 및 질서를 현저하게 위반하는 행위 등을 하는 사람에 대해서 그 상태의 진정과 보호를 위하여 이용되는 특별한 설비 및 구조를 갖춘 단독실이다. 통상의 거실에는 창유리나 변기, 수납장, 책상 등이 갖추어져 있지만 흥분상태에 있는 피수용자가 그것에 신체를 부딪치는 등으로 자상행위에 이를 위험성이 있기 때문에 이러한 위험물을 가능한 한 제거한 구조로 되어 있고, 또한 피수용자가 내는 소음을 방지하기 위한 구조도 설치되어 있다. 그러나 다른 한편으로 보호실에의 수용은 피수용자에게 강한 압박감을 주고 심신에 미치는 영향이 크기 때문에 이용에 있어서는 특히 신중한 취급이 요구된다. 나고야名古屋교도소 사건을 계기로 보호방에의 수용방식이 다시 주목을 받게 되어 행형개혁회의에 의한 제언에서도 그 운용의 적정함을 확보하기 위하여 수용의 요건 및 절차 등을 명확하게 법정해야 한다고 하였다.

이것을 반영하여 형사수용시설법에서는 보호실에의 수용은 ① 자상의 위험이 있는 때, ② (a) 교도관의 제지에 따르지 않고 고성 또는 소음을 내는 경우, (b) 타해의 위험이 있는 경우, (c) 형사시설 설비 등의 손괴 · 오손의 위험이 있는 경우에 시설의 규율 및 질서를 유지하기 위해 특히 필요가 있는 경우에 가능하도록 하여(제79조 제1항), 그 요건을 명확하게 하였다. 또한, 교도관은 원칙적으로 형사시설의 장의 명령에 따라 보호실에의 수용 조치를 취할 수 있고(동조 제1항), 긴급하게 수용한 경우에도 신속하게 그 취지를 형사시설의 장에게 보고하여야 한다고 규정하고 있다(동조 제2항). 또한, 보호실에의 수용기간은 원칙적으로 72시간 이내이고 특히 계속할 필요가 있는 경우에는 48시간마다 이것을 갱신한다고 규정하고 있다(동조 제3항). 또한, 보호실에 수용하거나 또는 그 기간을 갱신한 경우에는 형사시설의 장은 신속하게 대상자의 건강상태에 대해서 형사시설의 직원인 의사의 의견을 청취하여야 한다고 규정하고 있다(동조 제4항).

이상의 조치 이외에도 형사수용시설법에서는 무기의 휴대 및 사용(제80조), 수용을 위한 재체포(제81조), 재해시의 응급용무(제82조), 재해시의 피난 및 해방(제83조)에 대해서 상세한 규정을 두고 있다.

제 5 절 불복신청제도

수형자의 권리를 실질적으로 보장하기 위해서는 권리침해에 대한 구제를 도모하기 위한 불복신청제도가 중요한 의미를 가진다. 전술한 바와 같이 현재는 형사수용 관계에 있어 특별권력관계이론의 적용은 부정되고 있기 때문에 수형자는 형사시설 내의 처분에 대해서 사법적 구제를 요구할 수 있다. 그러나 사법적 구제에는 시간과 비용이 소요될 뿐만 아니라 수형자가 형사시설에 수용되어 있고 사법적 구제를 신청하는 것이 용이하지 않다는 상황을 고려하면 사법적 구제에 이르기 전 단계에서 보다 간이신속한 절차에 의해 권리구제를 할 수 있는 행정상의 불복구제제도를 마련하는 것이 매우 중요하다.

I 감옥법하의 불복신청제도

감옥법하에서는 정원情願 및 소장면담이라고 하는 2가지의 제도가 행정상 불복신청제도로서 기능하였다.

1. 정원情願

정원에 대해서는 감옥법상 명문의 규정이 있고 감옥의 조치에 대해서 불복이 있는 때는 주무대신(법무대신) 또는 순열관리(법무대신의 명을 받아서 시설의 실지감사를 실시하는 법무성의 직원)에 대해서 정원을 할 수 있다고 규정하고 있었다(제7조).

그러나 정원의 법적 성격에 대해서는 그것은 청원이 일종으로 법률상은 법무대신 등의 지휘감독권의 발휘를 촉구하는 의미밖에 없다고 해석되었다. 따라서 정원을 받은 사람이 그것에 회답할 의무는 없다. 그 구체적 귀결로서 정원에 회답하지 않는 경우에도 부작위의 위법문제는 발생하지 아니하고, 또한 각하하였더라도 그것은 행정사건소송법상의 항고소송의 대상은 되지아니한다고 되어 있었다.

2. 소장면담

소장면담은 감옥법 시행규칙에 규정된 제도로 재감자의 신청을 받아서 형사시설의 장이 면담을 실시하는 것이다(제7조). 신청대상이 '감옥의 조치 또는 일신상의 사정'이라고 규정되어 있었던 점에서도 알 수 있듯이 그것은 권리구제제도라고 하기보다도 피수용자에 대한 일종의 상담적인 성격을 가진 것이었다. 이에 따라 피수용자에게는 면접을 요구하는 권리는 없다고 해석되었다.

3. 행정불복심사법 적용의 예외

행정불복심사법은 간이신속하고 공평한 절차하에서 국민의 권리이익의 구제를 도모하고, 행정의 적정한 운영을 확보한다는 견지에서 행정의 위법 또는 부당한 처분 등에 대해 심사청구 등의 불복신청절차를 정하고 있는데, 형사시설 등의 교정시설에 수용되어 있는 사람에 대한 처분에 대해서는 이것을 사법의 적용대상에서 제외하고 있다(제7조 제1항 제9호).

이와 같이 감옥법하에서는 행정상의 불복신청을 수형자의 권리로 인정하는 제도가 존재하지 않았다고 하는 점에 가장 큰 문제가 있었다. 정원에 대해서는 실무상 이것을 처리하였다고는 하더라도 그것이 권리구제제도로서 충분히 기능하고 있지 않다고 하는 점이 나고야교도소 사건 등을 통하여 명확히 드러나게 되었다. 또한, 수형자의 교정처우의 관점에서 보더라도 수형자의 권리의식이 높아져 가고 있는 현상황에서는 그 불만을 억누르는 것만으로는 역효과를 초래할 뿐으로 불복신청을 권리로서 인정하고 적정하게 대응하는 것이 바람직할 것이다. 이러한 점에서 형사수용시설법에서는 정원과 소장면담제도를 폐지하고 새로운 불복신청제도를 신설하였다.

Ⅱ 현행법하에서의 불복신청제도

1. 개설

형사수용시설법에는 ① 심사의 신청 및 재심사의 심청(제157조 내지 제162조), ② 사실의 신고(제163조 내지 제165조), ③ 고충의 신청(제166조 내지 제168조)이라고 하는 3가지의 불복신청제도를 마련하고 있다.

①과 ②는 피수용자의 이익에 중대한 영향을 미치는 형사시설의 장의 조치나 직원의 행위를 대상으로 하는 것으로, 주요 차이점은 ①이 형사시설의 장에 의한 처분성을 가진 행위를 대상으로 하는 것에 비하여, ②는 피수용자에 대한 폭행 등의 사실적 행위를 대상으로 하고 있는 점에 있다. ③은 ①과 ②의 대상이 되지 않는 것도 포함하여 피수용자가 받은 처우 전반을 대상으로 하는 것이다. ①과 ②에서는 피수용자에게 불복신청의 권리를 인정하여, 행정 측에 재결이나 사실의 확인을 의무지우고 있는 것에 비하여 ③에서는 불복신청의 대상이 폭넓게 인정되고 있는 반면, 행정 측에는 성실처리의무만 있을 뿐이다.

또한, ①과 ②에서는 우선 교정관구장에 대하여 심사의 신청 내지 사실의 신고를 하고, 그 재결 내지 통지에 불복이 있는 경우는 다시 법무대신에 대하여 재심사의 신청 내지 신고를 할 수 있다고 하는 2단계의 불복신청구조로 되어 있다.

법률 개정 전에는 정원 건수의 증대에 따라 그 신속한 처리가 곤란하게 된다고 하는 문제가 있었다. 이에 형사수용시설법에서는 신속한 구제를 도모하기 위하여 권리로서 인정되는 불복신청의 대상을 중대한 불이익 처분 등에 한정하고 법무대신 전 단계에 교정관구장에 대한 불복신청을 마련하는 것으로 하였다.

2. 심사의 신청 및 재심사의 신청

이 불복신청제도는 행정불복심사법상의 심사청구 및 재심사청구의 특례라고 할 수 있다. 피수용자에게는 처분 등의 취소 · 변경 등을 청구하는 권리가 인정되고 행정 측에는 재결의 의무가 있다.

(1) 심사 신청지

심사의 신청은 당해 형사시설의 소재지를 관할하는 교정관구의 장에 대해서 한다(제157조 제1항). 교정관구는 법무성에 설치되어 있는 지방지분부국地方支分部局으로 전국에 8개의 교정관구가 설치되어 있다.

(2) 대상이 되는 조치

심사신청을 할 수 있는 것은 형사시설의 장의 조치로서「형사수용시설법」제157조 제1항 제1호에서 제16호까지 열거된 사항에 한정된다.

일반적으로 말하면 이러한 조치는 ① 권리성이 인정되는 피수용자의 행위를 제약하는 것(예를 들면 서적 등의 열람의 금지 또는 제한. 제5호) 또는 피수용자의 신체 또는 재산에 대해서 중대한 불이익을 초래하는 조치(예를 들면 징벌. 제14호), ② 그 효력에 상당한 계속성이 인정되는 것이다. ②가 대상이 되는 것은 일과성의 사실행위와 같은 경우에는 이것을 심사의 대상으로 하여도 재결까지의 기간 안에 불복신청의 이익이 소멸하여 결국 그 신청이 각하되기 때문이다. 따라서 예를 들면 일정한 계속성이 인정되는 수형자의 격리조치는 심사신청의 대상이 되지만(제7호), 단기간에 종료되는 보호실에의 수용은 대상에서 제외되어 있다.

(3) 신청기간

신청기간은 원칙적으로 조치의 고지가 있었던 날의 다음 날부터 30일 이내이다(제158조 제1항). 행정불복심사법에 의한 심사청구의 기간(60일 이내) 보다 짧게 되어 있지만 이것은 피수용자가 자신에 대한 조치가 행해진 것을 즉시 알 수 있는 입장에 있는 점, 대상이 되는 조치는 비교적 단순한 것으로 피수용자가 그 위법 · 부당을 판단하는 것이 일반적으로 용이하기 때문에 심사신청의 기회를 보장하는 데에 30일의 기간으로 충분하다고 생각하였기 때문이다.

(4) 재결

형사시설법안에서는 재결의 기간이 특별히 마련되어 있지 않았으나, 형사수용시설법에서는 신속한 구제를 도모하는 견지에서 가능한 한 90일 이내에 재결하도록 노력해야 한다고 규정하고 있다(제161조 제1항). 이것은 노력의무에 불과한 것이지만 표준적인 처리기간을 제시한 것이라고 하는 의미에서 평가할 수 있을 것이다.

재결의 내용으로는 각하, 기각, 인용의 3종류가 있다(동조 제2항). 심사의 신청이 기간경과 후에 행해진 경우 등 그 신청이 부적법한 것인 때에는 신청 이유의 유무를 판단하는 것이 아니라 각하의 재결을 한다. 신청이 적법한 경우에는 그 이유에 대하여 판단하고 이유가 없다고 인정한 때는 기각의 재결을, 이유가 있다고 인정하는 때는 인용의 재결을 한다. 인용은 처분의 취소 또는 계속성의 사실적 조치의 철폐를 행정청에 명하는 동시에 그 취지의 선언을 하는 형식으로 실시된다.

(5) 재심사의 신청

심사신청의 재결에 불복이 있는 사람은 30일 이내에 법무대신에 대하여 재심사의 신청을 할 수 있다(형사수용 제162조 제1항, 제2항). 재심사에 관한 절차는 기본적으로 심사의 신청과 같다(동조 제3항).

3. 사실의 신고

사실의 신고는 형사시설의 직원에 의한 폭행 등의 사실적 행위에 대하여 피수용자가 당해 사실을 신고하여, 교정관구의 장이나 법무대신이 당해 사실의 유무를 확인한 후에 그 결과를 본인에게 통지하는 한편 필요에 따라 재발방지 등의 조치를 취하는 제도이다.

일과성의 사실행위는 그 행위에 의한 권리침해에 계속성이 없기 때문에 예를 들면 그것이 위법 또는 부당하였다고 하더라도 성질상 행정불복심사법상의 처분의 취소나 계속적 사실행위의 철폐 명령에 의한 구제의 대상은 되지 않는다. 이에 비하여 형사수용시설법에서는 일과성의 행위라도 그 재발을 방지함으로써 피수용자의 이익을 보호한다고 하는 관점에서 사실의 신고제도를 신설하였다.

구체적인 대상이 되는 행위는 ① 신체에 대한 위법한 유형력의 행사, ② 위법 또는 부당한 포승 · 수갑 · 구속의의 사용, ③ 위법 또는 부적당한 보호실에의 수용이다. 이러한 사실에 대해서 피수용자는 교정관구의 장에게 신고하여 그 유무의 확인을 요구할 수 있다(제163조 제1항). 이것은 피수용자의 권리이고 교정관구의 장은 그에 대응할 의무가 있다

교정관구의 장은 사실의 유무를 확인한 후에 그 결과를 본인에게 통지하여야 한다(제164조 제1항, 제2항). 또한, 사실의 존재를 확인한 경우에는 필요에 따라서 재발방지의 조치 등을 취해야 한다(동조 제4항). 예를 들면 부당행위를 한 직원에 대한 징계처분이나 배치변경 등을 생각할 수 있다.

그 밖의 절차(예를 들면 신고의 기간, 통지에 불복이 있는 때의 법무대신에의 신고, 처리에 관한 노력 기간 등)는 심사의 신청제도와 기본적으로 동일하다.

4. 고충의 신청

고충의 신청은 감옥법상의 정원과 소장면담을 개선해서 재편성한 제도이다. 심사의 신청이나 사실의 신고의 대상이 되지 않는 처분이나 사실행위를 포함하여(예를 들면 접견를 허가하지 않는 처분, 신체검사 등) 피수용자가 받은 처우 전반에 대해서 보다 폭넓게 불복신청의 기회를 부여한다고 하는 취지에 따른 제도이다.

신청의 상대방은 법무대신, 감사관, 소장이다. 심사의 신청 · 사실의 신고와는 달리 신청기간이나 법무대신 등의 대응 등에 관한 절차적 규정은 거의 정해져 있지 않는다. 다만, 법무대신 등은 고충을 성실하게 처리하고 처리의 결과를 본인에게 통지하여야 한다고 규정하고 있기 때문에(제166조 제3항, 제167조 제4항, 제168조 제4항) 성실처리의무는 있다.

5. 비밀의 신청권

심사의 신청, 사실의 신고에 있어서 본인이 그 내용을 형사시설의 직원에게 비밀로 할 수 있도록 형사시설의 장은 필요한 조치를 강구하여야 한다(제169조 제1항). 이것은 피수용자가 위축되어 불복신청권의 행사를 주저하는 것을 방지하기 위함이

다. 이에 따라 불복신청에 관련된 서면에 대해서는 서신의 검사대상에서 제외하고 있고(동조 2항), 또한 감사관에 대한 구두의 고충신청에 대해서는 개별실에서 직원의 입회 없이 그것을 할 수 있다고 규정하고 있다.[118]

6. 형사시설의 피수용자의 불복심사에 관한 조사검토회

이상에서 기술한 제도는 모두 법무성 내부에서 이루어지는 불복신청제도이지만, 이 이외에 독립된 제3자 기관이 불복신청을 심사하는 제도도 있을 수 있다. 행형개혁회의에서도 법무성으로부터 부당한 영향을 받지 않고 독자적인 조사를 실시하여 이를 바탕으로 인권침해의 내용을 판단하여 법무대신에게 권고를 하는 독립된 인권구제기관을 설치하는 것이 필요하고, 그것을 실현하기까지의 동안에는 잠정적이고 사실상의 조치로서 법무성에 '형사시설 불복심사회(가칭)'를 설치해야 한다고 제언하였다.

이 제언을 반영하여 법무성 내에 잠정적 조치로서 '형사시설의 피수용자의 불복심사에 관한 조사검토회'가 설치되었다. 이 조사검토회는 법무대신이 민간유식자 중에서 선임하는 위원으로 구성된다. 법무대신은 재심사의 신청 및 사실의 신고에 대하여 이유가 없다고 판단한 때는 조사검토회에 부의하고, 그 조사, 검토에 기초한 제언을 고려하여 재조사 · 재검토를 실시한 후, 재결 · 통지를 하는 것으로 규정하고 있다.

7. 운용의 실정

최근 5년간의 불복신청건수의 추이는 [표 4]에서 보는 바와 같다.

또한, 형사시설의 피수용자의 불복신청에 관한 조사검토회에서는 2016년 258건이 심사에 부의되어 246건이 처리안 상당, 11건이 재조사 상당, 1건이 처리불상당으로 판단되었다.

---

118 「被收容者の不服申立てに關する訓令の運用について」(平成19年5月30日矯総第3353号矯正局長任命通達. 平成23年5月23日矯総第3017号により改正).

[표 4] 피수용자의 불복신청건수의 추이

(2012년 ∞ 2016년)

연도	심사의 신청	재심사의 신청	사실의 신고		법무대신에 대한 고충의 신청	소송	고소 · 고발	기타
			관구장	대신				
2012	3,791	745	933	214	3,312	354	525	1,793
2013	3,323	846	865	217	3,111	199	559	1,605
2014	3,407	948	944	294	3,223	282	543	1,355
2015	3,106	944	840	313	3,232	456	623	1,429
2016	3,053	1,189	1,091	490	2,758	279	566	1,188

주 1. '고소 · 고발'의 건수는 피수용자가 수사기관를 수신처로 발신한 고소 · 고발장 서신의 통수이다.
2. '기타'는 인권침해건수, 부심판청구 등으로 감찰관 및 형사시설의 장에 대한 고충의 신청은 포함하지 않는다.

(출처) 2017년 범죄백서, 61쪽.

제 6 절 행정운영의 투명성의 확보

I 총설

폐쇄적이 되기 쉬운 형사시설은 그 실상이 외부에서는 잘 보이지 않고 그렇게 되면 그 운영이 독선에 빠지게 될 위험성이 있다. 이를 막기 위한 시책으로 다양한 방안이 고려되었는데, 예를 들면 전술한 불복신청제도도 그중 하나이다. 불복신청제도에는 피수용자의 권리구제라고 하는 측면뿐만 아니라 형사시설에 대한 상급기관에 의한 감독이라고 하는 측면도 있기 때문이다. 또한, 법무성의 감사관에 의한 실지감사(제5조)도 형사시설에 대한 감독의 한 수단이라고 할 수 있다. 그렇지만 이러한 조치는 모두 행정기관 내부의 감독이기 때문에 이러한 내부적 조치에 더하여 형사시설을 외부에서 감독하는 제도를 마련하는 것이 중요하다.

이러한 관점에서 형사수용시설법에서는 형사시설의 장이 외부의 학식경험자 등으로부터 의견을 청취하는 제도를 마련하였고(제6조), 또한 형사시설시찰위원회라고 하는 획기적인 제도를 신설하기로 하였다.

Ⅱ 형사시설시찰위원회

1. 형사시설시찰위원회의 성격

형사시설시찰위원회(이하 '위원회'라고 한다)는 법무대신이 임명하는 10인 이내의 외부의 위원으로 구성되어 있으며, 형사시설을 시찰하고 그 운영에 관하여 형사시설의 장에 대하여 의견을 개진하는 조직이다. 위원회는 형사시설 별로 설치하도록 되어 있다(제7조 제1항).

제도 도입의 목적으로는 ① 일반 외부자로부터의 의견을 폭넓게 듣는 것이 국민의 의식을 고려한 형사시설의 적정한 운영의 실현에 기여한다는 점, ② 형사시설의 운영상황을 일반 사회에 투병하게 공개하는 것이 그 운영에 대한 국민의 이해와 협력을 얻는 것에 기여한다는 점, ③ 형사시설의 직원에게 부외자의 시선을 의식하도록 하는 것이 피수용자에 대한 부적절한 처우를 방지하는 데에 기여한다고 하는 점을 들고 있다.[119]

①은 부외자의 의견을 반영함으로써 시설측의 독선을 방지하고자 하는 것으로 그 의견청취의 범위에 차이가 있지만 외부의 학식경험자 등으로부터의 의견청취제도와 취지를 같이 하는 것이다. ②는 시찰의 주체나 의견청취의 대상을 널리 일반 시민에까지 넓힘으로써 행형 운영의 투명화를 도모하고, 이를 통해 국민의 이해와 협력을 얻으려고 하는 취지이다. ③은 형사시설을 시민이 감시할 수 있게 함으로써 피수용자에 대한 폭행 등의 부정을 방지하고자 하는 것이다.

이와 같이 위원회는 복합적인 목적을 가지는 것으로 해외의 일부에 보여지는 것과 같은 순수한 민간인에 의한 독립감시위원회와는 차이가 있다. 그러나 위원회가 의견을 개진하는 것은 기본적으로 형사시설의 운영방법에 대하여 적절하지 않다고 판단한 경우일 것이기 때문에 그것이 형사시설에 대한 사실상의 감독기능을 가지고 있다는 점은 분명하다. 다만, 그 의견에는 법적구속력은 없기 때문에 법적으로는 일종의 자문기관의 성격을 가진다.

또한, 위원회의 임무는 형사시설의 전반적인 운영에 관해서 의견을 개진하는 것으로, 개별적이고 구체적인 처우의 적부에 대하여 의견을 개진하는 것은 그 임무가 아니다.[120] 따라서 위원회가 피수용자의 개별적인 불복신청의 처리를 담당하는

---

119 「行刑改革會議提言」 26쪽 이하.

120 林ほか, 앞의 책76), 44쪽.

기관이 아니하는 점은 분명하다. 그러나 개개의 수형자에의 처우가 당해 형사시설 전체의 처우방식에 관한 것인 경우에는 그것이 조사 및 의견의 대상이 되기 때문에 실제로는 양자가 서로 중복되는 경우도 적지 않을 것으로 생각한다.

2. 위원회의 조직

위원은 위원회가 설치된 형사시설의 규모 등에 따라서 10인 이내의 사람이 임명된다(제8조 제1항). 실제로는 4인 내지 10인의 위원으로 구성되는 위원회가 대부분이다.

또한, 위원은 인격과 식견이 높고 형사시설 운영의 개선과 향상에 열의를 가진 사람 중에서 법무대신이 임명한다고 규정하고 있다(동조 제2항). 실무상으로는 변호사나 의사, 지방공공단체의 직원, 자치단체의 관계자 등이 위원으로 임명되는 경우가 많다.

위원의 신분은 비상근의 국가공무원이고 임기는 1년으로 재임을 할 수 있다(동조 제3항, 제4항).

3. 직무

위원회의 직무는 위원회가 설치된 형사시설을 시찰하고 그 운영에 관하여 형사시설의 장에 대하여 의견을 개진하는 것이다(제7조 제2항).

위원회가 적절한 의견을 개진하기 위해서는 형사시설의 운영 상황을 정확하게 파악하는 것이 전제가 되기 때문에 이를 위한 수단을 확보할 필요가 있다. 이에 우선 ① 형사시설의 장은 정기적으로 또는 필요에 따라서 위원회에 대하여 시설운영에 관한 정보를 제공하여야 한다(제9조 제1항). ② 위원회에는 위원에 의한 형사시설의 시찰을 할 권한이 있다(동조 제2항). 또한, ③ 피수용자로부터 직접 처우에 관한 의견을 청취할 필요가 있는 경우도 있기 때문에 그러한 경우에는 형사시설의 장에 대하여 위원에 의한 피수용자와의 면접의 실시에 대하여 협력을 요구할 수있다(동항 후단). 형사시설의 장은 ②의 시찰 및 ③의 면접의 실시에 대하여 필요한 협력을 하여야 한다(동조 제3항).

4. 위원회의 의견 등의 공표

형사시설의 운영 상황을 투명하게 공개하여 국민의 이해와 협력을 얻을 수 있도록 한다고 하는 취지에서 법무대신은 매년 위원회가 형사시설에 대하여 개진한 의견 및 이것을 반영하여 형사시설의 장이 강구한 조치의 내용을 종합하여 그 개요를 공표하여야 한다(제10조).

5. 운영의 실정

2016년도 위원회의 활동상황에 대하여 살펴보면 회의 개최가 469회, 형사시설의 시찰이 194회, 피수용자와의 면접이 492건, 위원회가 형사시설의 장에 대하여 제출한 의견은 582건이다.[121]

제 7 절 행형에의 민간 참여

I 민간 참여의 형태

일본에서는 지금까지 수형자의 처우를 포함해서 형사시설의 관리 · 운영은 국가(공권력)가 주체가 되어 실시하는 것이라고 하는 견해가 당연한 전제가 되어 왔다. 다만, 그것은 형사시설의 운영에 민간의 참여가 전혀 인정되지 않았다고 하는 의미는 아니다. 수형자의 처우에서 민간의 협력을 얻는 것은 종교교회 활동이나 독지면접의 형태로 일찍부터 실시되어 왔고 그것과는 별도로 총무계 사무, 청소, 청사경비 등 국가의 민간경제작용으로서의 업무에 대해서는 그것을 민간에 위탁하고 있는 경우가 있다.

이에 비해 외국에서는 1980년대부터 교도소의 관리 · 운영에 민간이 참여하는 소위 교도소의 민영화라고 하는 현상이 나타났다. 일본에서도 최근 PFI 교도소의

121 2017년 범죄백서, 59쪽.

신설이라고 하는 형식으로 교도소의 민영화가 도입되기에 이르렀다.

일반적으로 교도소의 민영화라고 불리는 경우에도 2가지 형태가 있다. 그 하나는 운영업무의 모두를 포괄적으로 민간에 위탁하는 것으로 미국이나 영국에서의 '민영교도소'가 이에 해당한다. 또 하나는 보안업무 등은 종래와 같이 국가가 직접 실시하고 급식, 세탁, 청소, 유지관리, 교육, 직업훈련 등의 서비스업무에 한해서 위탁하는 '혼합운영시설'의 형태로 프랑스 등에서 채용하고 있다.

일본의 PFI교도소는 후자의 방식을 채용한 것이다. PFI[Private Finance Initiative]는 공공시설 등의 건설, 유지관리, 운영 등을 민간의 자금, 경영능력 및 기술적 능력을 활용해서 실시하는 새로운 방법으로, 규제개혁의 흐름 속에서 1999년에 「민간자금 등의 활용에 의한 공공시설 등의 정비 등 촉진에 관한 법률」이 제정되어 다양한 분야에서 사업이 실시되고 있다. PFI교도소도 그러한 사업의 하나로 평가된다.

Ⅱ PFI교도소

1. 도입의 배경

2007년에 야마구치현山口縣 미네시美祢市에 '미네美祢사회복귀촉진센터'가 개설된 이후 다음 해까지 '시마네아사히島根あさひ사회복귀촉진센터', '키츠렌가와喜連川사회복귀촉진센터', '하리마播磨사회복귀촉진센터'가 연이어 개설되어 현재는 4시설이 운영되고 있다. 이 시기에 PFI 교도소가 도입된 배경에는 아래와 같은 사정이 있었다.

첫째, 당시 일본의 교도소가 직면하고 있었던 과잉수용에의 대응책으로서 PFI 교도소가 유효하다고 생각되었다는 점이다.[122] 과잉수용의 물리적인 해소책으로서 가장 먼저 강구되는 것은 교도소의 신설이지만 어려운 재정 사정하에서 교도소 설립을 위해 국고지출을 하는 것은 곤란하였다. 또한, 과잉수용에 대처하기 위해서는 직원의 증원이 필요하였는데 공무원을 증원하는 것은 어려웠기 때문에 민간으로부터의 요원 확보를 검토할 필요가 있었다.

---

122 1992년에 70.7%였던 형사시설의 수용율(연말수용인원의 수용정원에 대한 비율)은 1993년부터 증가하여 2006년에는 102.4%를 기록하고 있다. 기결수용자의 수용율은 이보다 높은 115%를 기록하고 있다.

둘째, 나고야교도소 사건 등에 의해 형사시설 운영의 투명화가 요구되고 있었다. 시설운영을 민간과 협동해서 실시하는 PFI 교도소는 그러한 요청에 부합하는 것이었다.

셋째, 종합규제개혁회의의 민간참여의 확대에 의한 관제시장의 재검토라고 하는 관점에서의 논의에서 형사시설에 대해서도 민간위탁이 가능한 범위를 명확히 하여 민간위탁을 추진해야 한다고 하는 방향이 제시되었다는 점이다.

2. 제도의 개요

'미네사회복귀촉진센터'와 '시마네아사히사회복귀촉진센터'에 대해서는 기업그룹이 특별목적회사를 설립하여 사업을 낙찰받아, 기업의 자금으로 시설을 정비하고 국가와 함께 시설의 운영을 담당하는 형태를 취하고 있다. 정해진 사업기간 중 국가로부터 매년 사업비가 지불되고 그것이 종료한 시점에 국가가 시설을 매수하게 된다. 다른 2개의 교도소는 시설의 설계, 건설은 국가가 실시하고, 시설의 운영만을 PFI사업으로 실시하는 형태가 채택되었다.

어느 시설에서도 국가와 민간기업 사이에 다음과 같은 업무가 분담되어 있다. 먼저, 국가가 행해야 하는 업무는 계구나 무기의 사용, 도주한 피수용자의 체포, 징벌의 부과, 접견의 거부처분 등의 (a) 형사시설에 관계하는 법령상 수용의 목적을 달성하기 위하여 직접 의무를 부과하거나 또는 권리를 제한하는 처분이나, (b) 신체, 재산에 강제력을 가하고 행정상 필요한 상태를 실현하고자 하는 행위를 내용으로 하는 업무이다. 이러한 업무들은 소위 공권력 행사의 중심을 이루는 부분으로 민간에 위탁할 수 없는 것으로 생각되고 있다. 반대로 이 이외의 업무는 민간부분에서도 실시하는 것이 가능하고, 여기에는 단순히 민간경제작용에 관한 업무뿐만 아니라 분류조사나 직업훈련, 서신의 검사 등 수형자의 처우에 직접적으로 관여하는 권력적 업무도 포함되어 있다. 이상과 같은 분담을 전제로 국가에 남겨진 업무는 공무원인 교도관 등이, 민간에 위탁된 업무는 그것을 맡은 민간회사가 고용한 직원이 각각 담당하게 된다.

현재 이러한 시설에는 범죄경향이 진전되지 아니한 초범의 수형자가 수용되어 있고, 개선갱생의 가능성이 높은 수형자를 대상으로 하여 사회복귀를 향한 처우의 실시가 예정되어 있다. 실제 시설의 건설이나 관리의 측면에서 민간의 기술을 활용하여 폐쇄성을 완화한 설계와 운영이 행해지고 있고, 수형자 처우의 측면에서도 민간의 노하우와 아이디어를 활용한 특색있는 직업훈련이나 교육프로그램의 지도가 실시되고 있다.

3. 이후의 전개

상기 4개 시설의 PFI방식에 의한 교도소 운영은 구조개혁특별구역법에 의해 대상이 되는 지역이 한정되어 있었으나 2009년의 「경쟁 도입에 의한 공공서비스의 개혁에 관한 법률」의 개정에 의해 전국 형사시설에서 운영업무의 폭넓은 민간위탁이 가능하게 되었다. 이에 따라 복수의 시설에서 총무업무, 경비업무, 급식업무, 작업업무, 직업훈련업무, 교육업무, 분류업무 등의 민간위탁이 실시되고 있다.

[참고문헌]

朝倉京一ほか編, 日本の矯正と保護(제1권)行刑編, 有斐閣, 1980.

石原一彦ほか編, 現代刑罰法大系7 − 犯罪者の社會復歸, 日本評論社, 1982.

"〈特集〉 監獄法改正", ジュリ 1298호, 2005.

"〈特集〉 監獄法改正", 犯罪と非行 146호, 2005.

"〈特集〉 新しい刑務所運營" ジュリ1333호, 2007.

"〈特集〉 行刑の現狀と課題 − 刑事收容施設法施行後の檢證 −", 法時 80권 9호, 2008.

"〈特集〉 法改正後の矯正と保護", 犯罪と非行 165호, 2010.

刑事政策研究會, "PFI刑務所論究", ジュリ 2호, 2012.

제 4 장 사회 내 처우

제 1 절 총설

I 사회 내 처우의 의의와 종류

사회 내 처우란, 시설 내 처우에 대응하는 개념으로 범죄자를 시설에 수용하지 아니하고 사회 내에서 자율적인 생활을 영위하게 하면서 그의 개선갱생을 도모하는 조치의 총칭이다. 갱생보호라고 불리우는 경우도 있어 갱생보호법은 이러한 용어에 따른 것이다.

현행법상 사회 내 처우에 관한 기본제도는 ① 보호관찰, ② 갱생긴급보호, ③ 집행유예, ④ 가석방의 4가지이고, 그중 처우내용을 동반하는 제도는 보호관찰과 갱생긴급보호이다. 보호관찰은 대상자가 준수사항을 지키도록 지도감독하는 한편, 자립한 생활을 할 수 있도록 하기 위한 보도원호를 실시하는 것을 내용으로 하는 것이다. 준수사항의 위반에는 집행유예나 가석방의 취소에 의한 시설수용의 효과가 따르기 때문에 보호관찰은 국가의 강제력을 배경으로 한 유권적 갱생보호라고 할 수 있다. 이에 대해서 갱생긴급보호는 신병의 구속이 해제된 후 친족이나 공적기관으로부터 보호를 받을 수 없는 사람에 대하여 긴급하게 금품이나 숙박장소 등을 제공하는 것으로, 이것은 본인의 의사에 반하지 아니하는 경우에 한해서 실시되는 비유권적인 갱생보호이다.

다른 한편 집행유예와 가석방은 그 자체가 사회 내에서의 처우내용을 동반하지는 않지만, 시설 내 처우를 회피 또는 종료하고 대상자를 사회 내 처우로 돌린다고 하는 의미에서 사회 내 처우를 실시하기 위한 제도로 평가할 수 있다.

그 외 사면도 사회 내 처우제도로 논해지고 있다. 그러나 그것은 사면이 사회 내 처우를 관할하는 법무성 보호국의 소관사항이기 때문으로(그 내용은 갱생보호법에 규정되어 있다), 내용적으로는 사회 내 처우와 직접적인 관계가 있는 것은 아니다.

Ⅱ 사회 내 처우의 형사정책적 의의

제2차 세계대전 후 형사정책의 국제적 동향을 보면 당초는 시설 내 처우에 중점이 두어져 있었다. 즉, 시설 내 처우를 통하여 수형자의 사회복귀를 도모하는 것이 재범을 방지하고 사회를 방위하기 위한 최선의 방책이라고 생각되었다. 그러나 사회 내에서 자율적으로 살아가기 위한 훈련을 사회로부터 격리된 타율적인 환경 속에서 실시하는 것이 가지는 한계가 점차 의식되게 되었고 범죄자의 개선갱생의 수단으로서의 시설 내 처우의 유효성에 강한 의문이 던져지게 되었다. 여기서 범죄자 처우의 중점을 사회 내 처우로 옮겨야 한다고 하는 주장이 생겨나고 '시설 내 처우에서 사회 내 처우로'라고 하는 표어가 형사정책이 나아가야 할 방향으로 널리 받아들여지게 되었다. 1990년 제8회 유엔범죄방지회의에서 사회 내 처우를 한층 더 촉진할 것을 주창한 「비구금조치에 관한 유엔최저기준규칙」(도쿄룰)이 채택된 것도 이러한 형사정책적 사조의 변화를 단적으로 나타내는 사건이었다고 할 수 있다.

다만, 사회 내 처우의 의의를 강조하는 동일한 입장 중에서도 그 정책적 지향은 반드시 일치되지 아니하는 것에 유의할 필요가 있다. 즉, 위의 주장들은 어디까지나 범죄자의 개선갱생을 처우의 기본이념에 둔 가운데 그 관점에서 사회 내 처우의 적극적 의의를 이끌어내려고 하는 발상인 것에 대하여, 시설 내 처우에 관련된 비용의 삭감이나 교도소의 과잉수용의 해소라는 관점에서 사회 내 처우에 의의를 찾는 주장도 있을 수 있다. 사회복귀의 이념이 현저히 퇴조한 미국 등에서도 사회 내 처우의 적극화에 관심을 기울이고 있는 것은 이러한 발상에 기초한 부분이 크다고 할 수 있다. 일본에서는 비용의 삭감이나 과잉수용의 해소라는 의의 자체를 부정하는 의미는 아니지만, 그것은 오히려 범죄자의 개선갱생을 목적으로 하는 사회 내 처우의 실시에 따르는 간접적인 효과로 파악해야 한다는 주장이 일반적이다.

Ⅲ 사회 내 처우의 역사적 전개

1. 영미에서의 연혁

영미법계 국가들에서는 사회 내 처우는 형의 선고유예와 보호관찰을 결합한 프로베이션probation과 가석방과 보호관찰을 결합한 패롤parole이라고 하는 2가지 계통으로 발전하였다. 거기에서는 형의 선고유예나 가석방이 단순히 시설 내 처우의 폐해의 회피책에 그치지 아니하고, 보다 적극적인 사회 내 처우의 수단과 결부되어 발달한 점에 커다란 특징이 있다.

영미에서는 보통법의 재판절차상 유죄의 인정은 배심의 권한으로 되어있고, 형의 양정은 재판관의 권한으로 되어있었지만, 재판관은 심리중 피고인을 보석하는 권한도 가지고 있었기 때문에 이러한 권한을 활용하여 선행유지를 서약시킨 다음 피고인을 보석하고, 형의 선고를 유보한다고 하는 운용이 19세기 중엽부터 실무상 관행으로 실시되었다. 미국에서는 형의 선고를 유보받은 사람에 대해 민간독지가에 의한 감독 · 원조의 활동이 활발하게 실시되어, 이것이 점차 보호관찰의 실체를 형성하였다. 1878년에는 매사추세츠주에서 세계 최초로 프로베이션에 관한 제정법이 성립하였고 이에 따라 유급의 프로베이션 오피셔probation officer에 의한 보호 · 감독이 실시되었다. 1925년에는 연방프로베이션법이 성립하여 프로베이션이 미국 전역에 확대되었다. 영국에서도 1879년의 간이재판소법에 의해 관습으로서 실시되어 왔던 선고유예가 법제화되었고, 후에 1887년의 초범자 프로베이션법, 1907년의 범죄자 프로베이션법, 1925년의 형사재판법 및 1948년 동법 개정을 거쳐 프로베이션제도가 정비되기에 이르렀다.

한편, 패롤에 관해서는 18세기 말 영국의 유형지인 호주에서 수형자 관리의 한 방법으로 시작된 '조건부 석방conditional pardon'이 그 기원이라고 말해진다. 후에 이 조건부 사면에 일정한 기준을 마련하기 위해 형의 집행을 4단계로 나누고 그 최종 단계에서 '가석방 표ticket of leave'를 주는 제도가 발전하였고, 누진제와 가석방이 결합하게 되었다. 이러한 영향을 받아 1854년에는 아일랜드에서 점수제, 중간처우 및 경찰에 의한 감독을 동반하는 가석방을 결합시킨 소위 아일랜드제가 창설되어 가석방과 사회 내에서의 감독이 밀접하게 연결되게 되었다. 이 제도는 머지 않아 곧 영국 전역에 확대되었다. 미국에서도 19세기 후반부터 아일랜드제를 채용하려고 하는 움직임이 높아졌고 1877년에는 신설 뉴욕주 엘마이라교정원에 부정기형과 결합한 가석방제도가 도입되었다. 이것이 미국의 패롤제도의 선구가 되었고 이후 급속하게 각 주에 확대되었다. 미국의 패롤은 가석방의 허가권한을 가석방위원회가 가지고, 가석방 후의 감독이 전문기관에 의해서 실시되는 점에 커다란 특징이 있다.

2. 유럽대륙에서의 연혁

19세기말 유럽대륙에서는 단기자유형의 폐해를 회피하려는 관점에서 형의 유예제도가 주목받게 되었다. 그곳에서는 영미의 입법에 자극을 받으면서도 보호관찰과 결합한 선고유예가 아니라 형의 집행유예제도가 고안되었다. 1888년 벨기에, 1891년 프랑스에서 집행유예에 관한 법률이 각각 성립하였고, 이 모델이 후에 유럽국가들에 점차 채용되기에 이르렀다.

한편, 가석방에 관해서는 1830년에 독일의 바이에른에서, 1835년에는 스페인의 발렌시아에서 실험적으로 실시되었다. 프랑스에서는 1832년 소년에게, 1850년에는 성인에게 가석방이 인정되었다. 독일의 작센에서는 1862년에 아일랜드제의 영향을 받아서 경찰감시를 동반하는 가석방이 채용되었다. 그후 많은 유럽국가에서 가석방제도가 점차 채용되어 갔다. 유럽에서는 가석방의 결정권한을 재판소 또는 주관 관청이 가지고, 석방 후의 감독도 경찰 또는 민간단체에 맡기는 형태가 많았다고 한다.

그러나 이상과 같은 연혁상의 차이가 있지만 현재는 대륙법계 국가들에서도 집행유예나 가석방의 기초위에 보호관찰을 도입하였고, 양 법계에서의 제도상의 차이는 상대적인 것이 되어왔다고 할 수 있을 것이다.

3. 일본에서의 전개

일본의 사회 내 처우의 역사도 프로베이션과 패롤의 접근을 그 특징으로 하고 있다.

자유형의 폐해를 회피하기 위한 집행유예나 가석방제도는 일찍부터 채용되어 있었다. 집행유예에 관해서는 일찍이 1905년의 '형의 집행유예에 관한 건'에서 이것이 도입되었고, 1907년 제정 현행 형법에서는 집행유예에 관한 선고형의 요건이 그때까지의 1년 이하에서 2년 이하의 징역 또는 금고에로 확장되었으며, 전과에 의한 결격의 기간에 대해서도 그때까지의 10년에서 7년으로 단축되었다. 가석방에 관해서는 1880년 제정된 (구)형법에 이것이 도입되었고 중죄 및 경죄에 대해서는 형기의 4분의 3, 무기형에 대해서는 15년을 경과한 때 내무경과 사법경의 허가에 의해 가출옥을 허가한다고 되었지만, 현행 형법에는 가출옥의 자격요건이 대폭 완화되어 유기형에 대해서는 형기의 3분의 1, 무기형에 대해서는 10년을 경과하면 가출옥이 가능하게 되었다.

한편, 보호관찰에 관해서는 이것을 처음 제도화한 것은 1922년 제정된 소년법에서였다. 동법은 소년심판소가 결정하는 보호처분의 하나로서 '소년보호사의 관찰에 붙이는' 처분(제4조 제1항 제6호)을 마련하는 외, 소년이 형의 집행유예의 선고를 받은 때 또는 가출옥을 허가받은 때에도 소년보호사의 관찰에 붙인다고 하였다(제6조 제1항). 이 소년보호사가 일본 최초의 보호관찰관이라고 할 수 있다.[123] 성인에 관해서는 1936년에 사상범보호관찰법이 제정되어, 치안유지법상의 죄를 범한 사람으로 기소유예, 집행유예, 가출옥, 형이 집행종료된 경우에 보호관찰소의 보호사의 관찰에 붙인다고 하였다(제3조). 이 법률은 성인에 대한 보호관찰을 처음 실현시켰다고 하는 의미에서는 획기적인 것이었지만, 성인의 보호관찰이 사상범에 대한 것에서부터 발족한 것은 그 후의 보호관찰의 발전에 어두운 그림자를 드리웠다. 또한, 성인의 가출옥자에 대해서는 경찰감시라고 하는 제도가 존재하였지만, 그것도 보호관찰과는 이질적인 것이었다. 결국 성인 일반에 대한 보호관찰의 본격적인 전개는 제2차 세계대전 이후에 시작되었다.

제2차 세계대전 후 사회 내 처우제도는 커다란 변혁을 거치게 되었다. 우선 1947년과 1953년의 형법의 일부 개정에 따라 집행유예가 가능한 선고형이 3년 이하의 징역 · 금고에로 확대되는 동시에 유예기간 중의 범죄에 대한 재차의 집행유예도 인정되었다. 다른 한편, 보호관찰에 관해서는 1948년에 제정된 (신)소년법에서 한발 빠르게 이것을 규정했지만, 성인에 대해서는 전쟁전의 사상범보호관찰법의 역사에서 기인한 보호관찰에 대한 불신감도 있어서 그 도입의 길은 반드시 평탄하지 아니하였다. 1949년에 국회에 제출된 범죄자예방갱생법안에는 가석방자와 나란히 성인의 집행유예자에 대한 보호관찰도 포함되었지만 국회심의과정에서 집행유예자에 대한 보호관찰은 삭제되기에 이르렀다. 겨우 1953년에 이르러 형법의 일부 개정에 의해 재차의 집행유예자에 대한 필요적 보호관찰이 인정되었고, 그 다음해 형법의 재개정에 의해 첫회의 집행유예자에 대해서도 재량적으로 보호관찰에 붙이는 것이 인정되었다. 그것과 조화시켜 같은 1954년에 「집행유예자 보호관찰법」이 제정되기에 이르렀고, 드디어 보호관찰에 관한 법정비가 이루어졌다.

123 다만, 소년보호사에는 전임보호사와 촉탁보호사가 있고 후자는 민간인이었다.

그렇지만 최근 보호관찰대상자에 의한 중대범죄가 잇달았기 때문에 보호관찰의 방법에 대한 비판이 갑자기 높아져 2005년 7월에 '갱생보호의 방법을 생각하는 전문가회의'가 구성되었고, 다음해 6월에 동 회의에 의해 갱생보호제도에 대해서 근본적인 개혁을 실시해야 한다는 취지의 제언을 정리한 보고서('갱생보호제도 개혁의 제언 – 안전 · 안심한 국가만들기, 지역만들기를 목표로 하여–')가 공표되었다(이하 '전문가회의 보고서'라고 한다). 이러한 배경하에서 2006년의 집행유예자 보호관찰법의 일부개정을 거쳐, 2007년에는 집행유예자 보호관찰법과 범죄자 예방갱생법을 정리 · 통합한 다음 보호관찰에서의 준수사항의 정리 및 충실, 사회복귀를 위한 환경 정비의 충실, 가석방 심리에의 범죄피해자 등의 관여 등을 도모한 갱생보호법이 제정되기에 이르렀다.

갱생보보호법의 제정에 따라 갱생보호에 관한 기본법이 정비되기에 이르렀지만, 그 후 이것에 더하여 사회 내 처우의 충실강화를 도모하기 위한 새로운 제도로 2013년 형법 등의 일부개정에 의해 형의 일부집행유예제도가 창설되는 외에, 같은 해의 갱생보호법의 개정에 의해 사회공헌활동이 보호관찰의 특별준수사항으로 도입되었다.

Ⅳ 사회 내 처우의 기관

1. 법무성 보호국

법무성 보호국은 갱생보호에 관한 행정사무를 관할하는 중앙기관이다. 보호국에는 총무과, 갱생보호진흥과, 관찰과의 3과가 설치되어 있다.

2. 중앙갱생보호심사회

중앙갱생보호심사회는 법무성에 설치된 심사회이고, 주로 ① 법무대신에 대하여 사면, 특정한 사람에 대한 감형, 형의 집행면제 또는 특정한 사람에 대한 복권의 실시에 대하여 신청하는 것, ② 지방갱생보호심사회가 한 결정에 대하여 갱생보호법 및 행정불복심사법이 정하는 바에 따라 심사를 실시하고 재결을 하는 것을 그 소관 사무로 한다(갱생 제4조). 심사회는 위원장 및 위원 4명으로 구성된다(동법 제5조).

3. 지방갱생보호위원회

지방갱생보호위원회는 전국 8개소의 고등재판소의 소재지에 설치되어 있다. 그 주된 소관 사무는 가석방 허가와 취소, 보호관찰소의 감독이다(갱생 제16조). 지방갱생보호위원회는 3인 이상의 정령으로 정하는 인수 이내의 위원(현재는 최고 15인)으로 조직된다(동법 제17조). 원칙적으로 3인의 위원으로 구성되는 합의체에 의해 그 권한을 행사하는 것으로 되어 있다(동법 제23조). 또한, 지방갱생보호위원회에는 사무국이 설치되어 있고, 거기에 보호관찰관이 배치되어 가석방 등의 심리사무를 담당하고 있다.

지방갱생보호위원회의 구성원에 대해서는 갱생보호관계자에 너무 편향적이고 가석방의 심리 등이 내부사람으로 실시되고 있다고 하는 비판이 있다.[124] 심리의 공정성, 투명성, 전문성 등을 높이기 위해서는 향후는 그 위원에 법조관계자, 정신의학의 전문가, 대학교수 등 갱생보호관서 출신자 이외의 사람도 적극적으로 등용하는 것이 바람직할 것이다.

4. 보호관찰소

보호관찰소는 전국 50개소의 지방재판소의 소재지 별로 설치되는 외에 그 이외의 33개소의 지역에 주재관 사무소가 설치되어 있다. 그 소관 사무는 ① 보호관찰의 실시, ② 범죄예방을 위한 여론의 조성, 사회환경의 개선, 지역주민의 활동의 촉진, ③ 생활환경의 조정, ④ 갱생긴급보호의 실시, ⑤ 의료관찰의 실시 등이다(갱생 제29조). 그중 ①의 보호관찰의 실시가 최대의 임무이다. 보호관찰소에는 보호관찰관과 사회복귀조정관이 배치되어, ⑤의 의료관찰은 사회복귀조정관이 담당하고, 그 이외의 업무는 보호관찰관이 담당하도록 되어 있다.

124 有識者會議報告書 20쪽 이하.

V 처우의 담당자

보호관찰의 실시자는 보호관찰관과 보호사이다. 이 외 갱생보호법인 등 다양한 민간조직도 사회 내 처우에 적극적으로 관여하고 있다.

1. 보호관찰관

보호관찰관은 지방위원회의 사무국 및 보호관찰소에 배치되는 일반직 국가공무원이다. 보호관찰관은 '의학, 심리학, 교육학, 사회학 그 밖의 갱생보호에 관한 전문적 지식에 기초하여 보호관찰, 조사, 생활환경의 조정 그 밖에 범죄를 저지른 사람 및 비행이 있는 소년의 갱생보호 및 범죄의 예방에 관한 사무에 종사하는' 사람이라고 하여(갱생 제31조) 전문성이 요구되고 있다. 다만, 현행제도에서는 보호관찰관의 채용에 있어서 가정재판소 조사관보의 채용시험과 같은 전문시험은 준비되어 있지 아니하고, 국가공무원 채용시험 합격자 중에서 보호관찰소 또는 지방위원회 사무국에 배치되는 법무사무관으로 채용되어 일정 기간 경과 후 보호관찰관에 임명되는 구조로 되어 있다. 따라서 보호관찰관의 전문성은 보호관찰관에의 임명 후의 연수에 의해 확보된다. 현재 초등과 연수, 중등과 연수, 전문과 연수, 처우강화 연수의 4종류의 연수가 준비되어 있지만 전문적인 지식과 기법에 기초한 처우의 중요성이 점점 높아지는 현상에 비추어 보면, 향후는 이러한 보호관찰관의 연수를 한층 충실강화해 갈 필요가 있다.

2016년에는 지방갱생보호위원회의 사무국에는 161명, 보호관찰소에는 1,214명의 보호관찰관이 각각 배치되어 있다.

2. 보호사

보호사는 민간자원봉사자이다. 직무수행시는 비상근의 국가공무원으로 인정되지만 급여는 지급되지 아니한다. 보호사는 '보호관찰관으로 충분하지 아니한 것을 보완하는', 보호관찰의 실시 등을 맡은 사람이라고 되어 있지만(갱생 제32조), 이것은 지역의 실정에 정통하고 있다고 하는 의미에서의 지역성과 상근의 공무원인 보호관찰관에는 없는 민간성을 처우에 살리는 것을 취지로 한다.

보호사는 ① 인격 및 행동에 대해서 사회적 신뢰를 가지고 있을 것, ② 직무의 수행에 필요한 열의 및 시간적 여유를 가지고 있을 것, ③ 생활이 안정되어 있을 것, ④ 건강하고 활동력을 가지고 있을 것이라고 하는 4가지 조건을 구비한 사람 중에서 법무대신이 위촉하는 사람으로 되어 있다(보호사 제3조). 법무대신은 보호관찰소의 장의 추천에 따라 보호관찰소 별로 설치된 보호사 선발회의 의견을 들은 다음 위촉하여야 한다. 보호사의 임기는 2년이지만 재임은 지장이 없다. 실제로는 상당히 오래 근무하는 보호사가 많다.

보호사에 대해서도 그 직무를 하기 위해 필요한 지식이나 기술을 습득시키기 위해 다양한 연수가 실시되고 있다.

보호사의 정원은 52,500명이고 2017년 1월 1일 현재 47,909명이 위촉되어 있다.

3. 갱생보호법인

갱생보호법인은 법무대신의 허가를 받아 갱생보호사업을 운영하는 민간단체이다. 그 사업에는 ① 계속보호사업, ② 일시보호사업, ③ 연락조성사업의 3가지 내용이 포함된다. 계속보호사업이란 보호가 필요한 대상자를 시설에 수용해서 숙박장소나 식사의 제공, 취업원조 등의 보호를 실시하는 사업을 말한다. 계속보호사업을 실시하기 위한 시설을 '갱생보호시설'이라고 한다. 2017년 4월 1일 현재 전국에 103개의 갱생보호시설이 있고, 그 가운데 100시설이 갱생보호법에 따라 운영되고 있다. 일시보호사업이란 갱생보호시설에 수용하지 아니하고 실시하는 보호사업을 말하고 귀주의 알선, 금품의 급여 등이 그 내용이다. 연락조성사업이란 계속보호, 일시보호, 그 밖의 피보호자의 갱생을 돕는 것을 목적으로 하는 사업에 관한 홍보, 연락, 조정 또는 조성을 실시하는 사업을 말한다.

4. 민간협력조직

보호사나 갱생보호법인과 같이 법률상의 근거규정을 가지는 민간자원봉사자 외에도 사회 내 처우에 협력하는 민간조직은 많이 존재한다. 주된 것으로 갱생보호

여성회, BBS회, 협력고용주를 들 수 있다.

사회 내 처우에 관한 기본제도 중 집행유예에 대해서 이미 기술했기 때문에(본편 제3장 제2절 Ⅲ 2 참조), 아래에서는 그 이외의 기본제도(가석방, 보호관찰, 갱생긴급보호) 및 최근 도입의 여부가 의논되고 있는 제도(사회봉사명령, 전자감시)를 다루고자 한다.

제 2 절 가석방

Ⅰ 가석방의 종류

가석방이란 교정시설에 수용되어 있는 사람을 수용기간이 만료하기 전에 임시로 석방하는 것을 말한다. 석방시에 조건이 붙여지고 조건위반이 있을 때는 가석방이 취소되고 다시 시설에 수용되기 때문에 조건부 석방이라고도 불리운다.

광의의 가석방으로서 현행법에는 ① 징역 또는 금고의 수형자에 대한 가석방(형 제28조), ② 구류 또는 노역장유치 중인 사람에 대한 가출장(동 제30조), ③ 소년원 수용중인 사람에 대한 가퇴원(소원 제12조 제2항) 및 ④ 부인보도원 수용중인 사람에 대한 가퇴원(매춘 제25조)의 4종류가 있다. 그중 법률상 '가석방'이라고 하는 이름이 붙여져 있는 것은 ①의 징역 또는 금고의 수형자에 대한 가석방뿐이다. 또한, 가출장은 '가'라고 하는 이름이 붙여져 있지만 가출장 시에 조건이 붙는 것도 없고, 취소 또는 재수용의 규정도 없기 때문에 실질상은 석방과 동시에 집행을 종료시키는 확정적 조치이다.

가출장과 부인보도원으로부터의 가퇴원은 운용실적이 거의 없다. 소년원으로부터의 가퇴원은 처우의 최고단계에 달하여 임시로 퇴원시키는 것이 개선갱생을 위하여 상당하다고 인정되는 때, 그 밖에 개선갱생을 위하여 특히 필요가 있다고 인정되는 때 지방갱생보호위원회가 결정으로 이것을 허가하게 되어있고, 그 경우의 절차 등은 수형자에 대한 가석방의 경우에 준한다고 되어 있다(갱생 제41조, 제42조). 이하에서는 주로 수형자에 대한 가석방을 대상으로 한다.

Ⅱ 가석방의 목적과 법적 성격

1. 가석방의 목적

가석방의 목적에 대해서는 ① 수형자의 시설 내의 행동에 대한 보상이라고 해석하는 견해(은혜설), ② 자유형의 폐해을 회피하는 수단이라고 해석하는 견해, ③ 대상자의 개선갱생을 도모하는 수단이라고 해석하는 견해 등 다양한 견해가 있다.[125] ①설은 가석방을 단순히 시설 내의 질서를 유지하기 위한 수단으로 평가하고 있는 점에 문제가 있고 이와 같은 견해에 입각할 경우 가석방의 운용이 매우 소극적인 것이 될 수밖에 없다. 제2차 세계대전 전의 가석방제도는 이와 같은 발상에 기초해서 운영되었다고 한다. ②설은 범죄자의 개선갱생의 관점에서 가석방의 의의를 파악하는 점에서는 정당한 측면을 가지지만, 그 의의를 자유형의 폐해의 회피라고 하는 소극적인 것에 그치고 있는 점에 문제가 있다. 가석방은 조기석방의 희망을 주는 점에서 수형자의 개선을 촉구하는 한편, 보호관찰과 결합하는 것에 의해 사회 내에서의 개선갱생을 도모하는 것을 목적으로 하고 있고, 시설 내 처우와 사회 내 처우의 연계에 의해서 범죄자의 개선갱생을 도모하는 제도로 평가되어야 한다. 그러므로 ③설이 타당할 것이다. 범죄자예방갱생법은 명확하게 가석방을 보호관찰이나 갱생긴급보호와 나란한 '갱생의 조치'의 하나로 규정하고 있었는데, 갱생보호법에도 가석방을 포함하는 동법상의 조치는 대상자의 개선갱생을 위해 필요하고 상당한 한도에서 실시하는 것으로 하고 있어(갱생 제3조), 실질적으로 이 입장을 반영하고 있다.

2. 법적 성격

통설에 의하면 가석방은 자유형 집행의 한 형태라고 한다. 따라서 가석방 중에도 형기가 진행하고 잔형기간이 경과한 때는 형의 집행을 종료하게 된다. 이러한 점에서 가석방자에 대한 보호관찰기간도 가석방의 기간, 즉 잔형기간에 한정된다. 이에 대하여 가석방의 법적 성질을 형의 집행의 한 형태가 아니라 형의 한 형태로 파악하는 견해도 있다.[126] 이것은 가석방을 형의 집행유예와 동일하게 생각해서 잔

125 平野龍一, 犯罪者處遇法の諸問題[增補版], 有斐閣, 1983, 84쪽 이하.

126 森下忠, 刑事政策大綱[新版第2版], 成文堂, 1996, 285쪽.

형의 집행을 유예하는 것이라고 해석하는 견해도 있지만, 그 실제의 목적은 잔형기간에 구속되지 아니하는 가석방기간 내지 보호관찰기간의 확보에 있다. 입법론으로는 시사하는 바가 많은 견해이지만, 만약 가석방이 형의 한 형태라고 하면 그것은 사후적인 형의 변경에 해당하기 때문에 그것을 행정기관인 지방갱생보호위원회의 권한으로 실시하는 것이 허용되는가 하는 의문이 있다. 그러므로 역시 가석방은 형의 집행의 한 형태라고 하는 통설이 타당하고, 가석방이 행정권한으로 인정되는 것도 가석방이 형의 집행형태의 변경에 불과하기 때문이라고 해석해야 할 것이다.

Ⅲ 가석방의 요건

1. 형식적 요건

유기형에 대해서는 형기의 3분의 1, 무기형에 대해서는 10년의 경과가 필요하다(형 제28조). 그러나 소년일 때 선고된 형에 대해서는 특칙이 있어 무기형에 대해서는 7년, 「소년법」 제51조에 의한 10년 이상 20년 이하의 정기형에 대해서는 그 형기의 3분의 1, 동법 제52조에 의한 부정기형에 대해서는 그 형의 단기의 3분의 1의 경과가 조건으로 되어 있다(소 제58조 제1항). 다만, 사형으로 판단해야 하는 경우에 범행시 18세 미만이었기 때문에 무기형이 선고된 때에는 성인과 같이 10년을 경과하지 아니하면 가석방이 허가되지 아니한다(동조 제2항). 실무에서는 가석방을 위해 필요하다고 하는 집행제형기의 말일을 '응당일応当日'이라고 불리고 있다.

2. 실질적 요건

가석방의 실질적 요건으로서 '개전의 모습状이 있을' 것이 요구된다(형 제28조). 개전의 '모습状'이란 '정情'과는 달리 후회하고 있는지 여부라고 하는 본인의 내심적 상태뿐만 아니라 재범하지 않고 사회인으로서의 자립생활이 가능하다고 인정되는 객관적인 상황을 의미한다.[127]

---

127 平野龍一, 矯正保護法, 有斐閣, 1963, 100쪽.

이것을 구체화한 것이 「범죄를 저지른 사람 및 비행이 있는 소년에 대한 사회 내에서의 처우에 관한 규칙」(이하 사회 내 처우규칙이라 한다)의 규정이다. 여기서는 가석방을 허가하는 처분은 '회오의 정 및 개선갱생의 의욕이 있고 다시 범죄를 저지를 위험이 없고 그리고 보호관찰에 붙이는 것이 개선갱생을 위하여 상당하다고 인정될 때에 한다. 다만, 사회의 감정이 이것을 시인한다고 인정되지 아니하는 때는 그러하지 아니하다'라고 정하고 있다(제28조).

'회오의 정'과 '개선갱생의 의욕'은 모두 본인의 내면적 요소이지만, 그러한 것들은 형사시설 내에서의 행상, 처우성적, 장래의 생활설계 등 본인의 행동을 통하여 외부에 나타나는 상황으로부터 판단해야 할 것이다.

'재범의 위험'은 장래에 대한 예측이기 때문에 그 판단이 쉽지 않다. 상기의 '회오의 정'이나 '개선갱생의 의욕'이라고 하는 내면적 요소 외에, 예를 들면 범죄력, 범정, 생활사, 직능, 귀주환경, 인수인의 의욕이나 인수능력, 보호관찰의 체제 등 객관적인 요인에 따라 판단된다. '재범의 위험이 없을 것'을 엄격하게 해석하면 가석방의 운용이 현저하게 억제적으로 될 수밖에 없다. 가석방이 개선갱생을 아직 이루지 못하고 사회 내에서의 추가적인 처우를 필요로 하는 사람을 그 대상으로 하는 것은 제도가 본래 예정하는 바이기 때문에 재범의 위험성을 어느 정도 각오할 수밖에 없다고도 할 수 있다. 또한, 만기석방 후의 보호관찰이 인정되지 아니하는 현행법하에서는 보호관찰에 의해서 재범의 가능성을 저하시키는 것을 기대해서 가석방을 실시하는 것도 한마디로 상당성을 흠결했다고는 할 수 없다. 그 의미에서 이 요건에 대해서는 '재범의 위험이 높다고 인정될 때'에 가석방을 허가하지 아니한다는 취지로 해석하는 것이 타당하다고 생각된다.

'사회의 감정'도 다소 추상적인 개념이고, 그 판단이 어렵고 이것을 특별히 강조하면 가석방의 운용이 위축되어 버릴 우려가 있다. 「사회 내 처우규칙」이 이 요건을 단서로 규정하고 있는 것은 '사회의 감정'이 가석방의 적극적 요건이 아니라 소극적 요건에 불과하다는 것을 보여주는 것일 것이다.

또한, 이 '사회의 감정'에는 피해자의 감정도 포함된다고 해석되고 있다. 이 점은 종래의 실무운영에서도 그와 같이 해석되고 있었지만 갱생보호법에서는 더욱 진전되어 가석방심리시에 피해자 등의 의견을 청취하는 제도를 마련하였다(갱생 제38조).

Ⅳ 가석방의 절차

1. 가석방 기관

가석방은 '행정관청'의 처분에 의해 실시된다(형 제28조). 이 행정관청이란 지방갱생보호위원회(이하 '지방위원회'라고 한다)를 가리킨다(갱생 제16조). 가석방의 처분이나 그 취소의 처분은 지방위원회의 위원 3인으로 구성하는 합의체가 심리를 거쳐 실시하여야 한다(동법 제23조, 제24조).

2. 가석방 심리의 개시

형사시설의 장은 응당일이 경과하고 동시에 법무성령으로 정하는 기준에 해당한다고 인정되는 때는 지방위원회에 대하여 가석방의 신청을 하여야 한다(갱생 제34조 제1항). 이 신청을 받아 가석방의 심리를 개시하는 것이 통상이다. 법률상은 이러한 신청이 없는 경우라도 지방갱생보호위원회가 직권으로 가석방의 심리를 개시할 수 있다고 되어 있지만(동법 제35조 제1항) 실제로는 거의 실시되고 있지 아니하다. 또한, 실무상 수형자 본인에게는 가석방신청권이 없다고 해석되고 있다.

이와 같이 가석방의 심리를 개시할지 여부는 시설의 장의 판단에 달려있는 것이 실정이지만, 시설측의 판단에만 맡겨서는 가석방이 단순히 시설의 규율유지의 수단에 이용되고 말 우려가 있다. 지금까지 지방위원회가 직권으로 심리를 개시하는 것에 소극적이었던 것은 지방위원회에 의한 정보수집체제에 불비가 있었던 것에 그 한 원인이 있다고 하고 있으므로, 향후는 시설의 장이 신청을 하기 전부터 지방위원회에 의한 가석방준비조사를 한층 충실히 하는 한편, 지방위원회의 직권에 의한 심리개시의 활성화를 도모해 갈 필요가 있다고 생각된다. 또한, 비록 수형자 본인에게 가석방신청권이 인정되지 아니하더라도, 예를 들면 본인의 신청을 받아 지방위원회가 직권에 의한 심리개시의 필요 여부를 검토하는 등 본인을 가석방절차에 주체적으로 관여시키려는 시책은 고려할 가치가 있다. 갱생보호법의 제정에 따라 실무에서 심리대상자가 범죄의 동기, 피해변상, 석방 후의 생활설계 등에 대해 신고표를 기재하여 지방위원회에 제출하는 제도가 발족하였는데[128] 이것은 상

128 松本勝編著, 更生保護入門(第4版), 成文堂, 2015, 45쪽.

기의 관점에서 보아 일보 전진이라고 평가할 수 있다.

3. 심리에서의 조사

가석방에 관계하는 조사 및 심리의 주체는 합의체이지만(갱생 제25조 제1항) 합의체는 그 조사를 합의체의 구성원인 위원 또는 보호관찰관에게 실시하도록 할 수 있다(동법 제23조 제3항). 실무에서는 지명받은 위원이 심리대상자와의 면접 등을 실시한 다음 가석방등심리조사표를 작성하고, 이것을 근거로 하여 합의체에서 평의하고 있다. 위원에 의한 면접은 법률상 의무가 부여되어 있다(동법 제37조). 또한, 위원에 의한 면접에 선행하여 지방위원회 소속의 보호관찰관이 본인과 면접하는 등의 조사를 실시하고, 합의체의 판단에 필요한 구체적인 사실을 기재한 '가석방 등 조사표'를 작성하여 지방위원회에 제출하게 되어 있다.

나아가 가석방에 관련된 조사의 충실을 도모하는 관점에서 1966년부터 시설의 장으로부터 가석방 신청을 수리하기 전에 보호관찰관이 시설에 가서 본인과의 면접 등을 하는 제도가 실시되고 있다. 이것을 '가석방준비조사제도'라고 한다. 이것을 보다 충실하게 하기 위해 1981년부터는 지방위원회 소속의 보호관찰관이 시설에 주재하는 '시설주재관제도'가 발족하여 현재 전국 10개 시설에서 실시되고 있다.

4. 피해자 등의 의견 등의 청취

지방위원회는 가석방의 심리를 실시하는 데 있어서 피해자나 그 유족 등으로부터 심리대상자의 가석방에 관한 의견 및 피해에 관한 심정을 진술하고 싶다는 취지의 신청이 있는 때는 당해 의견 등을 청취하여야 한다(갱생 제38조).

종래에도 피해자 등의 의견은 '사회의 감정'의 한 요소로서 가석방심리의 조사대상이 되고 있었지만, 가석방의 심리에서 보다 더 피해자 등의 의견을 고려한다고 하는 취지에서 갱생보호법에서는 피해자 등의 의견청취제도를 새롭게 도입하였다. 절차의 각 단계에서 피해자의 의견을 어떻게 반영시킬까라는 것은 형사사법 전체의 과제로 되어 있고, 가석방절차도 그 예외가 될 수 없는 것은 확실하다. 그러나 다른 한편으로 가석방을 허가할지 여부의 판단에 피해자의 의견을 과도하게 중시하는 것은 가석방 운용을 경직화시키기 쉬워 바람직하지 아니하다. 또한, 피해자의 의견을 고려하더라도 그 전제로서 예를 들면 의견청취에 이르기 전의 단계부터 가해자의 반성이나 속죄의 태도 등에 관한 정보를 피해자에게 전달하는 등 피해자가 정확한 의견을 진술할 수 있게 하는 방법을 정비하는 것이 필요할 것이다.

5. 가석방 처분

가석방을 허가하는 처분은 지방위원회의 결정으로 실시된다(갱생 제39조 제1항). 동 결정에 관계되는 평결은 합의체의 과반수에 의한다(동법 제23조 제2항). 지방위원회는 가석방을 허가하는 데 있어서는 석방해야 하는 날자를 정하는 외에, 생활환경의 조정의 결과에 따라 가석방을 허가받은 사람이 거주해야 하는 주거를 특정하여야 한다(동법 제39조 제2항, 제3항). 또한, 결정으로써 대상자가 준수해야 하는 특별준수사항을 정할 수 있다(동법 제52조 제2항). 가석방이 허가된 사람은 가석방 기간 중 자동적으로 보호관찰에 붙여지기 때문에(동법 제40조), 모든 보호관찰대상자에게 부과되는 일반준수사항(동법 제50조)을 준수할 의무도 진다.

한편, 합의체가 가석방을 허가하지 아니하는 판단을 한 경우에는, 가석방불허가의 결정을 하는 것이 아니라 허가결정을 하지 아니하는 판단으로서 '심리 등 경과기록'에 그 취지가 기재되는 것에 그친다.[129] 범죄자예방갱생법에서는 시설의 장의 가석방허가신청에 대해서 가석방의 결정, 각하결정, 기각결정, 가석방불허가의 결정을 하고 있었지만, 갱생보호법에서는 시설의 장의 신청을 신고로 변경하는 것과 함께 가석방을 허가하는 결정 이외의 결정에 대해서는 삭제하는 것으로 하였다.

가석방을 허가하는 결정이 행해지지 아니한 것에 불복이 있어도 심사의 대상자가 「갱생보호법」 제92조에 근거하여 중앙갱생보호심사회에 대하여 심사청구를 할 수 없다. 이것은 형식적으로는 동 조에 의한 심사청구가 지방위원회의 결정으로 한 처분에 한하여 인정되고 있는 것에 따른 것이지만, 실질적으로는 수형자에게 가석방의 신청권이 없다고 해석되고 있는 것의 귀결이다. 그러나 이에 대해서는 수형자에게 가석방의 신청권이 있는지 여부에 관계없이 심사대상자가 가석방이 허가될지 모른다고 하는 기대를 품고 있는 것은 부정할 수 없고, 불허가의 이유도 제시되지

---

129 松本編著, 앞의 주128), 48쪽.

아니하고 불복신청도 할 수 없다고 하는 것은 가석방절차의 적정함에 흠결이 있는 것은 아닌가라고 하는 비판이 있다.[130] 적어도 가석방을 허가하지 아니하는 이유의 고지는 보장해야 할 것이다.

지방위원회가 결정으로써 정하는 특별준수사항에 대해서는 심사청구를 할 수 있다.

V 가석방 기간

가석방 기간은 가석방된 날로부터 잔형기간이 만료하는 날까지로 되어 있어 소위 잔형기간주의가 채용되어 있다. 따라서 무기형의 경우는 대상자는 종신보호관찰에 부쳐지게 된다.

소년일 때 형을 선고받은 사람에 대해서는, 형의 집행을 받아 종료한 시기에 대하여 다음과 같은 특칙이 있다.

① 소년일 때 무기형의 선고를 받은 사람이 가석방 후 그 처분이 취소되지 아니하고 10년이 경과한 때는 형의 집행을 받아 종료한 것으로 된다(소 제59조 제1항).

② 소년일 때 유기의 정기형(소 제51조 제2항에 의한 무기형의 완화) 또는 부정기형(동법 제52조 제1항, 제2항)의 선고를 받은 사람이 가석방 후 그 처분이 취소되지 아니하고 가석방전에 형의 집행을 받은 기간과 동일한 기간을 경과한 때는 정기형의 형기 또는 부정기형의 형기를 경과하기 이전에 형의 집행을 받아 종료한 것으로 된다(동법 제59조 제2항).

③ 소년일 때 부정기형의 선고를 받아 가석방을 허가받은 사람으로서 가석방전 또는 가석방 중에 형의 단기가 경과한 사람에 대해서, 지방위원회가 형의 집행을 종료하는 것이 상당하다고 인정한 경우에는 결정에 의해 형의 집행을 받아 종료한 것으로 할 수 있다(갱생 제78조).

---

130 瀬川晃, "假釋放手續における受刑者の法的地位", 同志社法學 35권 5호, 1984, 50쪽.

Ⅵ 사회 내 처우와 시설 내 처우의 연계

보호관찰은 정식으로는 대상자가 형사시설로부터 석방된 날부터 개시되지만, 시설 내 처우에서 사회 내 처우로의 이행을 원활하게 하기 위해서는 수형자가 시설에 수용되어 있는 단계부터 교정기관과 보호관찰의 밀접한 연계하에 처우를 진행해 가는 것이 중요하다. 그것을 위한 몇가지의 시책이 마련되어 있다.

1. 석방 전 지도

수형자에 대해서는 석방 전에 원칙적으로 2주간 가석방 후의 사회생활에 즉시 필요하게 되는 지식 등에 대해 이해시키기 위한 지도가 실시된다(형사수용 제85조 제1항 제2호). 이 석방 전 지도의 일환으로 가석방이 허가된 수형자에 대해서는, 보호관찰관의 협력하에 보호관찰제도, 그 밖의 갱생보호에 관한 지도가 실시된다.

2. 귀주예정지의 생활환경의 조정

보호관찰소의 장은 수형자의 사회복귀를 원활하게 하기 위해 필요가 있다고 인정되는 때는 그 사람의 가족, 그 밖의 관계인을 방문해서 협력을 구하는 등의 방법에 의해 석방후의 주거, 취직처, 그 밖의 생활환경의 조정을 실시해야 한다(갱생 제82조 제1항). 시설의 장은 수형자를 수용한 때는 신속하게 귀주예정지를 관할하는 보호관찰소의 장에 대해 본인의 개요를 신상조사서에 따라 통지하여야 하고, 통지받은 보호관찰소의 장은 담당 보호관찰관 및 담당보호사를 지명하고 신속하게 환경조정의 조치를 실시한다. 환경조정보고서는 정기적으로 형사시설 및 지방위원회에 송부되어, 시설 내 처우의 참고자료가 되는 한편, 가석방 심리시의 중요한 자료도 된다. 이와 같이 귀주예정지의 생활환경의 조정은 본인의 원활한 사회복귀를 위한 환경조정에 있어서 중요할 뿐만 아니라 보호관찰기관에서도 시설수용의 단계부터 대상자의 충분한 정보를 얻고 그것에 따라 보호관찰처우를 개시할 수 있다고 하는 커다란 장점이 있다.

더구나 형의 일부집행유예제도의 도입에 맞추어 생활환경의 조정의 충실강화를 도모하기 위해 지방위원회가 생활환경의 조정에 적극적으로 관여하는 제도가 법정화되었다(동조 제2항, 제3항). 이에 따라 지방위원회가 보호관찰소가 실시하는 생활환경의 조정에 대해 지도 · 조언을 실시하는 것과 그것이 복수의 보호관찰소에서 실시되는 경우의 연락조정을 실시할 수 있도록 되어있는 한편, 필요한 경우에는 수형자와의 면접 등의 방법에 의해 조사를 실시하는 것도 가능하게 되었다.[131]

2016년에 생활환경의 조정을 개시한 수형자의 인원은 38,983명이었다.

3. 고령 또는 장애에 의해 복지지원을 필요로 하는 사람에 대한 특별조정

고령자의 입소수형자 인원은 최근 20년 사이에 대폭 증가하여 2016년에는 1997년에 비해서 약 4.2배가 되었다. 한편, 그 가석방율은 2016년에는 40.3%로 수형자 전체 가석방율 57.9%에 비하여 상당히 낮다. 고령자는 인수인이 없는 등 석방후의 귀주처를 확보할 수 없는 사람이 많은 것이 그 원인이라고 생각된다. 정신장애나 지적장애가 있는 수형자에 대해서도 마찬가지로 귀주처의 확보가 곤란하다는 문제가 있다.

그래서 2009년부터 법무성과 후생노동성의 연계하에 고령 또는 장애를 가지고 있고, 적절한 귀주지가 없는 수형자 등에 대해서 석방후 신속하게 복지적 지원을 받도록 하기 위한 특별조정이 도입되었다(상기 '생활환경의 조정'에 대한 특별절차이다). 구체적으로는 교정시설로부터 통지를 받은 보호관찰소가 대상자를 선정한 다음에[132] 교정시설 소재지의 '지역생활정착지원센터'에 협력을 의뢰하고, 동 센터가 사회복지시설 등의 인수처의 확보를 포함해서 출소 후의 복지서비스 등에 대해 조정 · 지원을 실시한다고 하는 것이다.

이러한 대응에서 중심적인 역할을 담당하는 것은 지역생활정착지원센터이다.

---

131 형의 일부집행유예제도의 도입에 있어서는 보호관찰부 일부집행유예자에 대해서 유예기간에 앞서 가석방이 없는 경우, 형사시설로부터의 출소 후 유예기간 중의 보호관찰로 원활하게 이행할 수 있도록 지방위원회가 보호관찰소에 의한 생활환경의 조정에서의 주거조정의 결과에 따라 심리하고, 그 사람이 거주해야 하는 주거를 가석방 전에 특정할 수 있는 제도도 도입되었다(갱생 제78조의2).

132 특별조정 대상자의 선정요건은 ① 고령(약 65세 이상을 말한다)이거나 또는 신체장애, 지적장애, 정신장애가 있다고 인정될 것, ② 석방 후의 주거가 없을 것, ③ 석방된 후에 건전한 생활태도를 유지하고 자립한 생활을 영위하는 가운데 복지서비스 등을 받을 필요가 있다고 인정될 것, ④ 원활한 사회복귀를 위하여 특별조정의 대상으로 하는 것이 상당하다고 인정될 것, ⑤ 특별조정의 대상자가 되는 것을 희망하고 있을 것, ⑥ 보호관찰소의 장에 의한 개인정보제공에 동의하고 있을 것이다.

이것은 각 광역지방자치단체가 설치한 것이지만 지방자치단체는 적당한 민간단체 등에 사업의 전부 또는 일부를 위탁할 수 있다고 되어 있다. 2017년 6월의 단계에서 각 지방자치단체에 1개소씩(홋카이도北海道는 2개소) 설치되어 있고, 그 내역은 지방자치단체가 설치한 것이 1개소, 민간단체에 위탁된 것이 47개소이다. 동 센터에는 사회복지사, 정신보건복지사 등의 전문적 지식을 가진 직원을 포함한 6명 이상의 직원을 배치하는 것이 기본으로 되어 있다.

지역생활정착지원센터는 상기의 인수지가 되는 시설의 알선이나 복지서비스의 신청지원(코디네이트 업무) 외에도 그 인수시설에 대해서 필요한 조언을 실시하거나(팔로업 업무), 출소자나 그 가족 등의 상담에 응하는(상담지원 업무) 등의 지원을 실시하고 있다. 2016년에 특별조정을 종결한 인원은 704명으로, 그 내역은 고령자 377명, 지적장애자 234명, 정신장애자 207명, 신체장애자 103명이었다. 조정의 결과 복지시설 등에 연계한 인원은 468명으로 그 주된 내역은 사회복지시설(279명), 의료기관(44명), 민간주택 · 공영주택(97명), 기타(48명)였다.[133]

또한, 지역생활정착지원센터의 알선에 따라 복지시설에의 인수의 전망이 있는 경우에도 동 시설의 거실을 즉시 확보할 수 없는 경우도 있다. 이러한 사태에 대처하는 것도 목적의 하나로 2009년부터 법무대신이 일정한 갱생보호시설을 고령 · 장애에 의해 자립이 곤란한 교정시설 출소자 등을 보호하는 시설로 지정하는 제도가 발족하였다. 2017년 4월 1일 현재 전국에 71개의 갱생보호시설이 지정되어 있다(지정갱생보호시설). 지정갱생보호시설에는 복지의 전문자격을 가진 직원이 배치되어 복지에의 이행준비 및 사회생활에 적응하기 위한 지도나 조언을 내용으로 하는 특별처우를 실시하고 있다. 상기 특별조정대상자의 경우에는 일시적으로 지정갱생보호시설에 입거시킨 다음에 그곳에서 복지시설로 이행시키게 된다.

나아가 이상의 복지적 지원을 원활하게 실시하기 위하여 교정시설에도 사회복지사, 정신보건복지사가 배치되어 지원대상자의 선정이나 귀주조정 등을 담당하고 있다.

종래는 출소후에 복지적 지원이 필요한 수형자가 있는 경우에 형사시설의 직원이 개인적으로 인수시설을 찾는 등 대처하고 있었다. 특별조정의 도입과 지역생활정착지원센터의 창설에 의해 형사사법과 복지가 연계하는 제도적 틀이 구축된 것

133 2017년 범죄백서, 298쪽.

은 매우 커다란 의의가 있다.

다른 한편에서 제도도입으로부터 8년을 지나 그 과제도 명확해 지고 있다. 우선, 제도의 기반정비의 문제로 지역생활정착지원센터의 활동이 지역에 따라 상당히 고르지 아니하고, 그 결과 특별조정의 종결인원에도 차이가 나고 있다. 또한, 제도의 틀에 관한 문제로 특별조정은 대상자가 그것을 희망하는 것이 요건으로 되어 있기 때문에, 재범방지의 관점에서는 대상으로 하는 것이 요청되는 사람이더라도 그 사람이 거부한다면 특별조정의 대상으로 할 수 없다. 실제로도 법무성의 특별조사에 따르면, 특히 고령자에 대해서는 특별조정을 사퇴하는 사람이 적지아니하고 더구나 일정기간 내에 교도소에의 재입률이 대상자에 비해서 사퇴자가 유의미하게 높다고 하는 결과가 나타나고 있다.[134] 이러한 사태에의 대응책으로 예를 들면 복지시설에 입소하는 것을 특별준수사항에 포함시킨다는 것도 고려해 볼 수 있지만, 이에 대해서는 강제는 복지의 본질에 반한다고 하는 비판이나 복지가 형사사법제도 속에 편입된다는 것에의 우려가 제시되고 있다.

Ⅶ 가석방 운용의 실정

1. 가석방율

가석방 인원의 증감은 출소수형자 수의 증감에 좌우되기 때문에, 가석방 운용의 적극도를 측정하는 지표로는 가석방율(출소수형자 중에 가석방자가 차지하는 비율)을 보는 것이 중요하다([그림 1] 참조).

전후 얼마 안 된 시기는 수형자의 급증에 따라 형사시설의 과잉수용의 완화책으로 가석방이 적극적으로 운용되었다. 그러나 그 후 가석방율은 점차 낮아져서 1982년에는 50.8%로 50%를 간신히 넘기기에 이르렀다. 이러한 상황 아래에 법무성 보호국은 1981년에 가석방의 적극적 시책을 내세웠고 그 후 가석방율은 50% 후반으로 유지되고 있었다. 그러나 2005년부터 가석방율은 다시 낮아져서 2010년에는 49.1%로 결국 5할을 밑돌고 말아 제2차 세계대전 후 최저를 기록하였다. 2004

134 法務總合研究所研究部報告56, 高齢者及び精神障害のある者の犯罪と處遇に關する研究, 2017, 195쪽.

년부터 다음해 전반에 걸쳐 보호관찰 중인 사람에 의한 중대재범사건이 연이어 발생하여 사회의 주목을 끌게 되었고, 그 때문에 가석방의 운용이 신중하게 된 것이 그 원인으로 보여진다.[135] 그 후 2011년부터는 가석방율이 상승으로 바뀌어 2016년에는 57.9%가 되었다.

가석방율이 50%라고 하는 것은 반수의 수형자가 만기석방된다는 것을 의미한다. 만기로 석방된 경우는 일반적으로 보호관찰에 붙일 수 없다. 확실히 기소유예나 집행유예를 할 수 없는 사람이 선별되어 교도소에 보내지기 때문에 수형자 중에는 가석방을 주저할 수 밖에 없는 처우곤란한 사람이 많이 포함되어있는 것은 부정할 수 없다고 하더라도, 처우곤란한 사람이 출소 후에 사회 내에서의 처우를 일체 받지아니하는 것은 커다란 문제이다. 여기에 현재의 가석방제도의 딜레마가 존재하는 것으로 기존의 제도하에서 보호관찰의 충실화 시책과 맞추어 가석방 운용의 적극화를 도모해 갈 필요가 있을 것이다.

[그림 1] 출소수형자 인원 · 가석방율의 추이

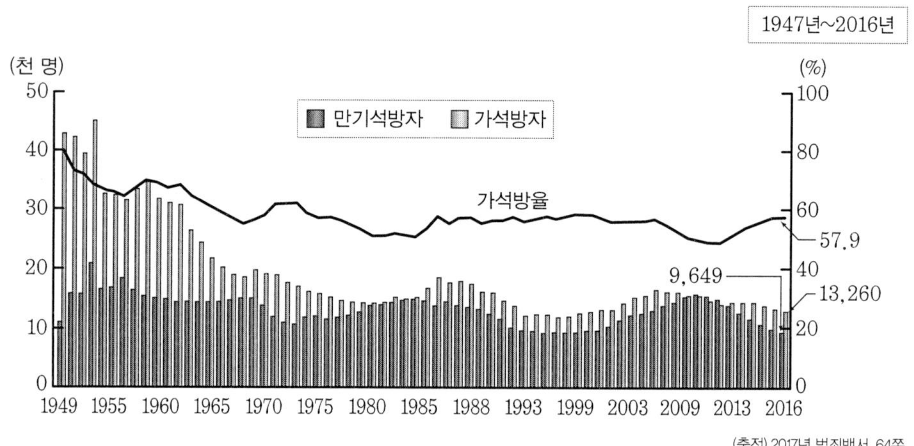

(출전) 2017년 범죄백서, 64쪽.

2. 형의 집행율

가석방의 운용에 관해서는 어느 시점에서 가석방이 실시되는가를 보는 것도 중요하다. 법률상은 유기형의 경우에는 형기의 3분의 1 이상, 무기형의 경우는 10년

135 松本, 앞의 주128), 49쪽.

이상의 경과가 필요하다고 되어 있지만(형 제28조), 실제로는 그 시점에 가석방이 인정되는 경우는 거의 없다. [그림 2]는 유기형의 가석방자의 형집행율(집행해야 하는 형기에 대한 출소까지의 집행형기의 비율)을 나타낸 것이다. 이에 따르면 형의 집행율이 80% 이상인 사람이 약 80%를 차지하고 있고, 더구나 최근 그것이 증가하는 경향에 있다.

[그림 2] 정기형의 가석방허가결정인원의 형의 집행율의 구분별 구성비의 추이

(1986년, 1996년, 2006년, 2012년~2016년)

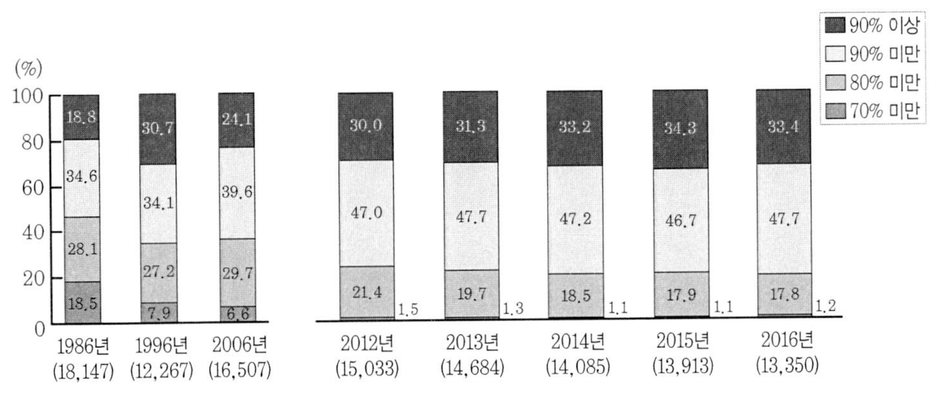

(출전) 2017년 범죄백서, 65쪽.

이과 같이 형의 집행율이 높은 결과로 실제의 가석방 기간, 나아가서는 보호관찰에 붙여지는 기간이 짧아지고 있다. [그림 3]에서 알 수 있는 것과 같이 2016년에는 가석방자 중 보호관찰기간이 6개월 이내의 사람이 79.4%를 차지하기에 이르렀다.

[그림 3] 가석방자의 보호관찰기간별 구성비(2016년)

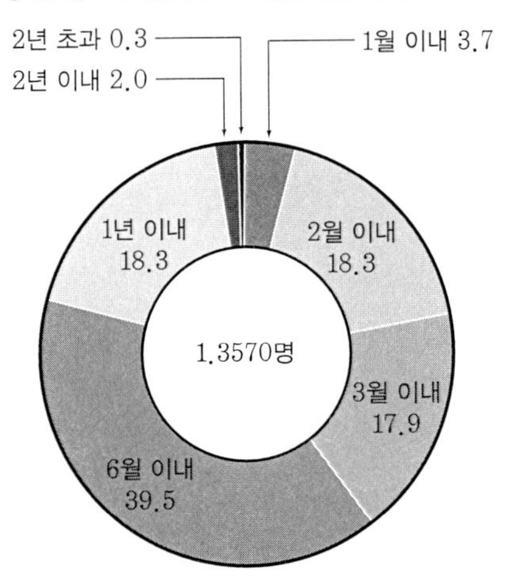

(출전) 2017년 범죄백서, 68쪽.

이상과 같이 현재의 운용에서는 가석방율이 낮을 뿐만 아니라 가석방이 허가되는 경우라도 그 기간이 짧아서 충분한 보호관찰기간을 확보할 수 없다고 하는 문제가 존재한다.[136]

Ⅷ 가석방의 취소

가석방은 조건부 석방이기 때문에 조건이 충족되지 아니한 때에는 가석방이 취소되는 경우가 있다.

1. 취소요건

(1) 형식적 요건

가석방의 취소사유는 ① 가석방 중에 다시 죄를 범하여 벌금 이상의 형에 처해진 때, ② 가석방 전에 범한 다른 범죄에 대하여 벌금 이상의 형에 처해진 때, ③ 가석방 전에 다른 죄에 대하여 벌금 이상의 형에 처해진 사람에 대하여 그 형을 집행해야 하는 때, ④ 가석방 중에 준수해야 하는 사항을 준수하지 아니한 때이다(형 제29조). 실무에서는 취소의 대부분은 ① 또는 ④에 의한 것이고, ②와 ③에 의한 취소는 드물다. 또한, '형에 처해진' 것이란 형을 선고한 판결이 확정된 것을 의미하고, 거기에 가석방의 취소는 가석방 기간 중에 행해져야 한다고 되어 있기 때문에 가석방기간 중에 재범이 있어도 그것에 대한 형이 확정하기 전에 가석방 기간이 경과한 것과 같은 경우에는 가석방을 취소할 수 없게 된다. 실제로는 가석방의 기간이 일반적으로 짧고 그 기간 중에 판결이 확정되지 않은 경우가 많기 때문에 ①에 의한 취소도 많지는 않다. 다만, 이와 같은 경우 실무에서는 가석방 중의 재범을 준수사항위반으로 해석하여 ④에 의한 취소를 실시하는 것이 일반적이다.

136 무기형에 대해서는 2016년의 가석방자는 7명으로 그 집행형기는 모두 30년을 넘고 있다(2017년 범죄백서, 65쪽).

(2) 실질적 요건

상기의 취소사유가 존재하여도 가석방의 취소를 필요적으로 해야 하는 것이 아니라 지방위원회의 재량에 맡겨져 있다(형 제29조 제1항). 법률상은 그 기준이 규정되어 있지 않지만, 본인의 개선갱생을 목적으로 하는 가석방의 취지에서 본다면 보호관찰을 계속하는 것에 의해 본인의 개선갱생을 기대할 수 있는지 여부가 재량판단의 기준이 될 것이다. 그리고 이 판단은 취소사유의 내용, 위반에 이른 원인, 위반 후의 태도 · 행상 · 환경의 변화, 다른 처우방법에 따른 개선효과의 가능성 등 여러 사정을 종합적으로 감안하여 사안별로 개별적으로 실시해야 한다. 준수사항 위반을 이유로 즉시 가석방을 취소하는 것은 너무 단락적이고, 역으로 보호관찰을 계속하더라도 대상자의 개선갱생을 기대하는 것이 곤란한 경우에는 취소를 주저할 필요가 없을 것이다.

실제 가석방의 취소율은 집행유예의 경우에 비해서 매우 낮다.[137] 그 주된 이유는 가석방의 경우는 전술한 바와 같이 보호관찰기간이 6개월 이내의 사람이 약 80%를 차지하는 데 반해, 보호관찰부 전부집행유예자에서는 기간이 2년을 넘어 장기에 걸친 사람이 대부분인 데서 찾을 수 있을 것이다.[138]

2. 취소의 절차

가석방의 취소는 가석방자에 대한 보호관찰을 담당하는 보호관찰소의 주소지를 관할하는 지방위원회가 결정으로 한다(갱생 제75조 제1항).

전술한 ④의 사유에 의한 취소의 경우는 보호관찰소장의 신청이 있어야 비로소 심리가 개시된다(동조 제2항). 이에 대해 ① 내지 ③의 사유에 의한 취소의 경우는 지방위원회의 직권에 의한 심리개시도 가능하다. 그러나 실무에서는 이 경우에도 시설의 장이나 검찰관 등의 통지에 의해 취소사유를 안 보호관찰소장이 신청하고 지방위원회가 심리를 실시하는 것이 통례이다.

취소의 결정을 하는 데에는 반드시 합의체에 의한 심리를 실시하여야 한다(갱생

---

137 2016년의 보호관찰 종료인원의 종료사유별 구성비를 보면 보호관찰부 전부집행유예자의 경우는 집행유예의 취소가 24.8%인 것에 대해 가석방자는 취소에 의한 종료가 4.6%에 지나지 아니한다(2017년 범죄백서, 74쪽).

138 2016년에 보호관찰이 개시된 보호관찰부 전부집행유예자의 보호관찰기간은 2년 이내가 2.0%, 3년 이내가 45.1%, 4년 이내가 34.0%, 5년 이내가 19.0%로 되어 있다(2017년 범죄백서, 68쪽).

제24조). 심리의 내용은 취소요건의 존부이다. 따라서 ④의 사유에 의한 취소의 경우는 준수사항을 위반한 사실의 존부 및 취소의 필요성 · 상당성이 그 심리의 대상이 되는 데 대해, ① 내지 ③의 사유에 의한 취소의 경우는 취소사유의 존부 자체는 명확하기 때문에 오직 취소의 필요성 · 상당성이 심리의 내용이 될 것이다.[139]

심리의 방법에 대해서는 법률상은 아무런 규정이 없고 실무의 운용에 맡겨져 있다. 현재의 실무에서는 서면심리가 중심이고, 심리에 임하는 지방위원회의 위원이 사전에 보호관찰소로부터 송부된 증거서류를 읽고 일정한 심증을 얻은 다음에 심리를 실시하고 있다. 가석방의 허가절차와 달리 위원에 의한 본인과의 면접은 법률상 의무지어져 있지 아니하다.

가석방의 취소는 현재 가석방중인 사람을 시설에 다시 수용하는 효과를 동반하기 때문에 본인에게 있어서 중대한 불이익을 동반하는 처분이라는 것은 명확하다. 이와 같은 처분을 본인을 일체 배제하는 형태로 결정하는 것은 적정절차의 관점에서 문제가 있다고 할 수밖에 없다. 적어도 취소사유를 사전에 본인에게 고지하는 것, 본인이 준수사항위반의 사실을 다툴 때는 심리에 출석해서 변명 · 방어를 실시할 기회를 주는 것이 적정절차의 최소한의 요청이라고 생각된다.

취소의 결정에 대해 불복이 있는 경우에는 중앙갱생보호심사회에 대해서 심사청구를 하는 것이 가능하고(동법 제92조), 그 재결에 대해서는 재판소에 취소소송이 가능하다.

3. 취소의 효과

가석방이 취소된 경우에는 석방 중의 일수는 형기에 산입되지 아니한다(형 제29조 제2항). 따라서 대상자는 형사시설에 다시 수용되어 잔형분의 형기에 복역하게 된다. 그 의미에서 「형법」 제29조 제2항은 가석방 중에도 형기가 진행한다고 하는 원칙에 대한 예외를 규정한 것이 된다.

139 榎本正也, “假出獄取消しにおけるれ遵守事項違反事實認定の要件”, 更生保護と犯罪豫防 21권 1호, 1986, 37쪽.

Ⅸ 가석방의 문제점과 향후의 과제

1. 가석방 기간에 관한 문제점

현행법에서는 가석방의 기간에 대해 잔형기간주의가 채용되어 있기 때문에 가석방자에 대한 보호관찰도 형의 남은 기간을 한도로 실시하게 된다. 이와 같은 잔형기간주의하에서 재범의 위험성이 낮은 사람이 조기에 석방되어 오랜 기간의 보호관찰을 받는 것에 대해, 재범의 위험성이 높기 때문에 가장 처우를 필요로 하는 사람이 가석방의 시기가 늦어지기 때문에 오히려 짧은 보호관찰밖에 받지 아니한다고 하는 모순이 발생하고 있다. 게다가 현재와 같이 형의 집행율이 높은 상황에서는 필요한 처우기간을 확보할 수 없다고 하는 문제가 보다 심각하게 된다. 그리고 잔형이 전혀 없는 만기석방자의 경우에 이 문제가 가장 명확하게 나타난다.

실제로도 만기석방자나 가석방자의 재범율은 상당히 높다. 2011년에 출소한 수형자 중 만기석방자의 49.2%, 가석방자의 28.9%가 석방후 5년 이내에 형사시설에 재입소한다([그림 4] ① 참조). 그렇지만 출소로부터 10년 이내의 재입율을 보면 모두 5년을 넘으면 재입율의 증가 등이 약해지고([그림 4] ② 참조), 여기에서는 석방으로부터 적어도 수년간은 보호관찰에 붙이는 등의 처우를 실시할 필요성이 높은 것을 알 수 있다.

[그림 4] 출소수형자의 출소사유별 재입율

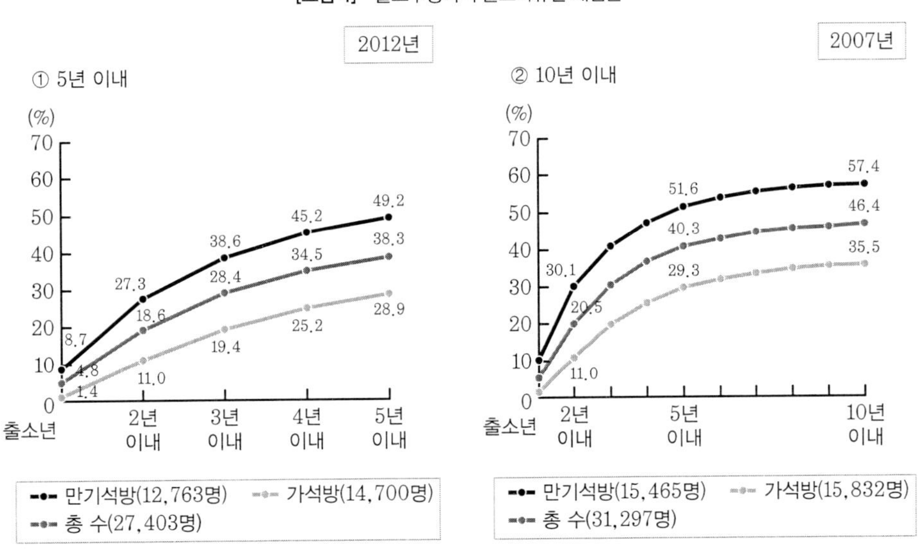

(출전) 2017년 범죄백서, 216쪽.

필요한 보호관찰기간을 확보하기 위해서는 가석방을 적극적으로 운용할 필요가 있다는 것은 틀림없다. 그러나 조기석방이 곤란한 수형자가 많은 것도 부정할 수 없는 사실로, 설사 운용에 따른 가석방의 활성화를 어느 정도 실현할 수 있다 하여도 가석방율의 대폭 상승이나 가석방기간의 대폭 연장을 기대하는 것은 무리일 것이다. 문제의 해결을 위해서는 역시 근본적인 제도개혁을 실시할 필요가 있다고 생각한다. 이 점에 관해서 지금까지도 몇 개의 개혁안이 발표되어 왔다.

(1) 필요적 가석방제도

필요적 가석방제도란 일정 기간이 경과하면 반드시 가석방한다고 하는 제도이다. 이전의 형법개정작업 과정에서도 '2년 이상의 유기형에 처해진 사람에 대해서 형기의 6분의 5가 경과한 때는 일정한 제외사유에 해당하는 경우를 제외하고 반드시 가석방의 처분을 할 것'이라는 규정을 두어야 한다는 제안이 있었다. 그러나 이에 대해서는 ① 형기의 일정부분의 경과에 따라 기계적으로 해석하는 것은 가석방의 본질에 반한다, ② 만기석방자의 많은 수는 재범의 위험성이 높다, ③ 가석방의 적극적 운용에 따라 필요적 가석방과 같은 목적을 달성하는 것이 가능하다는 등의 반대론이 있었기 때문에 결국 개정 형법초안에서는 이러한 제안이 채용되지 아니하였다.

필요적 가석방제도는 확실하게 보호관찰기간을 확보할 수 있다고 하는 점에서 매력적인 안이라는 것은 확실하다. 그러나 현재 신규수형자 중에서 차지하는 형기 3년 이하의 수형자의 비율이 약 8할에 달하고 있는 와중에, 만약 상기와 같은 제안이 실현된다 하더라도 그 경우의 보호관찰기간은 최장 6개월로 현재의 보호관찰기간과 거의 변함이 없게 된다. 물론, 이론상은 필요적 가석방의 요건인 경과형기의 비율을 대폭 낮춤으로써 어느 정도 장기의 보호관찰기간을 확보하는 것도 생각할 수 있지만, 그렇게 되면 그것은 사실상 형기의 단축과 같은 효과를 낳고 선고형이 가지는 의미가 약해진다고 하는 비판이 예상될 것이다. 이와 같이 잔형기간주의를 전제로 한 필요적 가석방제도에는 효과적인 보호관찰기간을 확보하는 것이 어렵다는 점에 이 제안의 최대의 난점이 있다.

(2) 고시기간주의

고시기간주의는 가석방의 기간을 잔형기간으로 하는 것이 아니라 재범의 위험성에 따라 가석방의 기간을 정하고, 그 기간 동안 보호관찰에 붙인다고 하는 것이다. 이것은 가석방의 법적 성격을 잔형의 집행유예로 파악하는 견해이다(잔형유예주의). 즉, 현행의 잔형기간주의는 가석방을 형의 집행형태의 하나로 해석하고, 가석방 중에도 형기가 진행하고 있다고 하는 전제에 선 것에 대해, 고시기간주의는 가석방을 집행유예와 비슷하게 생각하여 잔형의 집행을 유예하는 것으로 파악하고 있다. 예를 들면 독일의 가석방제도가 이에 해당하고 그곳에서는 재판소가 일정 요건하에서 보호관찰을 위해 잔형의 집행을 유예하고, 2년 이상 5년 이하의 사이로 보호관찰기간을 설정할 수 있다고 되어 있다(독일 형법 제57조).

고시기간주의에 대해서는 형기를 넘어서 대상자의 자유를 제한하는 것은 행위책임의 관점에서 정당화할 수 없다는 비판이 있다. 그러나 현행의 집행유예의 경우에도 형기 보다 긴 보호관찰기간의 설정이 가능하고 그것이 행위책임을 일탈하지 아니한다면 잔형의 집행유예에 대해서도 똑같이 생각해도 좋기 때문에 이 비판은 적합하지 아니하다고 할 수 있다.

오히려 고시기간주의의 최대의 문제는 잔형의 집행유예를 행정기관인 지방위원회가 해서 좋을까라는 점에 있다. 즉, 집행유예가 형의 한 형태라고 한다면, 잔형의 집행유예는 사후적인 형의 변경이 되기 때문에 그것을 행정기관의 권한에 맡겨서 좋을까가 문제가 된다. 독일과 같이 재판소가 형의 집행에 관여하는 곳이라면 이와 같은 제도도 비교적 도입하기 쉽지만 일본에는 장애가 크다고 생각된다.

(3) 형의 일부집행유예제도

형의 일부집행유예란 판결에서 일정기간의 자유형을 선고하는 동시에, 그 형의 일부의 집행을 유예하고 그 유예기간 중에 보호관찰에 붙인다고 하는 것으로 프랑스 등 유럽 일부 국가에 채용되어 있는 제도이다.

자유형의 일부의 집행을 유예하는 것에 의해 필요한 보호관찰기간을 확보한다고 하는 점에서는 고시기간주의와 같은 발상에 입각하지만, 그 유예를 판결의 선고단계에서 실시하는 점에 고시기간주의와 차이가 있다.

일본에도 2013년에 형법 등의 일부를 개정하는 법률의 성립에 의해, 형의 일부집행유예제도가 도입되어 2016년 6월부터 시행되었다. 제도의 기본적인 골격은 선고형이 3년 이하의 징역 또는 금고인 경우에 필요성 및 상당성이 인정되는 때에 그 형의 일부집행을 유예하고, 그 기간 중 보호관찰에 붙일 수 있다고 하는 것이다

(제도의 내용에 대해서는 본편 제3장 제2절 Ⅲ 2(8)을 참조).

형의 일부집행유예제도가 출소수형자의 보호관찰기간을 확보하기 위한 중요한 시책인 것은 틀림없다. 그러나 본 제도는 가석방제도를 대체하는 것이 아니기 때문에 가석방제도에서의 잔형기간주의는 여전히 유지된다. 따라서 출소수형자의 보호관찰기간의 문제는 만기석방자의 그것도 포함해서 여전히 계속해서 검토해야 하는 과제라고 할 수 있다.

2. 가석방과 보호관찰을 연동시키는 것의 타당성

현행법에서는 가석방된 경우에는 반드시 보호관찰이 붙여지게 되지만 그 필요가 없는 경우도 생각할 수 있다. 또한, 보호관찰에 붙여진 경우에도 도중에 그 필요성이 없어지는 경우도 있을 수 있다. 특히, 잔형기간이 긴 경우는 현행법상 사면 이외에 이것을 중단하는 방법이 없어 문제가 한층 현저히 나타나고 있다.

이 점에 대해서 개정 형법초안은 가석방 후 형의 집행을 받은 기간과 동일한 기간이 경과한 때, 무기형에 대해서는 10년을 경과한 때는 형의 집행을 종료한 것으로 한다고 하는 외(제85조 제1항, 제2항)에 보호관찰이 붙여지지 아니하는 가석방(제83조 제2항 단서), 보호관찰의 가해제(제89조) 및 해제(제90조)라고 하는 제도를 규정하고 있다. 이에 대해 갱생보호법에서는 가석방 중의 보호관찰을 필요적인 것으로 하는 제도를 유지하면서, 해제나 가해제는 인정하지 아니하였지만 지방위원회가 특별준수사항을 설정하지 아니한 것이나(갱생 제52조 제2항), 설정한 경우에도 이것을 취소하는 것(동 제53조 제2항)을 인정하고 있다. 이에 따라 종래의 제도에 비해 다소 유연한 운용이 가능하게 되었다.

제 3 절 보호관찰

I 보호관찰의 종류와 법적성질

현행법상의 보호관찰에는 ①「소년법」 제24조 제1항 제1호에 의한 보호관찰처분을 받은 사람에 대한 것(갱생 제48조 제1호 = 1호관찰), ② 소년원에서 가퇴원을 허가받은 사람에 대한 것(동조 제2호 = 2호관찰), ③ 가석방을 허가받은 사람에 대한 것(동조 제3호 = 3호관찰), ④ 형의 전부 또는 일부의 집행을 유예받아 보호관찰에 붙여진 사람에 대한 것(동조 제4호 = 4호관찰), ⑤ 부인보도원으로부터 가퇴원이 허가된 사람에 대한 것(매춘 제26조 제1항[140])의 5종이 있다.

이와 같이 한마디로 보호관찰이라고 하여도 그 법적성질은 동일하지 아니하다. ①은 가정재판소가 결정하는 소년법상의 보호처분의 하나이고, 더구나 다른 처분에 부수하지 아니하는 독립처분이다. ④는 프로베이션형의 보호관찰이고, 형사재판소가 결정하는 형의 집행유예에 부수하는 처분이다. 다만, 보호관찰부 집행유예는 단순집행유예에 비해 불이익한 처분이라고 해석되고 있고, 재판실무상으로도 실형과 단순집행유예의 중간에 위치하는 처분으로 평가되고 있기 때문에 4호관찰은 실질적으로 형벌적 색채를 띄고 있는 것을 부정할 수 없다고 생각된다. ②, ③, ⑤는 패롤형의 보호관찰이고, 행정기관인 지방위원회가 결정하는 가석방에 부수하는 처분이다. 그 법적 성격은 사법기관이 결정한 수용처분의 집행형태의 하나라고 해석해야 할 것이다.

II 보호관찰기간

보호관찰기간은 그 종류에 따라 다르다. 1호관찰은 원칙적으로 보호관찰 결정일부터 20세에 달하기까지의 기간이고, 20세까지의 기간이 2년에 미달하는 경우는 결정일부터 2년간이 된다(갱생 제66조). 2호관찰은 가퇴원한 날부터 가퇴원의 만료까지의 기간이다(동 제42조, 제40조). 원칙적으로 20세에 도달하기까지이지만(소

140 이것은 종래 5호관찰이라고 불리었지만 실제의 대상자가 없기 때문에 갱생보호법에는 규정을 두지 아니하였다.

원 제11조 제1항), 26세를 초과하지 아니하는 범위에서 예외가 인정되고 있다(동조 제2항, 제4항, 제5항). 3호관찰은 잔형기간(갱생 제40조), 4호관찰은 집행유예의 기간(형 제25조의2 제1항, 제27조의3 제1항), 부인보도원 가퇴원자에 대한 보호관찰은 보도처분의 남은 기간(매춘 제26조 제1항)이다.

Ⅲ 보호관찰의 목적과 실시방법

1. 목적

갱생보호법은 '보호관찰은 보호관찰 대상자의 개선갱생을 도모하는 것을 목적으로 하여', 지도감독 및 보도원호를 하는 것에 의해 실시한다라고 정하고 있기 때문에(갱생 제49조) 대상자의 개선갱생이 보호관찰의 목적인 것은 의심할 여지가 없다. 그러나 한편으로 동법은 제1조에서 법률의 목적을 '범죄를 저지른 사람 및 비행이 있는 소년에 대하여, 사회 내에서 적절한 처우를 실시함으로써 다시 범죄를 저지르는 것을 방지하거나 또는 비행을 하지 않게 하고 이러한 사람이 선량한 사회의 일원으로서 자립하고 개선갱생하는 것을 돕는' 것이라고 규정하고 있어, 재범방지가 그 목적으로 규정되어 있다. 여기서 보호관찰의 목적에 대하여 '재범방지'와 '개선갱생'과의 관계를 어떻게 이해해야 할까가 문제가 될 수 있다. 이 점에 대해서는 법은 개선갱생이라고 하는 수단에 의해 재범방지를 도모할 것을 보호관찰에 요구하고 있다고 해석해야 할 것이다. 즉, 대상자의 개선갱생을 도모하는 것은 재범방지와의 관계에서는 그 수단이지만, 보호관찰과의 관계에서는 그 목적이라고 이해하는 것이 타당하다. 대상자의 개선갱생에 의하지 아니하는 재범방지의 수단도 생각할 수 있기 때문에 보호관찰을 그와 같은 제도로 설계하는 것도 이론상 가능하지만, 현행법이 그와 같은 견해에 서 있지 아니하는 것은 분명하다. 이 점은 전자감시나 사회봉사명령 등을 보호관찰에 편입시키는 것의 가부를 고려할 때에 중요한 의미를 가지게 된다.

2. 실시방법

(1) 지도감독과 보도원호

개선갱생을 도모하기 위한 수단은 지도감독과 보도원호이다. 지도감독의 방법은 ① 면접 그 밖의 타당한 방법에 의해 대상자와 접촉을 유지하고 그 행상을 파악하는 것, ② 대상자가 준수사항을 준수하고, 생활행동지침에 따라 생활 · 행동하도록 필요한 지시 그 밖의 조치를 취하는 것, ③ 특정 범죄적 경향을 개선하기 위한 전문적 처우를 실시하는 것이다(갱생 제57조). 다른 한편, 지도원호의 방법은 대상자가 자립한 생활을 영위할 수 있도록 하기 위해 그 자조의 책임을 근거로 하면서 ① 적절한 주거 그 밖의 숙박장소를 얻는 것 및 당해 숙박장소에 귀주하는 것을 돕는 것, ② 의료 및 요양을 받는 것을 돕는 것, ③ 직업을 보도하고 취직을 돕는 것, ④ 교양훈련의 수단을 얻는 것을 돕는 것, ⑤ 생활환경을 개선하고 조정하는 것, ⑥ 사회생활에 적응시키기 위하여 필요한 생활지도를 실시하는 것, ⑦ 그 밖에 필요한 조언 및 조치를 취하는 것이다(동법 제58조).

지도감독은 보호관찰의 권력적, 권위적 측면인 것에 반해, 보도원호는 보호관찰의 복지적, 케이스워크적 측면이라고 말해진다.[141] 지금까지의 보호관찰이론에서는 어느쪽인가하면 보도원호를 강조하는 반면, 지도감독을 직접적으로 강조하는 것을 주저하는 경향이 있었던 것처럼 생각되지만 양자의 어느 쪽을 일방적으로 강조하는 것은 타당하지 아니하다. 권위적인 처우만으로는 역효과가 있기 때문에 대상자의 자발적인 개선갱생의 노력을 원조하는 보도원호를 강조하는 것 자체는 틀리지 않다. 그러나 다른 한편에서 보호관찰 대상자가 항상 갱생의욕을 가진 사람이라고 한정되지 않기 때문에, 그 의사에 반하여 지도감독을 실시하는 것이 필요한 경우가 있는 것도 당연할 것이다. 그 의미에서 보호관찰은 순수한 복지제도와는 다른 것이다. 지도감독에 부정적인 견해는 다분히 제2차 세계대전 전 경찰감시와 같은 대상자의 감시에 의한 재범방지를 직접 인정하는 것에의 경계에 따른 것이라고 생각되지만, 개선갱생에 의하지 아니하는 재범방지를 현행법은 예정하고 있지 아니하고 지도감독도 어디까지나 개선갱생을 도모하기 위한 수단으로 평가되고 있기 때문에, 지도감독을 적극적으로 실시하는 것과 감시를 강화하는 것을 같은 것으로 보는 이해는 타당하지 아니하다고 생각된다.

---

141 平野, 앞의 주125), 53쪽.

결국 지도감독과 보도원호는 대상자의 개선갱생을 도모하기 위한 방법상의 차이에 지나지 않기 때문에 그 어느 쪽에 중점을 두는 가는 개개의 대상자가 안고있는 문제점에 따라 결정해야 할 것이다.

(2) 응급구호

보호관찰의 대상자가 적절한 의료, 식사, 주거 그밖의 건전한 사회생활을 영위하기 위하여 필요한 수단을 얻을 수 없기 때문에 개선갱생이 방해받을 우려가 있고, 그리고 공공의 위생복지 그밖의 기관으로부터 필요한 응급의 원호를 얻을 수 없는 경우에는 보호관찰소가 그 원호를 실시하여야 한다(갱생 제62조 제1항, 제2항). 이 구호는 갱생보호사업을 실시하는 민간단체 등에 위탁하여 실시할 수 있다(동조 제3항).

전술한 보도원호가 대상자를 자립한 사회생활로 이끌기 위해 그 생활능력의 함양이나 환경개선을 도모하는 조치인 것에 대해, 응급구호는 대상자의 개선갱생에 방해가 되는 당면한 장해를 제거하기 위한 응급적, 복지적인 금품제공형 지원조치이다.

Ⅳ 준수사항

준수사항에는 모든 보호관찰대상자에게 공통하는 '일반준수사항'과, 특정 대상자에 대하여 정하는 '특별준수사항'의 2종류가 있다. 종래 보호관찰부 집행유예자에 대해서는 특별준수사항의 설정이 일체 인정되지 아니하였고 일반준수사항에 대해서도 가석방자 등의 그것에 비교하여 한정되어 있었지만, 갱생보호법은 준수사항에 관한 규정을 통일한 다음에 그 내용을 충실화하고 있다.

1. 일반준수사항

갱생보호법이 정하는 일반준수사항은 ① 다시 범죄를 하는 경우가 없도록 건전한 생활태도를 유지하는 것, ② 면접의 승낙, 생활상황의 보고에 의해 보호관찰관 및 보호사에 의한 지도감독을 성실하게 받는 것, ③ 보호관찰에 부쳐진 후 신속하게 주거를 정하고 그 신고를 하는 것, ④ 신고 또는 주거이전이 허가된 주거에 거주하는 것, ⑤ 주거이전 또는 7일 이상의 여행을 하는 때는 사전에 허가를 얻을 것의 5가지 사항이다(갱생 제50조). 그중 ①은 대상자의 '생활상의 규범'을 나타내는 것이라고 할 수 있다. ②내지 ⑤는 처우의 확보를 위한 '보호관찰실시상의 규범'을 나타내는 것이라고 할 수 있다. 종전, 보호관찰의 기초라고도 할 수 있는 대상자와의 접촉을 확보하는 것 자체가 곤란한 경우가 있는 등의 지적이 있어 왔기 때문에 갱생보호법에서는 보호관찰 실시상의 규범이 강화되어 있다.

2. 특별준수사항

(1) 특별준수사항의 법정화

특별준수사항은 법률에서 열거된 사항의 범위내에서 정해야 한다(갱생 제51조 제2항). 범죄자예방갱생법하에서는 특별준수사항의 내용은 법무성령에 위임되어 있다(제31조 제3항). 그러나 준수사항에 대해서는 죄형법정주의가 직접 적용되지 않는다고 할 수 있고,[142] 준수사항은 그 자체가 대상자의 자유제한을 동반하는 것일 뿐만 아니라 그것에 위반한 때는 집행유예나 가석방의 취소 등의 불량조치가 행해지는 경우도 있기 때문에 그 불이익성에 비추면 기본적인 내용은 미리 법률로 정해두는 것이 바람직하다고 할 수 있을 것이다.

(2) 특별준수사항의 내용

갱생보호법은 특별준수사항으로 ① 범죄성이 있는 사람과의 교제 등 범죄에 이어질 우려가 있는 특정 행동을 하지 아니할 것, ② 노동, 통학 그 밖에 범죄가 없는 건전한 행상을 유지하기 위하여 필요하다고 인정되는 특정한 행동을 실행 · 계속할 것, ③ 7일 미만의 여행, 이직 등에 대해서 사전에 신고할 것, ④ 의학, 심리학 등의 전문적 지식에 기초한 특정 범죄적 경향을 개선하기 위한 체계화된 수순에 의한 처우로, 법무대신이 정하는 것을 받을 것, ⑤ 법무대신이 지정하는 시설 등에 일정 기간 숙박하고 지도감독을 받을 것, ⑥ 지역사회의 이익의 증진에 기여하는 사회적

---

142 福岡高決昭和51 · 10 · 16 保護月報 112호, 343쪽.

활동(사회공헌활동)을 일정 시간 할 것, ⑦ 그 밖에 지도감독을 위해 특히 필요한 사항의 7가지 사항을 정하고 있다(갱생 제51조 제2항). 그중 ①과 ②는 대상자의 '생활상의 규범'으로 특히 필요한 사항인 것에 대해, ③ 내지 ⑦은 '보호관찰실시상의 규범'으로 특히 필요한 사항이라고 할 수 있다. ④ 내지 ⑥은 지금까지는 임의로 실시되어 온 처우프로그램을 보다 효과적으로 실시하기 위해 의무화한 것이다.

특별준수사항은 그것에 위반한 때는 취소 등의 불량조치가 취해지는 경우가 있는 것을 근거로 하여, 대상자의 개선갱생에 특히 필요하다고 인정되는 범위내에서 구체적으로 정한다고 되어 있다(갱생 제51조 제2항). 따라서 그것에 위반하였다 하더라도 불량조치를 취하는 것이 예상되지 아니하는 사항을 특별준수사항으로서 정하는 것은 적절하지 아니하다. 종래 실무에서는 준수사항이 지도감독의 범위를 구분짓는 기능을 가지고 있었던 점 때문에 불량조치에 곧장 결부되지 않는 생활지침이나 노력목표도 특별준수사항으로 정하고, 그것이 준수사항의 법적 규범성을 애매하게 하는 요인의 하나가 되고 있다는 지적이 있었다.[143] 그 때문에 갱생보호법은 불량조치가 예상될 것같은 사항만을 특별준수사항으로 정하는 한편, 준수사항과는 별도로 보호관찰소의 장이 대상자의 '생활행동지침'을 정할 수 있다고 하여(동 제56조), 준수사항과 생활행동지침의 쌍방에 의해 지도감독의 범위를 구분짓게 하고 있다(동 제57조).

(3) 특별준수사항의 설정, 변경

특별준수사항은 필요에 따라 설정하고, 변경하거나 또는 취소할 수 있다(갱생 제52조, 제53조). 따라서 설정해야 하는 특별준수사항을 찾을 수 없는 경우에는 설정하지 않는 것도 가능하다. 종래는 특별준수사항의 설정이 필요적이라고 되어 있었지만 갱생보호법에서는 처우의 개별화 · 탄력화를 도모한다고 하는 견지에서 그 설정이 재량적으로 되어 있다.[144]

특별준수사항의 설정 및 변경의 주체는 보호관찰의 종류에 따라서 다르다. 1호관찰에 대해서는 보호관찰소의 장이 가정재판소의 의견을 듣고, 이에 근거하여 특

143 有識者會議報告書, 16쪽.

144 다만, 「약물사용 등의 죄를 범한 사람에 대한 형의 일부집행유예에 관한 법률」에 따라 형의 일부집행유예를 선고받은 사람에 대해서는 원칙적으로 지방위원회가 유예기간 개시전에 전문적 처우프로그램의 수강을 특별준수사항에 설정하여야 한다라고 되어 있다(갱생 제51조의2 제1항).

별준수사항을 설정 · 변경한다(갱생 제52조 제1항). 2호관찰과 3호관찰은 지방위원회가 원칙적으로 보호관찰소의 장의 신청에 따라 결정으로 특별준수사항을 설정 · 변경한다(동조 제2항, 제3항). 4호관찰은 보호관찰소의 장이 재판소의 의견을 듣고 특별준수사항을 설정 · 변경한다(동조 제5항, 제6항). 다만, 4호관찰 중 형의 일부집행유예자(보호관찰부 일부유예자)에 대해서는 특칙이 있어, 유예기간의 개시전에는 그 특별준수사항의 설정 · 변경의 권한이 지방위원회에 주어져 있다(동조 제4항).[145]

Ⅴ 보호관찰대상자의 현황

2016년에 새롭게 보호관찰이 붙여진 사람의 총수는 35,341명이다. 그 내역은 보호관찰처분 소년이 16,304(46.1%), 소년원 가퇴원자가 2,743(7.8%), 가석방자가 13,260(37.5%), 보호관찰부 집행유예자가 3,034(8.6%)이다.[146] 최근 소년의 보호관찰대상인원은 감소경향에 있지만 그래도 보호관찰 개시인원의 반수 가까이를 차지하고 있다.

Ⅵ 보호관찰의 실시기관

보호관찰은 보호관찰대상자의 주거지(주거가 없거나 또는 분명하지 아니한 때는 현재지 또는 분명한 최후의 거주지 혹은 소재지)를 관할하는 보호관찰소가 담당한다(갱생 제60조).

보호관찰의 실시자는 보호관찰관과 보호사이다(갱생 제61조). 처우는 보호관찰관과 보호사의 협동태세에 의해 실시되고 있다. 명목상 법률의 전문적 지식을 가진 보호관찰관이 처우의 중심이 되고 지역성, 민간성이라고 하는 보호관찰관에게

---

145 이것은 보호관찰부일부유예자에 대해서는 수형의 기간이 선행하고 있기 때문에 지방위원회가 생활환경의 조정 등을 통해서 그 상황을 가장 잘 파악하고 있는 것을 고려한 것이다. 따라서 유예기간 개시후에 대해서는 통상의 4호관찰과 마찬가지로 보호관찰의 실시상황을 가장 잘 파악하고 있는 보호관찰소의 장이 이러한 권한을 행사하게 된다(갱생 제52조 제6항).

146 法務省保護局, "更生保護の現状", 曹時 69권 10호, 2017, 108쪽.

는 없는 이점을 가진 보호사가 보조한다고 하는 것이다. 그러나 실제로는 보호관찰관의 수가 극단적으로 적다. 2016년에 보호관찰소에 배치되어 있는 보호관찰관의 수는 1,214명이지만, 관리직을 제외한 보호관찰관의 정원은 960명이다. 2016년말 현재의 보호관찰 계속인원은 33,394명이기 때문에 보호관찰관 1명당 담당건수는 약 35건에 이르게 된다.[147] 이러한 상황하에서는 보호관찰관이 직접적으로 처우를 하는 것은 곤란하다.

한편, 2017년 1월 1일 현재 보호사의 위촉수는 47,909명으로 보호관찰처우에서 보호사가 담당하고 있는 역할은 매우 크다. 실제 처우의 중심는 보호사이고, 보호관찰관은 보호사의 지도, 감독하는 것을 통해 간접적으로 관여한다고 하는 것이 지금까지의 협동태세의 실태였다.

그러나 보호사에 대해서도 ① 보호사에 따른 개인차가 크고 처우에 차이가 발생한다, ② 보호사의 장점의 하나가 그 민간성이어야 할 텐데 보호관찰관의 역할을 대신하여 처우를 실시함으로써 보호관찰소의 조직에 편입되고 말아 보호사 자신이 관료화할 우려가 있다, ③ 보호사의 또 하나의 장점인 지역성에 관해서도 도시화나 지연공동체의 쇠퇴에 따라 지역성에 기인한 처우가 행해지기 어렵게 되고 있다, ④ 보호사의 평균연령이 60세를 넘고 있는 한편, 보호관찰대상자 중에서 소년이 차지하는 비율이 높기 때문에 세대적인 차이가 크다, ⑤ 근무시간의 제약 등 때문에 보호사가 되고자 하는 사람이 적고 선출층도 고정화하고 있다(보호사의 정원이 52,500명인 것에 대해 항상 정원미달의 상태에 있고, 최근에는 4만 8천 명 전후로 추이하고 있다)고 하는 다양한 문제점이 지적되고 있다.[148]

보호관찰대상자가 안고 있는 문제가 복잡 · 다양화하고 있는 현상에 비추어보면, 처우를 위한 전문적 능력을 충분히 갖추고 있지 아니하는 민간인에게 의존하는 처우체제로는 적극적이고 유효한 처우를 실시하는 것은 불가능할 것이다. 갱

147 法務省保護局 · 앞의 주146) 101면, 108쪽.

148 보호사가 되려고 하는 사람이 적다고 하는 문제에 관해서는 각 보호사회가 각각의 지역에서 유식자 등의 참가를 얻어 '보호사후보자검토협의회'를 설치하는 등, 적임자의 발굴에 노력하고 있다. 또한, 주택사정이 변화하는 등 때문에 자택에 대상자를 불러 면접을 실시한다고 하는 전통적인 형태의 처우를 실시하는 것이 곤란하게 되고 있기 때문에 보호구별로 공공시설 등의 일부를 차용하는 등의 방법에 의해 '갱생보호지원센터'가 설치되어 그곳에서 면접을 할 수 있게 되었다. 또한, 갱생보호지원센터에는 경험이 풍부한 '기획조정보호사'가 상주하여 보호사의 처우활동에 대한 지원이나 관계기관과의 연계에 의한 지역네트워크의 구축 등을 실시하고 있다(2017년 범죄백서, 263쪽). 이러한 시책은 기존의 보호사의 지원책인 동시에, 새롭게 보호사가 되려고 하는 사람을 늘리기 위한 시책이라는 면도 가지고 있다.

생보호법에서는 전문적 지식에 기초한 특정의 범죄경향을 개선하기 위하여 체계화된 처우프로그램을 특별준수사항의 내용으로 정하는 등 전문적 처우의 한층 강화를 요구하고 있다. 이것을 실현하기 위해서는 보호관찰관의 증원이 필요한 것은 물론, 기존의 협동태세에 대해서도 대상자의 문제성에 따라 보호관찰관과 보호사의 역할분담을 변경하는 등의 재검토를 실시하는 것이 필요하다. 갱생보호법이 '보호관찰에서의 지도감독 및 보도원호는 보호관찰대상자의 특성, 취해야 하는 조치의 내용 그밖의 사정을 감안하여 보호관찰관 또는 보호사로 하여금 실시하도록 한다'(갱생 제61조 제1항)라고 정하고 있는 것도 이러한 취지를 명확하게 한 것에 해당한다.

Ⅶ 보호관찰처우의 다양화

1. 보호관찰의 순서

통상의 경우 보호관찰은 다음과 같은 순서로 실시된다. 우선, 보호관찰 개시 시에 보호관찰관이 관계 기록이나 대상자와의 면접에 의해 얻은 정보에 따라 그 문제점을 파악하여 보호관찰의 계획을 세운 다음에 보호사에게 지시를 한다. 보호사는 그 지시를 근거로 하여 대상자의 집을 방문하거나 또는 보호사의 집에 오도록 하는 등의 방법(실무에서는 이것을 '왕래방'이라고 한다)에 의해, 대상자와 접촉을 유지하면서 필요한 지도 및 원호를 실시한다. 그리고 월 1회 대상자의 생활환경과 보호관찰의 경위를 기재한 보고서를 보호관찰관에게 제출하고, 보호관찰관은 그것을 읽고 보호사에게 지시를 한다.

이에 대해서 보호관찰관에 의한 직접처우를 도모하기 위한 시책이나 대상자의 문제성에 따른 처우의 개별화를 도모하기 위한 시책이 이전부터 실시되고 있었지만, 갱생보호법의 제정에 따라 이러한 처우시책의 충실 · 강화가 더욱 도모되었다.

2. 단계적 처우

종전부터 교통사건을 제외하고 대상자를 처우의 난이도에 따라서 A와 B로 분류하고, 처우곤란한 A에 대해서는 보호관찰관에 의한 직접처우의 비중을 높이는 '분류처우제도'가 실시되어 왔지만, 갱생보호법의 시행에 맞추어 이것을 발전적으로 해소하는 형태로 새롭게 단계적 처우제도가 발족하였다. 이것은 대상자의 재범가능성, 개선가능성의 진도 및 보도원호의 필요성을 정확하게 파악해서 보호관찰대상자를 처우의 난이에 따라 구분한 각 처우단계에 편입하고, 문제성이 깊은 대상자에 대해서는 보다 중점적으로 지도감독을 실시하고, 그 위에서 처우단계의 변경, 불량조치 · 양호조치 등의 조치를 유기적으로 관련시키는 것에 의해 체계적으로 보호관찰처우를 실시하는 것이다.

구체적으로는 처우단계를 S단계, A단계, B단계 및 C단계의 4가지로 구분한다. S단계는 ① 장기형 가석방자, ② 중대사범소년, ③ 사회의 이목을 모은 사건으로 법무성 보호국장이 지정한 사람을 대상으로 하여 갱생보호시설에서의 특별처우나 보호관찰관에 의한 직접처우 등의 농밀한 처우가 실시된다. 이것에 대해 A, B, C단계는 상기 대상자 이외의 사람을 대상으로 하여 보호관찰관과 보호사의 협동태세에 의해 처우를 실시하는 것인데, 그중에서 새로이 처우의 난이도에 의한 구별이 행해지고 처우곤란인 사람을 대상으로 하는 A · B단계에 대해서는 보호관찰관의 직접관여를 강화하고, 처우곤란이 아닌 사람을 대상으로 하는 C단계에 대해서는 주로 보호사에 의한 처우를 실시한다라고 되어 있다(예를 들면 A단계는 보호사가 매월 3회 정도의 면접과 보호관찰관이 3개월에 1회의 방문, B단계는 보호사가 매월 2회 정도의 면접과 보호관찰관이 6개월에 1회의 면접, C단계는 필요에 따라 보호관찰관에 의한 면접과 보호사에 의한 매월 2회 정도의 면접이 행해진다).

종래의 분류처우제도에 비해 보호관찰관에 의한 직접처우의 정도를 높인 점뿐만 아니라, 처우단계의 변경조치를 인정하고 더구나 이것을 양호조치나 불량조치와 연결지움으로써 대상자의 갱생을 향한 자조노력을 촉구하는 형태가 취해져있다고 하는 점에서도 의의가 있는 개혁이라고 평가할 수 있다.

3. 유형별 처우

유형별 처우란 대상자의 문제성 그 밖의 특성을 그 범죄 · 비행의 형태 등에 따라 유형화해서 파악하고, 유형별로 공통되는 문제성 등에 초점을 맞추어 효율적인 처우를 실시하는 것이다. 이것은 1990년에 도입된 제도이지만 갱생보호법의 실시에 따라 일정한 개정이 추가되었다. 단계적 처우는 주로 처우의 밀도나 처우 주체의 역할분담의 관점에서의 분류인 것에 반해, 유형별 처우는 처우의 내용면에서의 분류라고 할 수 있다.

2016년말 현재 ① 신나 등의 남용, ② 각성제사범, ③ 문제음주, ④ 폭력단 관계, ⑤ 폭주족, ⑥ 성범죄 등, ⑦ 정신장애 등, ⑧ 고령, ⑨ 무직 등, ⑩ 가정 내 폭력, ⑪ 도박 등 의존의 11가지 유형으로 구분되어 있다(보호관찰소년에 대해서는 '고령 등'이 제외되고, (a) 중학생, (b) 교내폭력의 두가지 유형이 추가된다). 이상의 각 유형에 대해 처우요령이 정해지고, 거기에 구체적인 처우지침이 제시되어 있다. 개별적 처우가 중심이지만 일부의 보호관찰소에서는 대상자에 대한 집단처우도 실시되고 있다. 또한, 상기의 유형의 일부에 대해서는 아래와 같이 독립한 전문적 처우프로그램이 제도화되어 있다.

4. 전문적 처우프로그램

갱생보호법에서는 '의학, 심리학, 교육학, 사회학 그밖의 전문적 지식에 근거하여 특정한 범죄적 경향을 개선하기 위해 체계화된 절차에 따른 처우로서 법무대신이 정하는 것을 받는 것'을 특별준수사항의 하나로 정하고 있다(갱생 제51조 제2항 제4호). 이에 따라 실무에서는 '성범죄자처우프로그램', '약물재남용방지프로그램', '폭력방지프로그램' 및 '음주운전방지프로그램'의 4종류의 전문적 처우프로그램이 실시되고 있다. 여기에서는 보다 체계화가 진전되고 있고, 프로그램에 의한 처우의 개시인원도 많은 '성범죄자처우프로그램'과 '약물재남용방지프로그램'을 다룬다.

(1) 성범죄자처우프로그램

자기의 성적욕구를 만족시키는 것을 목적으로 하는 범죄행위를 반복하는 경향을 가진 대상자에 대하여 심리학 등의 전문지식, 특히 인지행동요법의 이론 등에 근거하여 성범죄로 이어질 위험성이 있는 인지의 편향, 자기통제력의 부족 등 자기의 문제성에 대해 이해시키는 한편, 재범을 하지 않도록 하기 위한 구체적인 방법을 습득시키는 것을 목적으로 하는 것이다. 실시대상자는 남성인 가석방자 및 집행유예자 중 전술한 유형별 처우에서 '성범죄등대상자'의 인정을 받은 사람이다.

프로그램은 '도입프로그램'과 '핵심프로그램'으로 구성되고, 후자는 ① 성범죄의 프로세스, ② 인지의 왜곡, ③ 자기관리와 대인관계스킬, ④ 피해자에의 공감, ⑤ 재범방지계획의 5부분으로 나누어진다. 이 중 핵심프로그램의 수강이 특별준수사항으로 설정된다. 프로그램은 약 2주간에 1회, 보호관찰소에서 개별처우 또는 집단처우의 어느 하나의 방법으로 보호관찰관에 의해 실시되고, 6개월 이내에 종료한다. 대상자가 프로그램을 수강하지 아니하는 경우는 가석방 또는 집행유예가 취소되는 경우가 있다. 도쿄東京나 오사카大阪 등 대규모의 보호관찰소에서는 특별처우실시반이 설치되어, 동반에서 집단처우의 방법으로 동 프로그램이 실시되고 있다.

2016년에는 939명에 대하여 성범죄자처우프로그램이 실시되고 있다.

(2) 약물재남용방지프로그램

약물재남용방지프로그램은 형의 일부집행유예의 시행에 따라 종전의 '각성제사범자처우프로그램'에 대신하여 2015년 6월부터 실시되고 있다.

각성제사범에 대해서는 이미 2004년에 간이요검사 등을 활용한 처우프로그램이 발족하였지만, 당시의 법제에서는 이것을 대상자에게 의무지울 수 없었기 때문에 어디까지나 본인의 동의를 얻는 형태로 실시되고 있었다. 갱생보호법의 시행에 따라 특별준수사항과 연결하는 형태로 프로그램이 재구성되어 2008년부터 실시되었다.

동 프로그램은 각성제 반복사용의 경향이 있는 대상자에 대하여 심리학 등의 전문지식에 기초해서, 각성제의 악영향과 의존성을 인식시켜 각성제 의존증에 이른 자기의 문제성에 대해 이해시키는 한편, 간이약물검출검사에서 약물이 검출되지 아니하는 결과를 계속 내는 것을 목표로 하여, 각성제를 사용하지 아니한다는 의지를 강화 · 지속시키면서 그것을 재사용하지 않도록 하기 위한 구체적 방법을 습득시키는 것을 목적으로 한다. 프로그램의 내용은 상기의 약물검출검사 외에 ① 단약의 의의, ② 위험한 상황을 사전에 피하는 방법, ③ 위험한 상황으로부터 탈출하는 방법, ④ 위기적 상태로부터 탈출하는 방법, ⑤ 재범방지계획의 5가지 교과과정으로 구성되고 그것을 위해 작성된 워크북을 사용한 학습이 실시된다.

약물재남용방지프로그램에서는 특별준수사항에 의한 의무부여의 대상이 각성제의 자기사용 또는 소지 사안에서, 규제약물 등 및 지정약물의 자기사용 또는 소지 사안에까지 확대되었다. 또한, 프로그램의 내용에 관해서도, 교육과정에 있어 그때까지 각성제사범처우프로그램에서 실시되고 있었던 상기 핵심프로그램에 더하여 그 수료 후 이수내용을 정착 · 응용 · 실천하도록 하기 위한 스텝업프로그램이 신설되었다. 프로그램은 이 새로운 교육과정과 간이약물검출검사를 조합해서 실시된다. 또한, 약물검사의 결과가 양성인 경우는 보호관찰관이 대상자에 대하여 경찰 등에 스스로 출두하도록 설득하고, 이에 응하지 아니하는 때는 경찰 등에 통보하게 되어 있다.

2016년에는 1,415명에 대해 약물재남용방지프로그램이 실시되고 있다.

5. 장기형 가석방자에 대한 중간처우

중간처우란 시설 내 처우에서 사회 내 처우로의 원활한 이행을 도모하기 위하여 석방전후의 대상자에 대하여 통상의 보호관찰로 이행하기 전에 일정 기간 중간시설에서의 거주를 의무지우고, 그 동안 취업의 지원, 주거알선, 생활기능훈련 등의 처우를 실시하는 처우형태를 말한다. 미국 등에서 보여지는 지역사회에 기점을 둔 하프웨이 하우스halfway house에서의 처우가 그 전형적인 예이다.

일본에서도 1979년에 장기형의 수형자를 대상으로 가석방 후 일정기간 갱생보호시설에 거주시키고, 그곳에서 사회생활에의 적응훈련 등의 특별한 처우를 실시하는 '장기형 가석방자 중간처우제도'가 도입되었다. 다만, 범죄자예방갱생법에는 거주제한을 직접적으로 인정하는 규정이 존재하지 아니하였기 때문에 그것은 본인의 동의를 얻어 실시하고 있었다. 갱생보호법에는 법무대신이 지정하는 시설 등에 '일정 기간 숙박하고 지도감독을 받는 것'을 특별준수사항으로서 규정하고 있기 때문에(갱생 제51조 제2항 제5호), 중간처우를 실시하는 것에 대한 법적장애는 없어졌다고 할 수 있다. 이에 따라 2008년에 일정한 개정을 거쳐서 장기형 가석방자에 대한 중간처우제도가 재발족하게 되었다.

실시 대상자는 무기형 및 집행해야 할 형기가 10년 이상인 사람으로 가석방을 인정받은 사람이다. 중간처우의 기간은 가석방 후의 1개월간으로, 이 동안에 대상자를 중간처우시설로 지정된 갱생보호시설에 거주시키고, 사회적응훈련 등의 특별한 처우를 계획적으로 실시하는 한편, 보호관찰실시상의 문제점을 명확하게 한다고 되어 있다. 중간처우종료 후는 통상의 보호관찰로 이행하지만, 가석방 후의 1년간을 중점적으로 처우하는 기간으로 하여 대상자를 전술한 단계별 처우의 S단계에 편입하고 보호관찰관에 의한 직접처우를 강화하고 있다. 2016년에는 101명에 대하여 중간처우가 실시되고 있다.

6. 자립갱생촉진센터

이것은 친족이나 민간의 갱생보호시설에서는 인수가 곤란한 가석방자, 소년원 가퇴원자를 대상으로 하여 그 사람을 일정 기간 숙박시키면서, 보호관찰관이 24시간 · 365일 체제하에 전문적이고 농밀한 지도감독과 충실한 취업지원을 실시하는 것에 의해 그 사람의 개선갱생과 재범방지를 도모하는 것을 목적으로 한 시설이다. 종래 귀주환경이 적절하지 아니하는 가석방자 등의 인수처로서 갱생보호법인이 운영하는 민간의 갱생보호시설이 중요한 역할을 담당하여 왔지만, 소위 처우곤란자의 인수에 한계가 있었기 때문에 이른바 국립의 갱생보호시설로 자립갱생촉진센터가 설립되기에 이르렀다.

이 중 특정의 문제성에 따른 전문적 처우를 실시하는 것을 '자립갱생촉진센터', 주로 농업 등의 직업훈련을 실시하는 것을 '취업지원센터'로 부르고 있다. 현재까지 '누마타쵸沼田町취업지원센터'(2007년 10월 개소, 정원 남성 12명), '키타큐슈北九州자립갱생촉진센터'(2009년 6월 개소, 정원 남성 14명) , '이바라키茨城취업지원센터'(2009년 9월 개소, 정원 남성 12명) 및 '후쿠시마福島자립갱생촉진센터'(2010년 8월 개소, 정원 남성 20명)가 개설되어 운영되어 왔다.

7. 사회공헌활동

이것은 공공장소에서의 청소활동이나 복지시설에서의 개호보조활동의 사회에 공헌하는 활동에 종사하도록 함으로써 자기유용감의 획득이나 규범의식의 향상을 도모하는 처우방법이다. 종래부터 소년인 보호관찰대상자를 중심으로 '사회참가활동'으로 실시되었고, 또한 2011년부터는 성인도 대상에 추가해서 '사회공헌활동'으로 실시되고 있었지만 법률상의 근거가 없었기 때문에 모두 대상자의 동의를 얻어 실시되고 있었다. 2013년에 실시된 갱생보호법의 개정에 따라 특별준수사항의 내용에 '사회공헌활동'이 새롭게 추가되고(갱생 제51조 제2항 제6호), 이에 따라 이러한 활동을 대상자에게 의무지우는 것이 가능하게 되었다. 2016년에는 2,077회를 실

시하여 합계 인원 1,584명이 특별준수사항으로 설정된 사회공헌활동에 참가하였다.[149]

8. 단기보호관찰

단기보호관찰에는 교통단기보호관찰과 일반단기보호관찰의 2종류가 있다. 모두 1호관찰의 소년을 대상으로 한 제도이다.

(1) 교통단기보호관찰

이것은 교통사건에 대해서는 그 특수성에 따라 일반적인 보호관찰과 다른 처리가 필요하다는 취지에서 1977년에 발족한 제도이다. 가정재판소에서 교통단기보호관찰이 상당하다고 인정되고 그 취지로 권고된 대상자에 대하여 실시된다. 처우는 보호관찰관이 직접 담당하고 담당보호사는 붙이지 아니한다.

처우의 내용은 1회 내지 수회, 집단처우를 실시하는 한편, 매월 1회, 생활상황에 대해서 서면보고를 실시하도록 하는 것이다. 중심은 집단처우이고, 거기에는 보호관찰관이 교통사고를 일으킨 경우의 책임 등에 관한 강의를 하는 외에, 자기의 위반사실을 보고하도록 하고 집단으로 토론하는 것이 실시되고 있다. 또한, 생활보고서 등에 의해 필요에 따라 개별처우도 행해지고 있다. 이러한 처우의 결과, 특히 문제가 없다면 약 3개월에서 4개월로 보호관찰이 해제된다.

(2) 일반단기보호관찰

이것은 교통사건 이외의 비행소년으로, 비행성의 진도가 그렇게 깊지 아니하고 문제점도 한정되어 있는 사람을 대상으로 한 제도로 1994년부터 실시되고 있다. 이에 대해서도 가정재판소로부터 단기보호관찰의 처우권고가 있는 것이 조건으로 되어있다.

처우의 내용으로는 생활습관, 학교생활, 취업관계, 가족관계, 친구관계 등의 지도영역으로부터 중점적으로 지도해야 하는 영역을 정하고, 그 지도영역의 문제점의 개선을 촉구하기 위한 과제를 이행하도록 하는 것에 중점이 두어져 있다. 이

149 法務省保護局 · 앞의 주146), 107쪽.

와 함께 매월 1회 자기의 생활상황에 대한 서면보고를 하도록 하고 있다.

일반단기보호관찰에 대해서는 특히 문제가 없다면 약 6개월에서 7개월로 보호관찰이 해제된다.

Ⅷ 취업과 거주의 확보에 의한 사회복귀지원

일이나 주거는 안정된 사회생활을 보내기 위한 기본적인 조건이고 그것이 결여되는 것이 재범에 이르는 중요한 요인이다. 이 점은 지금까지도 체험적으로 알려져 왔지만, 최근의 실증적 연구에서도 그러한 사실이 명확하게 되었다.[150] 그래서 2012년의 '재범방지를 향한 종합대책'에서는 교정과 보호, 관과 민의 연계에 의해 대상자의 '거주지'와 '당번'을 확보하는 것을 대상자의 사회복귀지원의 중점항목으로 제시하고 있고, 보호관찰실무에서도 최근 다양한 시책이 강구되고 있다(시설 내에서의 취업지원책에 대해서는 본 절에서 기술한 내용 외에 제3장 제2절 Ⅵ 2 (2) 6)을 참조).

1. 취업지원책

취업지원책에 관해서는 이미 2006년부터 법무성과 후생노동성이 연계해서 '교도소 출소자 등 종합적 취업지원대책'이 개시되었다. 이 대책의 최대의 중심은 교정시설이나 보호관찰소가 할로워크와 긴밀한 연계를 취해서 취업지원을 실시한다고 한 것이다. 구체적으로는 할로워크 직원이 지원대상자가 시설에 수용중인 단계부터 시설을 방문해서 직업강의를 개최하거나 직업상담에 응하거나 한다. 또한, 지원대상자가 석방된 후에는 할로워크에 설치된 전문창구가 직업상담이나 직업소개를 하는 구조로 되어 있다. 이러한 시책을 실시한 결과, 2007년 이후 이 지원을 받아 취업에 연결된 사람은 매년 2천 명 이상에 이르러, 일정한 성과를 올리고 있었다. 그러나 한편에서는 일단 취업할 수 있어도 직장에 정착할 수 없어 전직을 되풀이 하는 사람도 적지아니하다고 하는 문제도 나타났다.

150 2012년 범죄백서, 221쪽 이하 참조.

이러한 문제에 대응하기 위하여 새로운 시도로 2011년부터 일부 보호관찰소에서 '갱생보호 취업지원 모델사업'이 실시되었다. 이것은 고용에 관한 전문적 노하우나 기업네트워크를 가진 민간단체에 취업지원을 위탁하는 것이다. 구체적으로는 국가로부터 위탁을 받은 민간단체가 '갱생보호 취업지원 사무소'를 설치하고, 그곳에 배치된 전문의 취업지원 직원이 관계 부처와 연계하면서 지원을 실시한다. 전술한 종합지원책과 비교하면 취업에 연결하는 것 뿐만 아니라 취업 후에도 직장 정착까지 계속적으로 지원을 하는 것에 특징이 있다. 이 모델사업은 2014년부터는 본격사업으로 이행하여 2017년에는 20개의 보호관찰소에서 실시되고 있다.

또한, 고용의 확보에서는 대상자를 그 범죄전력을 알면서 고용하고, 개선갱생에 협력하는 민간의 '협력고용주'의 존재가 필수적이다. 최근 보호관찰소에 등록되어 있는 협력고용주의 수는 증가하고 있지만 실제의 피고용자수는 증가하고 있지 아니하다. 그 배경에는 협력고용주 가운데는 소규모의 회사가 많고 구인이 안정되지 아니하는 것에 더하여, 교도소 출소자의 고용에 대한 불안감이나 부담감이 있다고 생각된다. 그래서 이러한 불안 · 부담을 감경하기 위하여 2015년부터는 고용주가 대상자를 계속 고용하여 직장의 정착에 협력한 경우에 일정 기간에 걸쳐서 사례금을 지불하는 제도가 발족하였다(취업 · 직장정착장려금, 취업계속장려금).

이 외에 민간기업이나 단체에 의한 취업지원의 움직임도 활발화하고 있다. 2009년에 경단련이나 대기업이 중심이 되어 설치된 NPO법인 '전국 취업지원 사업자기구'나 2013년에 일본재단이 중심이 되어 발족시킨 '직친職親프로젝트' 등이 그 대표적인 예이다.

2. 거주확보지원책

지금까지도 갈 곳이 없는 출소자의 거주확보에 있어, 갱생보호시설이 중요한 역할을 담당하여 왔다. 2017년 4월 1일 현재까지 전국에 103개의 갱생보호시설이 존재하고 있다. 수용정원의 총계는 2,369명으로 2016년에는 새롭게 6,329명에 대하여 수용위탁이 개시되어 거주처가 제공되고 있다.

그 한편으로 갱생보호시설은 경영이 기본적으로 위탁비에 의지하고 있고, 이전부터 경영난의 문제가 지적되어 왔다. 이에 따라 최근에는 처우곤란자를 인수하는 경우의 위탁비의 가산조치나 시설정비에 대한 국가의 보조율을 1/2에서 2/3로 인상하는 등 국가로부터의 일정한 지원책이 나오고 있다. 갱생보호시설이 귀주처가 없는 사람의 주거확보를 하는 데에 핵심적인 역할을 담당하고 있는 현실을 고려하면 그 인수기능을 강화하는 데는 한층 더 원조가 필요할 것이다.

또한, 갱생보호시설의 수용능력에는 한계가 있기 때문에 그 이외의 귀주처의 확보도 중요하다. 그것을 위해서 2011년부터 '긴급적 주거확보 · 자립지원대책'이 실시되었다. 이 대책은 보호관찰소에 등록한 민간법인 · 단체 등의 사업자에 대하여 숙박장소의 공여와 자립을 위한 생활지도(자립준비지원) 외에, 필요에 따라 식사의 공여를 위탁하는 것으로 그 숙박장소를 '자립준비홈'이라 부르고 있다. 자립준비홈의 형태는 노숙자 등의 생활곤궁자 지원을 실시하는 NPO법인이 보유하는 아파트나 사회복지법인이 운영하는 장애자의 그룹홈, 약물의존자의 자조그룹(다르크)가 관리하는 시설 등 다종다양하다. 자립준비홈을 보호관찰소에 등록한 사업자는 2011년에는 166개 사업자였던 것이 2017년 4월 1일 현재 375개 사업자로 확대되었고, 2016년도에는 1,243명이 새롭게 동 홈에 위탁되어 있다.

Ⅸ 양호조치와 불량조치

보호관찰은 보호관찰기간의 만료에 의해 종료하지만, 그 이전이라도 대상자가 건전한 생활태도를 유지하고 선량한 사회의 일원으로서 자립하고 개선갱생할 수 있다고 인정되는 경우는 소정의 절차에 따라 보호관찰의 해제 등의 조치가 취해진다. 실무상 이를 양호조치라고 부르고 있다. 이에 반하여 예를 들면 재범이나 준수사항위반이 발생한 경우에는 소정의 절차에 따라 가석방의 취소 등의 조치가 취해진다. 이를 불량조치라 부르고 있다.

양호조치와 불량조치의 요건이나 절차는 보호관찰의 종류에 따라 다르다. 1호관찰의 경우 양호조치로 보호관찰소의 장에 의한 보호관찰의 해제 또는 일시해제가 있다(갱생 제69조, 제70조). 불량조치로는 대상소년이 준수사항을 지키지 아니하는 경우 보호관찰소의 장에 의해 경고가 행해진다. 당해 경고를 받은 소년이 다시 준수사항을 지키지 아니하는 경우에는 보호관찰소의 장이 가정재판소에 대해 소년원송치 등의 결정을 구하는 신청이 행해진다(동법 제67조). 가정재판소가 이것을 인정한다면 소년원 송치 등의 새로운 보호처분이 행해지고 종전의 보호관찰처분은 취소된다(소 제26조의4, 제27조).

2호관찰의 경우 양호조치로서 보호관찰소의 장에 의한 지방위원회에 대한 퇴원신청이 있다. 지방위원회가 이것을 인정한다면 퇴원결정이 행해지고 보호관찰도 종료한다(갱생 제74조). 불량조치로는 보호관찰소의 장의 신청과 이것에 따른 지방위원회의 신청에 따라 가정재판소에 의해 행해지는 소년원에의 재수용의 결정이 있다(동법 제71조, 제72조).

3호관찰의 경우, 양호조치로 부정기형의 가석방자에 대해서는 보호관찰소의 장의 신청에 따라서, 지방위원회에 의해서 행해지는 부정기형의 집행을 종료시키는 결정이 있다(동법 제78조). 그에 따라서 보호관찰도 종료한다. 이것에 대하여 통상의 정기형의 가석방자에 대해서는 그 형기를 단축하거나 보호관찰을 해제 또는 가해제하거나 하는 제도는 존재하지 아니한다. 불량조치로는 가석방의 취소에 의한 재수용이 있다(형 제29조, 갱생 제75조). 이 외에 대상자가 행방불명으로 보호관찰을 할 수 없는 경우에는 보호관찰소의 장의 신청에 따라 지방위원회의 결정으로 보호관찰이 정지된다(갱생 제77조 제1항). 그 효과로서 형기의 진행도 정지된다(동조 제5항).

4호관찰의 경우, 양호조치로는 보호관찰소의 장의 신청에 의거해서 지방위원회의 결정에 따라서 행해지는 보호관찰의 가해제가 있다(형 제25조의2 제2항, 제27조의3 제2항, 갱생 제81조). 불량조치로는 집행유예의 취소에 의한 형사시설에의 수용이 있다(형 제26조, 제26조의2, 제27조의4, 제27조의5). 이것은 검찰관의 신청에 따라 재판소가 실시한다. 이 외 보호관찰이 가해제된 사람의 행상에 비추어 보호관찰을 실시할 필요가 있다고 인정된 경우는, 지방위원회는 보호관찰소의 장의 신청에 의해 가해제를 취소하여야 한다(갱생 제81조 제5항).

X 보호관찰의 향후 과제

1. 운용상 과제

전문가회의 보고서(2006년)에서는 종래의 사회 내 처우의 문제점으로 ① 민간에 의존한 취약한 보호관찰체제인 점, ② 보호관찰이 지도감독 · 보도원호의 측면에서 충분히 기능하고 있지 아니하는 점이 특히 강조되었다. 이것은 처우의 주체 및 처우의 내용의 양면에서 종래의 보호관찰처우의 문제점을 지적한 것이다.

이 중 처우의 내용면에 대해서 보면 갱생보호법에서는 보다 실효성이 높은 적극적인 처우를 가능하게 하기 위한 다양한 조치가 강구되고 있다. 예를 들면 특별준수사항으로 과학적 · 체계적인 처우프로그램의 수강이나 지정된 시설에의 거주 등을 대상자에게 의무지우는 것에 의해 전문적 처우의 강화나 처우의 다양화를 가능하게 하는 한편, 일반준수사항으로 보호관찰관이나 보호사에 의한 면접을 받는 것이나 생활상황을 보고해야 하는 것을 의무지우는 것에 의해, 이러한 적극적인 처우를 실제로 실시할 수 있도록 그 법적기초를 확고히 하고 있다. 전술한 것처럼 갱생보호법의 시행 이후 대상자의 특성에 맞춘 다양한 처우프로그램이나 취업이나 주거를 확보하기 위한 다양한 지원책이 본격적으로 운용되기 시작하였지만, 향후는 이러한 시책의 실시효과를 실증적으로 검증하면서, 그것을 근거로 해서 더욱 더 유효한 시책을 검토해 갈 필요가 있을 것이다.

또한, 2016년부터 형의 일부집행유예제도가 시행되고 있지만, 보호관찰부 일부집행유예의 경우는 실형형기의 만료에 따라 귀주처의 유무에도 불구하고 보호관찰을 실시해야 하기 때문에 대상자가 형사시설에 수용되어 있는 단계에서 적절한 귀주처를 확보하는 것이 요구된다. 또한, 전문적 처우프로그램에 관해서도 시설 내 처우와 사회 내 처우의 일관성의 확보나 보호관찰기간의 장기화에의 대응이 요구된다. 이러한 새로운 제도의 실시체제의 정비도 긴급한 과제라고 할 수 있다.

한편, 처우의 주체를 살펴보면 확실히 갱생보호법의 제정에 전후해서, 보호관찰관이 약간 증원되고 일정한 개선은 이루어졌다. 그러나 전술한 것처럼 전문적 처우 등의 처우시책을 적극적으로 실시해 가기 위해서는 전문적인 처우지식을 가진 보호관찰관의 확보가 필수적인 것은 명확하다. 전문가회의의 보고서에서는, 사회 내 처우를 발본적으로 개선하기 위해서는 기존의 보호관찰관의 수를 배로 증원하는 것이 필요하다는 제언을 하고 있으며, 보호관찰관의 추가적인 증원이 향후의 과제로 지속될 것은 틀림없을 것이다.

2. 제도상 과제

가석방이나 집행유예에도 입법론을 포함한 검토과제가 남아있다. 가석방에 관해서는 잔형기간주의로부터 발생하는 문제점을 어떻게 극복하는가라고 하는 과제가 있고, 이 점에 대해서는 이미 기술하였다(본절 Ⅱ 9 참조).

한편, 집행유예에 관해서는 보호관찰부 집행유예에 대해서 다른 종류의 보호관찰과 비교해서 보호관찰에 붙이기 전의 단계에서 대상자에 대해 충분한 조사를 할 수 없다고 하는 문제가 이전부터 지적되어 왔다. 즉, 1호관찰의 경우는 가정재판소에서 조사관에 의한 조사가 실시되고 있고, 2호관찰이나 3호관찰의 경우에는 시설에 수용되어 있는 단계에서부터 환경조정이 개시되기 때문에 어느 경우에도 충분한 정보를 기초로 보호관찰 대상자가 선별되도록 되어 있다. 이에 대해 4호관찰의 경우는 형사재판이라고 하는 한정된 시간 속에 양당사자로부터 나오는 증기자료를 토대로 재판소가 판단할 수밖에 없기 때문에 판단자료가 매우 한정되게 된다. 그 결과 보호관찰부 집행유예로 할지 여부의 판단도 대상자의 개선갱생의 가능성 보다도 범죄의 중대성을 기준으로 하게 되기 쉽다. 이러한 것이 보호관찰대상자의 재범율을 높게 하는 요인의 하나가 되고 있다는 지적도 있다.

더구나 이 문제가 초래하는 또 하나의 귀결로서, 보호관찰소는 대상자에 관한 충분한 정보가 없는 채 보호관찰을 실시해야 하기 때문에 그 대상자에게 적합한 처우를 실시하는 것도 곤란하게 된다.

이러한 점 때문에 재판단계에서 보호관찰에 적합한 대상자를 선별하기 위한 자료를 수집하는 시스템을 도입해야 한다는 의견이 이전부터 존재하고 있었지만 갱생보호법은 대응하는 제도를 마련하고 있지 아니하다. 또한, 갱생보호법에서는 보호관찰소장이 재판소의 의견을 듣고 그를 토대로 특별준수사항을 정한다고 하고 있지만(갱생 제52조 제4항), 재판소가 과연 공판에 나오는 자료만으로 적정한 의견을 제시할 수 있는가는 의문이다. 나아가 새롭게 도입된 형의 일부집행유예제도가 약물사범 이외의 죄의 종류에도 적용되어 기능하기 위해서도, 대상자에 관한 충분한 자료가 얻어지도록 새로운 제도의 도입이 바람직하다라고 할 수 있다. 여러 국가에서 볼 수 있듯이 판결전조사제도의 도입도 하나의 대안으로(제3편 제2장 제3절 Ⅰ 3 (1) 참조), 그 도입을 요구하는 의견이 이전에도 존재하였지만, 갱생보호제도가 크게 바뀌려고 하는 오늘날 그 본격적인 검토가 기대된다.

제 4 절 갱생긴급보호

I 제도의 의의와 내용

갱생긴급보호란 형사절차 또는 보호처분에 의한 신체의 구속이 해제된 사람에 대하여 국가가 긴급하게 일정한 보호를 주는 제도를 말한다. 이것은 신체의 구속이 해제된 사람 중에는 직업을 얻는 것이 곤란하고 친족으로부터의 원조도 얻을 수 없고 또한, 생활보호법 등에 근거한 사회복지에 의한 보호도 즉시 받을 수 없어 당장 의식주에도 궁핍하여 재범에 이르는 사람이 적지 아니하기 때문에 이러한 사람에 대하여 긴급의 원조를 함으로써 개선갱생을 돕는 것을 취지로 하는 것이다.

갱생긴급보호의 대상이 되는 사람은 형사절차 등에 의한 신체구속에서 해방된 사람 가운데 보호관찰의 대상이 되지 아니하는 사람이다. 구체적으로는 ① 만기석방자, ② 보호관찰에 붙여지지 아니한 집행유예자, ③ 기소유예자, ④ 벌금 또는 과료의 선고를 받은 자, ⑤ 노역장 출장 · 가출장자, ⑥ 소년원퇴원자 · 가퇴원기간 만료자 등이 그 대상이 된다(갱생 제85조 제1항). 보호관찰대상자에 대해서도 긴급의 보호가 행해지는 경우가 있지만 그것은 '응급의 구호'라 불리우며(제3절 Ⅲ 2 (2)를 참조), 개념상 갱생긴급보호와 구별되고 있다. 다만, 보호조치의 내용은 기본적으로 공통된다.

갱생긴급보호를 받기 위한 실질적 요건은 ① 친족으로부터 원조를 받을 수 없거나 혹은 공공의 위생복지에 관한 기관 그 밖의 기관으로부터 의료, 숙박, 직업 그 밖의 보호를 받을 수 없는 것 또는 ② 이러한 원조 혹은 보호만으로는 개선갱생할 수 없다고 인정되는 것이다(갱생 제85조 제1항). 또한, 형식적 요건으로 본인의 의사에 반하지 아니하는 것이 요구되고 있다(동조 제4항). 그 때문에 갱생긴급보호는 보호관찰과 달리 임의의 조치이다. 또한, 갱생긴급보호는 원칙적으로 신체의 구속이 해제된 후 6개월을 초과하지 아니하는 범위 내에서 실시된다.

보호조치의 내용으로는 식사의 급여, 의료衣料의 급여, 의료원조, 귀주여비의 급여 · 대여 등의 '일시보호'와, 일정한 시설에 수용해서 숙박장소를 제공하는 한편, 필요한 훈련 등을 실시하는 '계속보호'가 있다. 이러한 보호조치는 보호관찰소의 장이 스스로 실시하거나(자청보호), 또는 갱생보호법인 등에게 위탁해서 실시한다(위탁보호)(갱생 제85조 제3항). 일반적으로 자청보호는 일시보호가 중심이고, 계속보호에 대해서는 갱생보호시설을 가지는 갱생보호법인 등에게 위탁해서 실시하는 것이 통상이다.

2016년에는 7,661명의 대상자에 대해서 자청보호가 실시되고, 5,089명에 대해서 위탁보호가 실시되고 있다.[151]

Ⅱ 갱생보호시설

갱생긴급보호에서는 갱생보호법인 등에 의해 운영되는 갱생보호시설이 담당하는 역할이 매우 크다. 또한, 갱생긴급보호에 그치지 아니하고, 응급의 구호로 보호관찰 대상자를 갱생보호시설이 인수하는 경우도 많다. 2016년에는 6,555명에 이르는 보호관찰대상자가 갱생보호시설에서의 숙박을 동반하는 보호를 받고 있다.[152] 특히, 가석방자의 경우에는 매년 약 30%에 대해서 귀주지로 갱생보호시설이 선택되고 있고, 여기에 만기석방자를 합치면 출소수형자의 약 20%가 갱생보호시설에서 보호조치를 받게 된다.

갱생보호시설에서는 지금까지도 모든 피보호자에 대해서 실시되는 일반적인 생활지도 이외에 전술한 중간처우와 같은 특별한 처우를 실시하기도 했지만 최근에는 새로운 처우가 실시되었다. 그 가운데 하나가 전술한 '지정갱생보호시설'에서의 복지에의 이행준비 및 사회생활에 적응하기 위한 지도나 조언을 내용으로 하는 특별처우인데, 그 이외에도 2013년부터는 약물사범자에 대해서 중점적인 처우를 실시하는 시설을 '약물처우 중점실시 갱생보호시설'로 지정하는 대응이 개시되어, 지정된 시설에서는 정신보건복지사나 임상심리사 등의 정신의학에 관한 전문적 자격을 가진 스텝에 의해 약물의존으로부터의 회복에 중점을 둔 전문적인 처우가 실시되고 있다.[153] 이와 같이 갱생보호시설은 피보호자가 직장을 찾아서 자립하기까지의 단순한 숙박시설이 아니라 전문적인 처우시설로서의 역할이 기대되는 상황이다.

151 2017년 범죄백서, 75쪽.

152 2017년 범죄백서, 75쪽.

153 2016년에는 25개 시설이 '약물처치중점실시갱생보호시설'로 지정되어 있다(2017년 범죄백서, 295쪽).

그러나 다른 한편으로 갱생보호시설에 관해서는 과제도 적지 아니하다.[154] 우선, 경영난의 문제가 이전부터 지적되어 왔다. 갱생보호법인에 대해서는 국가로부터 위탁에 의해 발생하는 숙박비나 인건비 등의 사무비가 위탁의 실적에 따라 지급되지만, 현실에는 그 정도로는 부족하기 때문에 경영이 어려운 갱생보호법인이 많은 것이 실정이다. 이러한 경영난의 문제를 타개하기 위하여 지금까지도 예를 들면 1996년 갱생보호사업법의 제정을 통해 갱생보호법인을 다른 사회복지사업을 경영하는 사회복지법인과 동등한 것으로 평가하고 세제상의 우대조치를 받게 하거나 나아가 최근에는 처우곤란한 사람을 인수하는 경우 위탁비를 가산하는 등의 대책을 강구하여 왔지만, 이러한 조치로는 충분하지 아니하고 국가에 의한 추가적인 원조가 필요할 것이다.

다음으로 시설에 대한 지역의 배척운동이 발생하는 등 갱생보호시설과 지역주민과의 관계에도 곤란한 문제가 있다. 갱생보호법인에서는 지금까지도 시설 등의 지역주민에의 개방, 입거자에 의한 지역에의 봉사활동, 시설운영에의 주민대표의 참가 등을 통해 지역주민과의 융합을 도모하기 위한 다양한 시책을 거듭하여 왔지만 향후에도 이러한 견실한 노력을 계속해 가는 것이 필수적일 것이다.

제 5 절 새로운 사회 내 처우

I 사회봉사명령

1. 내용과 법적 성격

사회봉사명령community service order이란 사회의 유익한 활동(예를 들면 공원청소, 병원에서의 개호 등)을 무보수로 실시하는 것을 의무지우는 제도를 말한다. 1972년 영국에서 정식으로 제도화되어 그 후 미국과 유럽을 중심으로 도입되어 있다. 다만, 같은 사회봉사명령이라 불리우는 것 중에도 다양한 형태가 있다. 이것을 대별하면

154 太田達也, "更生保護施設における處遇機能强化の課題と展望", 犯罪と非行 132호, 2002, 39쪽 이하.

① 형벌의 일종인 사회봉사명령, ② 보호관찰조건인 사회봉사명령, ③ 다이버젼의 일종인 사회봉사명령으로 나눌 수 있다. ① 중에는 더 나아가 주형으로서의 사회봉사명령과 대체형으로서의 사회봉사명령이 있다. 전자의 예로서 예를 들면 영국은 사회봉사명령을 벌금형과 구금형의 중간에 위치하는 독립의 형벌로 자리매김한 가운데, 3년 이내에 40시간 이상 300시간 이하의 무상노동을 하는 것을 명할 수 있다고 하고 있다. 후자의 예로 미국은 벌금의 대체적 제재로 사회봉사명령을 과할 수 있도록 하고, 독일에서는 벌금을 지불할 수 없는 대상자에게 대체자유형을 과하는 대신에 사회봉사활동을 시킬 수 있다고 하고 있다. ②의 예로 프랑스에서는 보호관찰부 집행유예의 조건으로 공익봉사를 의무지우는 것을 가능하게 하고 있고, ③의 예로 독일에서는 공공에 도움이 되는 활동을 하는 것을 소추 또는 공판절차의 중단조건으로 할 수 있다고 하고 있다.[155]

사회봉사명령의 선고에 대상자의 동의를 요하는가 여부는 각각의 유형별로 다르다. ③의 경우에는 아직 유죄가 확정되지 않은 단계에서이기 때문에 본인의 동의가 필수적이다. 다른 유형에 대해서는 이론상은 동의는 필요하지 않지만, 실제로는 거부하고 있는 사람에게 강제적으로 실시하여도 효과를 기대할 수 없기 때문에 동의가 요건으로 되어 있는 경우가 많다. 다만, 그 경우에도 동의를 하지 아니하면 구금형이 과해지기 때문에 그것이 진정한 의미의 동의라고 할 수 있을지는 의문이 있다. 그러한 의미에서 사회봉사명령은 소위 봉사활동과는 본질적으로 다른 것이다.

2. 형사정책상의 의의

사회봉사명령에는 그 목적과 성격에 따라서 몇 가지 형사정책적 의의가 인정된다.

첫 번째로 그것은 일정한 범죄나 범죄자에 대한 적절한 제재수단이 될 수 있다. 예를 들면 벌금형에 상응하는 죄를 범하였지만 벌금을 지불할 자력이 없는 사람이나 역으로 벌금의 지불을 고통을 느끼지 아니하는 큰 자력을 가진 사람에 대해서 사회봉사명령은 벌금형을 대신하는 유효한 제재수단으로서 기능할 수 있다. 이것

155 染田惠, 犯罪者の社會內處遇の探求 – 處遇の多樣化と修復的司法, 成文堂, 2006, 30쪽 이하. 今井猛嘉, “犯罪者に社會奉仕命令を義務付けるれ制度について”, ジュリ 1353호, 2008, 108쪽 이하 등 참조.

은 사회봉사명령의 성격을 응보를 목적으로 한 제재로 파악하는 견해를 전제로 하는 것이다.

두 번째로 사회봉사명령은 범죄자의 개선갱생과 사회복귀를 도모하기 위한 유효한 수단도 될 수 있다. 우선 그것을 단기자유형이나 노역장유치의 대체수단으로서 이용함으로써 그것에 따르는 폐해를 회피할 수 있다. 나아가 사회에 도움이 되는 작업을 시킴으로써 대상자의 자기평가나 사회의식을 높이는 한편, 범죄자의 처우에 대한 사회의 관여나 이해를 깊게 하는 기회가 된다는 의미에서 적극적인 효과도 기대할 수 있다.

세 번째로 사회봉사명령을 단기자유형의 대체수단으로 활용함으로써 과잉구금을 완화할 수 있다. 이것은 사회봉사명령 자체에 적극적인 의의를 인정하는 것은 아니지만 영국에서 사회봉사명령이 도입된 때의 직접적인 목적은 이점에 있었다고 하고 있다.

3. 사회봉사명령 도입의 판단

일본에서는 종래 사회봉사활동을 의무지우는 제도는 존재하고 있지 아니하였다. 지금까지 실무상 실시되고 있었던 것은 예를 들면 가정재판소의 시험관찰의 한 내용으로 또는 단기보호관찰의 과제의 하나인 '사회참가활동'의 한 내용으로 특별양호노인홈에서의 개호나 공원청소 등을 실시하는 것이었는데, 이러한 것들은 본인의 동의를 얻어 실시된 것이다. 이에 대해 최근 사회봉사활동을 의무지우는 제도를 도입해야 한다는 의견이 높아져서 법제심의회의 '피수용인원 적정화방안에 관한 부회'에서도 이 문제에 대한 검토가 행해졌다.

가령 사회봉사명령을 도입한다하더라도 그것을 어떤 제도로서 도입할까가 문제된다. 전술한 여러 형태 가운데 ③의 다이버젼형의 제도로서 예를 들면 기소유예시에 그 조건으로 사회봉사활동을 의무지우는 제도를 도입하는 것을 생각할 수 있지만 유죄의 인정을 받지 아니하는 사람에게 이러한 의무를 과하는 것은 어려운 점이 있다. 그것을 회피하기 위해 본인의 동의를 얻는 것을 요건으로 하여도 동의하지 않는다면 기소되기 때문에 그것은 진정한 동의라고 할 수 있을까라는 문제가 필연적으로 발생한다. 그래서 부회에서는 의무부여 자체에 대해서는 문제가 발생하지 아니하는 ①의 형벌의 일종 또는 ②의 보호관찰의 한 조건으로 하는 제도의 도입이 검토되었다.

이 가운데 ①에 대해서는 우선 사회봉사명령을 독립한 형벌로서 도입하고 그것을 단기자유형의 회피수단으로서 이용하는 것을 생각할 수 있다. 그러나 사회봉사명령에 제재로서의 기능을 가지게 하더라도 그것에 의해 자유형을 대체하는 것에는 처음부터 한계가 있으며, 기소유예나 집행유예가 적극적으로 사용되고 있는 현실에서는 단기라고 하지만, 자유형의 실형은 어느 정도 범정이 무거운 경우에 과해지기 때문에 그러한 사건에 대해서 사회봉사명령에 의해서 대응할 수 있는가에는 의문이 있다. 나아가 독립한 형벌로 한 경우에는 사회봉사명령에 위반한 때의 처리가 어렵다고 하는 문제도 있다. 여러 국가에서는 이러한 경우에는 형의 사후적 변경이나 재판소 모욕죄의 적용이 가능하다고 되어 있지만, 그와 같은 시스템을 가지지 아니하는 일본의 현행제도를 전제로 하면 사회봉사명령의 이행을 담보하는 것은 상당히 곤란하게 된다.[156]

다음으로 사회봉사명령을 벌금형의 대체형으로 평가하고, 벌금의 지불능력이 없는 사람에 대한 노역장유치를 회피하는 수단으로 삼는 것을 생각할 수 있다. 과거 법제심의회에서 노역장유치의 대체수단으로서의 사회봉사명령의 도입이 검토된 적이 있지만, 이에 대해서는 벌금형의 대체로서 노역장유치를 평가한 다음에 다시 노역장 유치의 대체수단으로서 사회봉사명령을 평가하게 되면 동 제도는 대체의 대체가 되어 타당하지 아니하다고 하는 비판이 행해졌다.[157] 그러나 이 문제는 사회봉사명령을 노역장유치와 동등한 처분으로 평가한다면 회피할 수 있다. 다만, 그러한 경우에는 그것을 독립의 형벌로 하는 경우와 마찬가지로 사회봉사명령에 위반한 때의 처리가 어렵다고 하는 문제가 발생한다.

그래서 형벌로서 사회봉사명령을 실시하는 것을 명령하는 것이 아니라, 사회봉사활동을 보호관찰의 특별준수사항으로 정하는 것을 생각할 수 있다. 이 경우에는 준수사항의 위반이 있었던 때에 집행유예나 가석방의 취소가 있을 수 있기 때문에 사회봉사활동의 이행을 어떻게 담보할지라고 하는 문제는 해결할 수 있다. 또한, 갱생보호법은 특별준수사항을 '대상자의 개선갱생을 위해 특히 필요하다고 인정되는 범위 내'에서만 설정하는 것을 인정하고 있지만(갱생 제51조 제2항), 전술한

156 佐伯仁志, "刑事制裁・處遇のあり方", ジュリ 1348호, 2008, 90쪽.

157 당시 심의상황에 대해서는 岩橋義明, "財産刑をめぐる基本問題について – 法制審議會刑事法部會財産刑檢討小委員會の檢討結果報告", ジュリ 1023호, 1993, 68쪽을 참조.

바와 같이 사회봉사활동에는 대상자의 자기평가나 사회의식을 높이는 한편, 대상자의 처우에 대한 사회의 관여나 이해를 깊게하는 기회가 된다고 하는 의의가 있기 때문에 이것을 대상자의 개선갱생의 수단으로 평가하는 것은 충분히 가능하다. 그리고 사회봉사활동을 이렇게 규정한다면 그 대상자의 선정이나 봉사활동의 내용·시간의 설정 등에서는 대상자가 행한 범죄의 경중이라고 하는 관점에서가 아니라, 어디까지나 대상자의 개선갱생이라는 관점에서 필요성·상당성을 판단하게 된다.

이에 대해서는 이와 같이 현행의 특별준수사항의 틀내에서 제도를 도입하려고 한다면 특별준수사항으로 사회봉사활동을 의무지우는 것이 가능한 범위가 매우 한정되기 때문에 제재적 요소를 가지는 특별준수사항을 새롭게 창설하여 범죄행위에 의한 불법을 속죄시킨다고 하는 취지에서 사회봉사활동을 의무지우는 것도 가능해야 한다고 하는 견해도 있을 수 있다. 그러나 이러한 견해에 대해서는 원래 제재를 제1차적인 목적으로 하는 사회봉사활동의 의무부여가 개선갱생을 목적으로 하는 보호관찰에 어울리는 것인가라고 하는 근본적인 의문이 있다. 그러므로 보호관찰의 목적 자체를 변경한다면 몰라도, 그러하지 아닌 한은 제재적인 특별준수사항을 마련하는 것은 곤란할 것이다.

이러한 논의를 거쳐 2013년에 '선량한 사회의 일원으로서의 의식의 함양 및 규범의식의 향상에 도움이 되는 지역사회의 이익의 증진에 기여하는 사회적 활동(사회공헌활동)을 일정 시간 실시하는 것'을 특별준수사항의 한 유형으로 새롭게 추가하는 것을 내용으로 하는 갱생보호법의 개정이 행해져 2015년 6월 1일부터 시행되었다. 이 법개정은 어디까지나 현행법상의 준수사항의 성격을 변경하지 않는 것을 전제로 행해진 것이다.

신제도의 도입은 보호관찰의 처우방법의 다양화를 도모한 가운데 적극적인 의의를 가지는 것이라고 할 수 있다. 2016년도에는 인원 1,584명이 특별준수사항으로 설정된 사회공헌활동에 참가하였다.[158]

---

158 法務省保護局·앞의 주146), 107쪽.

Ⅱ 전자감시

1. 의의

전자감시는 전자적 수단으로 대상자의 행동을 감시하는 방법이다. 1983년 미국 뉴멕시코주의 재판소에서 5명의 보호관찰대상자에게 사용한 것이 이 제도의 시초라고 말해진다. 그 후 캐나다, 영국 등의 여러 국가에 확산되었고 아시아에서는 한국에서 이 제도가 도입되어 있다.[159]

전자감시의 방법에는 다양한 것이 있지만 미국을 예로 들면 그곳에서는 고정형 전자감시와 이동형 전자감시라고 하는 2종류의 방법이 채용되어 있다. 이 중 고정형 전자감시는 대상자의 손목이나 발목에 발신기를 장착하는 한편, 그 자택 등에 수신기를 설치하고 발신기에서 일정한 간격으로 발생하는 신호를 수신기가 받아서 중앙의 감시컴퓨터에 전송하는 것으로 대상자가 자택 등에 있는 것을 확인한다고 하는 구조이다. 대상자가 정해진 시간에 자택 등에 없으면 수신기가 발신기로부터의 신호를 수신할 수 없기 때문에 감시컴퓨터에도 신호를 전송할 수 없고, 그 경우에는 감시컴퓨터가 당해 대상자의 성명과 위반시간을 자동적으로 프린트하고 그것에 의해 보호관찰관이 위반사실을 알게된다. 위반이 있었던 경우에는 재판소가 감시명령을 취소하고 다시 구금형을 선고하는 것도 가능하다.

여기에서 알 수 있듯이 고정형 전자감시는 주로 소위 재택구금을 확보하기 위한 수단으로 이용되고 있다. 재택구금이란 대상자에 대하여 하루 중 지정된 시간(주야 또는 야간만)에 자택 또는 지정된 장소에 있을 것을 의무지우는 조치이지만, 종래는 보호관찰관이 가정방문이나 전화 등으로 재택의 확인을 실시하고 있었던 것을 전자감시에 의해 대체하게 된 것이다.

한편, 이동식 전자감시는 위성이용측위시스템GPS을 이용한 것이지만 그중에도 수동적 GPS와 능동적 GPS가 있다. 전자는 대상자가 주거를 떠난 때부터 귀택하기까지의 위치정보가 장착된 수신기에 기록되어 대상자가 귀택 후에 그것을 읽어들이는 기기에 읽히는 방법으로 한데 모아서 감시자에게 송신하는 방법이다. 이에 대해, 후자는 대상자의 위치정보를 인터넷상의 지도작성시스템을 통해서 감시자가 실시간으로 입수할 수 있는 것이다. 이 이동식 전자감시는 예를 들면 특정 지역이

159 法務總合研究所研究部報告44, 諸外國における位置情報確認制度に關する研究, 2011.

나 장소에의 출입금지가 준수사항으로 설정되어 있는 경우에 그 위반의 유무를 확인하는 수단으로 이용되고 있다.

전자감시가 세계적으로 급속하게 보급된 배경에는 그것이 교도소의 과잉구금의 완화책으로 주목되었다는 사정이 있는 것은 틀림없는 바이다. 그러나 그 목적이나 형벌제도에서의 평가는 각국에 따라 다르다. 사회복귀의 이념이 후퇴한 미국에서는 주로 전자감시가 가진 불이익성과 행동감시의 측면에 착안해서 그것을 일종의 제재수단 및 재범방지수단으로 평가하고 있다. 전자감시를 동반하는 재택구금이 구금형과 재택구금을 동반하지 아니하는 사회 내 처우와의 중간제재로서 평가하고 있는 것도 이러한 발상에 근거한 것이다. 이에 대해 독일에서는 전자감시가 보호관찰의 준수사항의 준수를 감시하기 위한 수단으로 평가하고 있고, 대상자를 전자감시에 붙이는 한편, 적극적인 원조를 실시하는 것으로 그 재사회화를 도모하는 것이 목적으로 되어 있다.

2. 전자감시제도 도입의 판단

일본의 기존 제도의 틀하에서 전자감시를 도입한다고 한다면 그것을 보호관찰의 특별준수사항의 하나로서 추가하는 것을 생각할 수 있다. 그렇지만 전자감시의 도입에 대해서는 대상자의 프라이버시의 침해나 감시를 받는 것에 의한 심리적 부담의 증가, 기계에 의한 감시가 인간의 존엄에 반하는 등을 이유로 한 반대의견도 있다. 그러나 이에 대해서는 형사시설에의 수용에 비한다면 전자감시에 의한 권리침해의 정도는 분명히 낮고, 또한 보호관찰관에 의한 고밀도의 가정방문보다도 전자감시 쪽이 프라이버시의 침해 또는 심리부담의 정도가 높다고는 한마디로 말할 수 없다는 반론이 가능하다. 그러므로 전자감시에 따르는 권리침해는 그 도입을 부정하는 결정적인 논거가 될 수 없을 것이다. 오히려 문제는 전자감시가 현행의 보호관찰의 성격에 부합하는지 여부에 있다.

현행법상의 특별준수사항은 '대상자의 개선갱생을 위하여 특히 필요하다고 인정되는 범위내'에서 정하는 것이 요구된다(갱생 제51조 제2항). 따라서 전자감시를 도입한다 하더라도 그것이 대상자의 개선갱생을 목적으로 한 것이어야 한다. 이 관점에서 보았을 때 예를 들면 미국의 예와 같이 처우의 내용을 제거하고 오직 재범방지를 목적으로 한 전자감시는 일본의 보호관찰의 성격과는 맞지 아니한다고 할 수

밖에 없다. 이에 대해 독일의 예와 같이 전자감시를 대상자의 개선갱생을 위한 다른 준수사항과 같이 조합하는 형태로 이용하는 경우에는 전자감시는 처우의 한 수단이라고 할 수 있기 때문에 현행의 보호관찰의 성격에 반하는 것이 아닐 것이다. 예를 들면 현행의 준수사항에도 범죄성이 있는 사람과의 교제나 의심스러운 장소에의 출입을 금지하는 것이 있는데(동법 제51조 제2항 제1호), 이것을 실효성 있는 것으로 하기 위해서는 야간은 자택에 있는 것과 함께 전자감시기기의 장착을 준수사항으로 설정하는 것을 생각할 수 있다. 이와 같은 경우에는 전자감시는 현재 보호관찰관이나 보호사에 의해 실시되고 있는 지도감독과 다른 성격의 것이라고는 할 수 없을 것이다.

그렇지만 이와 같이 전자감시를 처우의 한 수단으로 이용하더라도 그것이 실제로 어느 정도 대상자의 개선갱생의 효과를 올릴 수 있는가는 다른 문제로 존재한다. 또한, 기기에 의한 감독이라는 방법은 지금까지의 처우기법과는 명백하게 다른 만큼 보호관찰의 현장이 그것에 어울릴까 하는 문제도 있다. 여러 국가에서의 운용의 실정도 고려한 다음에 이러한 실제상의 문제에 대해서 충분한 검토를 더하는 것이 필요할 것이다

[참고문헌]

"〈特集〉 これからの更生保護 – 更生保護法の成立" ひろば 60권 8호, 2007.

"〈特集〉 更生保護改革", 犯罪と非行 154호, 2007.

"〈特集〉 更生保護法の成立と展望" 刑ジャ 10호, 2008.

刑事立法研究會, 非拘禁的措置と社會內處遇の課題と展開, 現代人文社, 2012.

刑事政策研究會, "社會內處遇", 論究ジュリ 5호, 2013.

"〈特集〉 更生保護法施行5年 – 更生保護の現狀", ひろば 66권 6호, 2013.

松本勝編著, 更生保護入門[제4판], 成文堂, 2015.

今福章二=小長井賀與, 保護觀察とは何か, 法律文化社, 2016.

형사수용시설 및 피수용자 처우 등에 관한 법률[160]

제정 2005년 법률 제50호

제1편 총칙
- 제1장 통칙(제1조, 제2조)
- 제2장 형사시설(제3조–제13조)
- 제3장 유치시설(제15조)

제2편 피수용자 등의 관리
- 제1장 처우의 원칙(제30조–제32조)
- 제2장 형사시설 피수용자의 처우
  - 제1절 수용개시(제33조, 제34조)
  - 제2절 처우의 태양(제35조–제37조)
  - 제3절 기거동작의 시간대 등(제38조–제39조)
  - 제4절 물품대여 등 및 자변(제40조–제43조)
  - 제5절 금품의 취급(제44조–제55조)
  - 제6절 보건위생 및 의료(제56조–제66조)
  - 제7절 종교상의 행위 등(제67조, 제68조)
  - 제8절 서적 등의 열람(제69조–제72조)
  - 제9절 규율 및 질서 유지(제73조–제83조)
  - 제10절 교정처우의 실시 등
    - 제1관 통칙(제84조–제91조)
    - 제2관 작업(제92조–제102조)
    - 제3관 각종 지도(제103조–제105조)
    - 제4관 외출 및 외박(제106조–제109조)
  - 제11절 외부교통
    - 제1관 수형자에 관한 유의사항(제110조)
    - 제2관 접견
      - 제1목 수형자(제111조–제114조)
      - 제2목 미결구금자(제115조–제118조)

---

160 일본 「형사수용시설 및 피수용자 처우 등에 관한 법률」은 형사시설, 유치시설, 해상보안유치시설에 공통하여 적용하는 법률로 그중 형사시설에 적용되는 조문만을 게재하였다. 법률의 전체는 2012년 법무부 교정본부 발간 「외국교정관계 법령집」을 참조하기 바람.

제 1 편 총 칙

제 1 장 통칙

제 1 조 (목적) 이 법은 형사수용시설(형사시설, 유치시설 및 해상보안유치시설을 말한다.)의 적정한 관리운영을 도모하고 피수용자, 피유치자 및 해상보안피유치자의 인권을 존중하면서 이러한 자의 상황에 따른 적절한 처우를 실시하는 것을 목적으로 한다.

제 2 조 (정의) 이 법에서 다음 각 호의 용어의 정의는 각각 해당 각 호에 정하는 바와 같다.

1. 피수용자: 형사시설에 수용되어 있는 사람을 말한다.
2. 피유치자: 유치시설에 유치되어 있는 사람을 말한다.
3. 해상보안피유치자: 해상보안유치시설에 유치되어 있는 사람을 말한다.
4. 수형자: 징역수형자, 금고수형자 또는 구류수형자를 말한다.
5. 징역수형자: 징역형(「국제수형자이송법」, 2002년 법률 제66호, 제16조 제1항 제1호의 공조형을 포함한다. 이하 같다.)의 집행을 위하여 구치되어 있는 사람을 말한다.
6. 금고수형자: 금고형(「국제수형자이송법」 제16조 제1항 제2호의 공조형을 포함한다. 이하 같다.)의 집행을 위하여 구치되어 있는 사람을 말한다.
7. 구류수형자: 구류형의 집행을 위하여 구치되어 있는 사람을 말한다.
8. 미결구금자: 피체포자, 피구류자, 그 밖의 미결수로서 구금되어 있는 사람을 말한다.
9. 피체포자: 「형사소송법」(1948년 법률 제13조)의 규정에 의하여 체포되어 유치되어 있는 사람을 말한다.
10. 피구류자: 「형사소송법」의 규정에 의하여 구류되어 있는 사람을 말한다.
11. 사형확정자: 사형의 선고를 받고 구치되어 있는 사람을 말한다.
12. 각종 피수용자: 피수용자로서 수형자, 미결구금자 및 사형확정자 이외의 사람을 말한다.

제 2 장 형사시설

제 3 조 (형사시설) 형사시설은 다음 각 호의 자를 수용하여, 필요한 처우를 실시하는 시설로 한다.

1. 징역, 금고 또는 구류의 형의 집행을 위하여 구치된 사람
2. 「형사소송법」의 규정에 의하여 체포된 자로서 유치된 사람
3. 「형사소송법」의 규정에 의하여 구류된 사람
4. 사형선고를 받아 구치된 사람
5. 전 각 호의 자 이외에, 법령의 규정에 의하여 형사시설에 수용해야 한다고 되어 있는 사람 및 수용할 수 있다고 되어 있는 사람

제 4 조 (피수용자의 분리) ① 피수용자는 다음 각 호의 구분에 따라, 각각 서로 분리한다.

1. 성별
2. 수형자(미결구금자로서의 지위를 가지는 사람을 제외한다.), 미결구금자(수형자 또는 사형확정자로서의 지위를 가지는 사람을 제외한다.), 미결구금자로서의 지위를 가지는 수형자, 사형확정자 및 각종 피수용자별

3. 징역형수형자, 금고형수형자 및 구류수형자별

② 전 항의 규정에도 불구하고, 수형자에게 제92조 또는 제93조에 규정하는 작업으로서, 다른 피수용자와 접촉하여 식사의 배급, 그 외의 작업을 실시하기 위하여 필요한 때에는 동항 제2호 및 제3호에 따른 분리를 하지 아니할 수 있다.

③ 제1항의 규정에도 불구하고 적당하다고 인정되는 경우에는 거실(피수용자가 주로 휴식 및 취침을 위하여 사용하는 장소로서 형사시설의 장이 지정하는 거실을 말한다. 다음 편 제2장에 있어서 같다.) 외에 한하여 동항 제3호의 구별에 따른 분리를 하지 아니할 수 있다.

제 5 조 (실지감사) 법무대신은 이 법의 적정한 시행을 위하여 소속 직원 중에서 감사관을 지정하여, 각 형사시설에 대하여 매년 1회 이상 실지감사를 하여야 한다.

제 6 조 (의견청취) 형사시설의 장은 형사시설의 적정한 운영에 도움이 되도록 하기 위하여, 필요한 의견을 관계 공무소 및 공사의 단체의 직원과 학식경험이 있는 자로부터 듣는데 노력하여야 한다.

제 7 조 (형사시설시찰위원회) ① 형사시설에 형사시설시찰위원회(이하 이 장에서 '위원회'라 한다.)를 둔다.

② 위원회는 소속된 형사시설을 시찰하고, 그 운영에 관하여 형사시설의 장에 대하여 의견을 말한다.

제 8 조 (조직 등) ① 위원회는 위원 10인 이내로 구성한다.

② 위원은 인격식견이 높고 또한 형사시설 운영의 개선향상에 열의를 가진 자 중에서 법무대신이 임명한다.

③ 위원의 임기는 1년으로 한다. 다만, 연임할 수 있다.

④ 위원은 비상근으로 한다.

⑤ 전 각 항에 정하는 외에 위원회의 조직 및 운영에 관하여 필요한 사항은 법무성령으로 정한다.

제 9 조 (위원회에 대한 정보의 제공 및 위원의 시찰 등) ① 형사시설의 장은 형사시설 운영의 상황에 관하여 법무성령으로 정하는 바에 따라 정기적으로 또는 필요에 따라 위원회에 대하여 정보를 제공한다.

② 위원회는 형사시설의 운영상황을 파악하기 위하여 위원으로 하여금 형사시설을 시찰하게 할 수 있다. 이 경우, 위원회는 필요가 있다고 인정하는 때에는 형사시설의 장에 대하여 위원과 피수용자와의 면접에 관하여 협력을 요구할 수 있다.

③ 형사시설의 장은 전 항의 시찰 및 피수용자와의 면접에 관하여 필요한 협력을 하여야 한다.

④ 제127조(제144조에서 준용하는 경우를 포함한다.), 제135조(제138조 및 제142조에서 준용하는 경우를 포함한다.) 및 제140조의 규정에도 불구하고 피수용자가 위원회에 대하여 제출하는 서면은 검사를 하여서는 아니 된다.

제 10 조 (위원회의 의견 등의 공표) 법무대신은 매년 위원회가 형사시설의 장에 대하여 개진한 의견 및 이를 받아들여 형사시설의 장이 강구한 조치내용을 종합하여 그 개요를 공표한다.

제 11 조 (판사 및 검사의 순시) 판사 및 검사는 형사시설을 순시할 수 있다.

제 12 조 (참관) 형사시설의 장은 형사시설의 참관을 신청하는 자가 있는 경우에 상당하다고 인정되는 때에는 이를 허가할 수 있다.

제 13 조 (형무관) ① 형무관은 법무성령으로 정하는 바에 따라 법무대신이 형사시설의 직원 중에서 지정한다.

② 형무관의 직급은 법무성령으로 정한다.

③ 형무관에게는 피수용자의 인권에 관한 이해를 깊게 하고 또한 피수용자의 처우를 적정하고 효과적으로 실시하기 위하여 필요한 지식 및 기능을 습득시키고, 향상시키기 위하여 필요한 연수 및 훈련을 실시한다.

제 3 장 유치시설

제 15 조 ① 제3조 각 호에 해당하는 사람은 다음 각 호의 자를 제외하고 형사시설에 수용하는 것에 대신하여 유치시설에 유치할 수 있다.

1. 징역, 금고 또는 구류의 형의 집행을 위하여 구치된 사람(이와 같은 형의 집행 이외의 체포, 구류, 그 외의 사유에 의하여 「형사소송법」, 그 밖의 법령의 규정에 따라 구금된 자로서의 지위를 가지는 사람을 제외한다.)
2. 사형선고를 받아 구치된 사람
3. 「소년법」(1948년 법률 제168호) 제17조의4 제1항 또는 「소년원법」(1948년 법률 제169조) 제172조의 2[동법 제14조 제4항(동법 제17조 제2항에서 준용하는 경우를 포함한다.)에서 준용하는 경우를 포함한다.]의 규정에 의하여 임시로 수용된 사람
4. 「도주범죄인인도법」(1953년 법률 제68조) 제5조 제1항, 제17조 제2항 또는 제25조 제1항 또는 「국제수사공조 등에 관한 법률」(1980년 법률 제69조) 제23조 제1항의 규정에 의하여 구금된 사람

② 법무대신은 국가공안위원회에 대하여 전 항의 규정에 따른 유치에 대한 유치시설의 운영상황에 관하여 설명을 요구하거나 또는 동항의 규정에 따라 유치된 사람의 처우에 관하여 의견을 말할 수 있다.

제 2 편 피수용자 등의 관리

제 1 장 처우의 원칙

제 30 조 (수형자 처우의 원칙) 수형자의 처우는 그 자의 자질 및 환경에 따라 그 자각에 호소하고, 개선갱생 의욕의 환기 및 사회생활에 적응하는 능력의 육성을 도모하는 것을 취지로 하여 실시한다.

제 31 조 (미결구금자 처우의 원칙) 미결구금자의 처우에 있어서는 미결구금자로서의 지위를 고려하여 도주 및 죄증인멸 방지 및 방어권의 존중에 특히 유의하여야 한다.

제 32 조 (사형확정자 처우의 원칙) ① 사형확정자의 처우에 있어서는 그 자가 심적안정을 얻을 수 있도록 함에 유의한다.

② 사형확정자에 대해서는 필요에 따라 민간독지가의 협력을 얻어 그 심적안정에 도움이 된다고 인정되는 조언, 강연, 그 밖의 조치를 취한다.

제 2 장 형사시설 피수용자의 처우

제 1 절 수용개시

제 33 조 (수용개시시 고지) ① 형사시설의 장은 피수용자에 대하여 형사시설 수용개시 시, 피수용자로서의 지위에 따라, 다음 각 호의 사항을 고지하여야 한다. 형사시설에 수용되어 있는 피수용자가 그 지위를 달리하는 때에도 같다.

1. 물품대여 및 지급, 자변에 관한 사항
2. 제48조 제1항에 규정하는 보관사물, 그 밖에 금품의 취급에 관한 사항
3. 보건위생 및 의료에 관한 사항
4. 종교상의 행위, 의식행사 및 교회에 관한 사항
5. 서적 등[서적, 잡지, 신문, 그 밖의 문서도화(서신을 제외한다.)를 말한다. 이하 같다.]의 열람에 관한 사항
6. 제74조 제1항에 규정하는 준수사항
7. 면회 및 서신의 수발에 관한 사항
8. 징벌에 관한 사항
9. 심사신청을 할 수 있는 조치, 심사청 및 심사신청기간, 그 밖에 심사신청에 관한 사항
10. 제163조 제1항의 규정에 따라 신고를 할 수 있는 행위, 신고처 및 신고기간, 그 밖에 동항의 규정에 따른 신고에 관한 사항
11. 고충의 신청에 관한 사항

② 전 항의 규정에 따른 고지는 법무성령으로 정하는 바에 따라 서면으로 실시한다.

제 34 조 (식별을 위한 신체검사) ① 형무관은 피수용자에 대하여 형사시설에 수용시 그 자의 식별을 위하여 필요한 한도에서 신체를 검사할 수 있다. 나중에 필요가 생긴 때에도 같다.

② 여자피수용자에 대하여 전 항의 규정에 따라 검사를 하는 경우에는 여자형무관이 이를 하여야 한다. 다만, 여자형무관이 그 검사를 할 수 없는 경우에는 남자형무관이 형사시설의 장이 지명하는 여자직원을 지휘하여 이를 할 수 있다.

제 2 절 처우의 태양

제 35 조 (미결구금자의 처우의 형태) ① 미결구금자(형사시설에 수용되어 있는 자에 한한다. 이하 이 장에서 같다.)에 대한 처우(운동, 목욕 또는 면회, 그 밖에 법무성령으로 정하는 경우의 처우를 제외한다. 다음 조 제1항 및 제37조 제1항에서 같다.)는 거실 외에서 실시하는 것이 적당하다고 인정되는 경우를 제외하고 주야 거실에서 실시한다.

② 미결구금자(사형확정자로서의 지위를 가지는 자를 제외한다.)의 거실은 처우상 공동실에 수용하는 것이 적당하다고 인정되는 경우를 제외하고 죄증인멸의 방지상 지장을 초래할 우려가 있는 경우에는 단독실로 하고, 그 이외의 경우라도 가능한 한 단독실로 한다.

③ 미결구금자는 죄증인멸 방지에 지장을 초래할 우려가 있을 때에는 거실 외에서도 서로 접촉을 시켜서는 아니 된다.

제 36 조 (사형확정자에 대한 처우의 형태) ① 사형확정자에 대한 처우는 거실 외에서 실시하는 것이 적당하다고 인정되는 경우를 제외하고 주야 거실에서 실시한다.

② 사형확정자의 거실은 단독실로 한다.

③ 사형확정자는 거실 외에서도 제32조 제1항에 규정하는 처우의 원칙에 비추어 유익하다고 인정되는 경우를 제외하고 서로 접촉을 시켜서는 아니 된다.

제 37 조 (각종 피수용자의 처우의 형태) ① 각종 피수용자(형사시설에 수용되어 있는 자에 한한다. 이하 본 장에서 같다.)에 대한 처우는 거실 외에서 실시하는 것이 적당하다고 인정되는 경우를 제외하고는 주야 거실에서 실시한다.

② 각종 피수용자의 거실은 처우상 공동실에 수용하는 것이 적당하다고 인정되는 경우를 제외하고 가능한 한 단독실로 한다.

제 3 절 기거동작의 시간대 등

제 38 조 (일상생활의 동작시간 등) 형사시설의 장은 법무성령으로 정하는 바에 따라 다음 각 호의 시간을 정하여 이를 피수용자에게 고지한다.

1. 식사, 취침, 그밖에 일상생활 동작을 해야 하는 시간
2. 수형자(형사시설에 수용되어 있는 자에 한한다. 이하 본 장에서 같다.)에 대하여는 제86조 제1항에 규정하는 교정처우 등의 시간 및 여가에 제공되어야 하는 시간

제 39 조 (여가활동의 원조 등) ① 형사시설의 장은 피수용자에 대하여 형사시설의 규율 및 질서유지, 그 밖에 관리운영상 지장을 초래할 우려가 없는 한 여가시간 등(수형자에게는 여가에 충당되어야 하는 시간을 말한다. 그 밖에 피수용자에 있어서는 식사, 취침, 그 외의 일상생활 동작을 해야 하는 시간 이외의 시간을 말한다. 다음 항에서 같다.)에 자기계약작업(그 자가 형사시설 외부의 자와 청부계약에 의해 실시하는 물품의 제작, 그 밖의 작업을 말한다. 이하 같다.)을 허가한다.

② 형사시설의 장은 법무성령으로 정하는 바에 따라 피수용자에 대하여 자기계약작업, 지적 · 교육적 및 오락적 활동, 운동경기, 그 밖의 여가시간 등의 활동에 관하여 원조를 한다.

제 4 절 물품대여 등 및 자변

제 40 조 (물품대여 등) ① 피수용자에게는 다음 각 호의 물품(서적 등을 제외한다. 이하 이 절에서 같다.)으로서, 형사시설의 일상생활에 필요한 것(제42조 제1항 각 호의 물품을 제외한다.)을 대여 또는 지급한다.

1. 의류 및 침구
2. 식사 및 차류
3. 일용품, 필기구, 그 밖의 물품

② 피수용자에게는 전 항에 규정하는 것 외에 법무성령으로 정하는 바에 의하여, 필요에 따라 실내장식품, 그 밖의 형사시설의 일상생활에 사용되는 물품(제42조 제1항 각 호의 물품을 제외한다.)을 대여 또는 기호품(주류를 제외한다. 이하 같다.)을 지급할 수 있다.

제 41 조 (자변물품사용 등) ① 형사시설의 장은 수형자가 다음 각 호의 물품(각 조 제1항 각 호의 물품을 제외한다. 다음 항에서 같다.)에 관하여 자변물품을 사용하거나 또는 섭취하기를 원하는 뜻을 신청한 경우에 법무성령으로 정하는 바에 따라 이를 허가할 수 있다.

1. 의류

2. 식료품 및 음료

3. 실내장식품

4. 기호품

5. 일용품, 문방구, 그 밖에 형사시설의 일상생활에 사용되는 물품

② 형사시설의 장은 수형자 이외의 피수용자가 전 항 각 호의 물품 및 침구에 대하여 자변물품을 사용하거나 또는 섭취하기를 원하는 뜻을 신청한 경우에는 형사시설의 규율 및 질서유지, 그 밖에 관리운영상 지장을 초래할 우려가 있는 경우 및 제12절의 규정에 따라 금지되는 경우를 제외하고 법무성령으로 정하는 바에 따라 이를 허가한다.

제 42 조 (보정기구 등의 자변 등) ① 피수용자에게는 다음 각 호의 물품에 대하여는 형사시설의 규율 및 질서유지, 그 밖에 관리운영상 지장을 초래할 우려가 있는 경우를 제외하고 자변물품을 사용하도록 한다.

1. 안경, 그 밖의 보정기구

2. 자기계약작업을 실시하는 데에 필요한 물품

3. 서신을 발송하는 데 필요한 봉투, 그 밖의 물품

4. 제106조 제1항의 규정에 의한 외출 또는 외박시에 사용하는 의류, 그 밖의 물품

5. 그 밖에 법무성령으로 정하는 물품

② 전 항 각 호의 물품에 관하여 피수용자가 자변물품을 사용할 수 없는 경우에, 필요하다고 인정되는 때에는 그 자에게 이를 대여 또는 지급한다.

제 43 조 (물품대여 등의 기준) 제40조 또는 전조 제2항의 규정에 따라 대여 또는 지급하는 물품은, 피수용자의 건강을 유지하는데 충분하고, 국민생활의 실정 등을 감안하여 피수용자로서의 지위에 비추어 적정하다고 인정되는 것이여야 한다.

제 5 절 금품의 취급

제 44 조 (금품검사) 형사시설의 직원은 다음 각 호의 금품에 대하여 검사를 실시할 수 있다.

1. 피수용자가 수용될 때에 소지하는 현금 및 물품

2. 피수용자가 수용 중 취득한 현금 및 물품(서신을 제외한다. 각 호에 있어서 같다.)으로서 동호의 현금 및 물품 이외의 것(형사시설의 장으로부터 지급된 물품을 제외한다.)

3. 피수용자에게 교부하기 위하여 당해 피수용자 이외의 자가 형사시설에 지참 또는 송부한 현금 및 물품

제 45 조 (수용 시 소지물품 등의 처분) ① 형사시설의 장은 전 조 제1호 또는 제2호의 물품이 다음 각 호의 어느 하나에 해당하는 경우에는 피수용자에 대하여 그 물품에 대하여 친족(혼인의 신고를 하지 않았으나 사실상 혼인관계와 같은 사정이 있는 자를 포함한다. 이하 같다.), 그 밖에 상당하다고 인정되는 자에의 교부, 그 밖에 상당한 처분을 요구한다.

1. 보관에 불편한 것인 때

2. 부패하거나 또는 멸실할 우려가 있는 때

3. 위험을 발생할 우려가 있는 때

② 전 항의 규정에 따라 물품의 처분을 요구한 경우 피수용자가 상당한 기간 내에 처분하지 아니한 때에는 형사시설의 장은 이를 매각하여 그 대금을 영치한다. 다만, 매각할 수 없는 것은 폐기할 수 있다.

제 46 조 (차입물의 인수 등) ① 형사시설의 장은 제44조 제3항의 현금 또는 물품이 다음 각 호의 어느 하나에 해당하는 경우에는 그 현금 또는 물품을 지참하거나 또는 송부한 자(이하 '차입인'이라 한다.)에 대하여 그 인수를 요구한다.

1. 피수용자에게 교부함으로써 형사시설의 규율 및 질서를 해할 우려가 있는 때
2. 교부의 상대방이 수형자이고 또한 차입인이 친족 이외의 자 인 경우에 그 수형자에게 교부하는 것에 의하여 교정처우의 적절한 실시에 지장을 초래할 우려가 있는 때
3. 교부의 상대방이 미결구금자인 경우 「형사소송법」이 정하는 바에 따라 그 자가 교부를 받는 것이 허가되지 아니하는 물품인 때
4. 차입인의 성명이 명백하지 아니할 때
5. 자변에 의하여 사용하거나 또는 섭취할 수 있는 물품 또는 석방 시에 필요하다고 인정되는 물품(이하 '자변물품 등'이라 한다.) 이외의 물품인 때
6. 전 조 제1항 각 호의 어느 하나에 해당하는 물품인 때

② 제44조 제3호의 현금 또는 물품에 해당하는 것으로서 전 항 제1호부터 제4호까지의 어느 하나에 해당하는 것에 관하여 차입인의 소재가 분명하지 않기 때문에 동항의 규정에 따른 인수를 요구할 수 없을 때에는 형사시설의 장은 그 취지를 시행령에서 정하는 방법에 따라 공고하여야 한다.

③ 전 항에 규정하는 현금 또는 물품에 관하여 제1항의 규정에 의한 인수를 요구하거나 또는 전항의 규정에 따라 공고한 날부터 기산하여 6월을 경과한 날까지 차입인이 그 현금 또는 물품의 인수를 하지 아니한 때에는 그 현금 또는 물품은 국고에 귀속된다.

④ 제2항의 규정에 의한 물품으로서 제1항 제6호에 해당하는 것에 대해서는 형사시설의 장은 전항의 기간 내라도 이를 매각하여 대금을 보관할 수 있다. 다만, 매각할 수 없는 것은 폐기할 수 있다.

⑤ 제44조 제3항의 현금 또는 물품으로서 제1항 제5호 또는 제6호에 해당하는 것(동항 제1호부터 제4호까지의 어느 하나에 해당하는 것을 제외한다.)에 대하여 차입인의 소재가 분명하지 않기 때문에 동항의 규정에 따라 인수를 요구할 수 없는 때 또는 그 인수를 요구하는 것이 상당하지 아니한 때 또는 차입인이 그 인수를 거부한 때에는 형사시설의 장은 피수용자에 대하여 친족, 그 밖에 상당하다고 인정되는 자에의 교부, 그 밖의 상당한 처분을 요구한다.

⑥ 전 조 제2항의 규정은, 전 항의 규정에 따라 처분을 요구한 경우에 관하여 준용한다.

⑦ 제44조 제3항의 현금 또는 물품으로써, 제1항 각 호의 어느 하나에 해당하지 아니하는 것에 대하여 피수용자가 교부받는 것을 거부한 경우에는, 형사시설의 장은 차입인에 대하여 그 인수를 요구한다. 이 경우에는 제2항 및 제3항의 규정을 준용한다.

제 47 조 (물품의 인수 및 영치) ① 다음 각 호의 물품 중, 이 법의 규정에 따라 피수용자가 사용하거나 또는 섭취할 수 있는 것은 피수용자에게 인도한다.

1. 제44조 제1호 또는 제2호의 물품으로 제45조 제1항 각 호의 어느 하나에 해당하지 아니하는 것
2. 제44조 제3호의 물품으로 전조 제1항 각 호의 어느 하나에 해당하지 아니하는 것(피수용자가 교부받기를 거부한 물품을 제외한다.)

② 다음 각 호의 금품은 형사시설의 장이 영치한다.

1. 전 항 각 호의 물품 중 이 법의 규정에 따라 피수용자가 사용하거나 또는 섭취할 수 있는 것 이외의 것
2. 제44호 각 호의 현금으로 전조 제1항 제1호, 제2호 또는 제4호의 어느 하나에 해당하지 아니하는 것

제 48 조 (보관사물 등) ① 형사시설의 장은 법무성령으로 정하는 바에 따라 보관사물[피수용자가 전조 제1항의 규정에 따라 인도를 받아 보관하는 물품(제5항의 규정에 따라 인도를 받아 보관하는 물품을 포함한다.) 및 피수용자가 받은 서신으로 보관하는 것을 말한다. 이하 이 장에서 같다.]의 보관방법에 관하여 형사시설의 관리운영상 필요한 제한을 할 수 있다.

② 형사시설의 장은 피수용자의 보관사물(법무성령으로 정하는 것을 제외한다.)의 총량(이하 이 절에서 '보관총량'이라 한다.)이 보관한도량(피수용자의 지위별로 피수용자 1인당 보관할 수 있는 물품의 양으로서 형사시설의 장이 정하는 양을 말한다. 이하 이 절에서 같다.)을 초과할 때 또는 피수용자에 대하여 영치하고 있는 물품(법무성령으로 정하는 것을 제외한다.)의 총량(이하 이 절에서 '영치총량'이라 한다.)이 영치한도량(피수용자의 지위별로 피수용자 1인당 영치할 수 있는 물품의 양으로서 형사시설의 장이 정하는 양을 말한다. 이하 이 절에서 같다.)을 초과하는 때에는 당해 피수용자의 초과물품량에 대하여 친족, 그 밖에 상당하다고 인정되는 자에게 교부하거나 그밖에 적당한 처분을 요구할 수 있다. 부패하거나 또는 멸실할 우려가 생긴 물품에 대해서도 같다.

③ 제45조 제2항의 규정은 전 항의 규정에 따라 처분을 요구한 경우에 관하여 준용한다.

④ 형사시설의 장은 피수용자가 보관사물에 대하여 영치할 것을 요구한 경우에 상당하다고 인정하는 때에는 이를 영치할 수 있다. 다만, 영치총량이 영치한도량을 초과하게 되는 경우에는 그러하지 아니하다.

⑤ 형사시설의 장은 전 항의 규정에 따라 영치하고 있는 물품에 관하여 피수용자가 인도를 요구한 경우에는 이를 인도한다. 다만, 보관총량이 보관한도량을 초과하게 되는 경우에는 그러하지 아니하다.

제 49 조 (영치금의 사용) 형사시설의 장은 피수용자가 자변물품 등을 구입하거나 또는 형사시설에서의 일상생활상 스스로 부담해야 할 비용에 충당하기 위하여 영치되어 있는 현금사용을 신청한 경우에는 필요한 금액의 현금사용을 허가한다. 다만, 자변물품 등을 구입하기 위한 현금사용에 대해서는 다음 각 호의 어느 하나에 해당하는 때에는 그러하지 아니하다.

1. 구입에 의하여 보관총량이 보관한도량을 초과하거나 또는 영치총량이 영치한도량을 초과하게 되는 때
2. 피수용자가 미결구금자인 경우 「형사소송법」이 정하는 바에 따라 구입하는 자변물품의 교부를 받는 것이 허가되지 아니하는 때

제 50 조 (보관사물 또는 영치금품의 교부) 형사시설의 장은 피수용자가 보관사물 또는 영치금품[제133조(제136조, 제138조, 제141조, 제142조 및 제144조에서 준용되는 경우를 제외한다.)에 규정하는 문서도화에 해당하는 것을 제외한다.]에 대하여 다른 자(당해 형사시설에 수용되어 있는 자를 제외한다.)에의 교부(서신의 발신에 해당하는 것을 제외한다.)를 신청한 경우에는 다음 각 호의 어느 하나에 해당하는 경우를 제외하고 이를 허가한다.

1. 교부(상대방이 친족인 경우를 제외한다.)에 의하여 형사시설의 규율 및 질서를 해할 우려가 있는 때
2. 피수용자가 수형자인 경우 교부에 의하여 교정처우의 적절한 실시에 지장을 초래할 우려가 있는 때
3. 피수용자가 미결구금자인 경우 「형사소송법」의 정하는 바에 따라 교부가 허가되지 아니하는 물품이 있는 때

제 51 조 (차입 등에 대한 제한) 형사시설의 장은 이 절에서 규정하는 외에, 법무성령으로 정하는 바에 따라 차입인에 의한 피수용자에 대한 금품의 교부 및 피수용자에 의한 자변물품 등의 구입에 대하여 형사시설의 관리운용상 필요한 제한을 할 수 있다.

제 52 조 (영치물의 인도) 형사시설의 장은 피수용자의 석방시, 영치금품을 그 자에게 인도한다.

제 53 조 (석방자의 유류물) ① 석방된 피수용자의 유류물(형사사설에 유류된 금품을 말한다. 이하 이 장에서 같다.)은 석방일부터 기산하여 6월을 초과하는 날까지 그 자로부터 인도를 요구하는 신청이 없거나 또는 그 인도에 필요한 비용의 제공이 없는 때에는 국고에 귀속한다.
② 전 항의 기간 내이라도 형사시설의 장은 부패하거나 또는 멸실의 우려가 생긴 유류물은 폐기할 수 있다.

제 54 조 (도주자 등의 유류물) ① 피수용자가 다음 각 호의 어느 하나에 해당하는 경우에 해당 각 호에 정하는 날부터 기산하여 6월을 경과하는 날까지 그 자로부터 인도를 요구하는 신청이 없거나 또는 인도에 필요한 비용의 제공이 없는 때에는 그 유류물은 국고에 귀속한다.
1. 도주한 때: 도주한 날
2. 제83조 제2항의 규정에 따라 석방된 경우 동조 제3항에 규정하는 피난을 필요로 하는 상황이 없어진 후 즉시 동항에 정하는 장소에 출두하지 아니한 때: 피난을 필요로 하는 상황이 없어진 날
3. 제96조 제1항의 규정에 의한 작업 또는 제106조 제1항의 규정에 의한 외출 또는 외박의 경우 형사시설의 장이 지정한 일시까지 형사시설에 도착하지 아니한 때: 지정된 날

② 전 조 제2항의 규정은 전 항의 유류물에 대하여 준용한다.

제 55 조 (사망자의 유류물) ① 사망한 피수용자의 유류물은 법무성령으로 정하는 바에 따라 그 유족 등(법무성령으로 정하는 유족, 그 밖의 자를 말한다. 이하 이 장에서 같다.)에 대하여 그 신청에 따라 인도한다.
② 사망한 피수용자의 유류물이 있는 경우에 유족 등의 소재가 분명하지 않기 때문에 제176조의 규정에 의한 통지를 할 수 없는 때에는 형사시설의 장은 그 뜻을 시행령에서 정하는 방법에 따라서 공고하여야 한다.
③ 제1항의 유류물은 제176조의 규정에 따라 통지하거나 또는 전 항의 규정에 따라 공고한 날부터 기산하여 6월을 경과한 날까지 제1항의 신청이 없는 때에는 국고에 귀속한다.
④ 제53조 제2항의 규정은 제1항의 유류물에 관하여 준용한다.

제 6 절 보건위생 및 의료

제 56 조 (보건위생 및 의료의 원칙) 형사시설에서는 피수용자의 심신의 상태를 파악하는 데 노력하고 피수용자의 건강 및 형사시설 내의 위생을 유지하기 위하여 사회일반의 보건위생 및 의료의 수준

에 비추어 적절한 보건위생 및 의료상의 조치를 강구한다.

제 57 조 (운동) 피수용자에게는 일요일이나 그 밖의 법무성령으로 정하는 날을 제외하고 가능한 한 실외에서 그 건강을 유지하기 위한 적정한 운동을 실시한 기회를 주어야 한다. 다만, 공판기일출두, 그 밖의 사정에 의하여 형사시설의 근무시간 내에 그 기회를 줄 수 없는 때에는 그러하지 아니하다.

제 58 조 (피수용자의 청결의무) 피수용자는 신체, 착의 및 소지품 및 거실, 그 밖에 일상적으로 사용하는 장소를 청결히 하여야 한다.

제 59 조 (목욕) 피수용자에게는 법무성령으로 정하는 바에 따라 형사시설의 보건위생상 적절한 목욕을 실시한다.

제 60 조 (이발 및 면도) ① 수형자에게는 법무성령으로 정하는 바에 따라 이발 및 면도를 실시한다.
② 형사시설의 장은 수형자가 자변에 의하여 이발을 원하는 취지의 신청을 한 경우, 그 자의 처우상 적당하다고 인정되는 때에는 이를 허가할 수 있다.
③ 형사시설의 장은 수형자 이외의 피수용자가 이발 또는 면도를 원하는 취지의 신청을 한 경우에는 법무성령으로 정하는 바에 따라 이를 허가한다.

제 61 조 (건강진단) ① 형사시설의 장은 피수용자에 대하여 형사시설 수용개시 후 즉시 및 매년 1회 이상 정기적으로 법무성령으로 정하는 바에 따라 건강진단을 실시하여야 한다. 형사시설의 보건위생상 필요가 있는 때에도 같다.
② 피수용자는 전 항의 규정에 의한 건강진단을 받아야 한다. 이 경우에는 건강진단을 위하여 필요한 한도에서 채혈, X선촬영, 그 밖의 의학적 처치를 거부할 수 없다.

제 62 조 (진료 등) ① 형사시설의 장은 피수용자가 다음 각 호의 어느 하나에 해당하는 경우에는 즉시 형사시설의 직원인 의사 등(의사 또는 치과의사를 말한다. 이하 같다.)에 의한 진료(영양보급의 처치를 포함한다. 이하 같다.)를 실시하고 그밖에 필요한 의료상의 조치를 취한다. 다만, 제1호에 해당하는 경우 그 자의 생명의 위험에 이르거나 또는 타인에게 그 질병을 감염시킬 우려가 없는 때에는 그 자의 의사에 반하지 않는 경우에 한한다.
1. 부상이나 질병에 걸린 때 또는 이러한 의심이 있는 때
2. 음식물을 섭취하지 아니하는 경우 생명의 위험에 이를 우려가 있는 때
② 형사시설의 장은 전 항에 규정하는 경우 병상의 종류 또는 정도 등에 따라 필요하다고 인정되는 때에는 형사시설의 직원이 아닌 의사 등에 의한 진료를 실시할 수 있다.
③ 형사시설의 장은 전 2항의 규정에 따라 진료를 실시한 경우, 필요에 따라 피수용자를 형사시설 외의 병원 또는 진료소에 통원시키고 어쩔 수 없는 때에는 피수용자를 형사시설 외의 병원 또는 진료소에 입원시킬수 있다.

제 63 조 (지명의에 의한 진료) ① 형사시설의 장은 부상 또는 질병에 걸린 피수용자가 형사시설의 직원이 아닌 의사 등을 지명하여 그 진료를 받는 것을 신청한 경우 부상과 질병의 종류 및 정도, 형사시설에 수용되기 전에 그 의사 등에 의하여 진료를 받았던 사실, 그밖의 사정에 비추어 그 피수용자의 의료상 적당하다고 인정되는 때에는 형사시설 내에서 자변에 의해 진료를 받는 것을 허가할 수 있다.

② 형사시설의 장은 전 항의 규정에 따른 진료를 받는 것을 허가한 경우 동항의 진료를 실시하는 의사 등(이하 이 조에서 '지명의'라 한다.)의 진료방법을 확인하기 위하여 또는 그 후에 피수용자에 대하여 형사시설에서 진료를 하기 위하여 필요가 있는 때에는 형사시설의 직원으로 하여금 진료에 입회하거나 또는 진료에 관하여 지명의에게 질문하거나 또는 진료기록의 복사, 그 밖에 진료에 관한 자료의 제출을 요구할 수 있다.
③ 지명의는 진료 시 형사시설의 장이 법무성령으로 정하는 바에 따라 지시하는 사항을 준수하여야 한다.
④ 형사시설의 장은 제1항의 규정에 따라 진료를 받는 것을 허가한 경우, 지명의가 제2항의 규정에 의한 형사시설의 장이 실시하는 조치에 따르지 아니한 때, 전 항의 규정에 따라 형사시설의 장이 지시하는 사항을 준수하지 아니한 때, 그 밖에 그 진료를 계속하는 것이 부적당할 때에는 이를 중지하고, 이후 그 지명의의 진료를 허가하지 아니할 수 있다.

제 64 조 (전염병 예방상의 조치) 형사시설의 장은 형사시설 내의 전염병 발생을 예방하거나 또는 그 만연을 방지하기 위하여 필요가 있는 경우에 피수용자에 대하여 제61조의 규정에 의한 건강진단 또는 제62조의 규정에 의한 진료, 그 밖에 필요한 의료상의 조치를 취하는 외에 예방접종, 당해 질병을 감염시킬 우려가 없어질 때까지 격리, 그 밖에 법무성령으로 정하는 조치를 취한다.

제 65 조 (양호를 위한 조치 등) ① 형사시설의 장은 노인, 임산부, 신체허약자, 그 밖에 양호를 필요로 하는 피수용자에 대하여 그 양호를 필요로 하는 사정에 따라 부상과 질병자를 위한 조치에 준한 조치를 취한다.
② 형사시설의 장은 피수용자가 출산하는 때에는 어쩔 수 없는 경우를 제외하고 형사시설 외의 병원, 진료소 또는 조산소에 입원시킨다.

제 66 조 (자녀의 양육) ① 형사시설의 장은 여자피수용자가 자녀를 형사시설 내에서 양육하기를 원하는 뜻을 신청한 경우 상당하다고 인정한 때에는 그 자녀가 1세에 이르기까지 이를 허가할 수 있다.
② 형사시설의 장은 피수용자가 전 항의 규정에 따라 양육되어 1세에 달한 자녀에 대하여 계속하여 형사시설 내에서 양육을 원하는 뜻을 신청한 경우 피수용자의 상황에 비추거나 또는 자녀를 양육하는 데 있어서 특히 필요가 있는 때에는 계속하여 6개월에 한하여 이를 허가할 수 있다.
③ 피수용자가 전 2항의 규정에 따라 자녀를 양육하고 있는 경우에는 그 자녀의 양육에 필요한 물품을 대여하거나 또는 지급한다.
④ 전 항에 규정하는 경우 피수용자가 그 자녀의 양육에 필요한 물품에 대하여 자변물품을 사용하거나 또는 섭취하거나 또는 그 자녀에게 사용시키거나 또는 섭취시키기를 원하는 뜻을 신청한 경우에는 형사시설의 규율 및 질서유지, 그밖에 관리운영상 지장이 없는 한 이를 허가한다.
⑤ 피수용자가 제1항 또는 제2항의 규정에 의하여 양육하고 있는 자녀에 대해서는 피수용자의 예에 의하여 건강진단, 진료, 그밖에 필요한 조치를 취한다.

제 7 절 종교상의 행위 등

제 67 조 (1인이 실시하는 종교상의 행위) 피수용자가 1인으로 실시하는 예배, 그 밖에 종교상의 행위는 이를 금지하거나 또는 제한하여서는 아니 된다. 다만, 형사시설의 규율 및 질서유지, 그 밖에 관리운영상 지장을 초래할 우려가 있는 경우에는 그러하지 아니하다.

제 68 조 (종교상의 의식행사 및 교회) ① 형사시설의 장은 피수용자가 종교인(민간의 독지가에 한한다. 이하 이 항에서 같다.)이 실시하는 종교상의 의식행사에 참가하거나 또는 종교인이 실시하는 종교상의 교회를 받을 수 있는 기회를 두도록 노력하여야 한다.

② 형사시설의 장은 형사시설의 규율 및 질서유지, 그 밖에 관리운영상 지장을 초래할 우려가 있는 때에는 피수용자에게 전 항에 규정하는 의식행사에 참석시키지 아니하거나 또는 동항에 규정하는 교회를 받지아니하게 할 수 있다.

제 8 절 서적 등의 열람

제 69 조 (자변서적 등의 열람) 피수용자의 자변서적 등의 열람은 이 절 및 제12절에 의한 경우 이외에 이를 금지하거나 또는 제한하여서는 아니 된다.

제 70 조 ① 형사시설의 장은 피수용자가 자변서적 등을 열람하는 것이 다음 각 호의 어느 하나에 해당하는 경우에는 그 열람을 금지할 수 있다.

1. 형사시설의 규율 및 질서를 해하는 결과를 초래할 우려가 있는 때
2. 피수용자가 수형자인 경우 그의 교정처우의 적절한 실시에 지장을 초래할 우려가 있는 때
3. 피수용자가 미결구금자인 경우 죄증인멸의 결과를 초래할 우려가 있는 때

② 전 항의 규정에 따라 열람을 금지해야 할 사유의 유무를 확인하기 위하여 자변서적 등의 번역이 필요한 때에는 법무성령으로 정하는 바에 따라 피수용자에게 그 비용을 부담시킬 수 있다. 이 경우 피수용자가 부담해야 할 비용을 부담하지 아니한 때에는 그 열람을 금지한다.

제 71 조 (신문에 관한 제한) 형사시설의 장은 법무성령으로 정하는 바에 따라 피수용자가 취득할 수 있는 신문의 범위 및 취득방법에 대하여 형사시설의 관리운영상 필요한 제한을 할 수 있다.

제 72 조 (시사보도에 접하는 기회의 부여 등) ① 형사시설의 장은 피수용자에 대하여 일간신문의 비치, 보도프로그램, 그 밖의 방법에 따라 가능한 한 주요한 시사보도에 접할 기회가 주어지도록 노력하여야 한다.

② 형사시설의 장은 제39조 제2항의 규정에 의한 원조의 조치로서 형사시설에 서적 등을 비치한다. 이 경우 비치된 서적 등의 열람방법은 형사시설의 장이 정한다.

제 9 절 규율 및 질서 유지

제 73 조 (형사시설의 규율 및 질서 유지) ① 형사시설의 규율 및 질서는 적정하게 유지되어야 한다.

② 전 항의 목적을 달성하기 위하여 취하는 조치는 피수용자의 수용을 확보하고 또한 그 처우를 위한 적절한 환경 및 그 안전하고 평온한 공동생활을 유지하기 위해 필요한 한도를 넘어서는 아니 된다.

제 74 조 (준수사항 등) ① 형사시설의 장은 피수용자가 준수해야 할 사항(이하 이 장에서 '준수사항'이라 한다.)을 정한다.

② 준수사항은 피수용자로서의 지위에 따라, 다음 각 호의 사항을 구체적으로 정한다.

1. 범죄행위를 해서는 안 된다는 사항
2. 타인에 대하여 거칠거나 난폭한 언동을 하거나 또는 폐해를 끼치는 행위를 해는 안 된다는 사항

3. 자해행위를 해서는 안 된다는 사항
4. 형사시설 직원의 직무집행을 방해하는 행위를 해서는 안 된다는 사항
5. 자기 또는 다른 피수용자의 수용생활을 방해할 우려가 있는 행위를 해서는 안 된다는 사항
6. 형사시설의 안전을 해할 우려가 있는 행위를 해서는 안 된다는 사항
7. 형사시설 내의 위생 또는 풍기를 해하는 행위를 해서는 안 된다는 사항
8. 금품에 대한 부정한 사용, 소지, 수수, 그 밖의 행위를 해서는 안 된다는 사항
9. 정당한 이유없이 제92조 또는 제93조에 규정하는 작업을 게을리하거나 또는 제85조 제1항 각호, 제103조 또는 제104조에 규정하는 지도를 거부해서는 안 된다는 사항
10. 전 각 호의 것 외에 형사시설의 규율 및 질서를 유지하기 위하여 필요한 사항
11. 전 각 호의 사항에 대하여 규정된 준수사항 또는 제96조 제4항(제106조 제2항에 준용하는 경우를 포함한다.)에 규정하는 특별준수사항에 위반하는 행위를 기도, 충동질, 교사 또는 원조를 하여서는 아니 되는 사항

③ 전 2항 외에 형사시설의 장 또는 그 지정하는 직원은 형사시설의 규율 및 질서를 유지하기 위하여 필요한 경우에는 피수용자에 대하여 그의 생활 및 행동에 대하여 지시할 수 있다.

제 75 조 (신체검사 등) ① 형무관은 형사시설의 규율 및 질서를 유지하기 위하여 필요한 경우에는 피수용자에 대하여 그의 신체, 의복, 소지품 및 거실을 검사하거나 또는 그 소지품을 몰수하여 일시보관할 수 있다.

② 제34조 제2항의 규정은 전 항의 규정에 의한 여자피수용자의 신체 및 의복의 검사에 대하여 준용한다.

③ 형무관은 형사시설의 규율 및 질서를 유지하기 위하여 필요한 경우에는 형사시설 내에서 피수용자 이외의 자[변호인 또는 형사소송법 제39조 제1항에 규정하는 변호인이 되려고 하는 자(이하 '변호인 등'이라 한다.)를 제외한다.]의 의복 및 휴대품을 검사하고 또한 그 자의 휴대품을 몰수하여 일시보관할 수 있다.

④ 전 항의 검사는 문서도화의 내용검사에는 미치지 아니한다.

제 76 조 (수형자의 격리) ① 형사시설의 장은 수형자가 다음 각 호의 어느 하나에 해당하는 경우, 그 자를 다른 피수용자로부터 격리할 수 있다. 이 경우 그 자의 처우는 운동, 목욕 또는 면회, 그 밖에 법무성령으로 정하는 경우를 제외하고 주야 거실에서 실시한다.

1. 다른 피수용자와 접촉하는 것이 형사시설의 규율 및 질서를 해할 우려가 있는 때
2. 다른 피수용자로부터 위해가 가해질 우려가 있어 이를 피하기 위하여 다른 방법이 없는 때

② 전 항의 규정에 의한 격리기간은 3개월로 한다. 다만, 특히 계속의 필요가 있는 경우 형사시설의 장은 매1개월마다 이를 갱신할 수 있다.

③ 형사시설의 장은 전 항의 기간 중이라도 격리의 필요가 없어진 때에는 즉시 그 격리를 중지하여야 한다.

④ 제1항의 규정에 따라 수형자를 격리하고 있는 경우에는 형사시설의 장은 3월에 1회 이상 정기적으로 그 수형자의 건강상태에 관하여 형사시설의 직원인 의사의 의견을 들어야 한다.

제 77 조 (제지 등의 조치) ① 형무관은 피수용자가 자해하거나 또는 타인에게 위해를 가하거나, 도주하거나, 형사시설의 직원의 집무를 방해하거나 그 밖에 형사시설의 규율 및 질서를 현저하게 해

하는 행위를 하거나 또는 이러한 행위를 하려고 하는 경우에는 합리적으로 필요하다고 판단되는 한도에서 그의 행위를 제지하거나, 그 피수용자를 구속하거나, 그 밖에 그의 행위를 억제하기 위하여 필요한 조치를 취할 수 있다.

② 형무관은 피수용자 외의 자가 다음 각 호의 어느 하나에 해당하는 경우에는 합리적으로 필요하다고 판단되는 한도에서 그 행위를 제지하거나, 그 행위를 하는 자를 구속하거나, 그 밖에 그 행위를 억제하기 위하여 필요한 조치를 취할 수 있다.

1. 형사시설에 침입하거나, 그 설비를 손괴하거나, 형사시설 직원의 직무집행을 방해하거나 또는 이러한 행위를 하려고 하는 때
2. 형무관이 요구를 하였음에도 형사시설로부터 퇴거하지 아니하는 때
3. 피수용자의 도주 또는 형사시설 직원의 직무집행의 방해를 현장에서 원조, 충동질 또는 부추기는 때
4. 피수용자에게 위해를 가하거나 또는 가하려고 하는 때

③ 전 2항의 조치에 필요한 경비용구에 관해서는 법무성령으로 정한다.

제 78 조 (포승, 수갑 및 구속의의 사용) ① 형무관은 피수용자를 호송하는 경우 또는 피수용자가 다음 각 호의 어느 하나의 행위를 할 우려가 있는 경우에는 법무성령으로 정하는 바에 따라 포승 또는 수갑을 사용할 수 있다.

1. 도망하는 때
2. 자해 또는 타인에게 위해를 가하는 때
3. 형사시설의 설비, 기구, 그 밖의 물건을 손괴하는 때

② 형무관은 피수용자가 자해할 우려가 있는 경우 달리 이를 방지할 수단이 없는 때에는 형사시설의 장의 명령에 따라 구속의를 사용할 수 있다. 다만, 포승 또는 수갑과 동시에 사용할 수 없다.

③ 전 항에 규정하는 경우, 형사시설의 장의 명령을 기다릴 여유가 없는 때에는 형무관은 그의 명령을 기다리지 아니하고 구속의를 사용할 수 있다. 이 경우에는 신속하게 그 취지를 형사시설의 장에게 보고하여야 한다.

④ 구속의의 사용기간은 3시간으로 한다. 다만, 형사시설의 장은 특히, 계속의 필요가 있다고 인정하는 때에는 전체적으로 12시간을 초과하지 아니하는 범위 내에서 매 3시간마다 그 시간을 갱신할 수 있다.

⑤ 형사시설의 장은 전 항의 기간 중이더라도 구속의 사용의 필요가 없어진 때에는 즉시 그 사용을 중지시켜야 한다.

⑥ 피수용자에게 구속의를 사용하거나 또는 그 사용기간을 갱신하는 경우에는 형사시설의 장은 신속하게 그 피수용자의 건강상태에 대하여 형사시설의 직원인 의사의 의견을 들어야 한다.

⑦ 포승, 수갑 및 구속의의 제식은 법무성령으로 정한다.

제 79 조 (보호실에의 수용) ① 형무관은 피수용자가 다음 각 호의 어느 하나에 해당하는 경우에는 형사시설의 장의 명령에 따라 그 자를 보호실에 수용할 수 있다.

1. 자해할 우려가 있는 때
2. 다음의 가에서 다까지의 어느 하나에 해당하는 경우, 형사시설의 규율 및 질서를 유지하기 위하여 특히 필요가 있는 때
   가. 형무관의 제지에 따르지 아니하고 큰소리 또는 소음을 내는 때

나. 타인에게 위해를 가할 우려가 있는 때

다. 형사시설의 설비, 기구, 그 밖에 물건을 손괴하거나 또는 오손할 우려가 있는 때

② 전 항에 규정하는 경우 형사시설의 장의 명령을 기다릴 여유가 없는 때에는 형무관은 그 명령을 기다리지 아니하고 그 피수용자를 보호실에 수용할 수 있다. 이 경우에는 신속하게 그 취지를 형사시설의 장에게 보고하여야 한다.

③ 보호실에의 수용기간은 72시간으로 한다. 다만, 특히 계속의 필요가 있는 경우에는 형사시설의 장은 매48시간마다 이를 갱신할 수 있다.

④ 형사시설의 장은 전 항의 기간 중이라도 보호실에의 수용의 필요가 없어진 때에는 즉시 그 수용을 중지시켜야 한다.

⑤ 피수용자를 보호실에 수용하거나 또는 그 수용의 기간을 갱신한 경우, 형사시설의 장은 신속하게 그 피수용자의 건강상태에 관하여 형사시설의 직원인 의사의 의견을 들어야 한다.

⑥ 보호실의 구조 및 설비의 기준은 법무성령으로 정한다.

제 80 조 (무기휴대 및 사용) ① 형무관은 법무성령으로 정하는 경우에 한하여 소형무기를 휴대할 수 있다.

② 형무관은 피수용자가 다음 각 호의 어느 하나에 해당하는 경우에는 그 사태에 따라 합리적으로 필요하다고 판단되는 한도에서 무기를 사용할 수 있다.

1. 폭동을 이르키거나 또는 이르키려고 하는 때
2. 타인에게 중대한 위해를 가하거나 또는 가하려고 하는 때
3. 형무관이 휴대하거나 또는 형사시설에 보관되어 있는 무기를 탈취하거나 또는 탈취하려고 하는 때
4. 휴대한 무기를 형무관이 버릴 것을 명하였음에도 이에 따르지 아니하는 때
5. 형무관의 제지에도 불구하고 형무관에 대하여 폭행 또는 집단에 의한 위력을 이용하여 도주하거나 또는 도주하려고 하거나 또는 다른 피수용자의 도주를 도울 때

③ 형무관은 피수용자 이외의 자가 다음 각 호의 어느 하나에 해당하는 경우에는 그 사태에 따라 합리적으로 필요하다고 판단되는 한도에서 무기를 사용할 수 있다.

1. 피수용자가 폭동을 일으키거나 또는 일으키려고 하는 경우 그 현장에서 이에 참가하거나 또는 이를 원조하는 때
2. 피수용자에게 중대한 위해를 가하거나 또는 가하려고 하는 때
3. 형무관이 휴대하거나 또는 형사시설에 보관되어 있는 무기를 탈취하거나 또는 탈취하려고 하는 때
4. 총기, 폭발물, 그 밖의 흉기를 휴대 또는 사용하여 형사시설에 침입하거나, 설비를 손괴하거나 또는 이러한 행위를 하려고 하는 때
5. 폭행 또는 협박을 이용하여 피수용자를 탈취하거나 또는 도주시키거나, 이러한 행위를 하려고 하는 때

④ 전 2항의 규정에 의한 무기사용시에는 「형법」(1907년, 법률 제45호) 제36조 또는 37조에 해당하는 경우 또는 다음 각 호의 어느 하나에 해당하는 경우를 제외하고는 사람에게 위해를 가해서는 아니 된다.

1. 형무관에게 달리 피수용자의 제2항 각 호에 규정하는 행위를 억지할 수단이 없다고 믿기에 충

분한 상당한 이유가 있는 때

2. 형무관에게 달리 피수용자 이외의 자의 전 항 각 호에 규정하는 행위를 억지할 수단이 없다고 믿기에 충분하고 상당한 이유가 있는 때. 다만, 동항 제2호의 경우 이외의 경우에는 그 자가 형무관의 제지에 따르지 아니하고 당해 행위를 하는 때에 한한다.

제 81 조 (수용을 위한 체포) 형무관은 피수용자가 다음 각 호의 어느 하나에 해당하는 경우에는 당해 각 호에 정하는 시각으로부터 48시간 이내에 착수한 때에 한하여 그 자를 체포할 수 있다.

1. 도주한 때: 도주한 시각
2. 제96조 제1항의 규정에 의한 작업 또는 제106조 제1항의 규정에 의한 외출 또는 외박의 경우, 형사시설의 장이 지정한 일시까지 형사시설에 돌아오지 아니한 때: 그 일시

제 82 조 (재해 시 응급용무) ① 형사시설의 장은 지진, 화재, 그 밖의 재해시 형사시설 내에 있는 자의 생명 또는 신체의 보호를 위하여 필요가 있다고 인정되는 경우에는 피수용자를 형사시설 또는 이에 인접하는 구역의 화재, 인명의 구조, 그 밖의 응급용무에 종사시킬 수 있다.

② 제100조에서 제102조까지의 규정은 피수용자가 전 항의 규정에 따라 응급용무에 종사하여 사망하거나, 부상하거나 또는 질병에 걸린 경우에 준용한다.

제 83 조 (재해 시 피난 및 석방) ① 형사시설의 장은 지진, 화재, 그 밖의 재해가 발생한 때, 형사시설 내에서 피난의 방법이 없을 때에는 피수용자를 적당한 장소에 호송하여야 한다.

② 전 항의 경우 피수용자를 호송할 수 없는 때에는 형사시설의 장은 그 자를 형사시설로부터 석방할 수 있다. 지진, 화재, 그 밖의 재해가 발생한 때, 형사시설 외에 있는 피수용자를 피난시키기 위하여 적당한 장소에 호송할 수 없는 경우에도 같다.

③ 전 항의 규정에 의하여 석방된 자는 피난을 필요로 하는 상황이 없어진 후 신속하게 형사시설 또는 형사시설의 장이 지정한 장소에 출두하여야 한다.

제 10 절 교정처우의 실시 등

제 1 관 통칙

제 84 조 (교정처우) ① 수형자에게는 교정처우로서 제92조 또는 제93조에 규정하는 작업에 종사시키고 또한 제103조 및 제104조에 규정하는 지도를 실시한다.

② 교정처우는 처우요령(교정처우의 목표 및 그 기본적인 내용 및 방법을 수형자별로 정하는 교정처우의 실시요령을 말한다. 이하 이 조에서 같다.)에 기초하여 실시한다.

③ 처우요령은 법무성령으로 정하는 바에 따라 형사시설의 장이 수형자의 자질 및 환경의 조사결과에 기초하여 정한다.

④ 처우요령은 필요에 따라 수형자의 희망을 참작하여 정한다. 이를 변경하려고 하는 때에도 같다.

⑤ 교정처우는 필요에 따라 의학, 심리학, 교육학, 사회학, 그 밖의 전문적 지식 및 기술을 활용하여 실시한다.

제 85 조 (형집행개시 시 및 석방 전 지도 등) ① 수형자에게는 교정처우를 실시하는 외에, 다음 각 호의 기간, 해당 각 호에 정하는 지도를 실시한다.

1. 형의 집행개시 후 법무성령으로 정하는 기간: 수형의 의의, 그 밖에 교정처우 실시의 기초가 되는 사항 및 형사시설에서의 생활 및 행동에 관한 지도
2. 석방 전에 법무성령으로 정하는 기간: 석방 후의 사회생활에 즉시 필요로 하는 지식의 부여, 그 밖에 수형자의 귀주 및 석방후의 생활에 관한 지도

② 전 항 제2호의 기간 동안 피수용자의 처우는 가능한 한 이에 알맞은 설비와 환경을 갖춘 장소에서 실시하고, 필요에 따라 제106조 제1항의 규정에 의한 외출 또는 외박을 허가하고, 그 밖에 원활한 사회복귀를 도모하기 위하여 필요한 조취를 취한다.

③ 형사시설의 장은 법무성령으로 정하는 기준에 따라 제1항 각 호에 정하는 지도를 실시하는 날 및 시간을 정한다.

제 86 조 (집단처우) ① 교정처우 및 전조 제1항의 규정에 의한 지도(이하 '교정처우 등'이라 한다.)는 그 효과적인 실시를 도모하기 위하여 필요에 따라 수형자를 집단으로 편성하여 실시한다.

② 전 항의 경우, 특히 필요가 있는 때에는 제4조 제1항의 규정에도 불구하고 거실 외에 한하여 동항 제1호에 따라 분리하지 아니할 수 있다.

제 87 조 (형사시설 외 처우) 교정처우 등은 그 효과적인 실시를 도모하기 위하여 필요한 한도에서 형사시설 외의 적당한 장소에서 실시할 수 있다.

제 88 조 (제한의 완화) ① 수형자의 자발성 및 자율성을 함양하기 위하여, 형사시설의 규율 및 질서를 유지하기 위한 수형자의 생활 및 행동에 대한 제한은 법무성령으로 정하는 바에 따라 제30조의 목적을 달성할 가능성이 높아짐에 따라 순차 완화한다.

② 전 항의 경우, 제30조의 목적을 달성할 가능성이 특이 높다고 인정되는 수형자의 처우는, 법무성령으로 정하는 바에 따라 개방시설(수용을 확보하기 위하여 통상 필요로 하는 설비 또는 조치의 일부를 두지아니하거나 또는 강구하지 아니한 형사시설의 전부 또는 일부로서 법무대신이 지정하는 것을 말한다. 이하 같다.)에서 실시할 수 있다.

제 89 조 (우대조치) 형사시설의 장은 수형자의 개선갱생의 의욕을 환기시키키 위하여 다음 각 호의 처우에 대하여 법무성령으로 정하는 바에 따라 일정기간별 수형태도의 평가에 따른 우대조치를 강구한다.

1. 제40조 제2항의 규정에 따라 물품을 대여하거나 또는 지급하는 것
2. 제41조 제1항의 규정에 따라 자변물품의 사용 또는 섭취를 허가하는 것
3. 제111조의 면회를 할 수 있는 시간 또는 회수를 정하는 것
4. 그 밖에 법무성령으로 정하는 처우

제 90 조 (사회와의 연계) ① 형사시설의 장은 수형자의 처우를 실시함에 있어서 필요하다고 인정하는 때에는 수형자의 친족, 민간의 독지가, 관계행정기관, 그 밖의 자에 대하여 협력을 요구한다.

② 전 항의 협력을 한 자는 그 협력을 실시함에 있어서 알게 된 수형자에 관한 비밀을 누설하여서는 아니 된다.

제 91 조 (공무소 등에의 조회) 형사시설의 장은 수형자의 자질 및 환경의 조사를 위하여 필요가 있는 때에는 공무소 또는 공사단체에 조회하여 필요한 사항의 보고를 요구할 수 있다.

제 2 관 작업

제 92 조 (징역수형자의 작업) 징역수형자(형사시설에 수용되어 있는 자에 한한다. 이하 이 절에서 같다.)에게 부과하는 작업은 징역수형자별로 형사시설의 장이 지정한다.

제 93 조 (금고수형자 등의 작업) 형사시설의 장은 금고수형자(형사시설에 수용되어 있는 자에 한한다. 이하 이 절에서 같다.) 또는 구류수형자(형사시설에 수용되어 있는 자에 한한다.)가 형사시설의 장이 지정하는 작업을 원하는 취지의 신청을 한 경우에는 법무성령으로 정하는 바에 따라 그 작업을 허가할 수 있다.

제 94 조 (작업실시) ① 작업은 가능한 한 수형자의 근로의욕을 높이고 직업상 유용한 지식 및 기능을 습득하는 데에 적합한 것이어야 한다.
② 수형자에게 직업에 관한 면허 또는 자격을 취득시키거나 또는 직업에 필요한 지식 및 기능을 습득시킬 필요가 있는 경우, 상당하다고 인정될 때에는 그것을 목적으로 하는 훈련을 작업으로서 실시한다.

제 95 조 (작업조건 등) ① 형사시설의 장은 법무성령으로 정하는 기준에 따라 1일의 작업시간 및 작업을 실시하지 아니하는 날을 정한다.
② 형사시설의 장은 작업을 하는 수형자의 안전 및 위생을 확보하기 위하여 필요한 조치를 강구하여야 한다.
③ 수형자는 전 항의 규정에 따라 형사시설의 장이 강구하는 조치에 따라서 필요한 사항을 준수하여야 한다.
④ 제2항의 규정에 따라 형사시설의 장이 강구해야 할 조치 및 전 항의 규정에 따라 수형자가 지켜야 할 사항은 「노동안전위생법」(1972년 법률 제57호), 그 밖에 법령에 정하는 노동자의 안전 및 위생을 확보하기 위하여 사업자가 강구해야 할 조치 및 노동자가 준수해야 할 사항에 준하여 법무대신이 정한다.

제 96 조 (외부통근작업) ① 형사시설의 장은 「형법」 제28조(국제수형자이송법 제22조에서 대체적용하는 경우를 포함한다.) 「소년법」 제58조 또는 「국제수형자이송법」 제22조의 규정에 따라 가석방을 허가할 수 있는 기간을 경과한 징역수형자 또는 금고수형자가 제88조 제2항의 규정에 따라 개방시설에서 처우를 받고 있거나 그 밖에 법무성령에서 정하는 사유에 해당하는 경우, 그 원활한 사회복귀를 위하여 필요한 때에는 형사시설 직원의 동행없이 그 수형자를 형사시설 외의 사업소(이하 이 조에서 '외부사업소'라 한다.)에 통근시켜 작업을 실시할 수 있다.
② 전 항의 규정에 따른 작업(이하 '외부통근작업'이라 한다.)은 외부사업자의 업무에 종사하거나 또는 외부사업소가 하는 직업훈련을 받는 것으로 한다.
③ 수형자에게 외부통근작업을 실시하는 경우에는 형사시설의 장은 법무성령으로 정하는 바에 따라 당해 외부사업소의 사업주(이하 이 절에서 '외부사업주'라 한다.)와의 사이에, 수형자가 실시하는 작업의 종류, 작업시간, 수형자의 안전 및 위생을 확보하기 위하여 필요한 조치, 그 밖에 외부통근작업의 실시에 관하여 필요한 사항에 관하여 계약을 체결하여야 한다.
④ 형사시설의 장은 수형자에게 외부통근작업을 실시하는 경우에는 미리 그 수형자가 외부통근작업에 관하여 준수해야 할 사항(이하 이 조에서 '특별준수사항'이라 한다.)을 정하여 이를 그 수형자에게 고지한다.

⑤ 특별준수사항은 다음 각 호의 사항을 구체적으로 정한다.

1. 지정된 경로 및 방법에 따라 이동하여야 하는 사항
2. 지정된 시각까지 형사시설에 도착하여야 하는 사항
3. 정당한 이유없이 외부통근작업을 실시하는 장소 이외의 장소에 출입하여서는 아니 되는 사항
4. 외부사업주의 작업상 지시에 따라야 하는 사항
5. 정당한 이유없이 범죄성이 있는 사람이나 그 밖에 접촉함으로써 교정처우의 적절한 실시에 지장을 초래할 우려가 있는 사람과 접촉하여서는 아니 되는 사항

⑥ 형사시설의 장은 외부통근작업을 실시하는 수형자가 준수사항 및 특별준수사항을 준수하지 아니한 경우, 그 밖에 외부통근작업을 부적당으로 하는 사유가 있다고 인정되는 경우에는 이를 중지할 수 있다.

제 97 조 (작업수입) 작업에 의한 수입은 국고로 한다.

제 98 조 (작업보장금) ① 형사시설의 장은 작업을 한 수형자에 대하여는 석방시(그 자가 수형자 이외의 피수용자였을 때에는 그때)에 그때의 보장금계산액에 상당하는 금액의 작업보장금을 지급한다.

② 형사시설의 장은 법무성령으로 정하는 바에 따라 매월 그 달의 전달에 수형자가 실시한 작업에 따른 금액으로 하고, 법무대신이 정하는 기준에 따라 작업성적, 그 밖의 작업에 관한 사항을 고려하여 산출한 금액을 보장금계산액에 가산한다. 다만, 석방일이 속하는 달의 작업에 관련된 가산은 석방시 실시한다.

③ 전 항의 기준은 작업의 종류 및 내용, 작업에 요하는 지식 및 기능의 정도 등을 고려하여 정한다.

④ 형사시설의 장은 수형자가 석방전에 작업보장금의 지급을 받고자 하는 뜻의 신청을 한 경우, 그 사용목적이 자변물품 등의 구입, 친족생계의 원조, 피해자에 대한 손해배상에의 충당 등 상당한 것이라고 인정될 때에는 제1항의 규정에도 불구하고 법무성령으로 정하는 바에 따라 그 지급시의 보장금계산액에 상당하는 금액의 범위내에서 신청액의 전부 또는 일부의 금액을 지급할 수 있다. 이 경우에는 그 지급액에 상당하는 금액을 보장금계산액으로부터 감액한다.

⑤ 수형자가 다음 각 호의 어느 하나에 해당하는 경우 당해 각 호에 정하는 날부터 기산하여 6월을 경과한 날까지 형사시설에 수용되게 된 때에는 그 자의 보장금계산액을 0으로 한다.

1. 도주한 때: 도주한 날
2. 제83조 제2항의 규정에 의하여 석방된 경우, 동조 제3항에 규정하는 피난을 위하여 필요로 하는 상황이 없어진 후 신속하게 동항에 규정하는 장소에 출두하지 아니한 때: 피난을 필요로 하는 상황이 없어진 날
3. 외부통근작업 또는 제106조 제1항의 규정에 의한 외출 또는 외박의 경우, 형사시설의 장이 지정한 일시까지 형사시설에 도착하지 아니한 때: 그 날

제 99 조 (유족 등에의 급부) 형사시설의 장은 수형자가 사망한 경우에는 법무성령으로 정하는 바에 따라 그 유족 등에 대하여 그때에 석방한다고 한다면 그 수형자에게 지급해야 할 작업보장금에 상당하는 금액을 지급한다.

제 100 조 (수당) ① 형사시설의 장은 수형자가 작업상 사망한 경우(작업상 부상 또는 질병에 걸린 수형자가 수형자 이외의 피수용자로 된 경우, 그 피수용자가 그 부상 또는 질병에 의하여 사망한 때를 포함한다.)에는

법무성령으로 정하는 바에 따라 그 유족 등에 대하여 사망수당을 지급한다.

② 형사시설의 장은 작업 중 부상하거나 또는 질병에 걸린 수형자가 치료된 경우(작업상 부상하거나 또는 질병에 걸린 수형자가 수형자 이외의 피수용자로 된 경우 그 피수용자가 치료된 때를 포함한다.), 신체에 장해가 남은 때에는 법무성령으로 정하는 바에 따라 그 자에게 장해수당을 지급한다. 다만, 그 자가 고의 또는 중대한 과실에 의하여 부상하거나 또는 질병에 걸린 때에는 그 전부 또는 일부를 지급하지 아니할 수 있다.

③ 전 2항의 규정에 따라 지급하는 수당의 액은 「노동기준법」(1947년 법률 제49호)에 기초하여 재해보상액에 관한 기준을 참작하여 법무성령으로 정하는 기준에 따라 산출된 금액으로 한다.

④ 형사시설의 장은 작업상 부상하거나 또는 질병에 걸린 경우(작업상 부상하거나 또는 질병에 걸린 수형자가 수형자 이외의 피수용자가 된 경우 그 피수용작 석방되는 때 아직 치료되지 아니한 경우를 포함한다.), 그 병상의 성질, 정도, 그 밖의 상황을 고려하여 상당하다고 인정되는 때에는 법무성령으로 정하는 바에 따라 그 자에게 특별수당을 지급한다.

제 101 조 (손해배상의 조정) ① 국가가 「국가배상법」(1947년 법률 제125호), 「민법」(1896년 법률 제89호), 그 밖의 법률에 의한 손해배상의 책임을 진 경우, 전조의 수당을 지급한 때에는 동일한 사유에 관해서는 국가는 그 금액의 한도에서 손해의 책임을 면한다.

② 전 항에 규정하는 경우 전 조의 수당지급을 받아야 할 자가 동일한 사유로 「국가배상법」, 「민법」, 그 밖의 법률에 의한 손해배상을 받은 때에는 국가는 그 금액의 한도에서 동조의 수당 지급 의무를 면한다.

제 102 조 (수당의 지급을 받을 권리보호 등) ① 제100조의 수당의 지급을 받을 권리는 양도, 담보제공 또는 차압할 수 없다.

② 제100조의 수당으로서 지급을 받은 금전을 표준으로 하여 조세, 그 밖의 공과를 과해서는 아니 된다.

제 3 관 각종 지도

제 103 조 (개선지도) ① 형사시설의 장은 수형자에 대하여 범죄의 책임을 자각시키고, 건강한 심신을 배양하도록 하고 또한 사회생활에 적응하는 데에 필요한 지식 및 생활태도를 습득시키기 위하여 필요한 지도를 실시한다.

② 다음 각 호의 사정에 의하여 개선갱생 및 원활한 사회복귀에 지장이 있다고 인정되는 수형자에 대하여 전 항의 지도를 실시함에 있어서는 그 사정의 개선에 도움이 되도록 특히 배려하여야 한다.

1. 마약, 각성제, 그 밖에 약물의존이 있는 사실
2. 「폭력단원에 의한 부당한 행위의 방지 등에 관한 법률」(1991년 법률 제77조) 제2조 제6호에 규정하는 폭력단원인 사실
3. 그 밖에 법무성령으로 정하는 사정

제 104 조 (교과지도) ① 형사시설의 장은 사회생활의 기초가 되는 학력을 갖추지 못함으로써 개선갱생 및 원활한 사회복귀에 지장이 있다고 인정되는 수형자에 대하여는 교과지도[「학교교육법」(1947년 법률 제26호)에 의한 학교교육의 내용에 준하는 내용의 지도를 말한다. 이 항에서 같다.]를 실시한다.

② 형사시설의 장은 전 항에 규정하는 것 외에, 학력의 향상을 도모하는 것이 원활한 사회복귀에 특히 도움이 된다고 인정되는 수형자에 대하여 그 학력상황에 따른 교과지도를 실시할 수 있다.

제 105 조 (지도일 및 시간) 형사시설의 장은 법무성령으로 정하는 기준에 따라 전2조의 규정에 의한 지도를 실시하는 날 및 시간을 정한다.

제 4 관 외출 및 외박

제 106 조 (외출 및 외박) ① 형사시설의 장은 「형법」 제28조(「국제수형자이송법」 제21조에서 대체적용하는 경우를 포함한다.), 「소년법」 제58조 또는 「국제수형자이송법」 제22조의 규정에 따라 가석방을 허가할 수 있는 기간이 경과한 징역형수형자 또는 금고수형자가 제88조 제2항의 규정에 의하여 개방시설에서 처우를 받고 있는 사실, 그 밖에 법무성령으로 정하는 사유에 해당하는 경우, 그 원활한 사회복귀를 위하여 형사시설 외에서 그 자가 석방 후의 주거 또는 취업의 확보, 그 밖에 일신상의 중요한 용무를 행하거나, 갱생보호에 관계가 있는 자를 방문하거나, 그 밖에 그 석방 후 사회생활에 유용한 체험을 할 필요가 있다고 인정되는 때에는 형사시설 직원의 동행없이 외출 또는 7일 이내의 기간을 정하여 외박을 허가할 수 있다. 다만, 외박에 관해서는 그 수형자의 형기가 6월 이상 집행된 경우에 한한다.

② 제96조 제4항, 제5항(제4호를 제외한다.) 및 제6항의 규정은 전 항의 규정에 의한 외출 및 외박에 관하여 준용한다.

제 107 조 (형기불산입) 전 조 제1항의 규정에 따른 외박을 한 자가 형사시설의 장이 지정한 일시까지 형사시설에 도착하지 아니한 경우에는 그 외박기간은 형기에 산입하지 아니한다. 다만, 불가항력의 사유에 의하여 도착할 수 없었던 경우에는 그러하지 아니한다.

제 108 조 (외출 등에 필요한 비용) 제106조 제1항의 규정에 의한 외출 또는 외박에 필요한 비용에 관해서는 수형자가 부담할 수 없는 경우 또는 형사시설의 장이 상당하다고 인정하는 경우에는 그 전부 또는 일부를 국고부담으로 한다.

제 5 관 미결구금자로서의 지위를 가지는 수형자

제 109 조 ① 미결구금자로서의 지위를 가지는 수형자에 대한 제84조 제1항 및 제89조의 규정의 적용에 관해서는 제84조 제1항 중 '교정처우로서'인 것은 '미결수용자로서의 지위를 손상하지 아니하는 한도에서 그 구금기간을 고려하여 가능한 범위내에서 교정처우를 하고'로, 제89조 제3호 중 '제111조'인 것은 '제119조에서 준용하는 제11조'로 한다.

② 미결구금자로서의 지위를 가지는 수형자에 관해서는 제86조에서 제88조까지, 제96조 및 전 관의 규정은 적용하지 아니한다.

제 11 절 외부교통

제 1 관 수형자에 관한 유의사항

제 110 조 이 절의 정하는 바에 따라 수형자에 대하여 외부교통(면회, 서신의 수발 및 제146조 제1항에 규

정하는 통신을 말한다. 이하 이 조에서 같다.)을 허가하거나 또는 이를 금지, 정지 또는 제한함에 있어서는 적정한 외부교통이 수형자의 개선갱생 및 원활한 사회복귀에 도움이 되는 것이라는 사실에 유의하여야 한다.

제 2 관 접견

제 1 목 수형자

제 111 조 (면회의 상대방) ① 형사시설의 장은 수형자(미결구금자로서의 지위를 가지는 자를 제외한다. 이하 이 목에서 같다.)에 대하여 다음 각 호의 자로부터 면회의 신청이 있었을 때에는 제148조 제3항 또는 다음 절의 규정에 의해 금지된 경우를 제외하고 이를 허가한다.

1. 수형자의 친족
2. 혼인관계의 조정, 소송수행, 사업유지, 그 밖에 수형자의 신분상, 법률상 또는 업무상의 중대한 이해에 관련된 용무의 처리를 위하여 면회가 필요한 자
3. 수형자의 갱생보호에 관계있는 자, 수형자의 석방 후에 고용하려고 하는 자, 그 밖에 면회에 의하여 수형자의 개선갱생에 도움이 된다고 인정되는 자

② 형사시설의 장은 수형자에 대하여 전 항 각 호의 자 이외의 자로부터 면회의 신청이 있었던 경우 그 자와의 교우관계의 유지, 그 밖에 면회할 필요가 있는 사정이 있고 동시에 면회에 의하여 형사시설의 규율 및 질서를 해하는 결과를 초래하거나 또는 수형자의 교정처우의 적절한 실시에 지장을 초래할 우려가 없다고 인정할 때에는 이를 허가할 수 있다.

제 112 조 (면회의 입회 등) 형사시설의 장은 형사시설의 규율 및 질서유지, 수형자의 교정처우의 적절한 실시, 그 밖의 이유에 의하여 필요가 있다고 인정하는 경우에는 지명하는 직원에게 수형자의 면회에 입회시키거나 또는 면회의 상황을 녹음시키거나 또는 녹화시킬 수 있다. 다만, 수형자가 다음 각 호의 자와 면회하는 경우에는 형사시설의 규율 및 질서를 해하는 결과를 초래할 우려가 있다고 인정해야 할 특별한 사정이 있는 경우를 제외하고 그러하지 아니하다.

1. 자기에 대한 형사시설의 장의 조치, 그 밖에 자기가 받은 처우에 대하여 조사를 실시하는 국가 또는 도도부현의 기관의 직원
2. 자기에 대한 형사시설의 장의 조치, 그 밖에 자기가 받은 처우에 관한 「변호사법」(1949년 법률 제25호) 제3조 제1항에 규정하는 직무를 수실시하는 변호사

제 113 조 (면회의 일시정지 및 종료) ① 형사시설의 직원은 다음 각 호의 어느 하나에 해당하는 경우 그 행위 또는 발언을 제지하거나 또는 면회를 일시정지 시킬 수 있다. 이 경우에는 면회의 일시정지를 위하여 수형자 또는 면회의 상대방에 대하여 면회장소에서의 퇴출을 명하고, 그 밖에 필요한 조치를 취할 수 있다.

1. 수형자 또는 면회의 상대방이 다음의 가 또는 나의 어느 하나에 해당하는 행위를 하는 때
   가. 다음 조 제1항의 규정에 따른 제한에 위반되는 행위
   나. 형사시설의 규율 및 질서를 해하는 행위
2. 수형자 또는 면회의 상대방이 다음 가에서 마의 어느 하나에 해당하는 내용의 발언을 하는 때
   가. 암호의 사용, 그 밖의 이유에 의하여 형사시설의 직원이 이해할 수 없는 때

나. 범죄의 실행을 공모하거나, 충동질 또는 부추기는 때
다. 형사시설의 규율 및 질서를 해하는 결과를 초래할 우려가 있는 때
라. 수형자의 교정처우의 적절한 실시에 지장을 초래할 우려가 있는 때
마. 특정 용무의 처리를 위하여 필요하다는 이유로 허가된 면회에서, 그 용무의 처리를 위하여 필요한 범위를 명백하게 일탈하는 때

② 형사시설의 장은 전 항의 규정에 따른 면회가 일시정지된 경우 면회를 계속시키는 것이 상당하지 아니하다고 인정되는 때에는 그 면회를 종료시킬 수 있다.

제 114 조 (면회에 관한 제한) ① 형사시설의 장은 수형자의 면회에 관하여 법무성령으로 정하는 바에 따라, 면회상대방의 인원수, 면회장소, 일 및 시간, 면회시간 및 회수, 그 밖에 면회의 양태에 관하여 형사시설의 규율 및 질서유지, 그 밖에 관리운영상 필요한 제한을 할 수 있다.

② 전 항의 규정에 의하여 면회회수를 제한하는 때에는 회수는 1월에 2회를 하회하여서는 아니 된다.

제 2 목 미결구금자

제 115 조 (면회의 상대방) 형사시설의 장은 미결구금자(수형자 또는 사형확정자로서의 지위를 가지는 자를 제외한다. 이하 이 목에서 같다.)에 대하여, 다른 자로부터 면회의 신청이 있는 때에는 제148조 제3항 또는 다음 절의 규정에 따라 금지된 경우를 제외하고 이를 허가한다. 다만, 「형사소송법」의 정하는 바에 따라 면회가 허가되지 아니하는 경우는 그러하지 아니하다.

제 116 조 (변호인 등 이외의 자와의 면회의 입회 등) ① 형사시설의 장은 지명하는 직원을 미결구금자의 변호인 등 이외의 자와의 면회에 입회시키거나 또는 면회의 상황을 녹음하거나 또는 녹화하도록 한다. 다만, 형사시설의 규율 및 질서를 해하는 결과 및 죄증인멸의 결과를 초래할 우려가 없다고 인정되는 경우에는 입회, 녹음 및 녹화(다음 항에서 '입회 등'이라 한다.)를 하지 아니할 수 있다.

② 형사시설의 장은 전 항의 규정에도 불구하고 미결구금자의 제112조의 각 호의 자와의 면회에 관해서는 형사시설의 규율 및 질서를 해하는 결과 또는 죄증인멸의 결과를 초래한 우려가 있다고 인정해야 할 특별한 사정이 있는 경우를 제외하고 입회 등을 하여서는 아니 된다.

제 117 조 (면회의 일시정지 및 종료) 제113조(제1항 제2호 마를 제외한다.)의 규정은 미결구금자와 면회에 관해서 준용한다. 이 경우 동항 중 '각 호의 어느 하나'는 '각 호의 어느 하나(변호인 등과의 면회의 경우에 있어서는 제1호 나에 한한다.')로, 동항 제2호 라 중 '수형자의 교정처우의 적절한 실시에 지장'은 '죄증인멸의 결과'로 대체한다.

제 118 조 (면회에 대한 제한) ① 미결구금자와 변호인 등과의 면회의 일 및 시간은 일요일, 그 밖에 시행령에서 정하는 날 이외의 날 중 형사시설의 집무시간 내로 한다.

② 전 항의 면회 상대방의 인원수는 3인 이내로 한다.

③ 형사시설의 장은 변호인 등으로부터 전 2항의 규정함에 의하지 아니하는 면회신청이 있는 경우에도 형사시설의 관리운영상 지장이 있는 때를 제외하고 이를 허가한다.

④ 형사시설의 장은 제1항의 면회에 관하여 법무성령으로 정하는 바에 따라 면회장소에 대하여 형사시설의 규율 및 질서유지, 그 밖에 관리운영상 필요한 제한을 할 수 있다.

⑤ 제114조의 규정은 미결구금자와 변호인 등 이외의 자와의 면회에 관해서 준용한다. 이 경우에

동조 제2항 중 '1월에 2회'인 것은 '1일에 1회'로 대체한다.

제 3 목 미결구금자로서의 지위를 가지는 수형자

제 119 조 제111조, 제113조, 제114조, 제116조 및 전 조 제1항에서 제4항까지의 규정은, 미결구금자로서의 지위를 가지는 수형자의 면회에 관하여 준용한다. 이 경우에 제111조 제1항 중 '경우'는 '경우 및 「형사소송법」의 정하는 바에 따라 허가되지 아니하는 경우'로, 동조 제2항 중 '때에는'은 '때에는, 「형사소송법」의 정하는 바에 따라 허가되지 아니하는 경우를 제외하고'로, 제113조 제1항 중 '각 호의 어느 하나에'는 '각 호의 어느 하나에(변호인 등과의 면회의 경우에는 제1호 나에 한한다.)로, 동항 제2호 라 중 '초래할'은 '초래하거나 또는 죄증인멸의 결과를 초래할'로, 제114조 제1항 중 '면회에'는 '면회(변호인 등과의 면회를 제외한다.)에'로 대체한다.

제 4 목 사형확정자

제 120 조 (면회의 상대방) ① 형사시설의 장은 사형확정자(미결구금자로서의 지위를 가지는 자를 제외한다. 이하 이 목에서 같다.)에 대하여 다음 각 호의 자로부터 면회의 신청이 있는 때에는 제148조 제3항 또는 다음 절의 규정에 의해 금지된 경우를 제외하고 이를 허가한다.

1. 사형확정자의 친족
2. 혼인관계의 조정, 소송수행, 사업유지, 그 밖에 사형확정자의 신분상, 법률상 또는 업무상 중대한 이해에 관계되는 용무의 처리를 위하여 면회하는 것이 필요한 자
3. 면회에 의하여 사형확정자의 심적안정에 도움이 된다고 인정되는 자

② 형사시설의 장은 사형확정자에 대하여 전 항 각 호의 자 이외의 자로부터 면회의 신청이 있는 경우에, 그 자와의 교우관계의 유지, 그 밖에 면회하는 것이 필요하다고 하는 사정이 있고, 동시에 면회에 의하여 형사시설의 규율 및 질서를 해하는 결과를 초래할 우려가 없다고 인정하는 때에는 이를 허가할 수 있다.

제 121 조 (면회의 입회 등) 형사시설의 장은 그 지명하는 직원을 사형확정자의 면회에 입회시키거나 또는 면회의 상황을 녹음하게 하거나 또는 녹화하게 한다. 다만, 사형확정자의 소송준비, 그 밖에 정당한 이익의 보호를 위하여 입회 또는 녹음 또는 녹화하지 아니하는 것이 적당하다고 하는 사정이 있는 경우 상당하다고 인정하는 때에는 그러하지 아니하다.

제 122 조 (면회의 일시정지 및 종료 등) 제113조(제1항 제2호 라를 제외한다.) 및 제114조의 규정은 사형확정자의 면회에 관하여 준용한다. 이 경우에 동조 제2항 중 '1월에 2회'는 '1월에 1회'로 대체한다.

제 5 목 미결구금자로서의 지위를 가지는 사형확정자

제 113 조 제113조, 제118조, 제120조 및 제121조의 규정은 미결구금자로서의 지위를 가지는 사형확장자의 면회에 관하여 준용한다. 이 경우에 제113조 제1항 중 '각 호의 어느 하나에'는 '각 호의 어느 하나에(변호인 등과의 면회의 경우에는 제1호 나에 한한다.)'로, 동항 제2호 라 중 '수형자의 교정처우의 적절한 실시에 지장'은 '죄증인멸의 결과'로, 제120조 제1항 중 '경우'는 '경우 및 「형사소송법」의 정하는 바에 따라 허가되지 아니하는 경우'로, 동조 제2항 중 '때에는'는, '때에는 「형사소송법」의 정하는 바에 따라 허가되지 아니하는 경우를 제외하고'로, 제121조 중 면회에'는 '면회(변호인 등과의 면회를 제외한다.)에'로 대체한다.

제 6 목 각종 피수용자

제 124 조 (면회의 상대방) 형사시설의 장은 각종 피수용자에 대하여 다른 자로부터 면회의 신청이 있었던 때에는 제148조 제3항 및 다음 절의 규정에 의하여 금지된 경우를 제외하고 이를 허가한다.

제 125 조 (각종 피수용자의 면회 입회 등) 제112조, 제113조(제1항 제2호 라 및 바를 제외한다.) 및 제114조의 규정은 각종 피수용자의 면회에 관하여 준용한다. 이 경우 제112조 제1항 중 '수형자의 교정처우의 적절한 실시, 그 밖의'는 '그 밖의'로, 제114조 제2항 중 '1월에 2회'는 '1월에 1회'로 대체한다.

제 3 관 서신의 수발

제 1 목 수형자

제 126 조 (수발을 허가하는 서신) 형사시설의 장은 수형자(미결구금자로서의 지위를 가지는 자를 제외한다. 이하 이 목에서 같다.)에 대하여 이 목, 제148조 제3항 또는 다음 절의 규정에 의하여 금지되는 경우를 제외하고 다른 자와의 서신을 허가한다.

제 127 조 (서신검사) ① 형사시설의 장은 형사시설의 규율 및 질서유지, 수형자의 교정처우의 적절한 실시, 그 밖의 이유에 의하여 필요하다고 인정되는 경우를 제외하고는 지명하는 직원에게 수형자가 수발하는 서신에 대하여 검사를 하도록 할 수 있다.

② 다음 각 호의 서신에 대한 전 항의 검사는 이러한 서신에 해당하는 것을 확인하기 위하여 필요한 한도에서 실시한다. 다만, 제3호의 서신에 대하여 형사시설의 규율 및 질서를 해하는 결과를 초래할 우려가 있다고 인정해야 할 특별한 사정이 있는 경우에는 그러하지 아니하다.

1. 수형자가 국가 또는 지방공공단체의 기관으로부터 받는 서신
2. 수형자가 자기에 대한 형사시설의 장의 조치, 그 밖에 자기가 받은 처우에 관하여 조사를 실시하는 국가 또는 지방공공단체의 기관에 대하여 발송하는 서신
3. 수형자가 자기에 대한 형사시설의 장의 조치, 그 밖에 자기가 받은 처우에 관하여 「변호사법」 제3조 제1항에 규정하는 직무를 수행하는 변호사(변호사법인을 포함한다. 이하 이 관에서 같다.)와의 사이에 수발하는 서신

제 128 조 (서신수발의 금지) 형사시설의 장은 범죄성이 있는 자, 그 밖에 수형자가 서신을 수발함으로써 형사시설의 규율 및 질서를 해하거나 또는 수형자의 교정처우의 적절한 실시에 지장을 초래할 우려가 있는 자(수형자의 친족을 제외한다.)에 대해서는 수형자가 그 자와의 사이에 서신을 수발하는 것을 금지할 수 있다. 다만, 혼인관계의 조정, 소송수행, 사업유지, 그 밖에 수형자의 신분상 · 법률상 또는 업무상 중대한 이해에 관계되는 용무의 처리를 위하여 서신을 수발하는 경우에는 그러하지 아니하다.

제 129 조 (서신의 내용에 의한 정지 등) ① 형사시설의 장은 제127조의 규정에 의한 검사결과, 수형자가 수발하는 서신에 대하여 그 전부 또는 일부가 다음 각 호의 어느 하나에 해당하는 경우에는 그 수발을 정지하거나 또는 그 해당개소를 삭제하거나 또는 말소할 수 있다. 동조 제2항 각 호의 서신에 대해서, 이러한 서신에 해당하는 것을 확인하는 과정에 그 전부 또는 일부가 다음 각 호의 어느 하나에 해당하는 것이 판명된 경우에도 같다.

1. 암호사용, 그 밖의 이유에 의하여 형사시설의 직원이 이해할 수 없는 내용의 것인 때
2. 수발에 의하여 형벌법령에 저촉하게 되거나 또는 형벌법령에 저촉하는 결과를 초래할 우려가 있는 때
3. 수발에 의하여 형사시설의 규율 및 질서를 해하는 결과를 초래할 우려가 있는 때
4. 위협과 협박에 이르는 내용 또는 명백하게 허위인 내용이 있기 때문에 수신자를 현저하게 불안하게 하거나 또는 수신자에게 손해를 입힐 우려가 있는 때
5. 수신자를 현저하게 모욕하는 내용이 있는 때
6. 수발에 의하여 수형자의 교정처우의 적절한 실시에 지장을 초래할 우려가 있는 때

② 전 항의 규정에도 불구하고 수형자가 국가 또는 지방공공단체와의 사이에 수발하는 서신으로 그 기관의 권한에 속하는 사항을 포함하거나 수형자가 변호사와의 사이에서 수발하는 서신으로 그 수형자에 관계되는 「변호사법」 제3조 제1항의 규정에 의한 변호사의 직무에 속하는 사항을 포함하는 것에 대하여 그 수발의 정지 또는 그 사항에 관계되는 부분의 삭제 또는 말소는 그 부분의 전부 또는 일부가 전 항 제1호에서 제3호까지의 어느 하나에 해당하는 경우에 한하여 이를 실시할 수 있다.

제 130 조 (서신에 관한 제한) ① 형사시설의 장은 법무성령으로 정하는 바에 따라 수형자가 발하는 서신의 작성요령, 그 발신의 신청일시 및 시간, 수형자가 발신을 신청하는 서신통수 및 수형자의 서신수발방법에 관하여 형사시설의 관리운영상 필요한 제한을 할 수 있다.

② 전 항의 규정에 의하여 수형자가 발신을 신청하는 서신통수에 대하여 제한을 하는 때에는 그 통수는 1월에 4통을 하회하여서는 아니 된다.

제 131 조 (발신에 필요로 하는 비용) 서신의 발신에 필요로 하는 비용에 관해서는 수형자가 부담할 수 없는 경우에 형사시설의 장이 발신의 목적에 비추어서 상당하다고 인정하는 때에는 그 전부 또는 일부를 국고에서 부담한다.

제 132 조 (수발을 금지한 서신 등의 취급) ① 형사시설의 장은 제128조, 제129조 또는 제148조 제3항의 규정에 의하여 서신의 수발을 금지하거나 또는 중지한 경우에는 그 서신을 제129조의 규정에 의하여 서신의 일부를 삭제한 경우에는 그 삭제한 부분을 보관한다.

② 형사시설의 장은 제129조의 규정에 의하여 서신내용의 일부를 삭제한 경우에는 그 말소한 부분의 복사본을 작성하여 이를 보관한다.

③ 형사시설의 장은 수형자의 석방 시, 전2항의 규정에 의하여 보관하는 서신의 전부나 일부 또는 복제부분(이하 이 장에서 '수발금지 등'이라 한다.)을 그 자에게 인도한다.

④ 형사시설의 장은 수형자가 사망한 경우 법무성령으로 정하는 바에 따라 그 유족 등에게 그 신청에 따라 수발금지서신 등을 인도한다.

⑤ 전 2항의 규정에도 불구하고 수발금지서신 등의 인도에 의하여 형사시설의 규율 및 질서유지에 지장을 초래할 우려가 있는 때에는 이를 인도하지 아니한다. 다음 각 호의 경우 그 인도에 의하여 형사시설의 규율 및 질서유지에 지장을 초래할 우려가 있는 때에도 같다.

1. 석방된 수형자가 석방 후에 수발금지서신의 인도를 요구한 때
2. 수형자가 제54조 제1항 각 호의 어느 하나에 해당하는 경우 수발금지서신 등의 인도를 요구한 때

⑥ 제53조 제1항, 제54조 제1항 및 제55조 제2항 및 제3항의 규정은, 수형자와 관련되는 수발금지서신 등(전 항의 규정에 의하여 인도하지 않게 된 것을 제외한다.)에 관하여 준용한다. 이 경우에 동조 제3항 중 '제1항의 신청'은 '제132조 제4항의 신청'으로 대체한다.

⑦ 제5항의 규정에 의하여 인도하지 아니하는 수발금지서신 등은 수형자의 석방 또는 사망일 또는 수형자가 제54조 제1항 각 호의 어느 하나에 해당하게 된 날부터 기산하여 3년을 경과한 날에 국고에 귀속된다.

제 133 조 (수형자 작성의 문서도화) 형사시설의 장은 수형자가 자신이 작성한 문서도화(서신을 제외한다.)를 다른 자에게 교부할 것을 신청한 경우에는 수형자가 발하는 서신에 준하여 검사, 그 밖의 조치를 취할 수 있다.

제 2 목 미결구금자

제 134 조 (수발을 허가하는 서신) 형사시설의 장은 미결구금자(수형자 또는 사형확정자로의 지위를 가지는 자를 제외한다. 이하 이 목에서 같다.)에 대하여 이 목, 제148조 제3항 또는 다음 절의 규정에 의하여 금지된 경우를 제외하고 다른 자와의 사이에 서신을 수발하는 것을 허가한다. 다만, 「형사소송법」이 정하는 바에 따라 서신의 수발이 허가되지 아니하는 경우는 그러하지 아니하다.

제 135 조 (서신검사) ① 형사시설의 장은 그 지명하는 직원에게 미결구금자가 수발하는 서신에 관하여 검사를 하도록 한다.

② 다음 각 호의 서신에 대한 전 항의 검사는 이러한 서신에 해당하는 것을 확인하기 위하여 필요한 한도에서 실시한다. 다만, 제3호의 서신에 관하여 형사시설의 규율 및 질서를 해하는 결과 또는 죄증인멸의 결과를 초래할 우려가 있다고 인정되는 특별한 사정이 있는 경우에는 그러하지 아니하다.

1. 미결구금자가 변호인 등으로부터 받은 서신
2. 미결구금자가 국가 또는 지방공공단체의 기관으로부터 받은 서신
3. 미결구금자가 자기에 대한 형사시설의 장의 조치, 그 밖에 자기가 받은 처우에 관하여 「변호사법」 제3조 제1항에 규정하는 직무를 수실시하는 변호사로부터 받은 서신

③ 형사시설의 장은 형사시설의 규율 및 질서를 해하는 결과 및 죄증인멸의 결과를 초래할 우려가 없다고 인정하는 경우에는 전2항의 규정에도 불구하고 제1항의 검사를 실시하지 아니할 수 있다.

제 136 조 (서신내용에 의한 정지 등) 제129조에서 제133조까지의 규정은 미결구금자가 수발하는 서신에 관해서 준용한다. 이 경우에 제129조 제1항 중 '제127조'는 '제135조'로, 동항 제6호 중 '수형자의 교정처우의 적절한 실시에 지장'은 '죄증인멸의 결과'로, 동조 제2항 중 '제3호까지'는 '제3호까지 또는 제6호'로, 제130조 제1항 중 '선청하는 서신'은 '신청하는 서신(변호인 등에 대하여 발하는 것을 제외한다.)'로, 동조 제2항 중 '1월에 4통'은 '1일에 1통'으로, 제132조 제1항 중 '제128조, 제129조'는 '제129조'로, 동조 제5항 제2호 및 제7항 중 '제54조 제1항 각 호'는 '제54조 제1항 제1호 또는 제2호'로, 동조 제6항 중 '제54조 제1항'은 '제54조 제1항 제1호 또는 제2호'로, 동조 제6항 중 '제54조 제1항'은 '제54조 제1항(제3호를 제외한다.)'으로 대체한다.

제 3 목 미결구금자로서의 지위를 가지는 수형자

제 137 조 (수발을 허가하는 서신) 형사시설의 장은 미결구금자로서의 지위를 가지는 수형자에 대하여,

이 목 제148조 제3항 또는 다음 절의 규정에 의하여 금지된 경우를 제외하고, 다른 자와의 서신 수발을 허가한다. 다만, 「형사소송법」이 정하는 바에 따라 서신의 수발이 허가되지 아니하는 경우는 그러하지 아니하다.

제 138 조 (서신수발의 금지 등) 제128조에서 제133조까지 및 제135조의 규정은, 미결구금자로서의 지위를 가지는 수형자가 수발하는 서신에 관하여 준용한다. 이 경우에 제129조 제1항 중 '제127조'는 '제138조에서 준용하는 제135조'로, 동항 제6호 중 '초래하는'은 '초래하거나 또는 죄증인멸의 결과를 초래하는'으로 동조 제2항 중 '경우'는 '경우 또는 서신의 수발에 의하여 죄증인멸의 결과를 초래할 우려가 있는 것인 경우'로, 제130조 제1항 중 '신청하는 서신'은 '신청하는 서신(변호인 등에 대하여 발하는 것은 제외한다.)'으로, 제132조 제5항 제2호 및 제7항 중 '제54조 제1항 각 호'는 '제54조 제1항 제1호 또는 제2호'로, 동조 제6항 중 '제54조 제1항'은 '제54조 제1항(제3호를 제외한다.)'으로 대체한다.

제 4 목 사형확정자

제 139 조 (수발을 허가하는 서신) ① 형사시설의 장은 사형확정자(미결구금자로서의 지위를 가지는 자를 제외한다. 이하 이 목에서 같다.)에 대하여 이 목, 제148조 제3항 또는 다음 절의 규정에 의하여 금지되는 경우를 제외하고 다음 각 호의 서신수발을 허가한다.

1. 사형확정자의 친족과의 사이에 수발하는 서신
2. 혼인관계의 조정, 소송수행, 사업유지, 그 밖에 사형확정자의 신분상, 법률상 또는 업무상 중대한 이해에 관계되는 용무의 처리를 위하여 수발하는 서신
3. 수발에 의하여 사형확정자의 심적안정에 도움이 된다고 인정되는 서신

② 형사시설의 장은 사형확정자에 대하여 전 항 각 호의 서신 이외의 서신수발에 대하여 그 수발 상대방과의 교우(交友)관계 유지, 그 밖에 그 수발을 필요로 하는 사정이 있고, 동시에 그 수발에 의하여 형사시설의 규율 및 질서를 해할 우려가 없다고 인정되는 때에는 이를 허가할 수 있다.

제 140 조 (서신검사) ① 형사시설의 장은 그 지명하는 직원에게 사형확정자가 수발하는 서신에 관하여 검사를 하도록 한다.

② 제127조 제2항의 규정은 전 항의 검사에 관하여 준용한다.

제 141 조 (서신내용에 따른 중지 등) 제129조(제1항 제6호를 제외한다.) 및 제130조에서 제133조까지의 규정은 사형확정자가 수발하는 서신에 관하여 준용한다. 이 경우에 제129조 제1항 중 '제127조'는 '제104조'로, 제130조 제2항 중 '1월에 4통'은 '1일에 1통'으로, 제132조 제1항 중 '제128조, 제129조'는 '제129조'로, 동조 제5항 제2호 및 제7항 중 '제54조 제1항 각 호'는 제54조 제1항 제1호 또는 제2호'로, 동조 제6항 중 '제54조 제1항'은 '제54조 제1항(제3호를 제외한다.)'으로 대체한다.

제 5 목 미결구금자로서의 지위를 가지는 사형확정자

제 142 조 제129조에서 제133조까지, 제135조 제1항 및 제2항, 제139조의 규정은 미결구금자로서의 지위를 가지는 사형확정자가 수발하는 서신에 대하여 준용한다. 이 경우에 제129조 제1항 중 '제127조'는 '제142조에서 준용하는 제135조 제1항 및 제2항'으로, 동항 제6호 중 '수형자의 교정처우의 적절한 실시에 지장'은 '죄증인멸의 결과'로, 동조 제2항 중 '제3호까지'는 '제3호까지 또는 제6호'로, 제130조 제1항 중 '신청하는 서신'은 '신청하는 서신(변호인 등에 대하여 발하는 것을 제외한

다.)'으로, 동조 제2항 중 '1월에 4통'은 '1일에 1통'으로, 제132조 제1항 중 '제128조, 제129조'는 '제129조'로, 동조 제5항 제2호 및 제7항 중 '제54조 제1항 각 호'는 제54조 제1항 제1호 또는 제2호'로, 동조 제6항 중 '제54조 제1항'은 '제54조 제1항(제3호를 제외한다.)'으로, 제139조 제1항 중 '이 목'은 '다음 목'으로 '경우'는 '경우 및 「형사소송법」의 정하는 바에 따라 허가되지 아니하는 경우'로, 동조 제2항 중 '때에는'은 '때에는 「형사소송법」의 정하는 바에 따라 허가되지 아니하는 경우를 제외하고'로 대체한다.

제 6 목 각종 피수용자

제 143 조 (수발을 허가하는 서신) 형사시설의 장은 각종 피수용자에 대하여 이 목, 제148조 제3항 또는 다음 절의 규정에 의하여 금지되는 경우를 제외하고 다른 자와의 사이에 서신수발을 허가한다.

제 144 조 (서신검사 등) 제127조, 제129조(제1항 제6호를 제외한다.) 및 제130조에서 제133조까지의 규정은 각종 피수용자가 수발하는 서신에 관하여 준용한다. 이 경우에 제127조 제1항 중 '수형자의 교정처우의 적절한 실시, 그 밖의'는 '그 밖의'로, 제130조 제2항 중 '1월에 4통'은 '1일에 1통'으로, 제132조 제1항 중 '제128조, 제129조'는 '제129조'로, 동조 제5항 제2호 및 제7항 중 '제54조 제1항 각 호'는 '제54조 제1항 제1호 또는 제2호'로, 동조 제6항 중 '제54조 제1항'인 것은 '제54조 제1항(제3호를 제외한다.)'로 대체한다.

제 4 관 피고인 또는 피의자인 피수용자의 접견와 서신수발

제 145 조 피고인 또는 피의자인 피수용자(미결구금자로서의 지위를 가지는 자를 제외한다.)가 변호인 등과 면회하거나 또는 변호인 등과 서신을 수발하는 경우에 대해서는 제2관 제2목 또는 앞의 관 제2목 중의 미결구금자의 변호인 등과의 면회와 서신수발에 관한 규정(제136조에서 준용하는 제129조 제1항 제6호를 제외한다.)의 예에 의한다.

제 5 관 전화 등에 의한 통신

제 146 조 (전화등에 의한 통신) ① 형사시설의 장은 수형자(미결구금자로서의 지위를 가지는 자를 제외한다. 이하 이 관에서 같다.)에 대하여, 제88조 제2항의 규정에 의하여 개방시설에서 처우를 받고 있을 것, 그 밖에 법무성령으로 정하는 사유에 해당하는 경우에 그 자의 개선갱생 또는 원활한 사회복귀에 도움이 된다고 인정하는 때, 그 밖에 상당하다고 인정하는 때에는 전화, 그 밖에 시행령에서 정하는 전기통신 방법에 의한 통신을 허가할 수 있다.

② 제131조의 규정은 전 항의 통신에 관하여 준용한다.

제 147 조 (통신의 확인 등) ① 형사시설의 장은 형사시설의 규율 및 질서유지, 수형자의 교정처우의 적절한 실시, 그 밖의 이유에 의하여 필요가 있다고 인정하는 경우에는 그 지명하는 직원에게 앞의 조 제1항의 통신내용을 확인하기 위하여 그 통신을 받게 하거나 또는 그 내용을 기록하도록 할 수 있다.

② 제113조 제1항(제1호 가를 제외한다.) 및 제2항의 규정은 앞의 조 제1항의 통신에 관하여 준용한다.

제 6 관 외국어에 의한 접견 등

제 148 조 ① 형사시설의 장은 피수용자 또는 그 면회 등(면회 또는 제146조 제1항에 규정하는 통신을 말한다. 이하 이 조에서 같다.)의 상대방이 국어에 능통하지 아니하는 경우에는 외국어에 의한 면회 등을 허가한다. 이 경우에 대화 또는 통신의 내용을 확인하기 위하여 통역 또는 번역이 필요한 때에는 법무성령으로 정하는 바에 따라 그 피수용자에게 비용을 부담시킬 수 있다.

② 형사시설의 장은 피수용자 또는 그 서신수발의 상대방이 국어에 능통하지 아니하는 경우, 그 밖에 상당하다고 인정하는 경우에는 외국어에 의한 서신의 수발을 허가한다. 이 경우에 서신내용을 확인하기 위하여 번역이 필요한 때에는 법무성령이 정하는 바에 따라 그 피수용자에게 그 비용을 부담시킬 수 있다.

③ 피수용자가 앞 2항의 규정에 의하여 부담해야 할 비용을 부담하지 아니하는 때에는 그 면회나 서신의 수발을 허가하지 아니한다.

제 12 절 상벌

제 149 조 (포상) 형사시설의 장은 피수용자가 다음의 각 호의 어느 하나에 해당하는 경우에는 법무성령으로 정하는 바에 따라 상금 또는 상품의 수여, 그 밖의 방법에 의하여 포상을 실시할 수 있다.

1. 인명을 구조한 때
2. 제82조 제1항에 규정하는 응급용무에 복무하고, 공로가 있었던 때
3. 앞 2호 이외에 상을 줄 가치가 있는 행위를 한 때

제 150 조 (징벌요건 등) ① 형사시설의 장은 피수용자가 준수사항 또는 제96조 제4항(제106조 제2항에서 준용하는 경우를 포함한다.)에 규정하는 특별준수사항을 준수하지 아니하거나 또는 제74조 제3항의 규정에 기초하여 형사시설의 직원이 행한 지시에 따르지 아니한 경우에는 그 피수용자에게 징벌을 가할 수 있다.

② 징벌을 과함에 있어서는 징벌을 과해야 할 행위(이하 이 절에서 '반칙행위'라 한다.)를 한 피수용자의 연령, 심신상태 및 상황, 반칙행위의 성질, 경중, 동기 및 형사시설의 운영에 미친 영향, 반칙행위 후 피수용자의 태도, 수형자에게는 징벌이 그자의 개선갱생에 미치는 영향, 그 밖의 사정을 고려하여야 한다.

③ 징벌은 반칙행위를 억제하기에 필요한 한도를 넘어서는 아니 된다.

제 151 조 (징벌의 종류) ① 수형자에게 부과하는 징벌의 종류는 다음과 같다.

1. 경고
2. 제93조의 규정에 의한 작업의 10일 이내의 정지
3. 제41조 제1항의 규정에 의한 자변물품의 사용 또는 섭취의 일부 또는 전부의 15일 이내의 정지
4. 서적 등(피고인 또는 피의자로서의 권리보호 또는 소송준비, 그 밖에 권리보호에 필요하다고 인정되는 것을 제외한다. 제3항 제3호 및 다음 조 제1항 제3호에서 같다.)의 열람의 일부 또는 전부의 30일 이내의 정지
5. 보장금계산액의 1/3이내의 삭감
6. 30일 이내(징벌을 과하는 때 20세 이상의 자에 대하여 특히 정상이 무거운 경우에는 60일 이내)의 폐거벌(閉居罰)

② 전 항 제2호에서 제5호까지의 징벌은 2종류 이상을 병과하고, 동항 제6호의 징벌(이하 이 절에서 '폐거벌'이라 한다.)은 동항 제5호의 징벌과 함께 병과할 수 있다.

③ 수형자 이외의 피수용자에게 과하는 징벌의 종류는 다음과 같다.

1. 경고
2. 제41조 제2항의 규정에 의한 자변물품의 사용 또는 섭취의 일부 또는 전부의 15일 이내 정지
3. 서적 등 열람의 일부 또는 전부의 3일 이내 정지
4. 폐거벌

④ 전 항 제2호 및 제3호의 징벌은 병과할 수 있다.

제 152 조 (폐거벌의 내용) ① 폐거벌은 다음 각 호의 행위를 정지하고, 법무성령으로 정하는 바에 따라 거실내에 근신시킨다.

1. 제41조의 규정에 의하여 자변물품(형사시설의 장이 지정하는 물품을 제외한다.)을 사용하거나 섭취하는 행위
2. 종교상의 의식행위에 참가하거나 또는 다른 피수용자와 함께 종교상의 교회를 받는 행위
3. 서적 등을 열람하는 행위
4. 자기계약작업을 하는 행위
5. 면회(변호인 등과 면회하는 경우 및 피고인 또는 피의자의 권리보호 또는 소송준비, 그 밖에 권리보호에 필요하다고 인정되는 경우를 제외한다.)
6. 서신을 수발하는 행위(변호인 등과 서신을 주고받는 경우 및 피고인 또는 피의자로서의 권리보호 또는 소송준비, 그 밖에 권리보호에 필요하다고 인정되는 경우를 제외한다.)

② 폐거벌이 부과된 피수용자에 대해서는 제57조의 규정에도 불구하고 건강유지에 지장을 초래하지 않는 한도에서 법무성령으로 정하는 기준에 따라 운동을 제한한다.

③ 폐거벌이 부과된 수형자에게는 근신의 취지에 반하지 않는 한도에서 교정처우 등을 실시한다.

제 153 조 (반칙행위에 관계되는 물건의 국고귀속) 형사시설의 장은 징벌을 부과하는 경우 형사시설의 규율 및 질서유지를 위하여 필요가 있는 때에는 다음 각 호의 물건을 국고에 귀속시킬 수 있다. 다만, 반칙행위를 한 피수용자 이외의 자의 물건에 관해서는 그러지 아니한다.

1. 반칙행위를 조성한 물건
2. 반칙행위의 용도에 제공하거나, 제공하려고 한 물건
3. 반칙행위에 의해서 생기거나 또는 반칙행위로 얻어진 물건 또는 반칙행위의 보상으로 얻은 물건
4. 전 호의 물건의 대가로 얻은 물건

제 154 조 (반칙행위의 조사) ① 형사시설의 장은 피수용자가 반칙행위를 한 의심이 있다고 사료되는 경우에는 반칙행위의 유무, 제150조 제2항의 규정에 따라 고려해야 할 사정 및 전 조의 규정에 의한 처분요건의 유무에 대하여 가능한 한 신속하게 조사를 하여야 한다.

② 형사시설의 장은 전 항의 조사를 하기 위하여 필요가 있는 때에는 형무관에게 피수용자의 신체, 착의, 소지품 및 거실을 검사하게 하고 또한 소지품을 몰수하여 일시 보관시킬 수 있다.

③ 제34조 제2항의 규정은 전 항의 규정에 의하여 여자피수용자의 신체 및 착의의 검사에 대하여 준용한다.

④ 형사시설의 장은 수형자에 관하여 반칙행위를 한 의심이 있다고 사료되는 경우에, 필요가 있

는 때에는 법무성령으로 정하는 바에 따라 다른 피수용자와 격리할 수 있다. 이 경우 수형자 처우는 운동, 목욕 또는 면회 그 밖에 법무성령으로 정하는 경우를 제외하고 주야 거실에서 실시한다.

⑤ 전 항의 규정에 의한 격리기간은 2주간으로 한다. 다만, 형사시설의 장은 어쩔 수 없는 사유가 있다고 인정하는 때에는 2주간에 한하여 그 기간을 연장할 수 있다.

⑥ 형사시설의 장은 전 항의 기간 중이라도 격리의 필요가 없어진 때에는 즉시 그 격리를 중지하여야 한다.

제 155 조 (징벌을 부과하는 절차) ① 형사시설의 장은 피수용자에게 징벌을 부과하고자 하는 경우에는 법무성령으로 정하는 바에 따라, 사건의 경위를 청취할 3인 이상의 직원을 지명한 후 피수용자에게 진술의 기회를 주어야 한다. 이 경우에는 미리 서면으로 진술을 할 일시 또는 기한 및 징벌(제153조의 규정에 의한 처분을 포함한다. 다음 항 및 다음 조에서 같다.)의 원인이 된 사실의 요지를 통지함과 동시에 피수용자를 보좌할 자를 형사시설의 직원 중에서 지명하여야 한다.

② 전 항 전단의 규정에 의하여 지명을 받은 직원은 징벌부과의 적부 및 부과하는 징벌의 내용에 대하여 협의하고, 이러한 사항에 대한 의견 및 피수용자의 진술내용을 기재한 보고서를 형사시설의 장에게 제출하여야 한다.

제 156 조 (징벌집행) ① 형사시설의 장은 피수용자에게 징벌을 부과하는 때에는 징벌의 내용 및 징벌의 원인으로 인정한 사실의 요지를 고지한 후 즉시 집행한다. 다만, 반성의 정이 현저하거나 그 밖에 상당한 이유가 있는 경우에는 그 집행을 연기하거나 그 전부 또는 일부의 집행을 면제할 수 있다.

② 형사시설의 장은 폐거벌의 집행에 있어서는 피수용자의 건강상태에 대해서 형사시설의 직원인 의사의 의견을 들어야 한다.

제 13 절 불복신청

제 1 관 심사의 신청 및 재심사의 신청

제 157 조 (심사신청) 형사시설의 장의 다음 각 호의 조치에 불복이 있는 자는 서면으로 해당 형사시설의 소재지를 관할하는 교정관구장에 대하여 심사신청을 할 수 있다.

1. 제41조 제2항의 규정에 의한 자변물품의 사용 또는 섭취를 불허하는 처분
2. 제49조의 규정에 의한 영치금의 사용 또는 제50조의 규정에 의한 보관사물 또는 영치금품의 교부를 불허하는 처분
3. 제63조 제1항의 규정에 의한 진료를 불허한 처분 또는 동조 제4항의 규정에 의한 진료의 중지
4. 제67조에 규정한 종교상 행위의 금지 또는 제한
5. 제70조 제1항 또는 제71조의 규정에 의한 서적 등의 열람금지 또는 제한
6. 제70조 제2항의 규정에 의한 비용을 부담시키는 처분
7. 제76조 제1항의 규정에 의한 격리
8. 제98조 제1항의 규정에 의한 작업보장금의 지급에 관한 처분
9. 제100조 제2항(제82조 제2항에 준용하는 경우를 포함한다.)의 규정에 의한 장해수당의 지급에 관한 처분
10. 제100조 제4항(제82조 제2항에 준용하는 경우를 포함한다.)의 규정에 의한 특별수당의 지급에 관한 처분

11. 제128조(제138조에 준용하는 경우를 포함한다.)의 규정 또는 제129조, 제13조 제1항 또는 제133조(이러한 규정은 제136조(제145조에 그 예에 의한 경우를 포함한다. 다음 호에 같다. 제138조, 제141조, 제142조 및 제144조에 준용하는 경우를 포함한다.)의 규정에 의한 서신의 수발 또는 문서도화의 교부 금지, 정지 또는 제한
12. 제132조 제5항 전단(제136조, 제138조, 제141조, 제142조 및 제144조에 준용하는 경우를 포함한다.)의 규정에 의하여 불허된 서신 등의 교부를 하지 않는 처분[제132조 제3항(제136조, 제138조, 제141조, 제142조 및 제144조에 준용하는 경우를 포함한다.)의 규정에 의한 교부에 관계되는 것에 한한다.]
13. 제148조 제1항 또는 제2항의 규정에 의한 비용을 부담시키는 처분
14. 제150조 제1항의 규정에 의한 징벌
15. 제153조의 규정에 의한 물건을 국고에 귀속시키는 처분
16. 제154조 제4항의 규정에 의한 격리

② 전 항의 규정에 의한 심사신청(이하 이 절에서 간단히 '심사신청'이라 한다.)은 이를 신청하는 자가 스스로 하여야 한다.

제 158 조 (심사신청기간) ① 심사신청은 조치의 고지가 있은 날의 다음 날부터 기산하여 30일 이내에 하여야 한다.

② 천재 그 밖에 전 항의 기간 내에 심사신청을 하지 않은 것에 어쩔 수 없는 이유가 있는 때에는 동항의 규정에도 불구하고 그 이유가 없어진 날의 다음 날부터 기산하여 일주일 이내에 한하여 심사신청을 할 수 있다.

③ 형사시설의 장이 잘못하여 법정기간보다도 긴 기간을 심사의 신청기간으로 알려준 경우 그 알려준 기간내에 심사의 신청에 있었던 때는 그 심사의 신청은 법정기간내에 한 것으로 간주한다.

제 159 조 (「행정불복심사법」의 준용) 「행정불복심사법」(2014년 법률 제68호) 제15조, 제18조 제3항, 제19조 제2항 및 제3항, 제22조 제1항 및 제5항, 제23조, 제25조 제1항, 제2항 및 제6항, 제26조, 제27조 및 제39조의 규정은 심사신청에 대하여 준용한다. 이 경우에 동법 제25조 제2항 중 '심사청구인의 신청에 의하거나 직권으로'는 '직권으로'로 하는 외에 필요한 기술적 대체는 정령으로 정한다.

제 160 조 (조사) ① 교정관구장은 직권으로 심사신청에 관한 필요한 조사를 한다.

② 교정관구장은 전 항의 조사를 위하여 필요가 있는 때에는 형사시설의 장에게 보고 또는 자료 그 밖의 물건의 제출을 명하거나, 그가 지명한 직원으로 하여금 심사신청인, 그 밖의 관계자에 대하여 질문을 하게 하거나 물건의 제출을 요구하도록 하고, 이들이 제출한 물건을 유치 또는 검증하게 할 수 있다.

제 161 조 (재결) ① 교정관구장은 심사신청을 받은 때에는 가능한 한 90일 이내에 재결하도록 노력하여야 한다.

② 「행정불복심사법」 제45조 제1항 및 제2항, 제46조 제1항 본문 및 제2항(제2호를 제외한다.), 제47조(단서 및 제2호를 제외한다), 제48조, 제50조 제1항 및 제3항, 제51조 및 제52조 제1항 및 제2항의 규정은 심사신청의 재결에 대하여 준용한다. 이 경우에 동법 제51조 제3항 중 '게시하고 또한 그 취지를 관보나 그 밖의 공보 또는 신문에 적어도 1회 게재하여'는 '게시하여'로 하는 외에, 필요한 기술적 대체는 정령으로 정한다.

제 162 조 (재심사신청) ① 심사신청의 결정에 불복이 있는 자는 서면으로 법무대신에게 재심사신청을 할 수 있다.

② 전 항의 규정에 의한 재심사신청(이하 이 절에서 간단히 '재심사신청'이라 한다.)은 심사신청에 대한 결정의 고지가 있은 날의 다음 날부터 기산하여 30일 이내에 하여야 한다.

③ 제157조 제2항, 제158조 제2항, 제160조 및 전조 제1항 및「행정불복심사법」제15조, 제18조 제3항, 제19조 제2항 및 제4항, 제23조, 제25조 제1항, 제2항 및 제6항, 제26조, 제37조, 제39조, 제46조 제1항 본문 및 제2항(제2호를 제외한다.), 제47조(단서 및 제2호를 제외한다.), 제48조, 제50조 제1항, 제51조, 제52조 제1항 및 제2항, 제62조 제2항 및 제64조 제1항에서 제3항까지의 규정은 재심사신청에 대하여 준용한다. 이 경우에 동법 제35조 제2항 중 '심사청구인의 신청에 의해 또는 직권으로'는 '직권으로'로, 동법 제51조 제3항 중 '게시하고 또한 그 취지를 관보 그 밖의 공보 또는 신문에 적어도 1회 게재하여'는 '게시하여'로 하는 외에 필요한 기술적 대체는 정령으로 정한다.

제 2 관 사실의 신고

제 163 조 (교정관구장에 대한 사실의 신고) ① 피수용자는 자신에 대한 형사시설 직원의 행위로 다음 각 호의 사항이 있었던 때에는 법무성령으로 정하는 바에 따라 서면으로 당해 형사시설의 소재지를 관할하는 교정관구장에게 그 사실을 신고할 수 있다.

1. 신체에 대한 위법한 유형력의 행사
2. 위법 또는 부당한 포승, 수갑 또는 구속의의 사용
3. 위법 또는 부당한 보호실에의 수용

② 전 항의 규정에 의한 신고는 그 신고에 관계되는 사실이 있은 날의 다음 날부터 기산하여 30일 이내에 하여야 한다.

③ 제157조 제2항, 제158조 제2항 및 제160조와 행정불복심사법 제14조 제4항, 제18조 제1항 및 제4항, 제19조, 제21조, 제36조 및 제39조의 규정은, 제1항의 규정에 의한 신고에 대하여 준용한다. 이 경우에 동법 제18조 제1항 중 '정본 및 부본을 처분청 또는'은 '정본을'로 하는 외에 필요한 기술적 대체는 정령으로 정한다.

제 164 조 (통지) ① 전 조 제1항의 규정에 의한 신고가 적법한 때에는 교정관구장은 그 신고에 관계되는 사실의 유무에 대하여 확인하고 그 결과를 신고한 자에게 통지한다. 다만, 그 자가 석방된 때에는 그러지 아니한다.

② 전 조 제1항의 규정에 의한 신고가 법정기간이 경과한 후인 경우나 그 밖에 부적법한 경우에는 교정관구장은 그 사항을 신고한 자에게 통지한다. 이 경우에 전 항 단서의 규정을 준용한다.

③ 제161조 제1항 및「행정불복심사법」제50조 제1항 및 제3항의 규정은 전2항의 규정에 의한 통지에 대하여 준용한다. 이 경우에 필요한 기술적 대체는 정령으로 정한다.

④ 교정관구장은 전 조 제1항에 규정하는 사실이 있었다는 것을 확인한 경우, 필요가 있다고 인정되는 때는 같은 행위의 재발방지를 위해 필요한 조치 그밖의 조치를 취한다.

제 165 조 (법무대신에 대한 사실의 신고) ① 피수용자는 전 조 제1항 또는 제2항의 규정에 의한 통지를 받은 경우에 그 내용에 불복이 있는 때에는 법무성령으로 정하는 바에 따라 서면으로, 법무대신

에게 제163조 제1항에 규정하는 사실을 신고할 수 있다.

② 전 항의 규정에 따른 신고는 전 조 제1항 또는 제2항의 규정에 따른 통지를 받은 날의 익일부터 기산하여 30일 이내에 하여야 한다.

③ 제157조 제2항, 제158조 제2항, 제161조 제1항 및 전 조 제1항, 제2항 및 제4항 및 「행정불복심사법」 제18조 제3항, 제23조, 제27조, 제39조 및 제50조 제1항의 규정은 제1항의 규정에 의한 신고에 대하여 준용한다. 이 경우에 필요한 기술적 대체는 정령으로 정한다.

제 3 관 고충의 신청

제 166 조 (법무대신에 대한 고충의 신청) ① 피수용자는 자신에 대한 형사시설의 장의 조치 그 밖에 자신이 받았던 처우에 대하여 법무대신에게 서면으로 고충의 신청을 할 수 있다.

② 제157조 제2항의 규정은 전 항의 고충의 신청에 관하여 준용한다.

제 167 조 (감사관에 대한 고충의 신청) ① 피수용자는 자신에 대한 형사시설의 장의 조치, 그 밖에 자기가 받은 처우에 대하여 제5조의 규정에 의한 실지감사를 실시하는 감사관(이하 이 절에서는 '감사관'이라 한다.)에게 구두 또는 서면으로 고충의 신청을 할 수 있다.

② 제157조 제2항의 규정은 전 항의 고충의 신청에 관하여 준용한다.

③ 감사관은 구두에 의한 고충의 신청을 받을 때에는 형사시설의 직원을 입회시켜서는 아니 된다.

④ 전 조 제3항의 규정은 감사관이 고충의 신청을 받은 경우에 관하여 준용한다.

제 168 조 (형사시설의 장에 대한 고충의 신청) ① 피수용자는 자신에 대한 형사시설의 장의 조치, 그 밖에 자신이 받은 처우에 대하여 형사시설의 장에게 구두 또는 서면으로 고충의 신청을 할 수 있다.

② 제157조 제2항의 규정은 전 항의 고충의 신청에 대하여 준용한다.

③ 피수용자가 구두로 제1항의 고충의 신청을 하려고 하는 경우에 형사시설의 장은 그가 지명한 직원에게 그 내용을 청취하게 할 수 있다.

④ 제166조 제3항의 규정은 형사시설의 장이 고충의 신청을 받은 경우에 준용한다.

제 4 관 기타

제 169 조 (비밀신청) ① 형사시설의 장은 피수용자가 심사신청 등(심사신청, 재심사신청 또는 제163조 제1항 또는 제165조 제1항의 규정에 의한 신청을 말한다. 다음 항 및 다음 조에서 같다.)을 하거나 법무대신 또는 감사관에 대한 고충의 신청을 함에 있어서, 그 내용을 형사시설의 직원에게 비밀로 할 수 있도록 필요한 조치를 강구하여야 한다.

② 제127조(제144조에 준용하는 경우를 포함한다.), 제135조(제138조 및 제142조에 준용하는 경우를 포함한다.) 및 제140조의 규정에도 불구하고 심사신청 등 또는 고충의 신청을 한 서면은 검사를 하여서는 아니 된다.

제 170 조 (불이익취급의 금지) 형사시설의 직원은 피수용자가 심사신청 등 또는 고충의 신청을 한 것을 이유로 그 자에 대하여 불이익한 취급을 하여서는 아니 된다.

제 14 절 석방

제 171 조 (수형자 석방) 수형자 석방은 다음 각 호의 경우의 구분에 따라 당해 각 호에서 정하는 기간 내에 가능한 한 신속하게 이행한다.

1. 석방해야 할 날이 미리 정해져 있는 경우: 그 날의 오전 중
2. 부정기형의 종료에 의한 경우: 「범죄자예방갱생법」(1949년 법률 제142호) 제48조 제3항의 통지가 형사시설에 도달한 날의 다음 날 오전 중
3. 법무성령으로 행하여진 사면에 의한 경우로 당해 사면에 관계되는 법무성령의 규정으로 공포한 날이 석방해야하는 날이 된 경우: 그날 중
4. 전3호의 경우 이외의 경우: 석방의 근거가 되는 문서가 형사시설에 도달한 때부터 10시간 이내

제 172 조 (피구류자의 석방) 피구류자(형사시설에 수용되어 있는 자에 한한다. 이하 이 조에서 같다.)의 석방은 다음 각 호의 사유가 발생한 후 즉시 이행한다.

1. 피고인의 구류기간이 만료한 때
2. 「형사소송법」 제345조의 규정에 의하여 구류장이 효력을 상실한 때(피구류자가 공판정에 있는 경우에 한한다.)
3. 검사의 석방지휘 또는 통지를 받은 때

제 173 조 (그 외 피수용자의 석방) 전2조의 규정 외에 피수용자의 석방은 다른 법령에 정한 바 이외에 법무성령으로 정하는 사유가 발생한 후 즉시 이행한다.

제 174 조 (질병에 의한 체류) ① 형사시설의 장은 석방해야 할 피수용자가 형사시설 내에서 치료를 받고 있는 경우에 석방에 의하여 그 생명에 위험이 미치거나 또는 건강을 회복하기 어려운 중대한 장해가 발생할 염려가 있는 때에는 그 자가 형사시설에 일시 머무르는 것을 허가할 수 있다.

② 전 항의 규정에 의하여 형사시설에 머무르는 자의 처우에 대해서는 그 성질에 반하지 않는 한 각종 피수용자에 관한 규정을 준용한다.

제 175 조 (귀주여비 등의 지급) 석방되는 피수용자에 대해서는 그의 귀주를 도와주기 위하여 필요한 여비 또는 의류를 지급한다.

제 15 절 사망

제 176 조 (사망의 통지) 형사시설의 장은 피수용자가 사망한 경우에는 법무성령으로 정하는 바에 따라 그의 유족 등에게 사망의 원인 및 일시와 교부해야 할 유류물, 지급해야 할 작업보장금에 상당하는 금액 또는 사망수당과 수발금지된 서신 등이 있는 때에는 그 내용을 신속하게 통지하여야 한다.

제 177 조 (사체에 관한 조치) ① 피수용자가 사망한 경우에 그 사체의 매장 또는 화장을 할 자가 없는 때에는 「묘지, 매장 등에 관한 법률」(1948년 법률 제48호) 제9조의 규정에도 불구하고 그 매장 또는 화장은 형사시설의 장이 한다.

② 전 항에 정한 사항 이외에 피수용자의 사체에 대한 조치에 관해서는 법무성령으로 정한다.

제 16 절 사형의 집행

제 178 조 (사형집행) ① 사형은 형사시설 내의 형장에서 집행한다.
② 일요일, 토요일, 「국경일에 관한 법률」(1948년 법률 제178호)에 규정한 휴일, 1월 2일, 1월 3일 및 12월 29일부터 12월 31일까지의 날에는 사형을 집행하지 않는다.

제 179 조 (해승) 사형을 집행하는 때에는 교수(絞首)된 자의 사망을 확인하고부터 5분을 경과한 후에 교승(絞繩)을 풀도록 한다.

제 3 편 보칙

제 1 장 대체수용의 경우에 있어서 「형사소송법」 등의 적용

제 286 조 제15조 제1항의 규정에 의하여 유치시설에 유치된 자에 관해서는 유치시설을 형사시설로, 유치업무관리자를 형사시설의 장으로, 유치담당관을 형사시설 직원으로 간주하고, 「형사소송법」 제64조 제1항, 제65조 제3항, 제70조 제2항, 제73조 제2항, 제78조, 제80조 후단, 제98조 제1항 및 제2항, 제286조의2, 제366조, 제367조 및 제481조 제2항, 「갱생보호법」 제13조(동법 제22조, 제25조 제3항, 제36조 제3항(동법 제39조 제5항에서 준용하는 경우를 포함한다. 제63조 제10항 및 제73조에서 준용하는 경우를 포함한다.), 제27조 제3항, 제33조, 제35조 제2항, 제36조 제2항(동법 제37조 제3항(동법 제45조에서 준용하는 경우를 포함한다. 및 제37조 제5항에서 준용하는 경우를 포함한다.), 제39조 제4항, 제44조, 제54조 제2항, 제55조 제2항, 제82조, 제86조 제2항 및 제3항, 제90조 제2항 및 「민사소송법」(1996년 법률 제109호) 제102조 제3항의 규정을 적용한다.

제 2 장 노역장 및 감치장

제 287 조 (노역장 및 감치장의 부설 등) ① 노역장 및 감치장은 각각 법무대신이 지정하는 형사시설에 부설한다.
② 감치의 재판집행을 받은 자는 가까운 장소에 감치장이 없을 때 또는 가까운 장소의 감치장에 유치여력이 없는 때에는 형사시설 내에 별도로 마련된 장소에 유치할 수 있다.
③ 노역장 또는 감치장에 대해서는 제5조, 제6조, 제11조 및 제12조의 규정을 준용한다.
④ 형사시설시찰위원회는 형사시설에 부설된 노역장 및 감치장의 운영에 관해서도 제7조 제2항에 규정하는 사무를 시행한다. 이 경우에는 제9조 및 제10조의 규정을 준용한다.

제 288 조 (노역장유치자의 처우) 노역장에 유치된 자(이하 '노역장유치자'라 한다.)의 처우에 관해서는 그 성질에 반하지 않는 한 전 편 제2장 중 징역수형자에 관한 규정을 준용한다.

제 289 조 (피감치자의 처우) ① 감치장에 유치된 자(이하 '감치장유치자'라 한다.)의 처우에 관해서는 전 편 제2장(제41조 제2항 및 제11절 제2관 제6항목 및 제3관 제6항목을 제외한다.) 중 각종 피수용자에 관한 규정을 준용한다.
② 감치장유치자의 자변물품의 사용 및 섭취에 대해서는 제41조의 규정을 준용한다. 이 경우에

동조 제1항 중 '(다음 조 제1항 각 호의 물품을 제외한다. 다음 항에서 같다.)'는 '(의류, 일용품 및 문구와 다음 조 제1항 각 호의 물품을 제외한다.)'로, 동조 제2항 중 '전 항 각 호의 물품 및 침구'는 '의류, 일용품 및 문구(다음 조 제1항 각 호의 물품을 제외한다.)'로 대체한다.

③ 감치장유치자(다음 항에서 규정하는 자를 제외한다.)의 면회 및 서신의 수발에 대해서는 그 성질에 반하지 않는 한 전 편 제2장 제11절 제2관 제1목 및 제3관 제1목의 규정을 준용한다.

④ 감치장유치자(형사소송법의 규정에 의하여 구류 중에 감치의 재판집행을 받은 자에 한한다.)의 면회 및 서신의 수발에 관해서는 그 성질에 반하지 않는 한 전 편 제2장 제11절 제2관 제3목 및 제3관 제3목의 규정을 준용한다.

⑤ 감치의 재판집행을 위하여 제287조 제2항의 규정에 의하여 형사시설에 유치되어 있는 자에 대해서는 제41조 제2항 및 전 편 제2장 제11절 제2관 제6목 및 제3관 제6목의 규정에도 불구하고 전 3항의 규정을 준용한다.

⑥ 감치의 재판집행을 위해 제15조 제1항 및 제287조 제2항의 규정에 의하여 유치시설에 유치되어 있는 자(다음 항에서 규정하는 자를 제외한다.)의 접견 및 서신의 수발에 관해서는 전 편 제3장 제10절의 규정에도 불구하고 그 성질에 반하지 않는 한 동 절 중 피유치수형자에 관한 규정을 준용한다.

⑦ 감치의 재판집행을 위하여 제15조 제1항 및 제287조 제2항의 규정에 의하여 유치시설에 유치되어 있는 자(「형사소송법」의 규정에 의하여 구류 중에 감치의 재판집행을 받은 자에 한한다.)의 접견 및 서신의 수발에 관해서는 전 편 제3장 제10절의 규정에도 불구하고 그 성질에 반하지 않는 한 동 절 중 미결구금자로서의 지위를 가진 피유치수형자에 관한 규정을 준용한다.

제 3 장 사법경찰관리

제 290 조 ① 형사시설의 장은 형사시설에서의 범죄(노역장 및 감치장에서의 범죄를 포함한다. 다음 항에서 같다.)에 관해서 「형사소송법」의 규정에 따라 사법경찰관으로서의 직무를 행사한다.

② 형사시설의 직원(형사시설의 장을 제외한다.)으로서 형사시설의 장이 해당 형사시설의 소재지를 관할하는 지방재판소에 대응하는 검찰청의 검사정(檢事正)과 협의하여 지명된 자는 형사시설의 범죄에 관해서 법무대신이 정한 바에 따라, 「형사소송법」의 규정에 의한 사법경찰관리으로서의 직무를 행사한다.

제 4 장 조약의 효력

제 291 조 이 법에 규정하는 면회 및 서신의 수발에 관한 사항에 관해서 조약에 별도의 정함이 있는 때에는 그 규정에 의한다.

제 5 장 벌칙

제 293 조 ① 제83조 제2항(제288조 및 제289조 제1항에서 준용하는 경우를 포함한다.)의 규정에 의하여 석방된 피수용자(「형법」 제97조의 규정에 해당하는 자에 한한다.), 노역장유치자 또는 감치장유치자가 제83조 제3항(제288조 및 제289조 제1항에서 준용하는 경우를 포함한다.)의 규정에 위반하여 형사시설 또는 지정된 장소에 출두하지 않은 때에는 1년 이하의 징역에 처한다.

② 형사시설에 수용되어 있는 수형자가 다음 각 호의 어느 하나에 해당하는 경우에도 전 항과 같다.

1. 외부통근작업의 경우에 통근일을 경과하여 형사시설에 귀소하지 않은 때
2. 제106조 제1항의 규정에 의한 외출 또는 외박의 경우에 외출한 날 또는 외박기간의 말일을 경과하여 형사시설에 귀소하지 않은 때

③ 제215조 제2항의 규정에 의하여 석방된 피유치자(「형법」 제97조에 규정하는 자에 해당하는 자에 한한다.)가 제215조 제3항의 규정에 위반하여 유치시설 또는 지정된 장소에 출두하지 않는 때도 제1항과 같다.

부칙[발초(拔抄)]

제 1 조 (시행기간) 이 법률은 공포한 날로부터 기산하여 1년을 넘지 않는 범위 내에서 정령으로 정하는 날부터 시행한다.

제 2 조 (순열에 관한 경과조치) 이 법률의 시행일(이하 '시행일'이라 한다.)이 속하는 해에 실시한 부칙 제22조의 규정에 의한 개정 전의 「감옥법(1908년 법률 제28호. 이하 '(구)감옥법'이라 한다.)」 제4조 제1항의 규정에 의한 순열은 제5조의 규정적용 에 관해서는 동 조의 규정에 의한 실지감사로 간주한다.

제 3 조 (수용개시 시의 고지에 관한 특례) 제15조 제1항의 전단 및 제2항의 규정은 이 법의 시행 시에 형사시설에 수용되어 있는 수형자에 대해서도 적용한다. 이 경우에 동조 제1항 전단 중 '그 형사시설에의 수용개시에 임하여'라는 것은 '이 법률의 시행 후 신속하게'로 한다.

제 4 조 (금품의 취급에 관한 경과조치) 이 법의 시행 시 현재 (구)감옥법 또는 이에 기초한 명령의 규정에 의하여 영치되어 있는 수형자의 금품은 제21조 제2호의 금품으로 간주하고 제24조의 규정을 적용한다.

제 5 조 (유류물의 조치에 관한 경과조치) 이 법의 시행 시 현재 형사시설에 있는 사망자 또는 도주자의 유류물(수형자 및 노역장유치의 선고를 받은 자에 관계되는 것에 한한다.)의 조치에 관해서는 종전의 규정에 따른다.

제 6 조 (작업보장금에 관한 경과조치) ① 이 법의 시행 시 현재 형사시설에 수용되어 있는 수형자에 대해서는 이 법의 시행 시 현재 (구)감옥법 제27조 제2항의 규정에 의하여 미지급 작업상여금이 있는 때에는 그 금액을 보장금계산액에 가산한다.

② 제77조 제2항의 규정은 수형자가 시행일 전에 한 작업에 관해서는 적용하지 않는다.

제 7 조 (수당에 관한 경과조치) ① 제79조(제59조 제2항에서 준용하는 경우를 포함한다.)의 규정은 시행일 전에 수형자가 다치거나 질병에 걸린 경우에 시행일 이후에 수당의 지급사유가 발생한 때에 관해서도 적용한다.

② 수형자에게의 시행일 전에 지급사유가 발생한 (구)감옥법 제28조 제1항[(구)감옥법 제21조 제2항에서 준용하는 경우를 포함한다.]의 규정에 의한 미지급된 수당(사망에 관계되는 것을 제외한다.)의 지급은 (구)감옥법 제28조 제2항의 규정에도 불구하고 이 법 시행 후 신속하게 시행한다.

제 8 조 (불허된 서신 등의 취급에 관한 경과조치) (구)감옥법 제47조 제1항의 규정에 의하여 불허된 서신으

로 이 법의 시행 시 현재 (구)감옥법에 기초한 명령의 규정에 의하여 보관되어 있는 것은 제99조 제1항의 규정에 의하여 보관되어 있는 서신으로 간주한다.

제 9 조 (징벌에 관한 경과조치) ① 제105조에서 제111조까지의 규정은 이 법의 시행일 전에 수형자가 한 (구)감옥법 제59조의 규정에 의하여 징벌을 받을 만한 행위로, 이 법 시행 시 현재 아직 징벌이 과해지지 않은 것에 관해서도 적용한다. 이 경우에 제106조 제2항 중 '동항 제5호'는 '동항 제4호 및 제5호'로, 제107조 제1항 중 '다음에'는 '제1호, 제2호 및 제4호부터 제6호까지'로 대체한다.

② 시행일 전에 수형자에게 징벌이 과해졌으나 이 법의 시행시 현재 아직 그 집행이 끝나지 않은 징벌은 다음 각 호의 것에 한하여 해당 각 호에서 정한 징벌로 간주하고, 시행일 이후에도 집행한다. 다만, 그 집행기간은 제1호의 징벌은 30일까지 시행일 전에 집행한 기간을 제외한 기간, 제3호의 징벌은 60일(징벌을 부과할 때에 20세 미만의 자에 관해서는 3일)부터 시행일 전에 집행한 기간을 제외한 기간을 초과하여서는 아니 된다.

1. (구)감옥법 제60조 제1항 제4호의 징벌(동항 제11호의 징벌에 병과된 것을 제외한다.)로 시행일 전에 집행한 기간이 3일에 미치지 않은 징벌: 제106조 제1항 제4호의 징벌
2. (구)감옥법 제60조 제1항 제5호의 징벌: 제106조 제1항 제2호의 징벌
3. (구)감옥법 제60조 제1항 제11호의 징벌로, 시행일 전에 집행한 기간이 60일(징벌을 부과할 때에 20세 미 만의 자에 관해서는 3일)에 미치지 않은 징벌: 제106조 제1항 제6호의 징벌

③ 전 항의 규정에 의하여 동 항 제3호의 징벌집행을 하는 경우에 (구)감옥법 제60조 제1항 제4호의 징벌이 병과되어 있는 경우를 제외하고 제107조 제1항 제3호의 행위를 정지하여서는 아니 된다.

제 10 조 (심사의 신청 등에 관한 규정의 준용) 제2편 제12장 제1절 및 제4절의 규정은 전 조 제2항의 규정에 의하여 집행하는 징벌에 관계되는 불복에 대하여 준용한다. 이 경우에 제113조 제1항 중 '조치의 고지가 있은 날'은 '이 법률의 시행일'로 대체한다.

제 11 조 (사실의 신고에 관한 경과조치) 제2편 제12장 제2절의 규정은 수형자에게 시행일 전에 이루어진 형사시설의 직원에 의한 행위에 관해서는 적용하지 않는다.

제 12 조 (정원에 관한 경과조치) 이 법률의 시행 시 현재 형사시설에 수용되어 있는 수형자가 시행일 전에 (구)감옥법 제7조의 규정에 의하여 제출한 정원(情願)으로, 이 법률의 시행 시 현재 아직 처리가 되지 않은 것은 법무대신에 관계되는 것은 제121조 제1항의 규정에 의하여 행한 고충의 신청으로, 순열관에 관계되는 것은 제122조 제1항의 규정에 의하여 행한 고충의 신청으로 간주한다.

제 13 조 (노역장 등에의 준용) 부칙 제2조의 규정은 노역장 또는 감치장에 대하여 준용한다. 이 경우에 동조 중 '제4조 제1항'은 '제8조 제3항에서 준용하는 (구)감옥법 제4조 제1항'으로, '제5조'는 '제142조 제3항에서 준용하는 제5조'로 대체한다.

제 14 조 (벌칙의 적용에 관한 경과조치) 시행일 전에 한 행위와 부칙 제16조 및 제25조의 규정에 의하여 종전의 예에 의할 경우에 시행일 이후에 한 행위에 대한 벌칙의 적용에 관해서는 역시 종전의 예에 의한다.

제 41 조 (검토) 정부는 시행일부터 5년 이내에 이 법의 시행상황에 대하여 검토하고 필요하다고 인정하는 때에는 그 결과에 기초하여 필요한 조치를 강구한다.

부칙(2006. 6. 8 법58호)

제 1 조 **(시행기일)** 이 법률은 공포한 날로부터 기산하여 1년을 넘지 않는 범위 내에서 정령으로 정하는 날로부터 시행한다.

제 2 조 **(수용개시 시의 고지에 관한 특례)** ① 이 법에 의하여 개정 후의 「형사수용시설 및 피수용자 등의 처우에 관한 법률」(이하 '신법'이라 한다.) 제33조의 규정은 이 법의 시행 시 현재 형사시설에 수용되어 있는 수형자 이외의 피수용자에 대해서도 적용한다. 이 경우에 동조 제1항 전단 중 '이 형사시설에서의 수용개시 시에'는 '「형사시설 및 수형자의 처우 등에 관한 법률의 일부를 개정하는 법률(2006년 법률 제58호)」의 시행 후 신속하게'로 대체한다.

② 신법 제180조의 규정은 이 법의 시행 시 현재 유치시설에 유치되어 있는 수형자 이외의 피유치자에 대해서도 적용한다. 이 경우에 동조 제1항 전단 중 '이 유치시설에의 유치의 개시 시에'는 '「형사시설 및 수형자의 처우 등에 관한 법률의 일부를 개정하는 법률」의 시행 후 신속하게'로 대체한다.

③ 신법 제241조의 규정은 이 법의 시행 시 현재 해상보안유치시설에 유치되어 있는 해상보안피유치자에 대해서도 적용한다. 이 경우에 동조 제1항 중 '이 해상보안유치시설에서의 유치의 개시 시에'는 '「형사시설 및 수형자의 처우 등에 관한 법률의 일부를 개정하는 법률」의 시행 후 신속하게'로 대체한다.

제 3 조 **(금품의 취급에 관한 경과조치)** ① 이 법의 시행 시 현재 부칙 제14조의 규정에 의하여 폐지 전의 「형사시설에서의 형사피고인의 수용 등에 관한 법률[1908년 법률 제28호. 이하 '(구)수용등법(舊收容等法)'이라 한다]」 또는 이에 기초한 명령의 규정에 의하여 영치되어 있는 수형자 이외의 피수용자 금품은 신법 제44조 제2호의 금품으로 간주하고 신법 제47조의 규정을 적용한다.

② 이 법의 시행 시 현재 구수용등법 또는 이에 기초한 명령의 규정에 의하여 영치되거나 유치시설에 보관되어 있는 수형자 이외의 피유치자의 금품(서신을 제외한다.)은 신법 제191조 제2호의 금품으로 간주하고, 신법 제194 조의 규정을 적용한다.

③ 이 법의 시행 시 현재 해상보안유치시설에 보관되어 있는 해상보안피유치자의 금품(서신을 제외한다.)은 신법 제246조 제2호의 금품으로 간주하고 신법 제249조의 규정을 적용한다.

제 4 조 **(유류품의 조치에 관한 경과조치)** ① 이 법 시행 시 현재 형사시설에 남아있는 사망자 및 도주자의 유류품(수형자 이외의 피수용자에 관계되는 것에 한한다.)의 조치에 관해서는 종전의 규정에 따른다.

② 이 법 시행 시 현재 유치시설 또는 해상보안유치시설에 남아있는 사망자 및 도주자의 유류품(수형자 이외의 피 유치자 또는 해상보안피유치자에 관계되는 것에 한한다.)의 조치에 대해서는 종전의 규정에 따른다.

제 5 조 **(작업보장금에 관한 경과조치)** 이 법의 시행 시 현재 형사시설에 수용되어 있는 수형자 이외의 피수용자에 대하여 이 법의 시행 시 현재 (구)수용등법 제27조 제2항의 작업상여금으로 미지급된 것이 있는 때에는 이 법의 시행 후 신속하게 지급한다.

제 6 조 **(수당에 관한 경과조치)** ① 신법 제82조 제2항에서 준용하는 신법 제100조의 규정은 이 법이 시행되는 날(이하 '시행일'이라 한다.) 전에 수형자 이외의 피수용자가 부상 또는 질병에 걸린 경우에, 시행일 이후에 수당의 지급사유가 발생한 때에 대해서도 적용한다.

② 수형자 이외의 피수용자에 대하여 시행일 전에 지급사유가 발생한 구수용등법 제28조 제1항 [(구)수용등법 제 21조 제2항에 준용하는 경우를 포함한다.]의 수당(사망에 관계되는 것을 제외한다.)으로 미지급된 것의 지급은 (구)수용등법 제28조 제2항[(구)수용등법 제21조 제2항에 준용하는 경우를 포함한다.]의 규정에도 불구하고 이 법 시행 후 신속하게 지급한다.

제 7 조 **(불허된 서신의 취급에 관한 경과조치)** ① 이 법률의 시행 시 현재 형사시설에 남아있는 불허된 수형자 이외의 피수용자에 관계되는 서신은 신법 제136조, 제141조, 제142조 또는 제144조에 준용하는 신법 제132조 제1항의 규정에 의하여 보관되어 있는 서신으로 간주한다.

② 이 법의 시행 시 현재 유치시설에 남아있는 불허된 수형자 이외의 피유치자에 관계되는 서신은 신법 제226조 제1항의 규정에 의하여 보관되어 있는 서신으로 간주한다.

③ 이 법의 시행 시 현재 해상보안유치시설에 남아있는 불허된 해상보안피유치자에 관계되는 서신은 신법 제272조 제1항의 규정에 의하여 보관되어 있는 서신으로 간주한다.

제 8 조 **(징벌에 관한 경과조치)** ① 신법 제150조부터 제156조까지의 규정은 다음 각 호의 행위로 이 법의 시행시 아직 징벌이 과해지지 않은 것에 대해서도 적용한다. 이 경우에 신법 제151조 제2항 중 '동항 제5호'은 '동항 제3호부터 제5호까지'로, 동조 제4항 중 '및 제3호'는 '에서 제4호까지'로, 신법 제152조 제1항 중 '다음에'라는 것은 '제2호 및 제4 호부터 제6호까지'로 대체한다.

1. 이 법률에 의하여 개정 전의 「형사시설 및 수형자의 처우 등에 관한 법률」(이하 '구법'이라 한다.) 제137조 제1항의 규정에 의하여 적용된 구법 제105조 제1항의 규정에 따라 징벌을 과해야 할 행위
2. 구법 제137조 제4항의 규정으로 적용된 구수용등법 제59조의 규정에 의하여 징벌을 과해야 할 행위
3. 전 호의 것 외에 구수용등법 제59조의 규정에 의하여 징벌을 과해야 할 행위

② 다음 각 호의 징벌의 집행에 관해서는 종전의 규정에 따른다.

1. 구법 제137조 제1항의 규정으로 적용된 구법 제105조 제1항의 규정에 따라 부과되고, 법시행 시 현재 아직 그 집행이 끝나지 않은 징벌
2. 구법 제137조 제2항의 규정에 따라 집행되고, 이 법의 시행 시 현재 아직 그 집행이 끝나지 않은 징벌
3. 구법 제137조 제5항의 규정에 따라 집행되고, 이 법의 시행 시 현재 아직 그 집행이 끝나지 않은 징벌

③ 구법 제137조 제4항의 규정에 의하여 적용된 (구)수용등법 제59조의 규정에 따라 부과되고, 이 법의 시행 시 현재 아직 그 집행이 끝나지 않은 징벌은 시행일 이후에도 집행한다.

④ 신법 제152조 제1항(제1호 및 제3호를 제외한다.), 제2항 및 제3항과 제156조 제1항 단서 및 제2항의 규정은 전 항의 규정에 의하여 집행하는 (구)수용등법 제60조 제1항 제8호의 징벌에 대하여 준용한다.

⑤ (구)수용등법 제59조의 규정에 의하여 부과되고 이 법률시행 시 현재 아직 그 집행이 끝나지 않은 징벌(제2항 제2호의 징벌 및 제3항에 규정하는 징벌을 제외한다.)은 다음 각 호의 것에 한하여 시행일 이후에도 집행한다. 다만, 그 집행기간은 제1호의 징벌에 있어서는 30일부터 시행일전에 집행한 기간을 제외한 기간, 제4호의 징벌에 있어서는 60일(징벌을 부과하는 때에 20세 미만의 자에 관해서는 30일)부터 시행일 전에 집행한 기간을 제외한 기간을 넘어서는 아니 된다.

1. (구)~~수용등~~법 제60조 제1항 제2호의 징벌로 시행일 전에 집행한 기간이 30일을 넘지 않은 징벌
2. (구)~~수용등~~법 제60조 제1항 제4호의 징벌
3. (구)~~수용등~~법 제60조 제1항 제5호의 징벌
4. (구)~~수용등~~법 제60조 제1항 제8호의 징벌로 시행일 전에 집행한 기간이 60일(징벌을 부과하는 때에 20세 미만인 자에 관해서는 30일)을 넘지 않은 징벌

⑥ 신법 제152조 제1항(제1호 및 제3호를 제외한다.), 제2항 및 제3항과 제156조 제1항 단서 및 제2항의 규정은 전 항의 규정으로 집행하는 (구)~~수용등~~법 제60조 제1항 제8호의 징벌에 대하여 준용한다.

제 9 조 **(심사의 신청 등에 관한 규정의 준용)** ① 신법 제2편 제2장 제13절 제1관 및 제4관의 규정은 전 조 제3항 또는 제5항의 규정에 의하여 집행되는 징벌에 관계한 불복에 관해서 준용한다. 이 경우에 신법 제158조 제1항 중 '조치의 고지가 있은 날'은 '형사시설 및 수형자의 처우 등에 관한 법률의 일부를 개정한 법률의 시행일'로 한다.

② 구법 제137조 제2항의 규정으로 집행된 징벌(전 조 제2항 제2호의 징벌을 포함한다.)에 관계되는 불복에 관해 서는 종전의 규정에 따른다.

제 10 조 **(사실의 신고에 관한 경과조치)** ① 신법 제2편 제2장 제13절 제2관의 규정은 수형자 이외의 피수용자에 대하여 시행일 전에 있었던 형사시설의 직원에 의한 행위에 대해서는 적용하지 않는다.

② 신법 제2편 제3장 제11절 제2관의 규정은 수형자 이외의 피유치자에 대하여 시행일 전에 있었던 유치업무에 종사하는 직원에 의한 행동에 대해서는 적용하지 않는다.

③ 신법 제2편 제4장 제11절 제2관의 규정은 해상보안피유치자에 대하여 시행일 전에 있었던 해상보안유치담 당관에 의한 행위에 대해서는 적용하지 않는다.

제 11 조 **(정원에 관한 경과조치)** 이 법의 시행 시 현재 형사시설에 수용되어 있는 수형자 이외의 피수용자가 구~~수용등~~법 제7조의 규정에 의하여 신청한 정원으로, 이 법의 시행 시 현재 아직 처리가 되지않는 것은, 법무대신에 관계되는 것은 신법 제 166조 제1항의 규정에 의한 고충의 신청으로, 그 이외의 것은 신법 제167조 제1항의 규정에 의한 고충의 신청으로 간주한다.

제 12 조 **(감치장유치자에의 준용)** 부칙 제2조 제1항, 제3조 제1항, 제4조 제1항, 제5조, 제6조, 제7조 제1항, 제8조, 제9조, 제10조 제 1항 및 전 조의 규정은 감치장에 유치되어 있는 자에 대해서 준용한다. 이 경우에 부칙 제2조 제1항 중 '제33조' 는 '제289조 제1항에서 준용하는 신법 제33조'로, 부칙 제3조 제1항, 제6조 제1항, 제8조 제1항, 제4항 및 제6항, 제9조 제1항, 제10조 제1항 및 전 조 중 '신법'은 '신법 제289조 제1항에서 준용하는 신법'으로, 부칙 제5조, 제6조 제2항, 제8조 제1항 제3호, 제5항 및 제6항 및 전 조 중 '(구)~~수용등~~법'은 '(구)~~수용등~~법 제9조에서 준용하는 (구)~~수용등~~법'으로, 부칙 제7조 제1항 중 '제136조, 제141조, 제142조 또는 제144조'는 '제289조 제3항에서 준용하는 신법 제132조 제1항의 규정 또는 신법 제289조 제4항에서 준용하는 신법 제138조'로, 부칙 제 8조 제1항 제1호 및 제2항 제1호 중 '제137조 제1항'은 '제144조 제2항에서 준용하는 구법 제137조 제1항'으로, 동 조 제1항 제2호, 제2항 제2호 및 제3호와 제3항 및 부칙 제9조 제2항 중 '구법'은 '구법 제144조 제2항에서 준용하는 구법'으로 대체한다.

제 13 조 **(벌칙의 적용에 관한 경과조치)** 시행일 전에 한 행위 및 부칙 제15조의 규정에 의하여 종전의 예에 의하는 것으로 할 경우 시행일 이후에 한 행위에 대한 벌칙의 적용에 관해서도 종전의 규정에

따른다.

제 14 조 (형사시설에서의 형사피고인의 수용 등에 관한 법률의 폐지) 「형사시설에서의 형사피고인의 수용 등에 관한 법률」은 폐지한다.

부칙(2007년 5월 11일 법률 제37호)

제 1 조 (시행기일) 이 법률은 규정이 일본국에서 효력을 발생하는 날부터 시행한다.

부칙(2007년 6월 15일 법률 제88호)

제 1 조 (시행기일) 이 법률은 공포일부터 기산하여 1년을 초과하지 아니하는 범위 내에서 대통령령으로 정하는 날부터 시행한다.

부칙(2013년 6월 14일 법률 제44호)

제 1 조 (시행기일) 이 법률은 공포일부터 시행한다. 다만, 다음 각 호에 열거하는 규정은 당해 각 호에 정하는 날부터 시행한다.

1. 생략
2. 제1조, 제5조, 제7조(소방조직법 제15조의 개정에 한한다.), 제9조, 제10조, 제14조(지방독립행정법인법 목차의 개정규정('제6장 이행형지방독립행정법인의 설립에 따르는 조치(제59조-제67조)'를 '/제6장 이행형지방독립행정법인의 설립에 따르는 조치(제59조-제67조)/제6장의2 특정지방독립행정법인으로부터 일반지방독립행정법인에로의 이행에 따르는 조치(제67조의2-제67조의7/'에 개선되는 부분에 한한다.), 동법 제8조, 제55조 및 제57조 제1항의 개정규정 및 동법 제6장의 다음에 한 장을 추가하는 개정규정을 제외한다.), 제15조, 제22조(민생위원법 제4조의 개정규정에 한한다.), 제36조, 제40조(삼림법 제70조 제1항의 개정규정에 한한다.), 제50조(건설업법 제25조의2 제1항의 개정규정에 한한다.), 제51조, 제52조(건축기준법 제79조 제1항의 개정규정에 한한다.), 제53조, 제61조(도시계획법 제78조 제2항의 개정규정에 한한다.), 제62조, 제65조(국토이용계획법 제78조 제2항의 개정규정을 제외한다.) 및 제72조의 규정 및 다음조, 부칙 제3조 제2항, 제4조, 제6조 제2항 및 제3항, 제13조, 제14조(지방공무원 등 공제조합법(1962년 법률 제152호) 제141조의2의 다음에 2조를 추가하는 개정규정 중 제141조의4에 관련된 부분에 한한다.), 제16조 및 제18조의 규정 2014년 4월 1일

제 10 조 (벌칙에 관련되는 경과조치) 이 법률(부칙 제1조 각호에 열거하는 규정에 있어서는 당해 규정)의 시행 전에 한 행위에 대한 벌칙에 대해서는 또한 종전의 예에 따른다.

제 11 조 (정령에의 위임) 이 부칙에 규정하는 것 외에 이 법률의 시행에 관해 필요한 경과조치(벌칙에 관계되는 경과조치를 포함한다.)은 정령으로 정한다.

부칙(2014년 6월 11일 법률 제60호)

이 법률은 「소년원법」(2014년 법률 제58호)의 시행일부터 시행한다.

부칙(2014년 6월 13일 법률 제89조)

제 1 조 (시행기일) 이 법률은「행정불복심사법」(2014년 법률 제68호)의 시행일부터 시행한다.

제 5 조 (경과조치의 원칙) 행정청의 처분 그밖의 행위 또는 부작위에 대한 불복신청에 대해 이 법률의 시행전에 행해진 행정청의 처분 그밖의 행위 또는 이 법률의 시행 전에 행해진 신청에 관계되는 행정청의 부작위에 관한 것에 대해서는 이 부칙에 특별한 정함이 있는 경우를 제외하고 종전의 예의 따른다.

제 6 조 (소송에 관련된 경과조치) ① 이 법률에 의한 개정전의 법률의 규정에 따라 불복신청에 대한 행정청의 재결, 결정 그밖의 행위를 거친 후 행해졌다면 소송을 제기할 수 없다고 하는 사항으로 당해 불복신청을 제기하지 아니하고 이 법률의 시행전에 이를 제기해야 하는 기간을 경과한 것(당해 불복신청이 다른 불복신청에 대한 행정청의 재결, 결정 그밖의 행위를 거친후 행해진다면 제기할 수 없게 되는 경우에 대해서는 당해 다른 불복신청을 제기하지 아니하고 이 법률의 시행전에 이것을 제기해야 하는 기간을 경과한 것을 포함한다.)의 소의 제기에 대해서는 종전의 예의 따른다.

② 이 법률의 규정에 따른 개정전의 법률의 규정(전 조의 규정에 따라 종전의 예의 따른다고 하는 경우를 포함한다.)에 의해 이의신청이 제기된 처분 그밖의 행위로서 이 벌률의 규정에 따른 개정 후의 법률의 규정에 의해 심사청구에 대한 재결을 경과한 후라면 취소의 소를 제기할 수 없다고 되는 것의 취소의 소의 제기에 대해서는 종전의 예에 따른다.

③ 불복신청에 대한 행정청의 재결, 결정 그밖의 행위의 취소의 소로서 이 법률의 시행 전에 제기된 것에 대해서는 종전의 예에 따른다.

제 9 조 (벌칙에 관한 경과조치) 이 법률의 시행 전에 한 행위 및 부칙 제5조 및 전2조의 규정에 따라 종전의 예의 따른다고 되는 경우의 이 법률의 시행 후에 한 행위에 대한 벌칙의 적용에 대해서는 종전의 예에 따른다.

제 10 조 (그밖의 경과조치의 정령에의 위임) 부칙 제5조부터 전 조까지에 정해진 것 외에 이 법률의 시행에 관해 필요한 경과조치(벌칙에 관한 경과조치를 포함한다.)은 정령으로 정한다.

판|례|색|인

사|항|색|인

3

P

X

ㄱ

ㄴ

저자소개

川出敏裕(카와이데 토시히로)

1967년 기후현 출생
1989년 도쿄대학 법학부 졸업
1989년 도쿄대학 법학부 조수
1992년 도쿄대학대학원 법학정치학연구과 조교수
현 재 도쿄대학대학원 법학정치학연구과 교수

〈주요 저서〉
別件逮捕·勾留の研究(동경대학출판회, 1998년)
少年法(有斐閣, 2015년)
判例講座 刑事訴訟法[捜査·証拠編](立花書房, 2016년)

金光旭(김광욱)

1963년 중국 길림성 출생
1985년 베이징대학 법학부 졸업
1997년 도쿄대학대학원 법학정치학연구과 박사과정 수료
1998년 세이케이(成蹊)대학 법학부 조교수
현 재 세이케이대학 법학부 교수, 법학박사

〈주요 저서〉
佐伯仁志(사에키 히토시)·金光旭(김광욱)편, 日中経済刑法の比較研究(成文堂, 2011년)

역자소개

금용명

서울시립대학교 법학과
일본 쮸오(中央)대학 대학원 법학 석사
현 공주교도소장

〈주요 저서 및 역서〉
외국교정관계법령집(법무부 교정본부, 2012)
교정관계국제규약집(법무부 교정본부, 2015)
일본행형법(공역, 한국형사정책연구원, 2016)

장응혁

경찰대학 행정학과
일본 도쿄대학대학원 형사법 석사
고려대학교대학원 형법 박사
계명대학교 경찰행정학과 교수

〈주요 저서 및 역서〉
비교경찰론(공저, 박영사, 2015)
사회안전과 법(공역, 경찰대학 출판부, 2016)
소년법(공역, 박영사, 2016)
젠더폭력의 이해와 대응(공저, 박영사, 2018)

안성훈

일본 메이지대학 법학부 학사
일본 메이지대학 대학원 형사법 석사
일본 메이지대학 대학원 형사법 박사
현 한국형사정책연구원 연구위원

〈주요 저서 및 역서〉
修復的正義の諸相(공저, 성문당, 2015)
일본행형법(공역, 한국형사정책연구원, 2016)
현대 한국의 범죄와 형벌(공저, 박영사, 2017)

일본의 형사정책 II

초판발행 2020년 4월 25일

지은이 川出敏裕(카와이데 토시히로) · 金光旭(김광욱)
옮긴이 금용명 · 장응혁 · 안성훈
펴낸이 안종만 · 안상준

편 집 정은희
기획/마케팅 장규식
표지디자인 BEN STORY
제 작 우인도 · 고철민

펴낸곳 (주) 박영사
서울특별시 종로구 새문안로3길 36, 1601
등록 1959.3.11. 제300-1959-1호(倫)
전 화 02) 733-6771
fax 02) 736-4818
e-mail pys@pybook.co.kr
homepage www.pybook.co.kr
ISBN 979-11-303-0956-9 93350

* 잘못된 책은 바꿔드립니다. 본서의 무단복제행위를 금합니다.
* 역자와 협의하여 인지첩부를 생략합니다.

정 가 25,000원